21世纪经济管理精品教材·工商管理系列

Business Ethics

商业伦理学

叶陈刚　王克勤　黄少英　等　编著

清华大学出版社
北京

内容简介

《商业伦理学》一书全面阐述了商业伦理的思想体系、理论框架与实践方法。该书综合运用经济学、管理学、信息经济学、制度经济学、行为科学、经济法学、社会学、系统论、博弈论和伦理学以及心理学理论、思想与方法，体现实证研究与规范研究相统一、定量分析与定性论述相结合的风格，在查阅与研究中外大量文献资料的基础上，结合国内外社会经济生活中严重的诚信缺失情况和突出的商业伦理问题，全面进行商业伦理现状分析、商业伦理判断与道德决策流程、商业行为道德透视及其应用问题研究，重点论述商业伦理道德原则、企业对外经营伦理道德规范、企业内部管理伦理道德规范、会计与审计职业道德规范、商业伦理道德范畴、商业伦理道德管理机制、商业伦理道德实践活动、商业诚信文化与社会和谐发展等内容，提出了一系列独到新颖的观点，构建了商业伦理理论及其应用体系。本书选题具有重要的理论意义、现实意义与应用价值。

本书适用于普通高等院校管理类专业、经济类专业、法律类专业、MBA 专业学位及 MPAcc 等各专业学位的商业伦理学课程教材，也可供在职管理、经济与法律界人士学习和参考。

图书在版编目(CIP)数据

商业伦理学/叶陈刚等编著. --北京：清华大学出版社，2013（2023.1重印）
（21 世纪经济管理精品教材·工商管理系列）
ISBN 978-7-302-33708-9

Ⅰ. ①商… Ⅱ. ①叶… Ⅲ. ①商业道德－高等学校－教材 Ⅳ. ①F718

中国版本图书馆 CIP 数据核字(2013)第 204589 号

责任编辑：杜 星
封面设计：汉风唐韵
责任校对：王凤芝
责任印制：朱雨萌

出版发行：清华大学出版社
网 址：http://www.tup.com.cn，http://www.wqbook.com
地 址：北京清华大学学研大厦 A 座 **邮 编**：100084
社 总 机：010-83470000 **邮 购**：010-62786544
投稿与读者服务：010-62776969，c-service@tup.tsinghua.edu.cn
质量反馈：010-62772015，zhiliang@tup.tsinghua.edu.cn
印 装 者：三河市科茂嘉荣印务有限公司
经 销：全国新华书店
开 本：185mm×260mm **印 张**：22.25 **字 数**：515 千字
版 次：2013 年 9 月第 1 版 **印 次**：2023 年1月第 10 次印刷
定 价：59.00 元

产品编号：052046-03

前言

21世纪是公民社会，弘扬公平正义，推进民主法制，倡导责任、道德和文化成为时代的主旋律。然而，从原纳斯达克董事会主席麦道夫制造的美国历史上最大诈骗案——庞氏骗局，到以黄光裕为代表的“中国福布斯权贵”纷纷被罚巨款、判重刑，折射出的深层次问题是为数不少公司的高管及政府高官无视责任与法制、缺失道德与文化，毫无诚信与信用，而有关政府监管调控部门失职渎职亦难辞其咎。前联合国秘书长安南认为：由美国次贷危机引发的全球金融危机，本质上是华尔街金融寡头贪婪、欺诈和无知等商业伦理泯灭的结果。

十八大报告明确提出扎实推进社会主义文化强国建设，构建美丽中国。国家兴亡，匹夫有责，政府公民、企业公民和自然公民唯有力行仁义礼智信，信内求财；讲求温良恭俭让，让中取利。依靠义务、良心、荣誉、节操建立友好关系，并配套法治规范，方能提升商业伦理道德水准，完善公司治理与商业诚信文化，增加企业精神财富，打造美丽企业，切实履行社会责任，促进市场经济发展，落实科学发展观，建设有责任的大国与社会主义和谐社会进程中发挥积极作用，实现中华民族伦理文化的伟大复兴梦想。

早在18世纪，以《国富论》闻名天下的英国经济学代表人物亚当·斯密(Adam Smith，1723—1790)，在其一生倾注了大部分心血的《道德情操论》中就向世人强调：“人在追求自身物质利益的同时要受道德观念的约束，不可伤害他人，而要帮助他人，人既要‘利己’也要‘利他’，道德与正义对于社会乃至于市场经济的运行至关重要”，[①]并告诫我们：“自爱、自律、劳动习惯、诚实、公平、正义感、勇气、谦逊、公共精神以及公共道德规范等，所有这些都是人们在前往市场之前就必须拥有的。”[②]

19世纪西方思想家傅立叶(Fourier)明确指出：伦理协作是普遍的完善，在经营制度上有极其光辉一面。他把物质利益与情感的平衡视为善与美、有益与愉快的关系[③]。西方国家数百年市场经济发展历史表明：商业伦

① [英]亚当·斯密.道德情操论.北京：西苑出版社，2005.

② 亚当·斯密.财产权利与制度变迁.上海：上海三联书店，1991：38.

③ 宋希仁.西方伦理思想史.北京：中国人民大学出版社，2004：475-486.

理道德对市场经济的健康运行具有重要意义。因为诚信与道德是市场经济和企业发展的基石。企业违反诚信规则无异于饮鸩止渴,不仅毁了自己,还会危害社会。美国学者理查德·比特纳在其著作的导读中认为:“美国的次贷市场真是一个缺失‘上帝之城’秩序的‘地狱之城’,‘次贷市场的很多经纪商是骗子、流氓、无赖、妓女、恶棍,他们形成了混乱的交易网,反映了交易背后的利益勾连,造成美国次贷危机真相就是贪婪、欺诈和无知。’”①

综观当今世界,经济、管理、法律、商务崇尚伦理道德,已经成为一种新的全球性发展趋势。优秀商业伦理道德的巨大力量以其“秩序与资源”的基本价值向这个时代充分展示出来,显示其勃勃生机。在英美及西欧、日本的较多先进企业内部逐步建立起严格的伦理制度和监管机制。据有关权威机构的调查与研究发现,大多数世界500强企业制订了成文的伦理准则来规范员工的行为。前100强中近90%的企业都非常重视管理道德,都有明确的伦理手册、伦理章程或管理伦理纲要。不少企业出现一种新型职位:伦理主管。国际企业界改变旧有偏见的经营观念,把企业目标定位在追求利润与推动社会良性循环的变迁上,使企业能够长久持续协调地生存下去,并且发展壮大。经营业绩一直不俗的强生、惠普、波音、IBM等,成功运营商业伦理的方式受到广泛推崇。

为了全面开展商业道德教育,加强商业道德建设,必须进行相关方面的理论研究和实践分析。然而,长期以来我国学者对这一领域关注不够,研究不多,著述较少。撰写本书正是为改变这一局面所做的努力。出版这本以高等学校经济、管理、法律专业同学为主要对象的著述,实属必要,非常及时,很有出版价值。

本书分十一章全方位、多角度、深层次地对经营活动与企业工作中的道德现象及其规律性(即商业伦理行为与商业道德活动)展开全面研究,提出了一系列独到新颖的观点,构建了商业伦理道德理论及其应用体系,以期科学地揭示商业伦理道德的本质特征、职能作用及其发展变化的客观规律。本书在编写过程中,力求体现以下特点:

1. 资料丰富,信息量大

在占有充分材料的基础上,本书采用案例研究法,介绍海尔、联想、海南航空公司等成功案例与华人首富李嘉诚、杰克·韦尔奇等楷模,解剖安然——安达信、世通等公司造假重组案的艰难历程。每章中都配有内容丰富的引言,并且提供北京同仁堂、青岛海尔、北京联想、韩国三星等公司历史发展资料。这些都将极大地丰富本书的阅读信息量,从而为本书的理论阐述提供大量佐证。

2. 实践性强,数据翔实

本书首次提出伦理经济并非从属于法治经济,伦理经济与法治经济同等重要,从而对伦理经济的地位做出重新诠释,强调商业伦理者必须做出伦理领导和伦理决策,从而前瞻性地预测伦理革命是一次伟大的管理变革。本书深刻剖析企业的失德行为并进行现实反思,提供关于我国商业伦理道德现状的217份调查问卷,集中反映18大问题及其72个答案的统计数据,以及全国范围的451份资源环境责任问卷调查分析的数据,并在此基础上提出商业道德设计原则,阐述商业伦理的伦理机制、商业道德管理的实践组织。

---

① [美]理查德·比特纳. 贪婪、欺诈和无知——美国次贷危机真相. 北京:中信出版社,2008.

3. 体系完备，便于应用

本书将商业伦理细分为：企业内部管理道德规范、企业对外经营道德规范、会计与审计职业道德规范，角度比较新颖，内容也与国内外同类图书有所不同。此外，笔者密切联系中国政策动态，提出商务从业者必须牢记商业伦理道德原则，把握商业伦理道德范畴，并借助伦理道德建立强有力的自律机制与他律机制，伦理道德必须在一定程度上与法律法规相配合，以提高企业经营管理水平。最后，作者关注商业伦理学科比较前沿的研究领域，比如知识经济形势下的新伦理议题、商业诚信文化与社会和谐发展、构建“伦理型企业”等，本书紧随时代潮流，具有宝贵的应用价值。

4. 版式活泼，易于教学

本书在内容安排、体例设计、写作方法等方面与国外教材接轨。采取弹性的教学内容与学时安排，便于教师根据不同情况授课。结合经济、管理、法律等专业教学特点，每一章都配合以本章学习目的、导读、本章关键术语、案例讨论题、练习题，便于学生的课堂讨论，培养学生解决实际伦理道德问题的能力。

由于商业伦理学是在商业道德实践中发展起来的一门新学科，故本书针对股东、董事、独立董事、监事、公司高层管理者、对企业关注的社会公众、企业员工等实践主体，探讨了具有可操作性的商业道德管理方法和手段，对我国商业道德实践具有一定的指导意义。

为了增强本书的可读性和信息量，我们引用大量报刊杂志和书籍文献的有关资料作为本书的引言、实例和案例讨论题，我们对被引用的各位作者表示衷心感谢。同时，真诚感谢长期以来关心、帮助和支持作者学习、工作与生活的各位老师、领导、亲人、朋友、同事和同学们。

本书是国家社会科学基金重点项目(13AZD002)、国家自然科学基金项目(70672060)与教育部人文社会科学一般项目(06JA630014)的研究成果。本书由叶陈刚、王克勤、黄少英等编著，具体分工为：国务院学位办专业硕士指导委员会委员、中国注册会计师协会职业道德委员会委员、中国对外经济贸易会计学会副秘书长、对外经济贸易大学国际商学院教授叶陈刚博士全面设计篇章架构，执笔第一、四、五章，并总纂定稿全书。山东财经大学教授黄少英博士执笔第二章，台湾云林科技大学企业管理系周珊珊博士执笔第三章，北京化工大学经济管理学院叶志伟执笔第六章，中国地质大学经济管理学院博士吴永民执笔第十一章，对外经济贸易大学国际商学院马德芳、王海菲、徐伟、王孜等博士分别执笔第五、七、八、九章，国务院国资委监理会正局级监理王克勤博士执笔第十章。

我们的目标是希望编写一本高水平的《商业伦理学》，以便为培养面向21世纪的新型企业人才发挥积极作用。但由于本书选题属于现代管理学科前沿课题，可供借鉴与参考资料有限以及我们的水平所限，撰写难度较大。加之撰写本书时间较紧，书中难免不妥疏漏之处，衷心地希望能够得到学界同人、实务界的朋友以及广大读者的批评指正，在今后的教学实践中我们会使《商业伦理学》教材的教学水平不断地得到提高与完善。

叶陈刚
2013年7月18日于北京惠园

目
录

第一章

绪　论

天行健，君子以自强不息；地势坤，君子以厚德载物。

——《周易·乾·象》

仁义礼智信，信内求财；温良恭俭让，让中取利。

——儒商理念

学习目的

1. 了解国内外商业伦理道德发展状况；
2. 明确加强商业伦理道德建设的重要性与客观必然性；
3. 弄懂道德、社会公德与职业道德概念及特征；
4. 理解商业伦理的内容、任务与研究背景；
5. 掌握商业伦理学的对象与主要研究方法，为后续章节的学习奠定基础。

导读1

商业伦理对国家强大和经济有序发展十分重要

商业伦理、正确处理商业关系中道德问题在当前显得越来越重要。哈佛、牛津和剑桥商学院MBA都把商业伦理管理作为管理经营战略与方针的核心课程，说明管理学离不开商业伦理，在全球企业界大力倡导企业社会责任和全球契约的今天更是如此。

我的导师Massachusetts Institute of Technology(MIT)沙因教授最近指出，商业伦理的最新研究成果证明：

(1) 商业伦理的核心是人高于物、群体高于个体、社会高于利润，坚持这三条核心价值观，企业可以做到百年不衰。

(2) 商业伦理的三条核心价值观的本质是价值排序、伦理排序，诚信是其灵魂。

(3) 不诚信是社会经济无序之根源。

布拉格国际商业伦理论坛和悉尼、纽约、芝加哥、伦敦、格拉斯哥国际商业伦理论坛都阐发了这样的共识，虽然前些年对这些问题还喋喋不休地争论。

现任联合国秘书长潘基文先生指出："亚洲四小龙"之一的韩国经济发展与青瓦台实施TCU计划密切相关，学习世界500强和著名大学商学院的商业伦理教学经验，韩国从朴正熙时代开始实施。

青瓦台组织三星、现代、LG公司考察世界500强的商业伦理和著名大学商学院的商业伦理管理课程，聘专家、著名专家学者带队讲解点评这些企业案例。——TCU计划(顶级企业大学计划)——作为国家战略。

中国推动经济发展也应该把商业伦理作为企业发展的国家战略。商业伦理管理成为哈佛、牛津、剑桥商学院MBA的第一门主课,“先有哈佛后有美国”说明商业伦理对国家强大和经济有序发展十分重要。美国的次贷危机,从本质上看,是华尔街金融寡头商业伦理泯灭的结果。

当前企业社会责任成为商业伦理的新领域——企业社会责任,受到越来越多企业的重视,我们2008年4月在欧洲召开的商业伦理和企业社会责任国际论坛充分说明了这一点。2008年4月2日《中国企业报》已经刊登了论坛的情况和中国两家企业获终身成就奖的提名。

网络时代的中国正在全面展开社会主义市场经济建设。中国市场经济发展正在强烈深入地冲击、改变着中国社会政治与企业经济的一系列传统特征,因此亟待建立以诚信为时代主旋律的、与社会主义市场经济相适应的道德体系。[①] 德国著名社会学家马克斯·韦伯明确告诫世人,“建立一个充满理性、秩序井然的社会,首先要有精神秩序,然后才有政治和法律秩序;而精神秩序的形成有赖于商业伦理道德和社会诚信形象的完善。”[②]

第一节　时代呼唤:升华商业伦理道德水准

一、当代世界精神道德状况格外令人关注、忧虑

在我国改革开放的巨大社会变迁中,物质财富充裕令人欢欣鼓舞,然而精神道德状况却格外令人关注、忧虑。一方面,无数高楼大厦拔地而起,众多大桥道路贯穿东南西北,政策宽松搞活了,物质商品富足了,生活水平提高了,科学技术发达了,市场经济大洪流强烈地撞击着过去的传统道德体系,传统的伦理规范和道德信条无情地受到巨大的冲击,过去的一团死水正被激活,希望与活力触目可见,社会与时代无疑在脱旧换新;另一方面,全新的道德主体和道德规范尚未确立,传统的道德体系承受着多方面的挑战。

较之过去,人们之间的利益关系、人际关系大大复杂化,为数不少的人们在人欲横流的惊涛骇浪里找不到精神支柱,失去了稳定感及自我平衡,或在金钱的涡流中沉沦升浮,或在贫困的泥塘里嫉恨抱怨,甚至丢失了精神家园和思想武器,灵魂在茫茫的荒郊野外流浪,生命之舟失去了方向,社会风气备受污染,在我国一度消失的丑恶现象如权钱交易、行贿受贿、以权谋私、徇私舞弊、中饱私囊、监守自盗、制假贩假、走私贩毒、偷漏税款、贪污盗窃等重新抬头,侵蚀人们的思想与身体。

近些年来,在企业里,会计信息严重失真,假账盛行,“书记收入、主任成本、厂长利润、经理效益”比比皆是、防不胜防,企业绩效整体低下,商业伦理疲软无力。究其产生的原因,好像是法律不全与执法不严,无法约束人们的各种不良行为;根本原因则是人们的道德标准下滑,真假、善恶、美丑、忍狂、好坏、是非、忠奸等界限模糊,无法约束人们的不良心灵,进而导致不道德行为。我们看到,违法行为一定是不道德的,然而生活中很多不道德的行为不一定违法,如当弱者需要救助时无动于衷,在工作岗位上出勤不出力,老师上课

① 罗国杰.建立与社会主义市场经济相适应的道德体系.光明日报,2001-03-04(1).

② 付铁山,商荣华.商业时代,2003(18):51.

学生不到堂，铺张浪费、大吃大喝等。因此，法律只针对表面的违法行为，而法律管不到的不良行为和心灵唯有依靠道德方能从根本上加以自律和监管。只有做到标本兼治，社会风气方能从根本上好转。

二、市场经济体现为伦理经济，讲究仁义礼智信、温良恭俭让

随着市场经济由低级到高级、从不成熟走向成熟的发展，在商业活动中，商业伦理就显得越来越重要，发挥着越来越巨大的作用，尤其随着美国安然公司、世通公司等陆续发生严重问题，“管理伦理的重要性正前所未有地显现出来，并受到管理学界与企业界的高度重视”[①]，从而成为加强现代企业管理、提高企业整体绩效的全新领域。如果轻视商业伦理约束，市场经济的运行就可能极不规范，企业之间竞争不公平，迷失方向，也就可能演变成官商权力经济、虚假欺骗经济、贿赂垄断经济。市场经济的发展历史清楚表明，“管理，崇尚伦理道德，这是一种新趋势。我相信，这种趋势的出现绝不是偶然的。西方国家市场经济发展了这么多年，付出了沉痛的代价，最终找到一个奥秘：发展市场经济必须加强伦理教育”。“近年来，美国、加拿大等市场经济发达的国家，出现了一个新的动向，即重视和加强管理伦理学的教学和研究，甚至把伦理思想渗透到各个领域”[②]。

市场经济首先体现为竞争经济，竞争的规则是公开、公平、公正，用以规范竞争者的行为活动；市场经济还体现为法制经济，通过对各种市场行为的立法、执法规范正当的市场秩序，采用法律约束、控制竞争者的行为；市场经济还体现为伦理经济，讲究仁义礼智信，依靠义务、良心、荣誉、节操、人格来建立相互交往的友好关系，以确保社会成员的行为合法、合情、合理。十六届三中全会通过的《关于完善社会主义市场经济体制若干问题的决定》指出：“形成以道德为支撑、产权为基础、法律为保障的社会信用制度，是建立现代市场经济体系的必要条件，也是规范市场经济秩序的治本之策”。2005 年 10 月 27 日修订颁布的《中华人民共和国公司法》第五条明确要求：“企业从事经营活动，必须遵守法律、行政法规，遵守社会公德、商业道德，诚实守信，接受政府和社会公众的监督，承担社会责任。”

三、中西方企业迎来了一个伟大的商业伦理道德时代

我们看到，从 20 世纪六七十年代开始，社会、法律、经济、管理及商务界崇尚伦理道德，已经成为一种新的全球性发展趋势。西方企业、教育机构及政府都高举伦理道德旗帜，成为西方经济社会活动的一道亮丽风景线。中西方企业迎来了一个伟大的伦理道德时代[③]。一些因社会经济全球化的政治、经济、技术和文化环境变化而提出的新问题，如利益相关者和企业的伦理关系问题、现代企业跨国经营中的伦理问题、信息技术条件下的商业伦理问题等越来越引起社会大众的重视。

在英美及西欧、日本的较多先进企业内部逐步建立起严格的伦理制度和监管机制。

---

① 苏勇. 现代管理伦理学. 北京：石油工业出版社，2006：前言第 1 页.

② 张文贤等. 管理伦理学. 上海：复旦大学出版社，1995：1-3.

③ 王学义. 商业伦理学. 成都：西南财经大学出版社，2004：前言第 1 页.

主要表现这些优秀企业的职能、地位、作用向伦理转移，企业战略、决策与道德融合，企业整体、企业高层、企业员工在企业实践活动中强烈感受到伦理道德的渗透、感召力和丰厚的社会回报。优秀商业伦理道德的巨大力量以其"秩序与资源"的基本价值向这个时代充分展示出来，显示其勃勃生机。据有关权威机构对世界500强前100强企业的调查与研究发现，前100强中近90%的企业都非常重视管理道德，都有明确的伦理手册、伦理章程或管理伦理纲要，制定了成文的伦理准则来规范员工的行为。不少企业出现一种新型职位：伦理主管。国际企业改变旧有偏见的经营观念，把企业目标定位在追求利润与推动社会良性循环的变迁上，使企业能够长久、持续、协调地生存下去，并且发展壮大。经营业绩一直不俗的强生、惠普、波音、IBM等，因成功运营商业伦理而受到广泛推崇。

1987年，美国SEC(证券交易委员会)前主席约翰·沙德成为社会公众的焦点人物，他捐赠2000万美元给哈佛商学院时，倡议设立"管理决策与伦理价值"这门课程。全美最佳10所商学院MBA的9门核心课程中，就有商业伦理学。现在，美国90%以上的商学院或管理学院以及欧洲的绝大多数大学，都开设了商业伦理学、管理及商务伦理道德、商业伦理与企业职业道德等方面的课程，重视商业伦理教学成为世界各地商学院或管理学院MBA、MPAcc培养的一大特色。

【网络链接1-1】

波音公司道德守则[①]

波音公司的道德守则是公司全体员工所必须遵循的行为准则。波音公司将以公平、公正、道德的原则来开展其所有业务。公司将遵循所有现行的法律、法规。在业务执行过程中，我们将以诚信作为处理同顾客、供应商、社会各团体和员工关系的基础。公司要求员工时时刻刻都以最高的道德标准严格要求自己，不允许做任何有损公司形象和声誉的行为。

(资料来源：常亚平、阎俊著，《商业道德守则》，中国经济出版社2005年1版，p.74)

四、中国企业当务之急是大力开展商业伦理道德教育

今天，中国已经加入WTO，这对中国的企业来说，既充满融入经济全球化的机遇，同时也面临来自强大的国外优势企业的严峻挑战。在这种充满竞争、文化多元和信息密集的网络经济环境下，中国企业将不得不接受国际社会及世界各国更为严格的检验与监督。可以说，在公平开放的国际化竞争中，没有伦理道德约束的企业难逃被淘汰的厄运，没有道德自律的企业将被剥夺参与竞争的资格而无地自容。美国著名的《哈佛商业评论》主编舒兹·瓦特劳福尔(Suzy Wetlaufer)忠告人们，要想提高业务水准、工作事业有成，就必

---

① 本书的专栏与实例大多采用节选或摘要的形式收录，全文请查阅清华大学出版社的网络链接，可到www.tup.com.cn下载，下同。

须重视道德，诚实守信，对所有的人讲真话[1]。

2013 年 3 月 17 日在十二届全国人大一次会议闭幕会上，新当选的中华人民共和国主席习近平同志发表讲话，明确指出“实现中国梦必须弘扬中国精神（以道德为主线），这就是以爱国主义为核心的民族精神，以改革创新为核心的时代精神。我们要随时随刻倾听人民呼声、回应人民期待，保证人民平等参与、平等发展的权利，维护社会公平正义”。我国企业的当务之急是要尽快走出经营管理和思想认识上的误区，大力开展商业伦理道德教育，强化职业伦理道德理念，将商业伦理与职业道德作为企业体制改革的一个重要部分和商业诚信文化建设的重要方面，在企业组织框架中建立一套行之有效的伦理监督机制，切实提高企业员工的伦理道德水准；促使我们的企业担负起更多的社会责任，共创人间净土，以确保企业间开展良性竞争，在正确的轨道上健康、持续、协调地发展社会主义市场经济。

第二节　加强商业伦理道德建设的重要意义

开展商业伦理结构与道德治理机制等重大问题的探讨和研究具有重要的理论价值与积极的现实意义。

一、道德伴随着社会经济关系而变化

（一）道德理念及其变迁

作为一种根基于社会经济基础的上层建筑和意识形态，道德是通过人们的意识所形成的、思想的社会关系，反映着人们社会关系的特殊方面。类似于上层建筑的其他部分，道德也同样要受物质的社会关系所制约，并伴随社会经济关系的变化而变化。马克思主义伦理学告诉我们，归根结底包括道德关系在内的人类的思想关系都为物质的社会经济关系所决定，因为它根源于物质的社会关系。各种道德体系的性质直接取决于社会经济关系；各种道德体系的性质直接取决于社会经济结构的性质；道德的基本原则、主要规范和主要范畴直接取决于社会经济关系所表现出来的利益。在存在着阶级的社会里，人们虽然处于同一经济结构中，但因其所处的不同地位和拥有不同的利益，也就决定了各种道德体系的社会地位、阶级属性以及相互之间的矛盾斗争。

由于道德的性质取决于社会经济关系的性质，故而社会经济关系的变化必然会引起道德的变化。在旧的社会经济关系日渐腐朽没落，新的社会经济关系日益发展成熟的同时，新的社会道德关系就随之兴起。在这种道德交替兴衰的过程中，旧的没落的道德观念不会自动放弃而退出历史舞台，新旧道德体系之间必然发生着尖锐的对立和斗争。在新的社会经济关系完全代替了旧的社会经济关系后，旧的社会道德关系便会或早或迟地被新的社会道德关系所取代，且新的社会道德便居于社会的统治地位，从而在新的时代决定着整个社会的道德面貌。人类社会的道德历史发展表明，各种道德此起彼落、起伏兴衰、更替进退，都可追根于社会经济关系的根本变革。在现实的阶级社会里，这种道德的起伏

---

① Suzy Wetlaufer. Editor of Harvard Business Review ,“To Tell the Truth”. Harvard Business Review,2001,97(5).

更替也就体现为不同阶级道德观念的冲突斗争及兴衰更替。由于道德具有连续继承性的特征，新的道德观念就会从不同方面或多或少地承续前人的某些优秀道德传统；然而，不同的社会经济环境，生活着不同时代的人们，存在着不同的社会经济关系，占有不同的物质利益，居于不同的社会地位；所以相对于旧道德，新道德就有着不同的性质。而社会经济关系的变革体现为一个从低级形态向高级形态的发展过程，因此比较其社会道德，历史上先后出现过的新的社会道德也就有着不同程度的进步，表现为一个由低级道德形态向高级道德形态发展的渐进上升过程。

（二）在实现经济现代化同时必须实现道德现代化

还应看到，即使处于同一社会形态之中，社会道德状况也会随着社会经济关系的某些局部变化而相应地发生着变化。生活在某一社会经济关系形态中的人们，在这一社会经济关系内部的某些方面产生某些或大或小的变化时，他们就会伴随着对他人和自身利益认识的发展而不断地在自己的社会道德中注入新的时代内容，或者赋予原有的社会道德以新的现实意义，从而体现着现实的时代要求，推动着人类及其道德的全面进步。

随着我国政治经济体制改革的不断深入，对外开放的日益扩大，特别是党的十四大明确提出，党的十五大再次确认我国经济体制改革的目标，是建立和完善社会主义市场经济体制，从而使我国传统道德体系面临着前所未有的巨大挑战，也给我国社会道德提出了许多崭新的课题。在社会主义市场经济体制转轨变型的历史进程中，不同于过去的传统，人们要求个人的人格自由和独立，从而形成法权的、感性的主体，还要防止那种把所有人都当作经济动物的意图，放弃那种见物不见人的倾向，否则就会导致病态的个人人格。应该看到，在欧美资本主义市场经济国家，必然会存在这种病态人格。而我们中国所建设的是社会主义市场经济，社会基础有别，国家性质不同。为了保持我国的特色，必须在实现经济现代化的同时，实现道德的现代化。

（三）加强社会主义道德建设要注意做到“两破两立”

我们在进行社会主义道德建设时，首先要注意做到“两破两立”。

“两破”是指：一破“左”的观念。要破除“左”倾思想影响，破除形形色色阻碍社会主义市场经济发展的“左”的观念，主要有重农轻商、重义轻利和平均主义等思潮；二破旧的观念，就是要破除与传统封建小农生产方式相联系的各种伦理道德观念，商品价值观念以及资产阶级的腐朽道德观念。

“两立”是指：第一，建立与社会主义市场经济体制相适应的道德规范体系和商品、市场及价值观念体系，以期推进社会主义市场经济建设。十一届三中全会以来，在市场经济的刺激和推进下，与社会主义市场经济相配套的新的价值思想体系和道德规范体系正在形成过程中，投身建设、讲求效益的价值准则正在逐步取代空谈政治、不讲效果的价值准则；义利并重的价值倾向正在逐步取代重义轻利的价值倾向；独立自主、自强不息的价值主体正在逐步取代自我压制、不图进取的价值主体。人民群众对于道德评价的标准发生了本质的变化。衡量某一道德观念和行为是否是进步的和社会急需的，关键是看其是否有利于解放和发展生产力，是否有利于提高我们社会主义国家的综合国力，是否有利于改善人民群众的生活，而不是以过去的世俗与传统的习惯作为道德的衡量标准。第二，建立以共产主义理想教育为代表的职业道德教育、集体主义和爱国主义教育体系。还应看到，越是搞市场经济，社会就越要提醒人们应有理想，讲道德，要有社会主义、爱国主义和集体主义精神，方能在市场经济的海洋中保持头脑清醒，扬帆远航，否则就可能触礁搁浅，甚至船毁人亡，被市场经济的大潮所湮没。过去一度出现过的"一手硬一手软"的现象，就是忽视思想道德建设的体现，这方面血的教训是很深刻的。相当数量的当事人以身试法，铤而走险，不择手段，中饱私囊，其结果是受到法律的严惩，更令人痛心的是给国家和人民的生命财产造成重大损失。

（四）社会主义道德建设与精神文明建设同时推进

现在党和国家十分重视精神文明建设，广大人民群众也迫切要求改变前些年出现的道德大滑坡局面。事实上，早在1983年邓小平同志就明确指出："现在我们要特别注意建设物质文明。与此同时，还要建设社会主义的精神文明，最根本的是要使广大人民有共产主义的理想、有道德、有文化、守纪律。"① 1996年，十四届六中全会专门通过了以社会主义思想道德为性质和方向的《中共中央关于加强社会主义精神文明建设若干重要问题的决议》。在2000年年底召开的全国宣传部长工作会议上，当时的中央领导同志明确指出在"依法治国"的同时，必须"以德治国"。可以说，现在是我们全面创建有中国特色的社会主义道德体系的时候了，对此我们应该高度重视。

综上所述，社会经济关系的发展变化必然会引起社会道德的发展变化。为了建立社会主义市场经济体制，必然要求建立与之相适应的社会主义道德体系。在企业领域中，就是要建立约束企业活动、调解企业关系的社会主义商业道德体系。

新中国成立六十多年来的社会主义建设实践经验告诫人们，社会主义现代化建设必须坚持精神文明和物质文明一起抓，两手都要硬的方针。这是因为精神文明建设为物质文明建设指明了发展方向，并为其提供智力条件；而物质文明建设则为精神文明建设提供必要的外在条件和物质基础。因此两者相辅相成，相互依存，密切关联，不可分离，如人之两手，鸟之两翼，车之两轮。

精神文明建设包括两大方面：思想道德建设和科学文化建设。显然，道德建设是精神文明建设的核心内容，其根本目的在于提高人们的思想水平和政治觉悟，而社会主义思想道德集中体现着社会主义精神文明建设的性质和方向，对社会政治经济的发展具有巨大的能动作用。在改革和现代化建设的整个过程中，思想道德建设的基本任务是："坚持爱国主义、集体主义、社会主义教育，加强社会公德、职业道德和家庭美德建设，引导人们树立建设有中国特色社会主义的共同理想和正确的世界观、人生观、价值观。我们现在建设和发展有中国特色社会主义，最终目的是实现共产主义，应当在全社会认真提倡社会主义、共产主义思想道德。"人类社会的发展历史表明，社会文明发展程度越高，人民群众就会越自觉地要求加强道德建设，道德建设也就越发达。而职业道德教育在整个道德建设中居于重要地位，发挥着重要作用。在当前我们的企业工作领域就是要突出强调以企业职业道德为主体的商业道德建设。因此，随着社会主义市场经济体制全面推进和改革开放的不断深入，加强商业道德建设也就成为时代的必然要求。

---

① 邓小平.建设社会主义物质文明和精神文明.(《邓小平文选》).北京：人民出版社，1993(3)：28.

二、加强商业道德建设的重要性

加强商业道德建设的目的，是为了促使企业员工不断追求崇高的商业道德观念，达到更高的商业道德境界，锻炼出高尚的商业道德品质，从而在企业工作的时候，廉洁奉公、忠于职守、勤俭理财、全心全意为人民服务。

（一）加强商业道德建设是培养企业“四有”新人的重要措施

在建立与完善社会主义市场经济体制的进程中，不仅要发展社会生产力，而且要推进改革开放，而这些的实现首先有赖于提高人的素质。在组成生产力的诸因素中，具备高尚的思想道德素质、熟练的科学文化和业务技能的人是最积极的因素。我国社会主义现代化建设事业需要各行各业劳动者的辛勤耕耘，更需要培养一代又一代有理想、有道德、有文化、有纪律的新人。培养企业的“四有”新人，要求全面提高广大企业员工的思想素质和业务技能，把远大理想和我国现阶段各族人民的共同理想和企业员工的职业理想密切结合起来，从而促进有中国特色社会主义事业的建设和社会主义市场经济体制的全面发展。

对于企业员工来说，“四有”新人的要求是：“有理想”就是要把全体人民共同的、远大的共产主义理想与企业本职工作紧密结合起来，敬业爱岗，树立企业职业理想；“有道德”就是要把社会主义道德规范落实到本职工作之中，培养高尚的商业道德品质，形成良好的商业道德风尚；“有文化”就是要具有较高的现代科学文化修养，精通企业专业知识，熟悉公司法规法令，能做好企业专业工作；“有纪律”就是要遵守党纪国法，履行单位规章制度。“四有”新人集中表现为：在坚持四项基本原则的基础上，在企业职业工作中，自觉遵守公司法规，恪守企业岗位准则，完成企业责任工作。以上四个方面的修养是相互促进、相互联系的。其中对科学文化的学习和提高，不少人在十年“文革”时期的“读书无用论”思潮影响下有所忽视，没有掌握过硬的专业知识和工作本领，当然这是不对的。因为唯有掌握丰富的企业专业知识和企业基本技能的人，才能独立地解决好本身的实际的企业问题，胜任企业岗位的义务工作。但是，仅仅掌握企业科学文化知识是不够的，还应该特别强调商业道德品质的锤炼，才能提高企业工作队伍的政治素质和道德水准，从而在企业后备队伍中造就出一代又一代企业“四有”新人。

（二）加强商业道德建设是提高企业员工道德水平的有效手段

商业道德建设中的一个重要内容就是运用科学的马克思主义伦理道德理论、先进的现代管理理论和知识加强对企业员工的商业道德教育，提高企业员工的商业道德意识。在商业道德品质的形成过程中，客观社会条件、企业活动环境、个人的经历虽然起着重要作用，但人是一个自觉的能动的主体，在企业工作中，企业员工如何行动是有自己的认识和选择的。外部环境只有通过人的内因才能发挥作用，形成优秀的道德品质。所以说，一个企业员工道德水平的高低，在很大程度上，取决于其商业道德修养的自觉程度。商业道德不同于公司法纪的一个重要方面就是商业道德不是通过强制的、无条件的规定执行，而是通过内心信念力量的作用，反映人们自觉的行动。所以，在商业道德评价中，对依照商业道德要求自觉遵守某种商业道德原则和规范的行为，与在社会舆论压力下遵守这些商业道德原则和规范的行为，两者有所不同。只是前者才是真正的有道德的行为。企业员工在形成和完善自己商业道德品质的过程中，既要解决客观商业道德要求和自己主观认识之间的矛盾，又要解决个人思想中反映不同社会影响的商业道德观念之间的矛盾。

任何企业员工要培养高尚的品格，不仅需要努力地认真学习企业专业文化知识，提高对现代企业的认识，而且要自觉地反省自己，以正确的商业道德观念战胜错误的商业道德观念。如果没有这种商业道德上的自我修养功夫，即使客观条件再优越，也不可能形成高尚的企业品德。所以，一方面，因个人对商业道德原则和规范的认识，企业员工在企业工作中就会自觉按照商业道德原则和规范的要求去采取行动，这样就产生了好的行为结果，企业员工主观上感到自己履行了商业道德义务，就能在下一次的企业实践中更自觉地选择同样的行为，一个好的商业道德行为反复地进行，就能形成在商业伦理工作中的习惯行为方式，也就形成了良好的商业道德品质。另一方面，在企业工作岗位上，由于接触面较广，可能遇到各种复杂情况，尤其在当前的经济体制改革中，各种新的复杂的问题时常出现，有可能使企业员工的个人行为与商业道德原则和规范的要求不符合或不完全符合。在这种情况下，一个商业道德修养较好的企业员工就会按商业道德基本要求来衡量自己行为的正误和善恶，进行自我的商业道德认识，纠正错误的败德行为，进而把商业道德原则和规范转化为内心信念，自觉调节个人行为。

目前，剥削阶级道德的影响有一定的市场，时刻侵袭和腐蚀企业员工的思想，破坏社会风气，这对我们企业队伍带来的消极影响不容低估。要抵制没落腐朽思想的影响，必然需要用先进的商业道德武装企业员工的头脑，提高他们的商业道德水平。而加强商业道德建设、进行商业道德教育和商业道德修养是提高企业员工道德水平的根本途径。

（三）加强商业道德建设，有利于企业领域反腐倡廉，纠正企业不正之风

新中国成立以来，社会主义道德风尚大大发扬，“路不拾遗，夜不闭户”的太平景象持续了较长时期，各行各业都涌现出大量忠于职守、精益求精、全心全意为人民服务的社会主义劳动者。但是，由于改革开放过程中的一些西方资本主义腐朽思想的侵入，使过去封建的、资产阶级的思想有所抬头，特别是混乱了人们评价是非、美丑的标准，使企业队伍中相当一部分人不注意培养良好的劳动态度和服务态度，放松政治学习和思想世界观的改造，满脑子都渴望金钱享受、吃喝玩乐，利益金钱至上，自私自利至极，有的甚至利用工作之便索受贿赂、中饱私囊，置祖国人民和集体利益而不顾，不择手段地追逐金钱，搞行业不正之风，给社会、国家、个人造成重大损失，使我们早已形成的良好道德风尚受到了严重的干扰、侵害和冲击，腐败现象日趋严重。

社会主义市场经济建设的全面开展，一方面给企业领域所进行的反腐败斗争提出了新的严峻挑战；另一方面又给企业领域创廉洁风尚带来新的课题。因为，市场经济是一把“双刃之剑”。市场经济在发挥巨大效应的同时，也有其天然的负效应。市场经济的竞争原则会刺激一些人的投机心理和不正当竞争行为；市场经济的等价交换原则会自觉不自觉地渗透到人际关系之中，渗透到党内的政治生活和行政行为中去，诱发新形式的权钱交易和以权谋私；市场经济中适度投机行为的合法性导致某些人的投机诈骗行为；市场经济的价值取向在讲效益、讲盈利、激励人们的时候，也很容易使人滋生极端利己主义思想和个人自私行为，对爱国主义、社会主义和集体主义思想产生强大冲击。尤其是当前我国经济体制正处于转轨变型时期，某些方面不平衡，甚至不衔接。在微观放开搞活和宏观转变调控方式、国有企业和非国有企业、农村和城市、内地和沿海、国内经济体制和涉外经济体制、中央和地方、政府与企业之间都存在着明显的差异和失调。在新旧体制交替、胶着的状态下，出现大量的漏洞、摩擦和冲突。这一切导致了经济秩序的矛盾和混乱，也给各种消极腐败现象的滋生蔓延以可乘之机，再加上政策法规的严重滞后，各种制度的管理松散弱化，使近些年来的腐败消极现象呈现着蔓延发展之势，令广大党员、领导干部和人民群众痛心，其主要表现在如下几方面。

1. 从小范围趋向大范围

党员干部中腐败分子虽是少数人，但造成损失甚大，影响很坏，导致腐败现象比较普遍、人所共知，严重败坏党风，影响党群关系、干群关系，不断出现新的不安定因素。特别是某些行业不正之风屡禁不止，愈演愈烈，并且涉及各行各业、各级部门和各个层次，由一般经营管理部门向行政机关、党务部门、监督部门甚至执法司法机关等要害部门蔓延，许多正直的人们对此忧心忡忡。

2. 从基层趋向机关

市场经济条件下，腐败的最主要特点是利用公共权力谋取私利，权力进入市场，搞权钱交易。在新旧体制交替的过程中，计划经济体制和市场经济体制并存，权力、金钱和价值规律同时对经济活动发生作用，少数领导机关的领导干部经不起执政的和改革开放的考验，经不起金钱的诱惑，为追逐物质利益和感性刺激而不惜以权力和原则为筹码，侵害国家和集体利益而谋取个人私利。有的则以权经商和以权谋私，利用人民赋予的权力及掌管的人财物权利捞取个人好处；有的将权力商品化，不见钱不办事，甚至收钱也不办事；有的签个名，批个条就拿“手续费”、“劳务费”；有的打个电话、通报情况就有人送上“信息费”，更值得注意的是，这类新违纪问题正由之前的基层的所谓“七所”、“八所”向党政领导机关发展。

3. 由个体趋向群体

在搞活经济、简政放权过程中，有些部门负责人屈于单位领导的压力，或串联一气，巧立名目，滥用所谓“自主权”，以集体研究决定为职工谋福利为理由，堂而皇之地侵占国家资财，让群众得点好处、尝点甜头，以造成罚不及众的局面，更多地达到少数人谋取更多私利的目的；有的被不法分子拉拢腐蚀，或明知不管，听之任之；或为违法犯罪分子提供条件，有的甚至相互勾结，有组织地团伙作案。现在查处的经济案件往往是一案涉及多人，一条线索牵出一串线索，有组织作案十分突出。这些案件往往因为涉及共同利益而相互牵制、订立攻守同盟。有组织有计划有预谋作案，手段狡猾隐蔽，抗查防查能力强，难以发现，不易查处。

4. 由暗地隐蔽趋向公开

有些人以改革开放、开拓创新、勇于进取为旗号，打着搞活市场经济、发展地方建设为幌子，使违法行为由过去的暗地隐蔽化变成堂而皇之的半公开化、公开化。如对于用公款吃喝玩乐、游山玩水、出国旅游开“洋荤”，过去还有所顾忌，背地在做，不敢公开，现在却明目张胆，毫不考虑，一掷千金，攀比阔气。有的甚至在公务活动中借参加经济活动时机，以参加摇奖等形式，在大众场合、众目睽睽之下，接受巨额奖金、礼品、捐赠，都在企业财务员工手中报销冲公，这实质上是变相收受贿赂、化公为私，满足私欲。

滋生消极腐败现象的原因众多。之所以能蔓延发展是由于源源不断的公款金钱的支持，而这些金钱公款大多是经企业员工之手流入腐败分子手中的，故从客观上助长了消极腐败现象。当然，公款流失的主要责任是单位负责人，一支笔批准报销的，但与我们企业员工屈从压力、不坚持原则、以迎合领导心意不能说不无关系。值得注意的是，消极腐败现象的蔓延发展，严重地破坏和阻碍着社会主义市场经济体制的正常发展和现代化经济建设，引起了广大人民群众的强烈不满，已经成为某些地方和单位不安定的重要因素。

因此，中共中央、国务院明确提出，在全国开展一场反腐败斗争，以确保社会主义市场经济建设顺利进行。要从根本上消除腐败，有赖于经济体制改革和政治体制改革的进一步深化与实际需要，有赖于社会主义法制建设的健全运行，有赖于市场经济运行机制的完善，更重要的一点就是，要对广大党员干部进行廉洁教育，强化廉洁意识。只有包括企业员工在内的所有工作人员树立廉政观念，才能把外部强制性约束条件“内化”为自觉行动，进而从根本上杜绝腐败和不廉洁行为。

只有加强商业道德规范来武装企业员工的头脑，使他们能用商业道德来规范、指导自己的行为，逐渐形成商业道德责任心和荣誉感，正确地使用自己的企业权利，忠实地履行自己的企业义务，才能使企业员工自觉地维护财经制度，遵守财经企业纪律，有权不搞特殊化，严于律己，清正廉洁。

从近年来，国内外资本证券市场上市公司十大造假案（见表 1-1）可以看到企业腐败、参与造假的巨大危害。

表 1-1　国内外资本证券市场上市公司十大造假案

上市公司	会计师事务所	造假年份	造 假 手 法	造 假 金 额
美国雷曼兄弟公司（158 年历史，2008-09-15 破产保护）	安永国际会计师事务所	2007 年第四季度；2008 年第一、二季度	“回购 105”（“Repo 105”）或“回购 108”的会计手段粉饰账面	分别隐藏问题资产 390 亿美元、490 亿美元、500 亿美元
美国安然公司	安达信国际会计师事务所	1997—2000 年	各类子公司和合伙公司数量超过 3000 个，虚夸收入和利润，隐藏的债务高达数十亿美元	利用关联交易共虚报 5.52 亿美元盈利
美国世界通信公司	安达信国际会计师事务所	1999 年初—2002 年 11 月	一般性费用支出计入资本项目	虚增收入 38.52 亿美元；虚假利润达到 90 亿美元
美国施乐公司	毕马威国际会计师事务所	1997—2000 年	虚报营业收入和税前利润	虚报近 30 亿美元的营业收入和 15 亿美元的税前利润
意大利帕玛拉特公司	均富国际会计师事务所	1988—2003 年	伪造文件虚报银行存款，以高估的资产举债利用关联方和设立投资基金转移手段资金利用衍生金融工具和复杂的财务交易掩盖负债	帕玛拉特管理层通过伪造会计记录，以虚增资产的方法掩盖累计高达 162 亿美元的负债漏洞

续表

上市公司	会计师事务所	造假年份	造假手法	造假金额
琼民源	海南中华会计师事务所	1996年	把合作方香港冠联投入股本1.95亿元作为收入、开发权及经营权3.2亿元作为收入,将民源大厦建设补偿费0.51亿元作为收入,评估资产大幅度增值	虚构利润5.66亿元 虚列资本公积金6.57亿元
郑百文	郑州会计师事务所	1995年 1996—2000年	虚提返利、少计费用、费用跨期入账等 虚提返利、费用挂账、费用跨期入账、无依据冲减成本等	虚增利润1908万元 虚增利润14390万元
科龙电器	德勤华永会计师事务所	2002年 2003年 2004年	利用编制虚假银行收付款凭证、银行存款账簿记录、银行对账单等低劣手段,隐瞒每笔资金的转入转出,同时伪造企业印章,虚构科龙的销售收入,并且通过少提坏账准备、少计诉讼赔偿编制虚假报表	分别虚增利润1.2亿元、1.14亿元、1.49亿元
银广夏	深圳中天勤会计事务所	1999年 2000年	伪造购销合同、出口报关单,伪造免税文件和金融票据;虚开增值税发票等,虚构主营业务收入,虚构巨额利润7.45亿元	1999年为1.78亿元 2000年为5.67亿元
ST金荔	深圳鹏程会计师事务所	2003年 2004年	采用银行借款不入账、少计短期借款方式少计财务费用,提供虚假银行单证,拖欠员工工资及欠缴“三金”,高管违法,大股东掏空,导致报表虚假	虚报收入13207万元,虚增利润8179万元 2004年1～10月虚报收入11009万元;虚增利润7270万元

资料来源:美国证监会网站、中国证监会网站、http://www.csrc.gov.cn、http://www.sina.com.cn、《中国证券报》及《中国证券期货》。

【网络链接1-2】

有腐必反,有贪必肃,把权力关进制度笼子里

2013年1月22日,中共中央总书记、军委主席习近平在党的第十八届中央纪律检查委员会第二次全体会议上指出,反腐败斗争形势依然严峻,要坚定不移地把党风廉政建设和反腐败斗争引向深入。

改进工作作风的任务非常繁重,八项规定是一个切入口和动员令。八项规定既不是

最高标准，更不是最终目的，只是我们改进作风的第一步，是我们作为共产党人应该做到的基本要求。“善禁者，先禁其身而后人。”

各级领导干部要以身作则、率先垂范，说到的就要做到，承诺的就要兑现。要坚持勤俭办一切事业，坚决反对讲排场比阔气，坚决抵制享乐主义和奢靡之风。要大力弘扬中华民族勤俭节约的优秀传统，大力宣传节约光荣、浪费可耻的思想观念，努力使厉行节约、反对浪费在全社会蔚然成风。

习近平指出，坚定不移惩治腐败，是我们党有力量的表现。要坚持“老虎”、“苍蝇”一起打，既坚决查处领导干部违纪违法案件，又切实解决发生在群众身边的不正之风和腐败问题。要坚持党纪国法面前没有例外，不管涉及谁，都要一查到底，绝不姑息。要继续全面加强惩治和预防腐败体系建设，加强反腐倡廉教育和廉政文化建设，健全权力运行制约和监督体系，加强反腐败国家立法，加强反腐倡廉党内法规制度建设，深化腐败问题多发领域和环节的改革，确保国家机关按照法定权限和程序行使权力。要加强对权力运行的制约和监督，把权力关进制度的笼子里，形成不敢腐的惩戒机制、不能腐的防范机制、不易腐的保障机制。各级领导干部都要牢记，任何人都没有法律之外的绝对权力，任何人行使权力都必须为人民服务、对人民负责并自觉接受人民监督。要加强对一把手的监督，认真执行民主集中制，健全施政行为公开制度，保证领导干部做到位高不擅权、权重不谋私。要坚定决心，有腐必反、有贪必肃，不断铲除腐败现象滋生蔓延的土壤，以实际成效取信于人民。

（资料来源：新华网——广州，2013-01-22 18:48:32）

所以，加强商业道德建设对纠正企业领域的不正之风，形成反腐倡廉新风尚具有重大意义。只有提高了企业员工的道德素质，才能使他们把商业道德原则、商业道德规范和商业道德范畴转化为内心信念，自觉维护国家和人民的利益，把祖国的利益作为企业工作的出发点和归宿，不搞特殊化，不利用职权和工作之便拉关系，走后门；不支付“关系钱”，不报销“关系款”，不得以任何借口向外单位和基层索取紧俏商品或者购买特殊照顾价格的商品货物；不搞请客送礼、吃喝玩乐、接受礼品，自觉抵制资本主义腐朽思想的侵蚀和一切“向钱看”思想的影响，在企业领域不搞不正之风，带动整个社会风气转变，且为之作出积极贡献。

三、加强商业道德建设的客观必然性

在进行有中国特色社会主义现代化建设的今天，加强商业道德建设不仅具有上述的重要性，并且具有其客观必然性。原因有以下几点。

第一，我国目前正处于社会主义初级阶段，经济体制改革的根本目标是建立卓有成效的社会主义市场经济体制，因此与自然经济和产品经济相比，我国经济成分丰富复杂得多，社会生产方式及人们的生活方式有了很大变化，国家、集体与个人三者之间的利益关系及人事关系较过去大大复杂化。社会经济领域的巨大变化对商业道德建设提出了新的挑战，明确了新的任务，这就要求商业道德建设在原则、观念及其他方面适应市场经济建设的需要，因此，为了配合复杂的经济生活和日益频繁交往的人际关系、调整好各方面的利益关系，就必须在企业领域加强商业道德建设，强化企业员工的商业道德意识。

第二,改革开放引起了新旧体制的转换交替,在法律、道德等领域形成了新旧观点交替之间的间隙。一些旧的道德传统严重阻碍新体制的运行,阻碍了市场经济的健康发展。与此同时,资产阶级利己主义道德思想得到滋生的环境和条件,带来许多突出的社会道德、生活问题,其中以商业道德领域的问题最为突出。特别是社会主义市场经济体制的确立,为商业道德建设提出了更新更高的要求。市场经济是按照价值规律的要求实现社会资源合理配置的经济运行方式。价值规律是商品市场经济运行的基本原则,国家的宏观调控必须通过制定和实施符合价值规律要求的经济政策以及利用经济杠杆来实现。如果企业员工违背商业道德,不是忠于职守、廉洁奉公,而是利用职权索贿受贿、用权力经商、搞权钱交易。那么,生产要素就不会按照价值规律运行,资源和资金也不会朝最佳方向流动,市场经济中就难以形成平等的竞争机制,而是向"权力"、"金钱"、"人情"、"吃喝"、"关系"倾斜。

第三,规范企业员工职业行为的规则主要体现在各种公司法律、规章、制度之中,但在强调运用公司法规、法令、纪律来规范企业员工职业行为时,仍必须辅之以商业道德规范。原因在于法律的完备总是相对的,再完善的法制总会存在某些"空隙"和"疏漏"以及滞后性。假如企业员工没有良好的商业道德的自我约束,他们就会利用公司法律的某些不完备的条款,做各种损人利己、损公肥私的勾当,想方设法搞投机、钻空子。而且任何公司的法规都是要企业员工去具体执行的,遵纪守法是一项重要的道德规范。如果企业员工没有树立起商业道德观念,法制意识淡薄,很可能有法不依,执法不严、违法不究、听之任之,甚至知法犯法、搞行业不正之风、破坏社会主义企业活动的正常运行秩序,导致当今大面积的企业信息严重失真,假账盛行坑人,假表泛滥成灾,书记成本、厂长利润、经理报表、长官指标,比比皆是,严重影响生产经营决策和资本投资决策,对于国家的宏观决策和国民经济调控产生重大不利影响。

第三节　道德、社会公德与职业道德概念及其特征

一、道德的含义及其发展

(一) 道德的本质属性

在现实社会生活中,每个社会成员的行为都会对社会和他人产生一定的影响。这种影响有两种后果:一是有些行为会给他人和社会带来幸福,因而被认为是有道德的行为;二是有些行为会给社会和他人带来痛苦和不幸,因而被认为是不道德的行为,即失德行为。道德在这里作为评价人们行为善恶的一种准则尺度。那么什么是道德呢?

道德是一定社会为了调整人们之间的相互关系以及个人与社会之间所倡导的行为准则和规范的总和。道德以善与恶、是与非、正义与邪恶、荣誉与耻辱、诚实与虚伪等概念来评价人们的各种行为,通过各种形式的教育和社会舆论的力量使人们心里逐步形成正确的思想观念、培养良好的习惯传统、指导和控制自己践行合理与合法的行为。

从本质上讲,道德是一种由社会经济关系决定的、从属于上层建筑的社会意识形态。马克思曾经指出:"物质生活的生产方式制约着整个社会生活、政治生活和精神生活的过

程。不是人们的意识决定人们的存在，相反，是人们的社会决定人们的意识”[①]。作为社会精神生活之一的道德深深根基于社会经济生活中，为一定社会的经济基础所决定，并为该社会的上层建筑服务。故恩格斯说：“一切以往的道德论归根结底都是当时的社会经济状况的产物。”[②]

还要看到，道德的内容受社会经济关系的制约，社会经济关系的性质决定着道德体系的性质。社会经济关系发展了，道德的内容及体系也将随之变化发展。以上是道德的存在及内容的客观性方面，与此同时，还有道德的表述及形式的主观性方面，这具体表现为：道德不仅是人们认识的产物，也是人们提出来的调整相互关系的准则和规范，而且道德只有转化成人们的内心信念，深入人们的意识之中，才能指导人们的行为，产生实际的作用。内容的客观性和形式的主观性的辩证统一是道德的重要特征。在不同的社会制度下，由于道德存在的客观环境和主观要求不同，道德的内容、体系与要求也会相应地发生变化。

值得指出的是，在社会经济关系对道德产生作用的情况下，道德仍然具有相对的独立性。这是因为：道德在社会发展过程中，并不是一种被动的消极因素，而是一种能动的积极因素；道德也有着特殊的内在矛盾和内在要求，并因此有着自己本身发展的历史过程；道德也能对其他社会因素，包括经济因素，发生这样的或那样的影响和作用。一句话，道德对于社会经济基础，对于整个社会生活，发挥着重大的能动作用。说得确切些就是，道德是一切社会的统治阶级维护、巩固自身有效统治的重要工具。这就是为什么自古以来任何社会的统治阶级都倡导、推崇道德的根本原因之所在。

在马克思主义伦理学科学体系中，道德反映了人类社会的一种特殊现象，认为道德是由一定社会的经济关系所决定的，依靠社会舆论、传统习俗和内心信念的约束力量来实现调整人们之间以及个人与社会之间的行为规范的总和。

（二）道德的特征功能

道德作为社会意识形态之一，不仅和其他意识形态一样具有相对的独立性，而且有与其他意识形态不同的特点。

1. 规范性

道德是调整人与人之间以及人与社会之间关系的行为规范。人本质上是社会人。人生活在世界上，要与他人、与社会发生复杂的关系，人们在社会中的行为，均是在一定的社会关系中进行的。作为行为规范的道德，就是指个人与社会应该建立一种什么样的关系，他对社会需要承担什么义务，在处理与他人的关系时应该遵守哪些原则，应该采取什么样的行动等。这些对人们的思想和一言一行起到一种规范性作用。

2. 非强制性

人与人之间的社会关系非常复杂，除了道德关系外，还有政治关系、经济关系、法律关系等。因此，调整人与人之间的关系，除了道德规范，还有政治规范、法律规范和经济手段。但是道德规范不像政治规范、法律规范和经济手段那样需要由政党、国家和经济部门专门制定，并由专门机关监督执行。道德依靠社会舆论、传统习惯和人们的内心信念来维

① 马克思．政治经济学批判导言．《马克思恩格斯选集》．北京：人民出版社，1972(2)：82.

② 恩格斯．反杜林论．《马克思恩格斯选集》．北京：人民出版社，1972(3)：134.

持和发挥作用，具有非强制性，是一种内在的、内心的、内化的、特殊的规范调解方式。

3. 历史性

所谓道德的历史性是指历史上各种人类道德的出现，都是当时社会经济关系状况的产物，并且总是与特定的历史阶段相适应的，因而总是带有那个时代的社会内容、社会要求和社会特征。从历史发展进程看，人类已经历了原始社会道德、奴隶社会道德、封建社会道德、资本主义道德，现在正处于社会主义道德阶段。

4. 全人类性

所谓道德的全人类性，就人类历史发展的全过程来说，是指不同时代道德体系之间有着共同的地方；就同一个时代和不同时代的社会关系来说，是指不同阶级或对立阶级道德之间有着共同的地方以及相互联系之处。历史上各种类型的道德体系都包含着全人类性因素，具有历史的继承性。

5. 社会实践性

道德具有广泛的社会实践性。道德是人类社会特有的现象，是人类有别于其他动物的根本标志之所在。道德贯穿于人类社会的始终。只要有人类社会的存在，就需要有调整人与人之间关系的道德规范。道德遍及社会生活的各个领域，渗透到社会的人与人之间的关系中去。道德是人类的实践精神，是人类把握世界的特殊方式，是人类完善发展自身的社会实践活动。

6. 相对独立性

马克思主义伦理学认为，经济基础是第一性的，道德是第二性的，经济基础决定道德；同时又认为，道德同其他社会意识形态一样，一旦形成之后，便具有相对独立性。道德相对独立性表现之一是道德与社会经济基础变化的不一致性。其中有两种情况：一种情况是道德意识的变化落后于社会经济基础的变化；另一种情况是在旧的社会经济关系发展变化过程中逐步产生新的社会经济关系的道德因素，与此相适应，也会在旧的社会道德体系居于统治地位的条件下，产生出某些新的道德因素。道德相对独立性表现之二，是道德意识的发展和社会经济发展水平的不平衡性。历史上许多经济比较落后的国家，其思想道德的发展却超过了经济先进的国家。道德相对独立性表现之三，是道德有其自己本身独立的历史发展过程，在自身发展过程中呈现出历史连续性和继承性。每一时代的社会道德意识，不管其表现形式有多么不同，都是以前时代的社会道德意识在新的社会经济条件下的继承与发展。

（三）道德的起源与历史发展

道德的起源问题一直为历史上伦理学家们所重视。历史上曾有一些伦理学家，企图离开人类历史的发展和人们的社会实践，去观察和研究道德现象，去寻找道德的起源。他们的观点，大致可归纳为以下四类。

（1）认为道德来源于客观精神和上帝及佛、道、神。

（2）认为道德来源于人类天性、人类同情心等。

（3）认为道德来源于人的自然本性、感觉欲望。

（4）认为道德来源于动物世界。

在道德产生形成的过程中，以下几种因素起着重要的作用。首先，在道德初期的产生形成发展进程之中，劳动起着关键性的作用。正是生产劳动，使得原始人类的集群关系转变为原始人群的生产关系，也正是生产劳动，促进了人类的语言和思维的发展，使原始人脑演变成现代人脑，劳动也产生了协调人们相互关系的需要，这些都为道德的产生奠定了基础。其次，由于生产力发展而出现的劳动分工，促进了个性和自我意识的发展，丰富了社会关系的内容，并由此产生出一定的道德意识和道德行为规范。再次，氏族社会的形成。氏族以至部落的共同利益要求人们正确处理氏族与氏族之间、氏族内部人与人之间的关系，于是就产生了最初的道德规范。最后，人类对家庭和性关系的认识和限制，形成家庭、婚姻、爱情方面的行为道德规范。

道德是社会经济状况的产物。道德会随着社会经济状况的变化而不断变化发展。人类社会迄今为止已经先后经历了原始社会、奴隶社会、封建社会、资本主义社会和社会主义社会等五种社会形态，与此相对应，道德的发展也划分为五种历史类型：原始社会道德，奴隶社会道德，封建社会道德，资本主义社会道德、社会主义社会道德。

二、社会公德的基本要求与建设途径

（一）社会公德的基本要求

社会公德是指在社会公共生活中为全体公民所公认的、人人都应遵循的、起码的道德规范的总和。马克思在1864年的一次演讲中提出："努力做到使私人关系应该遵循的那种简单的道德和正义的准则，成为各民族之间的关系中的至高无上的准则。①"社会公德之所以重要，是因为它维系人们之间的正常社会交往以及和睦相处，坚持社会公共生活的安定有序，并维护人民大众的、共同的整体利益。社会公德与个人私德相对立，前者是与集体、组织、阶级以及整个社会、民族、国家有关的道德，后者则是在个人私生活中处理爱情、婚姻、家庭问题的道德以及个人的品德、作风、习惯等。虽然两者有区别，但并非绝对对立，在一定条件下能相互转化。社会公德产生于人类社会中共同生活的客观需要，人们在社会生活中互相联系、互相依存，彼此之间存在着某些一致的共同利益，社会公德就是这种公共利益的反映。

【网络链接 1-3】

论　公　德

——梁启超（1902年3月10日）

我国民所最缺者，公德其一端也。公德者何？人群之所以为群，国家之所以为国，赖此德焉以成立者也。人也者，善群之动物也（此西儒亚里士多德之言）。人而不群，禽兽奚择。而非徒空言高论曰群之群之，而遂能有功者也；必有一物焉贯注而联络之，然后群之实乃举，若此者谓之公德。

道德之本体一而已，但其发表于外，则公私之名立焉。人人独善其身者谓之私德，人人相善其群者谓之公德，二者皆人生所不可缺之具也。无私德则不能立，合无量数卑污虚

---

① 马克思.国际工人协会成立宣言.《马克思恩格斯选集》.北京：人民出版社，1972(2)：135.

伪残忍愚懦之人，无以为国也；无公德则不能团，虽有无量数束身自好、廉谨良愿之人，仍无以为国也。

……

公德之大目的，既在利群，而万千条理即由是生焉。本论以后各子目，殆皆可以“利群”二字为纲，一以贯之者也。故本节但论公德之急务，而实行此公德之方法，则别著于下方。

（资料来源：http://post.baidu.com/f? kz=70570439，2007-06-10）

在社会主义条件下，社会公德有如下几方面的要求。

（1）为人正直、善良、诚实、守信。

（2）人们相互之间团结合作、互相尊重、互相帮助。

（3）维护公共秩序、公共设施、公共卫生、公共安全。

（4）讲究行为文明、礼貌交往。

在我国，大兴讲文明、讲礼貌、讲卫生、讲秩序、讲道德的“五讲”之风，达到心灵美、语言美、行为美、环境美的“四美”，是对目前我国社会主义初级阶段社会公德内容的精辟概括。《中华人民共和国宪法》明文规定：“中华人民共和国公民必须遵守宪法和法律；保守国家秘密，爱护公共财产，遵守劳动纪律，遵守公共秩序，尊重社会公德。”显然，遵守社会公德，是每个公民对社会、对国家、对民族应尽的义务。提倡和宣传社会公德，促进社会风尚的根本好转仍是全党和全国人民面临的重大任务。

2001年9月20日，中共中央印发《公民道德建设实施纲要》明确提出“文明礼貌、助人为乐、爱护公物、保护环境、遵纪守法”的社会公德规范以及“尊老爱幼、男女平等、夫妻和睦、勤俭持家、邻里团结”的家庭美德规范；同时强调，“从我国历史和现实的国情出发，社会主义道德建设要坚持以为人民服务为核心，以集体主义为原则，以爱祖国、爱人民、爱劳动、爱科学、爱社会主义为基本要求，以社会公德、职业道德、家庭美德为着力点。在公民道德建设中，应当把这些主要内容具体化、规范化，使之成为全体公民普遍认同和自觉遵守的行为准则”。可以说，这是推进我国社会主义道德建设的基础性工作，是依法治国与依德治国同步发展的重大举措。

（二）社会公德的建设途径

由于历史的原因，我国公民整体公德意识较为淡薄，因此，当前公民道德建设应针对具体情况，以公德建设为基点，提高全社会的公德水平。

社会道德的形成需要主客观条件的成熟。只有在一定社会经济形式中，有了人与人、人与集体之间的社会关系，才有可能产生道德。而社会公德的形成和完善，同样依赖于一定的社会经济形式与特定的社会关系。

从客观上讲，我国是传统的农业社会，其基本特征表现为封闭、稳定、保守和民众生活单一。农业经济决定人们的生活交往圈子狭窄，即使在今天，中国广大农村地区的这种状况也未完全改变。而且，在农业社会实行自给自足的自然经济，人们的衣食住行自行解决，绝大多数人的生活内容简单。所以，长期以来，我国传统道德重人伦、重礼教，狭隘的礼仪道德、家规、乡规民约发展完善，而现代社会所需的公共道德、公共社会生活规范却没有发展的土壤。

从主观上讲，社会公德的发展完善还依赖于社会全体公民养成自觉的社会责任感和义务感。我国经历了漫长的封建社会，人的社会角色是依特权、等级来确定的。在这种等级制度中，民众是不具备平等身份的社会公民。因此，在权利与义务的关系上，作为臣民、子民没有自身的权利可言。这种严重不对等的权利义务关系造成的后果是：表面上看，百姓虽无权利意识，却有很强的义务意识；但实际上，百姓被动履行义务，内心产生对无权利的义务的强烈抵触，权利意识和义务意识都被弱化，在一般情况下，社会责任感不足，对许多事情抱着“事不关己，高高挂起”的态度。

由于以上主客观条件的制约，造成我国公民的公德意识比较薄弱，随着社会的文明进步，人们的衣食住行以及工作、劳动、交友、娱乐等生活方式发生了翻天覆地的变化，但公民意识、公共意识、公德意识并未随之加强。

针对我国社会公德的现状，当前社会公德建设要抓住重点，找准切入点。在我国，作为执政党的中国共产党拥有六七千万党员，他们是中国最广大人民群众利益的代表，他们自然应成为社会公德建设的先锋队。全体共产党人都应该是社会公德建设的楷模，党员领导干部，尤其是党员高级领导干部更应率先垂范。

2002 年冬，胡锦涛总书记和中央书记处成员上任不久，来到革命圣地西柏坡，重提“两个务必”(即务必使同志们继续保持谦虚、谨慎、不骄、不躁的作风，务必使同志们继续保持艰苦奋斗的作风)，向全党发出明确号召：盛世之时更要艰苦奋斗，居安思危，保持同人民群众的血肉联系。胡锦涛强调，各级干部要牢记全心全意为人民服务的宗旨，做到“权为民所用，情为民所系，利为民所谋”。随后，胡锦涛冒着－35℃严寒看望内蒙古牧区困难群众，带去党和政府的温暖；温家宝奔赴辽宁阜新矿区调研，深入 700 米深的矿井与坚守工作岗位的矿工一起共度除夕，让广大人民群众感动不已。

要使全体公民在处理公共关系和公共事务中自觉遵守道德规范、承担道德责任、履行道德义务，责任心是最基本的前提和基础。因此，当前公德建设要以公民责任心的培养作为切入点。公民责任心是一个内涵丰富的概念。总的来说，它是指公民在保护和促进自身权益的过程中，不忘他人和社会整体利益，自觉履行各种法定义务，积极承担自己应尽的责任义务。公民责任心的培养是一项艰巨复杂的社会系统工程，需要多方面的努力，就当前而言应做好以下几点：第一，确定全新的道德原则体系；第二，树立合理的道德价值观念；第三，加强公民责任心的基础教育；第四，完善道德评价体系；第五，明确有序的道德导向；第六，抓好法律约束。

三、职业道德的特点及社会功能

(一) 职业道德的含义及其特点

职业道德，是指在一定的职业生活中所应遵循的且具有自身职业特征的道德原则和规范以及分内应做工作的总和。职业道德规定人们在自己的职业生活中所必须遵循的道德规范，规定人们“应该”做什么，“不应该”做什么，“应该”怎样做，“不应该”怎样做。换言之，职业道德是从道义上要求人们在其职业生活中以一定的思想、感情、态度、作风和行为去待人接物、处事，明确工作任务，完成本职工作。

职业道德责任与职业密切相关。何谓职业？职业是指人们在社会生活中所从事的对社会承担一定的职责，并作为自己主要生活来源的具有专门职能的工作。人们的职业生活作为一个历史范畴，并非从来就有，它是社会分工及其发展的结果，而职业分工的出现与发展，使职业道德的产生成为需要和可能。因为职业分工使人们之间的社会关系增添了新的内容，产生了职业活动主体和职业活动客体，形成了职业活动的社会对象之间的关系、同一职业集团内部人们之间的关系。这些关系需要与之相适应的特殊道德来调整。长期以来从事某种职业的人，由于有特殊的活动方式，受过特殊的职业训练，往往具有特殊的职业兴趣、爱好、习惯等，形成特殊的职业责任心、职业荣誉感和职业纪律。在此基础上，各职业团体通过其中有代表性的人物的言论和行为示范，逐步建立起各职业人员应遵守的职业道德。职业道德通过公约、守则、条例等形式，促使职工忠于职守，钻研业务和技术，完成工作和任务，服从秩序和领导，团结协作，推动各项事业的发展。

职业道德的推行，一方面可以协调本职业和社会各方面的关系，满足社会各方面对本职业的需要；另一方面可以协调本职业内部的相互关系，解决内部的矛盾和纠纷，共同完成职业工作，履行职业责任。在我国，职业道德是共产主义道德体系的重要组成部分，是共产主义道德原则与规范在职业行为和职业关系中的特殊表现；同时又受社会公德的约束，体现社会公德的要求。近代西方研究职业道德的学科被称为职业伦理学，包括律师伦理学、教师伦理学、医生伦理学、科学伦理学、管理伦理学。本书研究企业领域中因企业活动的发生所引起的商业道德、社会责任及其发展变化的规律，即“商业伦理与社会责任”。

（二）职业道德的特点

职业道德作为职业生活领域特殊行为的调节手段，具有以下特点。

1. 鲜明的行业性

职业道德和职业生活是密切相连的，它具有鲜明的职业和行业的特点。职业道德是人们在其职业活动过程中形成的特殊道德关系的反映。各行业都有自己的特殊道德规范、特殊的活动内容和特殊的活动方式。所以行业性是职业道德最显著的特点。

2. 范围的有限性

职业道德的适用范围不是普遍的，而是特殊的、有限的。其约束的对象是一定职业活动的从事者，超出这个范围，对他人行为就不具有道德调节作用。

3. 形式的多样性

由于社会分工的不同，人们所从事的职业多种多样，职业道德呈现多样性，以规章制度、工作守则、服务公约、公规民约等多种简明适用、生动活泼的形式教育和约束本职业的从业者。

4. 稳定的连续性

由于职业道德和职业劳动、职业要求紧密结合，因此道德有较强的、稳定的连续性。这种稳定的连续性常常表现在世代相传的职业传统中，形成人们比较稳定的职业道德、职业心理和职业习惯。

总之，由于职业道德具有以上特点，因此职业道德能够对人们的行为活动发生经常性的、深刻的影响，形成强大的职业道德力量，促进各项事业的发展。

（三）职业道德的社会功能

职业道德对于社会发展有着重要的社会功能。

1. 职业道德是推动物质文明建设的重要力量

为了建设物质文明，人类社会形成了严密的分工和协作关系。各行各业的分工和协作都直接或间接地影响着社会物质文明建设。怎样才能保证人们自觉地做好本职工作，为建设社会主义物质文明尽职尽力呢？职业道德起着特殊的、重要的作用。职业道德的基本要求是"忠于职守"。当人们确立了相应的职业道德观念，并且转化成人们自己的信念、良知、义务和荣誉感，形成高尚的思想觉悟和精神境界时，就能比较正确地认识和处理个人与社会、本职业集体与其他职业集体之间的关系，在自己的岗位上尽职尽责地工作，只有这样，国家和民族的物质文明建设才可能硕果累累；相反，如果一个社会、一个国家的公民职业道德观念淡薄或不讲职业道德，不能很好地履行自己的职责，那么国家和民族的物质文明建设就会停滞不前。

2. 职业道德是形成和改造社会风尚的重要因素

社会风尚是人们精神面貌的综合反映，归根结底是现实社会关系的综合反映。职业道德要求人们在从事职业活动时，把正确认识和处理人与人之间的关系放在重要位置。一方面通过职业活动创造物质财富，另一方面为建设精神文明承担自己应尽的义务。各种职业都有特殊的权利和义务。如果人们有高尚的职业道德，能够正确地认识和使用自己的权利、履行自己的义务，能够遵循自己的职业道德规范，那么就可能在从事物质资料生产的同时，培养出良好的社会关系和社会风尚。相反，如果人们不遵守职业道德，就可能在从事物质资料生产的同时，不自觉地产生尔虞我诈、制假贩假、不择手段、追逐名利等各种不良社会风尚。当然，在阶级社会里，社会风尚归根到底是由经济关系决定的。但是，职业道德对社会风尚的作用是不容抹杀的。

3. 职业道德可以促使人们自我完善

一个人是否成才、是否对社会有贡献，主要依靠其在职业生活的实践中的学习和锻炼。职业道德是人们职业生活的指南，对人们的思想和行为产生深刻和经常性的影响。职业道德规定了具体职业的社会责任，指导人们在具体的职业岗位上，确立具体的职业生活目标，选择具体的职业生活道路，形成具体的人生观和职业理想，培养具体的职业道德品质。历史和现实生活告诉人们，一个人能否成才常常不在于是否有优越的客观条件，而在于是否有高尚的职业道德。有些很有才华的人之所以昙花一现，一个重要的原因是他们不注重职业道德修养；而一些本来资质平凡的人之所以能对人类社会有较大的贡献，其中重要的原因是他们长期注重职业道德的锤炼。职业生活中的失职、利己、怯懦、傲慢、浮躁、虚伪、狭隘、狡诈、推诿、固执、猎奇、虚荣、嫉妒等不良品质，往往使人碌碌无为、一事无成或者误入歧途，以致身败名裂；而职业生活中的忠于职守、无私、无畏、具有责任心、勇敢、互助、勤奋、诚实、谦虚、守信、大度、忍让、认真、细心、坚定、心地善良、仁慈宽厚等优良品质，则使人们在成才和事业的道路上不断前进、取得成功。可见，一个人在职业生活中学习、培养和锻炼各种优良品质，形成高尚的职业道德理想和职业道德情操，无论对社会还是对个人，都具有十分重要的意义。

第四节 商业伦理的研究内容、任务与背景

商业伦理，又称商业道德，是商品经济高度发达的产物，是企业与相关人员在频繁的商业活动中对出现的社会问题的处理方式及其后果的总称。广义的商业道德包含了相当多的内容，但对于商业伦理的含义和范围的理解，实际和理论存在着一定的差异。零点调查集团曾经对北京、上海、广州的300家企业负责人进行了商业伦理指向的随机抽样调查。

由表1-2、表1-3中可以看到，有39.3%的人把商业伦理与职业道德完全等同起来，认为职业道德是商业伦理主要构成部分的更达72.6%。这表明，虽然人们对商业伦理的认识还不一致，但绝大多数人还是认可职业道德在商业伦理中所起的重要作用。

表1-2 商业伦理包含的意义(多项回答)

含义	样本	百分比(%)
行业规范	100	33.3
职业道德	218	72.6
商业诚信文化	72	24.0
经营哲学	81	27.0
其他	9	3.0
样本总计	300	100.0

表1-3 商业伦理几方面含义的理解

含义	样本	百分比(%)
行业规范	20	6.7
职业道德	118	39.3
行业道德＋职业道德	30	10.0
商业诚信文化	14	4.7
行业规范＋商业诚信文化	2	0.7
职业道德＋商业诚信文化	15	5.0
行业规范＋职业道德＋商业诚信文化	5	1.7
经营哲学	24	8.0
行业规范＋经营哲学	3	1.0
职业道德＋经营哲学	11	3.7
商业诚信文化＋经营哲学	7	2.3
行业规范＋职业道德＋经营哲学	3	1.0
行业规范＋商业诚信文化＋经营哲学	1	0.3
职业道德＋商业诚信文化＋经营哲学	3	1.0
行业规范＋职业道德＋商业诚信文化＋经营哲学	29	9.7
总计	300	100.0

(资料来源：苏勇等,《管理论理学教学案例精选》,复旦大学出版社2001年版,第4页)

一、商业伦理的研究内容

商业伦理研究商业道德这一特定的社会现象，不仅要研究善恶规范及其作用、形式，还要研究商业道德规范的建设、商业道德评价和商业道德品质的塑造等。美国堪萨斯大学教授理查德·T. 蒂·乔治（Richard T. De George）把商业伦理研究内容划分成三个层次：

（1）对经济制度进行道德评价；

（2）对商业行为进行道德评价；

（3）对个人行为进行道德评价。

乔治的这种内容规定与广义的商业道德是相一致的。我们认为，商业伦理的研究内容的确定应充分考虑商业道德的基本内容，也就是说，商业伦理的研究内容应包含商业道德的所有内容。商业伦理研究内容的展开方式主要有以下几种。

（一）按利益关系展开

按照企业形成的主要利益关系，相应地有企业与顾客关系中的伦理问题、企业与供应者关系中的伦理问题、企业与竞争者关系中的伦理问题、企业与政府关系中的伦理问题、企业与社区关系中的伦理问题、企业与环境关系中的伦理问题、企业与投资者关系中的伦理问题、企业与管理者关系中的伦理问题、企业与员工关系中的伦理问题、员工与员工关系中的伦理问题等。

（二）按企业职能展开

企业职能，是企业所要履行的职责，主要包括采购、研究开发、生产、营销、财务、人事、后勤、管理等。所有这些活动中都存在着伦理问题，与此相应就会有采购中的伦理问题、研究开发中的伦理问题、生产中的伦理问题、营销中的伦理问题，财务中的伦理问题、人事中的伦理问题、后勤中的伦理问题、管理中的伦理问题等。

（三）按典型的伦理问题展开

企业在经营过程中，存在着一些典型的伦理问题，如产品安全性、广告真实性、不正当竞争、性别歧视、环境污染、回扣、对企业忠诚与检举不道德经营行为、做假账等。商业伦理可以围绕这些问题进行讨论。

（四）按基本伦理范畴展开

公正、平等、诚实、自由、守信等是几个重要的伦理范畴，结合经营管理实践对它们进行讨论也是有意义的。

【网络链接 1-4】

内在性诚信理念：企业兴旺发达的基础

所谓内在性诚信理念，就是指企业内在地、自觉地遵守诚信的原则，完全以诚信的理念来指导自己的经营活动。由此可见，这种内在性诚信理念，并不是指企业为了自身的私利而迫于无奈地执行诚信理念，即企业是目的性极强地、被动性地执行诚信理念，而是指企业把诚信理念作为自己的行为准则和信条。也就是说，内在性诚信理念不是指企业因为外在力量而被迫地执行诚信原则,而是指企业非常主动地遵守诚信的原则。应该说,诚信理念是企业经营活动中一个首要的、极其重要的理念,没有诚信理念,企业的经营活动是很难有效地进行的,甚至根本无法进行,即就是有时得势一时,但最终也会垮台。因此,对于诚信理念,所有企业都应该在商业诚信文化中予以重视。

所谓诚信理念是企业兴旺发达的基础,就是指企业只有在经营活动中遵守诚信理念,企业才能拥有非常广泛的客户,才能做到既保持老客户,又能够创造新客户,从而拥有原有的市场和创造新的市场,最终才能使企业高效益地可持续发展壮大。

(资料来源:魏杰著,《中国商业诚信文化创新》,中国发展出版社 2006 年版,p. 33)

二、商业伦理的任务

关于商业伦理学的任务,国外有以下两种不同的看法。

一种是纯理论的观点。如理查德·T. 蒂·乔治认为:"商业伦理能够证明不道德的商业行为为什么不道德,并指出取代这种不道德行为的可能选择是什么,但其本身作为一门学科并不使企业和企业中的个人更道德,商业伦理学研究的客观性应得到保证,它不能用于捍卫商业伦理现状,也不能用于对商业伦理现状进行攻击。"

另一种是功利的观点。W. A. 弗兰切(W. A. Franch)等人主张:"商业伦理通过激发道德想象、促进道德认识、整合道德与管理、强化道德评价等手段培养企业中个人的道德推理能力,最终达到澄清和化解企业活动中存在的利益冲突的目的。"

我们认为,商业伦理作为指导实践的理论、具有理论指导的实践,仅仅指出什么是道德的,什么是不道德的,或仅仅研究解决商业伦理的不道德行为,都不是商业伦理的全部任务。对商业伦理任务的理解,当然应结合理论和实践要求。

在现阶段,商业伦理的基本任务体现了社会主义精神文明建设的根本任务的要求,不断探索、揭示商业道德的形成和发展规律,制定切合实际的具体规范,开展商业道德教育,提高企业员工道德水平,培养适应社会主义现代化建设的、需要的、有理想、有文化、有道德、有纪律的企业公民,提高整个中华民族的思想道德素质和科学文化素质。同时,加强社会主义商业伦理研究,开展我国商业道德建设,本身就是社会主义精神文明建设的一个重要组成部分。

具体来说,商业伦理需要承担以下五方面的任务:

(一) 描述商业道德现状,提升商业道德水准

了解商业道德的实际状况,比如,哪些商业道德规范遵守得比较好,哪些没有得到遵守;有哪些不道德现象,其严重程度如何;产生不道德经营行为的原因是什么;企业与哪些利益相关者的关系处理得比较好,哪些处理得比较差;企业经营者的道德素质如何,扬长避短,抑恶扬善,从而提升商业道德水准等。

(二) 明确商业道德规范,引导企业健康发展

市场经济条件下的企业是面向市场、自主经营、自负盈亏、自我发展和自我约束的市场竞争主体和法人实体,具有自主性、趋利性、竞争性和平等性等特点。企业与利益相关者的关系也逐渐形成,并趋于规范,企业经营有其自身的特点,因而,不能照搬一般伦理规范。例如,诚信作为一般伦理规范,在许多的商业活动中无疑是我们需要遵守的,但在具

体的经营实践中，我们需要区别对待，企业尚在研制中的新产品的详情、企业计划中的广告策略、企业的成本及构成等，显然不能公之于众。因此，商业伦理的任务之一是建立一套能充分考虑企业经营特点的道德规范，引导企业健康成长，使企业步入持续、稳定、协调的发展道路。

（三）对企业及其成员的行为进行道德评价，提高商业道德修养的自觉性

企业员工要能够对企业工作的道德行为作出评价和判断，要以社会主义制度下的商业道德原则和商业道德规范作为企业工作中判断是非、评价善恶的标准。要通过宣传、教育等方式，使企业员工把握商业伦理学的基本理论、基本要求和基本标准；要明白在企业工作中哪些可以做、该怎么做、哪些不能做、不该怎么做；还要懂得提高商业道德修养的重要性，将自己造就成为具有高尚道德情操的企业员工。

运用规范，根据行为的动机和效果来评价企业及其成员行为的善恶，特别应从理论上对似是而非的问题进行分析，明辨是非。例如，买卖双方自愿的经营行为有没有道德问题？什么是不正当的，而更重要的，要是证明“正当的行为”为什么是正当的、“不正当的行为”为什么是不正当的。正如威廉和伯瑞所说“道德规范的有效性并不取决于权威的命令，而取决于理由的充分性。”

（四）探索新颖的、既符合商业道德又能给企业带来利益的经营管理模式

商业伦理不能仅仅停留在评判现状，它应该具有创造性，并能开拓经营管理的新视野。企业的目的是双重的，既要追求利润，又要对社会作出贡献。没有利润，企业不可能生存和发展，但追求利润并不是企业的唯一目标。企业既要追求利润，同时又要承担对社会的责任，故商业伦理还需要设计和提出能促使经营行为既符合商业道德要求又能给企业带来利润的经营目的、经营思想、决策程序、组织结构、报酬制度等。

（五）造就“道德的个体”，形成正确的金钱观，树立良好的商业道德风尚

造就“道德的个体”是商业伦理的归宿。所谓“道德的个体”，是指其经营行为是善的、应该的、符合道德规范要求的个体。商业伦理要充分发挥商业道德的独特调节作用，充分运用一系列的监督、控制、激励等行为，使企业、个人等各个体能成为“道德的个体”，摆正义利关系，形成正确的金钱观。

在我国，由于人民共和国是在半封建半殖民地的旧中国基础上建立起来的，封建思想、资产阶级思想、旧的道德观念及落后意识等不会自行消失，旧的非道德行为在企业工作中时有发生。特别是十年动乱时期，使社会风气遭到破坏，商业道德水准下降，企业领域中腐朽的道德观念和道德行为泛滥起来，少数企业员工贪赃枉法的事件屡有发生。近年来，随着改革和开放的日益发展，人们的生活方式、思维方式和道德观念不断改变。但有个别企业员工假借改革开放的名义谋取私利，有的甚至混淆视听，违法乱纪，为知法犯法者制造理论根据、出谋划策，甚至参与其中，造成人民财产和社会财富的巨大损失。商业伦理学的当务之急，就是要大力加强商业道德的宣传，努力提高企业员工的道德水平，树立良好的商业道德风尚，保证、促进我国经济体制改革和企业改革的健康稳步发展。

三、本书的研究背景与学术价值

为了建设与发展中国社会主义市场经济，我们要坚持不懈地加强社会主义法制建设,依法治国,加快科技强国、教育兴国步伐;同时也要坚持不懈地加强社会主义道德建设,以德治国,必须把道德建设提升到与法制建设同等重要的高度,这对于推进新世纪改革开放和现代化建设,实现中华民族的伟大复兴,必将具有深远的历史意义和积极的现实意义。

在这里,以德治国思想是本书的研究基础,在本书的研究过程中着力实现:

(1) 依法治国与以德治国并举;以法治企与以德治企并重;

(2) 加强商业伦理建设,完善商业伦理结构,提升企业经营业绩。

本书的研究具有重要的学术价值和迫切的应用需求。一方面,我们认为,商业伦理是商业活动的道德基础。因为,商业伦理所要探讨的企业公平、公开、公正、透明度、伦理责任与环境等构成商业伦理的道德基础;另一方面,商业伦理也是对商业伦理研究的纵深发展和最终归宿。当代商业伦理研究更多是着眼于横向技术层面的问题,今后商业伦理研究亦应关注纵深思想文化与道德意识层面问题。

第五节 研究商业道德的新学科:商业伦理学

商业伦理学是介于伦理学和管理学之间的一门崭新的边缘学科。在伦理学学科体系中,它属于一门具有实用价值的应用伦理学学科;在管理学科体系中,处于企业理论的最高层次,是企业实践的精神指南,是研究商业道德的新学科。

社会主义商业伦理学是研究社会主义市场经济体制下企业领域内的商业道德现象及其发展规律的学科,是马克思主义伦理学的重要组成部分。学习和研究商业道德,不仅对培养企业员工高尚的商业道德品质和商业道德行为,促进商业伦理科学的发展,推动企业改革的深入进行,而且对丰富和发展马克思主义伦理学,建设我国社会主义初级阶段的物质文明和精神文明,都具有十分重要的现实意义和深远的历史意义。商业伦理学的涉及面广、内容丰富、自成体系、结构完整。

一、商业伦理学研究的对象:商业道德

(一) 伦理学与道德

伦理学是人类的知识体系中一个最古老而又引人入胜的领域。公元前 5 世纪至公元前 2 世纪的古代中国就有“人伦”、“道德”、“伦类以为理”等的说法,并出现《道德经》、《论语》、《墨子》、《庄子》、《孟子》、《荀子》等具有丰富伦理思想的著作;秦汉之交,产生了“伦理”概念,出现了《孝经》、《礼记》等伦理著作。但长期以来中国的伦理学内容与哲学、政治教育结合在一起,直到近代才分化成独立的学科。

在西方荷马时代,德谟克里特和柏拉图开始了伦理道德的研究,公元前 4 世纪,古希腊哲学家亚里士多德在雅典学园讲授关于道德品性的学问,创造出新名词“Ethic”,即伦理学,写出《尼可马克伦理学》等专著,从此以后伦理学作为独立的学科在欧洲各国不断地发展。

关于伦理学的定义,在历史上人们从不同角度作过多种解释和说明。亚里士多德认为伦理学是研究是善与善的终极目的即至善的科学。中世纪经院哲学家阿伯拉德认为伦

理学主要是研究心灵的善恶意向的科学。18世纪的法国唯物主义者爱尔维修和19世纪德国唯物主义者费尔巴哈都以为伦理学是“达到幸福的科学”。黑格尔则表示他的伦理学就是法哲学。边沁和穆勒从功利主义出发，认为伦理学是“求得最大幸福之术”。此外，也有人认为伦理学是“人生理想之术”。

在中国伦理思想史上，中国古代的老子、孔子、孟子、庄子、直至近代的康有为、梁启超、蔡元培等圣人、大师都把研究道德诸问题视作己任。他们有的认为道德学(即伦理学)是关于人性善恶的学问，有的认为是关于天理人伦的学问，有的认为是王霸义利的学问或人生理想的学问。上述很多说法颇有价值，但没有对伦理学定义给出科学的回答。马克思主义伦理学认为，科学的伦理学是通过对道德现象的全面研究，揭示道德关系的矛盾，指出道德的本质、特点、作用及其发展规律的科学。

“道德”二字最初是分开使用的。古人云“道者，路也”，古人以“道”表示事物发展变化的规则、规律，做人做事的道理和规矩；“德者，得也”，古人把认识了“道”内得于己，外施于人，称之为“德”。战国末期的荀子将二字连用，他在《荀子· 劝学篇》中说：“故学至乎礼而止矣，夫是谓之道德之极。”这以后就延续了下来。在西方古代文化中，“道德”一词起源于拉丁语“摩里斯”，意为风俗和习惯，引申其义也有规则和规范行为品质和善恶评价等意义。在当今社会，所谓道德指的是人类生活中特有的、由经济关系决定的、依靠人们内心信念和特殊社会手段维系的并以善恶进行评价的原则规范、心理意识和行为活动的总和。

在现实生活中，人们常常把“伦理”、“道德”两个概念相互混用，有时连在一起叫作“伦理道德”，用以说明道德现象。之所以如此，是因为作为科学概念，两者有相互交错的部分。伦理学包含道德规范的内容，这些与道德有直接联系。道德本身包含道德思想内容，这便是一种尚未展开的伦理学。但从科学研究的角度讲，两者不能混淆，必须严格区别开来：伦理学是研究道德的科学，而道德则是伦理学研究的对象。在哲学上，人们将研究道德的伦理学称之为道德哲学。

（二）商业伦理学的定义

如何定义商业伦理学呢？商业伦理学是一门职业伦理学。但它与人们常说的企业职业道德有所不同。“企业职业道德”一般是指以通俗、具体的职业守则、章程、职权条例、岗位责任制等表示的企业职业行为规范。而商业伦理学不仅仅局限于企业领域的职业道德规范。它是用一系列概念定义、规范体系、活动体系等对商业道德的发生、发展及其作用进行系统的理论研究和表述，使之成为论述商业道德问题的理论和学说。简言之，商业伦理学是研究商业道德本质及其发展规律的科学。

应该看到，商业伦理学是社会学、经济学、管理学和伦理学相结合的一门新兴的边缘科学，同时它还要涉及哲学、美学、心理学、社会学等学科的知识，具有较大的综合性。商业伦理学把长期以来企业活动中的道德现象理论化、系统化。它既是企业员工衡量自身道德价值的尺度，又是调节企业员工职业道德行为的科学。

（三）商业道德是商业伦理学的研究对象

商业伦理学有其特殊的研究对象，这就是企业活动中的道德现象及其规律性，即商业道德。商业伦理学就是通过对企业活动中道德现象的全面研究，科学地揭示商业道德的本质、作用及其发展的客观规律。马克思主义伦理学原理告诉我们，企业活动的道德现象是企业领域内道德关系的具体体现。

道德关系是被经济关系决定的一种个人与个人、个人与集体之间的社会关系。恩格斯说过："人们自觉地或不自觉地，归根结底总是从他们阶级地位所依据的实际关系中——从他们进行生产和交换的经济关系中，吸取自己的道德观念。"[①]这表明，道德关系是随经济关系的改变而改变的。相对于经济关系，它是第二性的。而道德意识、道德原则、道德规范、道德职责则是人们对这种道德关系的认识和反映。所以，道德关系又是由道德意识、道德原则、道德规范形成的，体现在企业员工之间、企业员工与其他社会成员之间以及企业员工与国家、集体、社会之间的特殊的社会关系。反映这种商业道德现象是多方面的，包括商业道德意识现象、商业道德规范现象、商业道德活动现象。

（四）商业道德的概念与适用范围

商业道德意识现象指的是企业员工的道德思想、道德观点和理论体系。商业道德规范现象指的是评价和指导企业员工职业道德行为善恶的准则。商业道德活动现象则是指企业员工按照一定的道德善恶现象所形成的商业道德评价、商业道德教育、商业道德修养，商业道德行为。这些企业领域的道德现象就是商业伦理学所要研究的内容。

什么是商业道德？商业道德就是运用诚信道德观念调整社会公众与企业员工在商业活动中所形成的相互关系的行为原则和规范活动的总和。商业道德就其适用范围而言，可分为企业经理职业道德、企业员工职业道德和商业的社会道德。前两者是在企业工作人员中间倡导推行的商业行为道德，作为调整企业工作人员行为的准则和规范，它是企业工作人员在职业生活中的社会关系的反映。而后者则要求不能仅仅将商业道德视为职业道德，而把它作为社会道德的一部分，以便社会公众与企业相关人员能理解、接受、遵守商业道德，监督其实施，形成社会诚信氛围。

商业诚信道德之所以产生、存在、发展，是有其客观和主观原因的。商业诚信行为的出现是商业道德产生的客观条件，商业诚信行为具有悠久的历史。

【网络链接 1-5】

诚信乃"国之大纲"

在 2002 年 3 月的"两会"上，人大代表和政协委员们针对"诚信问题"的议案和提案成为热门话题。因为"诚信的缺失"和"信用制度的建立"已经超越了单纯的道德范畴，正像许多人大代表和政协委员呼吁的那样：在我国建立信用制度已经势在必行了。

在行政领域，假"政绩"、假"数字"造就了另类腐败。有副对联，上联是"上级压下级，层层加码，马到成功"；下联是"下级骗上级，层层注水，水到渠成"；横批"数字出官，官出数字"。全国各地报到中央的种种统计数字，是中央决策的重要依据，岂可虚报、瞒报、假报？

"诚信"是我国传统道德文化的重要内容。"信"字是"人"从"言"。俗话说：听其言观其行。所言成真就是"诚"；"真实不欺"就是"信"。古代思想家把"诚信"作为统治天下的

---

① 恩格斯. 反杜林论，见《马克思恩格斯选集》. 北京：人民出版社，1972(3)：133.

主要手段之一。唐魏征把“诚信”看成是“国之大纲”，更显“诚信”之重要。在进入21世纪的今天，中华民族要再铸辉煌，不仅要讲究个人诚信，更重要的是必须尽快建立整个国民的信用体系，真正把诚信作为“国之大纲”加以弘扬和光大。

（资料来源：彭三国，《决策与信息》，2002年第5期）

在企业实践中，企业员工不可避免地要与多方面发生关系，从而产生这样或那样的矛盾，这个时候就有必要通过商业道德思想、商业道德原则和商业道德规范来解决，并通过道德评价、商业道德教育和商业道德修养去克服和避免各种矛盾的出现。一言以蔽之，商业道德的产生和发展是历史的必然，是不以人们意志为转移的。也正是由于这个原因，我们必须把商业道德作为对象来开展商业伦理学的研究。

二、商业伦理学的研究方法

商业伦理学有两类：一类是规范商业伦理学——研究“应该或不应该”，另一类是实证商业伦理学——研究“是或不是”。规范商业伦理学是以一定的价值判断为基础，提出某些标准，作为分析、处理、管理问题的指南，树立管理理论的前提，作为制定管理政策的依据，并研究如何才能符合这些标准。实证商业伦理学大都是与事实间的客观关系相关的分析，回答“是什么”，是关于客观性的论述。它避开价值判断问题，研究、确认事实本身，探讨管理运行的客观规律与内在逻辑，分析管理变量之间的因果关系，还要对有关现象未来会出现的情况作出分析、预测。

在研究商业伦理学时，要把规范分析与实证分析两者结合起来。规范分析要以实证分析为基础，实证分析也离不开规范分析的指导。越是具体问题，越需要实证分析；越是带有决策性的问题，越具有规范性。实证分析将探讨社会中企业做假的原因，描述企业做假活动的特点，找出企业做假的规律；规范分析探讨企业做假行为对社会造成的影响和应采取的政策。这些都是形成企业职业道德活动的客观环境，对商业伦理与企业职业道德产生重大影响。

从商业伦理学研究的内容来说，它关注社会经济生活中的效率与公平、独立与公正、契约与道德、信任与竞争、产权交易、宏观经济政策目标、个人消费行为、个人投资行为、经济增长的代价、合理的经济增长率等，并进而研究它们对商业伦理与企业职业道德的影响，从伦理学角度来探讨经济中的伦理道德问题，所以，它同时也是一门应用商业伦理学。又由于商业伦理在一定程度上涉及社会体制，包括政治体制在内，因此，它又可能涉及政治体制改革的一些敏感问题。实证分析与规范分析关系如下所示。

实证分析与规范分析
- 实证商业伦理学→对事实客观关系分析→回答“是”→客观性论述
- 规范商业伦理学→价值判断→回答“应该是”→主观性叙述

我们认为，商业伦理学研究的方法论主要有以下几种。

（一）归纳法与演绎法

与一般社会科学一样，研究商业道德同样需要采用归纳法与演绎法。两者各有千秋。但大多数学者认为，从特殊到一般的归纳法，得出的结论不可能全真，仅仅是一个概率问题，归纳法包含了较大的任意性；从一般到特殊的演绎法，是一种较为科学的方法，但需要演绎前提的假设。经验内容越多,越具可检验性。在分析企业做假根源时,我们以演绎法为主,辅之以归纳法。

科学研究方法 { 演绎法→从一般到特殊→理论是否能够容纳或包含更多经验的内容
归纳法→从特殊到一般→理论与经验证据是否相匹配 }

(二)"方法论的个人主义"与"方法论的集体主义"

方法论的个人主义认为,个人是分析和规范化的基础,社会则是个人追求自身利益的一种机构。因此,对所有社会做假现象,只能通过考察个人的行为、愿望、信仰来解释,即我们通常说的"行为科学"。但同时我们应当看到,个人并不等于把每个人视为孤立的、抽象的个人。个人的偏好要受到其他人或他所属的集体或阶级的影响,同时还要受到与此有关的制度环境的约束。方法论的集体主义认为,集体中的每一个"经济人",都具有"搭便车"的动机,而不会为集体的共同利益采取行动,从而使集体行为陷入困境。这时,利益主体之间是一种零和博弈,甚至可能是负和博弈。

事实上,任何利益集团都是由一群个体组成,其联合行动属于集体行动。但即使利益集团,基础还在于个人利益。所以,当个人从自身利益出发,认识到采取集体行动的潜在收益时,分散的个人行动才有可能汇成集体行动。此时,利益主体之间是一种正和博弈。因此,集体行动不过是个体利益得以实现的工具。诚然,假账是通过企业人员的手产生,但它绝不是企业人员个人的产物,一般来说商业行为不是个人行为,而是集体行为,是一个利益集团重复博弈的表现和结果,其代表人物应该是《公司法》规定的、商业行为的法律责任主体,即单位负责人。

(三)成本-效益法(CB)

"成本-效益法(Cost-Benefit)"是分析企业做假动机时常用的基本方法。因为在市场经济条件下,"经济人"的行为取决于边际条件,即:

边际效益=边际成本

每个人的基本行为动机没有什么不同,都是追求效用最大化。人们行为的差异主要在于其净收益的差异,而这种差异来源于各人的价值观的不同。对于同一事件,不同的人对于效益和成本的主观评价是不同的。因此,需要分析人们的成本函数、收入函数与效益函数。

1. 商业行为的成本函数

成本是为了获得收益而付出的代价,包括一切给它带来负效应的各种因素。它同时具有机会成本的特性。"经济人"具有随机应变、投机取利、用一切机会为自己谋取更多利益的倾向,因此除生产性支出外,还来自于别的"经济人"损人利己的经济行为。在市场交易中,就产生度量、界定和保证产权(即提供交易条件)的成本,包括:

交易成本 {
发现交易对象或寻找交易伙伴的成本
获得交易价格和讨价还价的成本
订立交易契约的成本
履行契约的成本
监督契约履行的成本
违约损失的制裁的成本
维护交易秩序的成本
}

这些都表现为时间、脑力、体力的消耗，对实物形态的各种资源的消耗以及对货币财富的消耗，即人力成本、物力成本、财力成本。企业做假还有一种心理成本。

心理成本：
- 法律制裁
- 舆论谴责
- 良知自谴
- 名誉扫地
- 单位处罚

这些因素引发的心理成本，因人而异。一般说来，意识形态好的人，往往是风险的厌恶者，其机会主义行为心理成本较高；反之，则心理成本较低。因此，采取机会主义，以谋私利，要冒种种风险：有的人面对相同的收益，会认为得不偿失，而放弃机会主义的行为；而有的人则会认为有利可图，采取机会主义行为。其结果受心理成本影响而表现为做假的大小程度不同：过失、严重过失、违纪、违法直至犯罪。俗称“饿死胆小的，撑死胆大的”，就是后者对心理成本的一种评价。虽然做假“不做白不做”，但最终还是“做了也白做”，还要付出更大的代价。商业行为的成本函数可表示为

$$C=\sum_{i=1}^{n}(\mathrm{BC}_i)+\sum_{i=1}^{n}(\mathrm{PC}_i)=\sum_{i=1}^{n}f_i(r,\ w,\ c)+\sum_{i=1}^{n}f_i(p,\ q,d) \tag{1-1}$$

式中 C(Cost)表示商业行为的总成本，BC(Business Cost)代表交易成本，包括消耗的人力成本 r、物力成本 w 及财力成本 c；而 PC (Phychological Cost)代表心理成本，其数额由机会主义商业行为被查处的概率 p、商业行为发生次数 q 及处罚程度 d 等因素所决定，意识形态的影响主要体现在心理成本上。

2. 商业行为的收入函数

收入是能够给“经济人”带来正效用的一切因素。收入用于满足生理需要、安全需要、社交需要和自我成就需要等方面的开支，其构成因素如下所示：

收入因素：
- 物质因素→较低层次的需求→拥有较差意识形态人的偏好
- 精神因素→较高层次的需要→拥有较好意识形态人的偏好

$$R=\sum_{i=1}^{n}f_i(\mathrm{SR})+\sum_{i=1}^{n}f_i(\mathrm{MR}) \tag{1-2}$$

式中 R(Revenue)表示商业行为的总收入；SR(Spiritual Revenue)代表精神因素收入，主要指各项精神奖励；而 MR(Materrial Revenue)代表物质因素收入，具体表现为各种实物形态收入。

3. “成本-效益”计量模型

无论成本还是收入都将以效益得失的形式出现，因而都以个人保留价格形式加以计量。企业做假成因分析的主要方法是采用“成本-效益”法，能够比较清楚地说明做假发生的根源。所谓企业做假的利益驱动，就是按上述“成本-效益”计量出来的。“成本-效益”计量模型可表示如下：

$$E=\left(\sum_{i=1}^{n}P_i\right)/\left(\sum_{i=1}^{n}C_i\right)=\sum_{i=1}^{n}(R_i\text{-}C_i)/\left(\sum_{i=1}^{n}C_i\right)\ ; \tag{1-3}$$

而 $$\sum_{i=1}^{n} P_i = \sum_{i=1}^{n} (R_i - C_i) \tag{1-4}$$

式中 E(Effect)表示商业行为的效益；P(Profit) 表示商业行为的利润，由于 $P=R-C$，因而商业行为的“成本-效益”计量模型可以表示为式(1-3)。

（四）问卷调查与统计分析

为了考察商业伦理道德规范实施影响的第一手资料，发现实施中存在的问题，总结已有经验，为商业伦理道德规范的完善提供理论支持，南开大学商业伦理研究中心的专题调研组从 2005 年 6 月至 10 月开展了一次关于“商业伦理道德状况”的问卷调查，通过问卷调查与统计分析，得到大量有益启示。

本次调查从问卷设计、分发、回收到统计分析历时近半年，共收回问卷 217 份，经过分析，认定有效问卷 216 份。问卷在设计时，共列示 18 道题，每道题都有 4 个选项，对每题的 4 个备选答案只填首选，如果必要亦可多选。在统计时，对每题选答项进行加总，然后再按每题加总的绝对数计算所占比例，比例较大的反映大多数人对所提问题的看法。此次问卷的调查对象分为三类：大中型企业中的高级职员、中介机构的专业人士(注册会计师与律师)、高等院校教授专家与研究生。调查区域涉及北京、上海、天津、武汉、合肥、石家庄、深圳、厦门等地。问卷中有个别问题是相同的，但三种调查对象的回答有的大致相同，有的大相径庭，显然这是因为各自的职业、角度、所处地位不同所致。相关分析详见第二章。

（五）案例研究法

为了使本书更贴近企业现实状况，作者收集前人相关的大量现实资料与案例，以便开展可资借鉴的案例分析。在系统的商业伦理道德理论阐述同时辅以正面案例佐证，有时解剖反面案例。

【本章关键术语】

诚信　道德　社会公德　职业道德

伦理学　商业伦理　商业伦理学　以德治国

案例讨论题 1

德诚信：铸同仁堂金字招牌

说起中药，北京人立即会想起“同仁堂”三个字。同仁堂已存在了 340 多年，与它同生的老字号成百上千，而至今能像同仁堂这样青春常在的却是凤毛麟角，难道它有什么秘诀？记者日前对同仁堂进行了专访。

同仁堂集团公司党委书记田大方在接受采访时说，同仁堂之所以长盛不衰，并不断发展壮大，很重要的一条原因是：同仁堂人的秘诀就是一直坚守的“德、诚、信”理念，以为百姓制好药为本分，追求诚实、守信的药德。能一以贯之地坚持诚信为本的药德思想，并随着时代的发展，不断融入新的内涵。

清康熙八年(1669 年)，同仁堂药室招牌挂出，闯荡了 54 年后，在清雍正元年，同仁堂以独家供奉皇家用药成为当时中药行的典范。“炮制虽繁必不敢省人工，品位虽贵必不敢减物力”是同仁堂几百年来代代相传的堂训，也是同仁堂“德、诚、信”的具体体现。对待质量，同仁堂人过去如此，现在更是不逊分毫。中国佛教学会前会长赵朴初生前为同仁堂题词：“同修仁德，济世养生。”

孔子说：“仁者，爱人也。”同仁堂从创建开始就贯彻了这种仁爱思想。创始人乐显扬说：“同仁二字可以命堂名，吾喜其公而雅，需志之。”同仁堂的堂训是：同修仁德，亲和敬业，共献仁术，济世养生。三百多年来，同仁堂人都奉这样的堂训为圭臬，并取得成功。其原因绝不是偶然的，是因为中华民族几千年来形成了仁爱和睦、诚信尚义的道德观，只有植根于这种文化的经营者才能使自己的企业立于不败之地。

诚信首先表现在同仁堂的原材料购买和药品制造上。成书于康熙年间的《乐氏世代祖传丸散膏丹下料配方》的序言中明确规定：“炮制虽繁必不敢省人工，品位虽贵必不敢减物力。”从过去的手工作坊，到现在的大规模生产，质量一直是同仁堂生存的命脉。

在今天同仁堂车间里，堆成小山似的各种药材都是经过一根根、一颗颗精心挑选。在同仁堂的前处理车间，一味叫“远志”的草药引起了记者兴趣，它是一种以根入药起安神之效的草本植物，但其芯却使人烦热，与安神功用正好相反。国家规定中并没有对“远志”去芯的要求，而且“远志”的根粗如竹筷，芯却细似牙签，剔除起来费时费力。但为了保证最佳疗效，同仁堂人将“远志”闷湿碾裂后，将芯一一剔除干净。后来，北京市还据此修改了地方标准。

近几年，医药市场曾出现混乱，有段时间同仁堂甚至丢掉了部分市场。但同仁堂人始终坚持以义取利、以义为先。他们谨记：“拳拳仁心代代传，报国为民振堂风。”20 世纪 90 年代初，我国南方流行甲肝，特效药板蓝根冲剂抢手一时。有人提出，按原价出厂不划算，应适当提高药价。但同仁堂表示，决不乘人之危，还专门派出一个车队将药品送到疫情最重的地区。为保证让患者吃上放心药，同仁堂建立了自己的六大药材种植基地，并拥有自己的养鹿场和乌鸡场。

诚信表现在同仁堂的经营中就是“以义为上，义利共生”。同仁堂的负责人说，古人讲过，君子爱财，取之有道。对同仁堂来说，这个“道”就是“义”，把顾客的需要和满意放在首位。经营者无疑都想取得最大利润，但没有“大义”就不可能有“大利”。只追逐眼前的蝇头小利必然会失去消费者的信任。如今同仁堂仍然坚持本小利微，甚至赔钱的代客加工、邮寄、代客煎药为人送药等工作，不仅取得了社会效益，而且增加了客源，带动了其他药品的销售，取得了很好的经济效益。解放初期，同仁堂还是一个濒临破产的企业，如今已发展成为拥有 31 亿元资产的大型企业，名列全国中药企业 50 强之首。目前，同仁堂不仅在本市开设了 35 家药店，还拥有 11 家外埠店、10 家海外店，预计 5 年后，他们将在全国和海外共开办 600 家分店，同仁堂将成为民族医药产业的骄傲。

跨世纪同仁堂人的目标是：承同仁堂诚信传统，扬中华医药美名。

（资料来源：王建兵，《北京晨报》，2001 年 12 月 12 日）

中国北京同仁堂（集团）有限责任公司是北京市政府授权经营国有资产的国有独资公司，始创于 1669 年，至今已有 343 年的历史。近年来，集团坚持“以现代中药为核心，发展生命健康产业，成为国际知名的现代中医药集团”的发展战略，以“做长、做强、做大”为方针，以创新引领、科技兴企为己任，销售收入、实现利润、出口创汇及海外终端数量均居全国同行业第一。

自1997年以来，同仁堂保持了持续健康的发展，经济指标连续15年保持两位数增长，实现了每五年翻一番。截至2011年，集团资产总额140亿元，销售收入163亿元，实现利润13.16亿元，出口创汇3392万美元，在海外16个国家和地区开办了64家药店和1家境外生产研发基地，产品销往海外40多个国家和地区。同时，同仁堂既是经济实体又是文化载体的双重功能日益显现，品牌的维护和提升、文化的创新与传承等取得了丰硕成果，"同仁堂中医药文化"已列入首批国家级非物质文化遗产名录，与国家汉办签署联合推广同仁堂中医药文化的战略合作框架协议，运用孔子学院平台进一步加大同仁堂文化海外传播力度。

目前，同仁堂已经形成了在集团整体框架下发展现代制药业、零售商业和医疗服务三大板块，拥有药品、保健食品、食品、化妆品、参茸饮片5大类1500余种产品；25个生产基地、75条通过国内外GMP认证的生产线，生产工艺和工装机械化、自动化水平处于行业领先地位；1500余家零售终端和130多家医疗网点；一个国家级工程中心和博士后科研工作站，形成了以同仁堂研究院和同仁堂中医医院为主体的科技创新平台，"十一五"期间，共开发上市新产品194种，为同仁堂持续、健康发展提供了有力支撑。

按照北京市国有经济"十二五"规划的整体部署，同仁堂集团制定了自身"十二五"发展规划，全力打造首都中医药产业的龙头企业，确定了新的五年发展目标，即"主要经济指标翻一番，零售及医疗网点突破2000家，新产品研发上市300种，落实四个重点工业项目建设，继续保持五个全国同行业第一，逐步形成六大(二级)专业型集团公司框架"的"123456"计划，真正实现健康、和谐、跨越式发展。

(资料来源：http://www.tongrentang.com/about/aboutus.php,2013-04-05)

1723年，(清雍正元年)由皇帝钦定同仁堂供奉清宫御药房用药，独办官药，历经八代皇帝，长达188年。

2004年，世界著名企业联盟确定"同仁堂"品牌为"2004年度中国最具影响力行业十佳品牌"。

2004年，北京同仁堂股份有限公司经过"北京新世纪认证有限公司、英国国家质量保证有限公司"检查验收，通过质量管理体系、环境管理体系与健康安全管理体系认证。

2004年，由北大案例研究中心和经济观察报经过调研授予同仁堂"全国最受尊敬企业"称号。

2005年，"保护知识产权 —— 我们在行动"组委会确定"'同仁堂'商标作为中国第一个驰名商标，将载入中国知识产权发展史册"。

2005年，中国北京同仁堂(集团)有限责任公司作为全国唯一的中药企业被中国社会工作协会评选为首届"最佳企业公民"荣誉称号。

2006年，中华人民共和国文化部确定，国务院批准"同仁堂中医药文化"列入"第一批国家级非物质文化遗产名录"。

2006年12月，同仁堂被国家商务部认定为首批"中华老字号"。

2006年12月，中央组织部、国务院国资委授予中国北京同仁堂(集团)有限责任公司领导班子“全国国有企业创建‘四好’领导班子先进集体”称号。

2007 年 3 月，在由北京大学中国品牌研究中心、中国新经济研究中心主办，世纪影响力（北京）品牌文化传播中心承办的“2006 中国品牌领袖年会”上，中国北京同仁堂（集团）有限责任公司殷顺海荣获“国际影响力品牌领袖”大奖。

2007 年 12 月，中国北京同仁堂（集团）有限责任公司荣获第十届全国职业道德建设“十佳单位”称号。

2008 年 11 月，中国北京同仁堂（集团）有限责任公司荣获中国商业诚信文化研究会“改革开放 30 年 全国商业诚信文化杰出品牌组织”称号。

2009 年 1 月，中国北京同仁堂（集团）有限责任公司董事长、党委书记殷顺海，荣获“2008 年度中国十大企业改革创新人物”奖。

讨论问题：

1. 北京“同仁堂”发展历史与目前状况如何？
2. 北京“同仁堂”成功奥秘及其对我们有何借鉴价值？

练　习　题

一、单选题

1. 精神文明建设的核心内容是（　　）。

　A. 道德建设　　B. 文化建设　　C. 科技建设　　D. 文明建设

2. 道德的性质取决于（　　）。

　A. 社会经济　　B. 科学技术　　C. 知识水平　　D. 社会共识

3. 下列哪些不属于加强商业道德建设的重要性？（　　）

　A. 培养企业“四有”新人　　B. 提高企业员工道德水平

　C. 有利于企业领域反腐倡廉　　D. 提升企业职工自我意识

4. 下列哪些不属于商业伦理学研究的方法论？（　　）

　A. 归纳法与演绎法　　B. 成本-效益法

　C. 案例研究法　　D. 属性抽样法

5. 造就（　　）是商业伦理的归宿。

　A. “道德的整体”　　B. “道德的个体”

　C. “精神的整体”　　D. “精神的个体”

二、多选题

1. 商业道德按其适用范围可分为（　　）。

　A. 企业经理职业道德　　B. 企业的社会道德

　C. 企业员工职业道德　　D. 企业集体道德

2. 商业道德意识现象指（　　）。

　A. 企业员工的道德思想　　B. 企业员工的理论体系

　C. 企业员工的道德意识　　D. 企业员工的道德观点

3. 以下说法正确的是(　　)。

A. 道德关系是被经济关系决定的一种个人与个人、个人与社会之间的社会关系

B. 经济关系是随道德关系的改变而改变

C. 古人以“道”表示事物发展变化的规则、规律，做人做事的道理和规矩

D. 商业伦理通过激发道德想象、促进道德认识、整合道德与管理、强化道德评价等手段培养企业中个人的道德推理能力，最终达到澄清和化解企业活动中存在的利益冲突的目的

4. 加强商业道德建设是培养企业“四有”新人的重要措施。“四有”包括(　　)。

A. 有理想　　B. 有文化　　C. 有道德　　D. 有修养

5. 商业伦理所要探讨的企业公平、公开、公正、透明度、伦理责任与环境等构成商业伦理的(　　)。

A. 文化基础　　B. 思想基础

C. 道德基础　　D. 制度基础

三、判断题

1. 道德是通过人们的意识所形成的思想的社会关系，反映着人们社会关系的特殊方面。(　　)

2. 商业道德可靠性在于：商业道德能够通过“命令-评价”方式推动人们的公司行为从“现有行为”向着“应有行为”的转化。(　　)

3. 商业伦理学限于企业领域职业道德规范。(　　)

4. 精神文明建设包括两大方面：思想道德建设和科学文化建设。(　　)

5. 商业伦理，又称企业素质，是商品经济高度发达的产物。(　　)

6. 亚里士多德认为伦理学是研究心灵的善恶意向的科学。(　　)

四、问答题

1. 简述商业伦理学的研究对象及其主要研究方法。

2. 怎样理解加强商业道德建设的客观必然性?

3. 国内外商业道德发展状况如何?

4. 简述精神文明建设与物质文明建设的内在联系。

5. 怎么理解社会道德与社会经济之间的内在关联?

练习题参考答案

一、单选题

1. A　2. A　3. D　4. D　5. B

二、多选题

1. ABC　2. ABD　3. CD　4. ABC　5. ABCD

三、判断题

1. 对　2. 错　3. 错　4. 对　5. 错　6. 错

第二章

商业伦理判断与道德决策

仲尼居，曾子持。子曰："先王有至德要道，以训天下，民用和睦，上下无怨，汝知之乎？"

曾子避席曰："参不敏，何足以知之？"

子曰："夫孝，德之本也，教之所由生也。复坐，吾语汝。身体发肤，受之父母，不敢毁伤，孝至始也。立身行道，扬名於后世，以显父母，孝之终也。

夫孝，始於事亲，中於事君，终於立身。"

——孔子《孝经》开宗明义章第一

学习目的

1. 了解目前中国道德滑坡的不争事实；个人的最佳选择并非团体最佳选择；正视社会道德领域中的囚徒困境现象。

2. 理解道德风险的特征以及产生的原因；明确道德风险和逆向选择的关系以及防范方法。

3. 掌握的功利主义、权利论、公正论、关怀论和美德论等五大伦理评价理论，以及影响人们做出道德评价的因素。

4. 弄懂商业道德决策中的布来查德和皮尔伦理检查模型、道德决策树模型、"九问式"模型、纳什模型、利益相关者分析模型等五大主要模型；了解商业道德决策原则和步骤。

导读 2

共铸诚信　有你有我

在人们谴责企业失信行为的同时，一个共识也在形成：构建诚信社会，是每一个人、每一家企业、每个部门的共同责任。

诚信缺失的原因很复杂。推进诚信建设需要有市场环境、法律环境、政策环境的共同支撑，还需要有企业、监管、媒体等各方的共同努力。

从中央电视台2012年"3·15"晚会到新闻联播、焦点访谈、经济半小时等栏目的追踪报道，再到众多媒体的跟进报道，以及民政部、国家食品药品监管局等部门的介入、涉事企业的致歉、广大网民的跟帖，连日来，这场由主流媒体主导的企业诚信监督活动，引起了全社会的广泛关注。在人们纷纷谴责涉事企业失信行为的同时，一个共识也在形成：构建诚信社会，是每一个人、每一家企业、每个部门的共同责任。

诚信是市场经济的基石。随着我国社会主义市场经济的建立和发展，很多企业提出建立诚信文化，涌现出一批重品牌、重信用的企业。但从近年来央视“3·15”晚会所曝光的事件来看，从小作坊到家乐福、麦当劳等跨国企业，不同程度的欺诈行为让消费者无所适从，严重损害了消费者的权益，破坏了市场秩序。为何经济快速发展，而失信行为越发“花样翻新”？为何一些以高标准、严管理著称的跨国企业到了中国就出了问题？从本质上看，诚信缺失原因复杂。逐利是企业的特质。当企业的逐利成本远远低于诚实守信所付出的成本，当企业的失信行为没有相应的政策、法律来制约，面对巨大的利益诱惑和监控机制的缺位，很难寄望于企业家的道德成就一个诚信的企业。所以推进诚信建设需要有市场环境、法律环境、政策环境的共同支撑，还需要有企业、监管、媒体等各方的共同努力。

诚信建设，企业先行。诚信是企业发展的立身之本，也是商业诚信文化和企业价值观的核心理念。技术、人才、资金可以引进，但是诚信不能引进，要靠企业自身积累。经营企业就是经营信用。不讲诚信的企业，注定无法做大，无法长久。

诚信建设，监管护航。制度及法律是诚信的保障，一方面需要有制度对企业的失信行为作出严厉的约束和处罚，另一方面也需要制度先行、监管在前，把失信行为遏制在源头，以免在对社会及消费者造成损失后再行监管。

诚信建设，媒体助力。媒体的作用是倡导、是监督、是督促，是营造以讲诚信为荣、不讲诚信为耻的社会舆论氛围。从数十年前无人知晓“3·15”为何物，到今天全民呐喊消费维权，以央视“3·15”晚会为代表的主流媒体起到了至关重要的作用。1991 年至今，央视“3·15”晚会已经连续举办了 22 年，影响力直逼春晚。进入 21 世纪，“3·15”晚会开始把矛头指向了假冒伪劣产品，挑战“大牌”也开始成为“3·15”晚会的主旋律。从 2007 年曝光具备“三防”功能的诺基亚 5500 手机修不停，到 2011 年揭露锦湖轮胎原料掺假、国美电器借“以旧换新”政策骗完顾客骗国家，以及美赞臣奶粉吃出肉虫，再到今年点名批评家乐福、麦当劳等跨国公司损害消费者权益，央视“3·15”晚会用记者扎实的调查取证，展示了一个个诚信缺失甚至违法经营的典型案例，唤醒了消费者的权益意识，不仅打造了有影响力的品牌栏目，更成为规范市场秩序、传播国家法规政策的强大平台。

企业行业全力推动、政府部门齐抓共管、新闻媒体营造氛围，共铸诚信，有你也有我。让我们共同努力，营造出诚信和谐的市场环境。

（资料来源：《经济日报》，2012 年 3 月 19 日 04:14:10）

由于企业不道德、不伦理现象的加剧，人们日益关注企业的道德品质，逐渐学会也必须学会用脚投票的方式来惩罚不道德的企业。就企业自身而言，要想企业能够可持续发展、不断做强做大，也必须将商业道德问题纳入战略决策当中。

第一节　道德滑坡与囚徒困境

目前中国商业道德滑坡最严重的现象表现为食品安全领域中层出不穷的恶性事件，导致这一严重问题的根本原因是市场经济体制的不完善。深入分析道德领域中的囚徒困境现象，是正确做出商业伦理决策的重要前提之一。

一、“道德滑坡”已经成为一个不争的事实

当前中国社会是否出现了“道德滑坡”现象，这个问题在2011年的时候曾经在社会上引起了广泛关注与热议，从普通老百姓到中央高层都参与其中。2011年4月14日温家宝总理同国务院参事和中央文史研究馆馆员座谈时的讲话指出：近年来相继发生“毒奶粉”、“瘦肉精”、“地沟油”、“彩色馒头”等事件，这些恶性的食品安全事件足以表明，诚信的缺失、道德的滑坡已经到了何等严重的地步。一个国家，如果没有国民素质的提高和道德的力量，绝不可能成为一个真正强大的国家、一个受人尊敬的国家。

一般认为，这是中国社会“道德滑坡”现象一个标志性的讲话。2011年9月27日中央文明办官员回应国人“道德滑坡说”时指出：从主流上看，中国人呈现了“良好道德风貌”。其理由有以下三个方面。

第一，中国经济持续发展，展示了中国人自强不息的优良道德风貌；

第二，隆重庆祝新中国成立60周年，庆祝建党90周年，成功举办北京奥运会、上海世博会和广州亚运会、亚残会等一系列重大活动；

第三，面对大灾大难，灾民顽强不息，不畏困难所压倒的坚强品格。面对大灾大难全体中国人爱心如潮、仁者爱人的美德。

其实，这两种说法并不矛盾，一方面指出了目前道德建设中存在的严重问题；另一方面揭示出我国道德建设中的积极因素。尽管“道德滑坡”是个相对的概念，但整个社会不同层面都出现了那么多的不道德现象，乃至出现把“不做不道德的事情”这种最起码的道德底线当成了高尚品质。可以说，目前中国社会“道德滑坡”是一个不争的事实。就是在西方发达国家，商业界也存在明显的“道德滑坡”现象。

【阅读链接2-1】

诚信不存，职业精神焉附

如果唐骏不是“打工皇帝”，学历造假不会产生这么大风波，让花团锦簇般的个人历史留下一个触目的污点，一不小心让自己的职业生涯蒙羞。

诚信是一个合格的职业经理人应具备的首要素质。职业经理人可以没学历，甚至可以没什么本事，但不能没有诚信。职业经理人的信誉、威望，甚至拥有的最大财富，是取信于人，而不是宣传、计谋、权利与金钱。诚信还是职业经理人成功的基石与立身之本。如果一个职业经理人连起码的诚信都有问题，那他何以肩负起老板信托责任？

人们之所以能放过吴征却对唐骏不依不饶，就是因为唐骏是所谓的“王牌职业经理人”，却触犯了职业群体的天条。

如今东窗事发，不仅损害个人声誉，而且让职业群体蒙羞，让职业精神蒙羞，这岂止是个人声誉危机？也难怪有人这样评价唐骏：虚名无实，非英雄也！

（资料来源：莫丰齐，《诚信不存，职业精神焉附?》，《京华时报》，2010年7月8日）

二、囚徒困境理论揭示个人最佳选择并非团体最佳选择

囚徒困境最早是由美国普林斯顿大学数学家阿尔伯特·塔克(Albert Tucker)1950年提出来的。他当时编了一个故事向斯坦福大学的一群心理学家们解释什么是博弈论，这个故事后来成为博弈论中最著名的案例。故事内容是：两个嫌疑犯(A和B)作案后被警察抓住，隔离审讯；警方的政策是"坦白从宽，抗拒从严"，如果两人都坦白则各判8年；如果一人坦白另一人不坦白，坦白的放出去，不坦白的判10年；如果都不坦白则因证据不足各判1年。

单次发生的囚徒困境和多次重复的囚徒困境结果不会一样。在重复的囚徒困境中，博弈被反复地进行。因而每个参与者都有机会去"惩罚"另一个参与者前一回合的不合作行为。这时，合作可能会作为均衡的结果出现。欺骗的动机这时可能被受到惩罚的威胁所克服，从而可能导向一个较好的、合作的结果。作为反复接近无限的数量，纳什均衡趋向于帕累托最优。

囚徒困境的主旨为，囚徒们虽然彼此合作，坚不吐实，可为全体带来最佳利益(各判1年)，但在资讯不明的情况下，因为出卖同伙可为自己带来利益(缩短刑期)，也因为同伙把自己招出来可为他带来利益，因此彼此出卖虽违反最佳共同利益，反而是自己最大利益所在。但实际上，执法机构不可能设立如此情境来诱使所有囚徒招供，因为囚徒们必须考虑刑期以外之因素(出卖同伙会受到报复等)，而无法完全以执法者所设立之利益(刑期)作考量。

囚徒困境是博弈论的非零和博弈中具代表性的例子，反映个人最佳选择并非团体最佳选择。虽然困境本身只属模型性质，但现实中在道德领域也频繁出现类似情况。

三、社会道德领域中的囚徒困境现象

在私家车还没普及而自行车盛行的时代，多数人都经历过从"买新车"到"买赃车"的过程。"赃车市场"还有一个很响亮的名字叫做"二手车市场"。"二手车市场"在哪个城市都很出名。为什么大家都热衷于买"二手车"呢？这可以从囚徒困境理论中得到解析。

当"买赃车"成为一种公众行为的时候，很多人因此责怪公众知赃买赃，助长了盗车者的气焰，导致"自行车族中没有人不丢几辆自行车"现象的产生。"买一辆赃车"尽管比"买一辆新车"成本低，但如果大家都买赃车，却提供了庞大的赃车需求，刺激了盗车现象的增多，赃车又很快丢失。结果，"反复买赃车"的成本很快超过了"买一辆新车"的成本，其中包括经常丢车给工作、生活带来的不便、心理上的挫折感等在内。但是你又无法拒绝买赃。因为在别人都买赃车的情况下，你拒绝买赃车将会使你的损失最大化：你不得不付出"买新车"的成本，所以作为"理性经济人"的你应该选择买赃车；在别人都不买赃车的情况下，你买赃车的成本显然比别人低，所以作为"理性经济人"的你也应该选择买赃车！大家都这样想，就产生了大规模的"囚徒困境"。

道德领域中的"囚徒困境"屡见不鲜。大家常见的上车挤抢、汽车抢道、排队加塞，司空见惯的见义不为，大家痛恨的行贿成风，都是囚徒困境的"表现"。在现实生活中，谁都希望有一个良序社会，享有一个好的道德环境，但"经济人"的自利天性又使其不想对良好

的道德环境付出必要的成本。于是，一部分人在提供道德产品为全社会创造福利的同时，另一部分人“搭便车”免费使用，导致谁提供谁亏损，谁不提供谁盈利。从而，使得德行收益与德行成本不一致，非德行者比德行者获得更高的收益。最后，就德行者而言，如果在德行成本与收益的理性选择中找不到充分的根据，就会弃善从恶。久而久之，道德环境只会越来越坏，最终导致道德的无序状态，反德行的盛行也就不足为奇了。

四、道德领域“囚徒困境”的相关问题分析

（一）经济人、道德人与“囚徒困境”

英国古典经济学家亚当·斯密在他的《道德情操论》和《国富论》中形成了“经济人”和“道德人”的悖论。在现存的经济理论和实践中，人们总是从“经济人”的角度去看待、管理、要求社会公众，把人的自爱、利己、逐利本性作为经济活动的前提和基础；在现存的道德理论和实践中，人们又总是从“道德人”的角度去看待、管理、要求社会公众，把人的仁爱、利他、为他本性作为道德活动的前提和基础。这在现存的理论和实践中，形成了“经济人”和“道德人”的悖论。

尽管“经济人”自身的特点决定了它必然会陷入“道德困境”，但是，人们都希望“经济人”与“道德人”能够走上结合的道路。一方面，“经济人”和“道德人”存在统一的一面。如果经济人的自利行为并不妨碍人类整体利益的实现，那么，这样的“经济人”的自利性特点与“道德人”为他、利他和考虑群体利益的特性不仅不冲突，而且是统一的。同时，从斯密著名的“看不见的手”的原理中可以看出，只要有良好的法律和制度保证，“经济人”在追求自身利益最大化的过程中，会无意识地促进社会公共福利，从而实现“经济人”和“道德人”的统一。也就是说，一个好的社会制度必须具备这样一个特征：纵然被管理者自私自利，一心为自己打算，最终也不得不自动做出有利于社会公益的抉择。

另外，随着人们在现实中理性的提高或递增，行为主体对于合作的意识会得到改善。多次重复博弈的过程是一个不断学习、探索和思想境界提高的过程。人们在多次重复博弈的过程中认识到，必须采取基于回报的合作策略，才能实现自己的长期利益，从而产生“人利我、我利人”的互惠互利的利他精神。人类正是在博弈实践中不断学习、探索和自我教育，实现从追求短期利益到追求长远利益、再到追求共同利益的转变，人类社会也由此从混乱、野蛮走向秩序、文明，从低级走向高级。

（二）个人理性、集体理性与“囚徒困境”

“囚徒困境”反映出了个人理性与集体理性的矛盾。经济人的个人理性，驱使单个的人围绕个人利益最大化这一目标而行为，但导致了集体利益的最小化（其实质也是个人利益的最小化）；理性的个人，加在一起成了非理性的集体、非理性的社会；个人的理性导致了集体的非理性。但是在以下三种情况下两者也可以统一起来。

第一，多次重复博弈可以实现个人理性和集体理性的统一。经过多次重复博弈，自利的个人追求的并不是在某一次博弈中期望的收益最大，而是在多次重复博弈中期望的收益的总和为最大；人们从追求自己的短期利益最大化的目标转变到追求长期利益最大化的目标，再转变到追求共同利益最大化的目标。这样，个人理性和集体理性实现了统一。

第二，由外部环境压力凸显集体的重要性时，可以实现个人理性和集体理性的统一。

由于外部环境的威胁,使得集体成员之间的依存关系相当紧密,个人利益和集体的共同利益高度统一,理性的个人如果不相互合作,会导致集体所有成员(包括其本人)的失利。在此情况下,个人理性和集体理性就会走向统一。

第三,引入人工博弈规则,使得理性的个人有追求德行的动力和外部约束,可以实现个人理性和集体理性的统一。如果一种制度安排不能满足个人私利、个人理性的话,就不能贯彻下去,所以解决个人理性与集体理性之间冲突的办法不是否认个人理性,而是设计一种机制,在满足个人理性的前提下达到集体理性,在满足个人私利的同时实现集体的公利。

(三) 道德回报与"囚徒困境"

如果能够实现善行得益(底线是善行不能失益)、恶行失益(底线是恶行不能得益),那么"囚徒"们就能够走出道德困境。"道德回报"就是指道德行为主体因其道德行为(善行或恶行)的作用和影响,而获得相同性质、相当程度的后果回报。道德回报可以分为奖善和惩恶两个方面,可以通过物质上的奖惩和精神上的奖惩两种方式实施。道德回报是建立和维系良序社会的前提条件。

通过社会氛围和制度环境的创设来提高非道德行为的道德负成本,使无德失利、有德得利,使不道德行为人"下次不敢"或"下次不愿",引导公众在追求利益的互动和博弈中感受到合作博弈比不合作博弈更为有利;在全社会范围内建立刚性的社会补偿制度,降低道德成本,打消德行主体践履道德义务的后顾之忧,让德行主体在不付出或付出很少代价的同时去行善,避免"救人"必将"舍己"、"行善"必将"失益"和"英雄流血又流泪"现象的发生;充分利用个人行善的利益动因,从制度、机制设置上满足个人行善的利益需要,尊重、维护德行背后的世俗权益,保证行善不仅能"谋义",而且能"得利",从而实现德得相通、德福一致。

如果一个社会大量存在,甚至普遍存在"得不必德"、"德不能得"甚至"德必定失"的德福分裂现象,或者存在可能的暴利,人们从成本-收益比较中就会修正自己已有的道德意识或弱化自己的道德意志,选择恶行。在一个社会中,如果行为者基于德行成本-收益分析而普遍弃善从恶,则说明道德回报未能得到实现。道德得不到回报,在本质上就是剥夺了德行者的道德收益权,就是在引导乃至强迫人们弃善扬恶,就是引导和强迫人们"搭便车",就形成"囚徒困境"。

第二节 道德风险与逆向选择

了解道德风险和逆向选择理论,掌握两者之间的区别和联系以及防范措施,也是做出商业道德判断和决策的重要前提之一。

一、道德风险概念与特点

(一) 道德风险内涵与外延

道德风险(Moral Hazard)是指参与合同的一方所面临的对方可能改变行为而损害到本方利益的风险。一般可分为社会道德风险与个体道德风险。道德风险并不等同于道德败坏。道德风险是20世纪80年代西方经济学家提出的一个经济哲学范畴的概念，即"从事经济活动的人在最大限度地增进自身效用的同时做出不利于他人的行动。"或者说是，当签约一方不完全承担风险后果时所采取的自身效用最大化的自私行为。道德风险亦称道德危机。

在经济活动中，道德风险问题相当普遍。2001年度诺贝尔经济学奖获得者——斯蒂格里茨在研究保险市场时，发现了一个经典的例子：美国一所大学的学生自行车被盗比率约为10%，有几个有经营头脑的学生发起了一个对自行车的保险，保费为保险标的的15%。按常理，这几个有经营头脑的学生应获得5%左右的利润。但该保险运作一段时间后，这几个学生发现自行车被盗比率迅速提高到15%以上。造成这种变化的主要原因是自行车投保后学生们对自行车安全防范措施明显减少。在这个例子中，投保的学生由于不完全承担自行车被盗的风险后果，因而采取了对自行车安全防范的不作为行为。而这种不作为的行为，就是道德风险。可以说，只要市场经济存在，道德风险就不可避免。

（二）道德风险的特点

1. 道德风险的客观性

美国学者威雷特(A. H. Willett)博士于1901年就曾说过："风险是关于不愿发生的事件发生的不确定性的客观体现。"(克劳斯·迈因策尔，1997年)在企业中人与人的关系是现实的、不可改变的，因此道德风险就有存在的可能。所以，企业的道德风险是一种客观存在，它不能回避并且不以人的意志为转移。

2. 道德风险的隐蔽性和不确定性

在企业中，有些人际关系和道德观念不是我们一眼就能够看出的，它们具有一定的隐蔽性，因此商业道德风险也相应地具有隐蔽性。而这种隐蔽性无疑又增加了商业道德风险的不确定性，使得管理层及所有者在决策中要更加谨慎小心，全面考虑企业面临的各种风险。很多逃废银行债务的企业，明知还不起也要借，例如，许多国有企业决定从银行借款时就没有打算要偿还。

3. 道德风险的长期性

观念的转变是一个长期的、潜移默化的过程，尤其在当前我国从计划经济向市场经济转变的这一过程将是长久的阵痛。切实培养银行与企业之间的"契约"规则，建立有效的信用体系，需要几代人付出努力。

4. 道德风险的破坏性

思想道德败坏了，事态就会越变越糟。不良资产形成以后，如果企业本着合作的态度，双方的损失将会减少到最低限度；但许多企业在此情况下，往往会选择不闻不问、能躲则躲的方式，使银行耗费大量的人力、物力、财力，也不能弥补所受的损失。

5. 道德风险的复杂性

基于系统论的观点，商业道德风险之所以具有复杂性是因为企业的发展涉及人—社会—自然这一复杂系统。在企业中我们不可能脱离人际关系来对企业进行管理，而人际关系的复杂性又决定了道德风险具有复杂性。因而，企业的发展及其成果不仅直接影响经济发展、环境和人民的日常生活，同时，要考虑由于道德风险存在复杂性，企业发展中遇到由于复杂人际关系和道德观念而引起的、给企业带来的、不必要的损失。

6. 道德风险的可变性

在现实社会中人与人之间的关系不是一成不变的，而每个人的道德观念是随时随地变化的，因此企业中存在的道德风险也会相应地发生变化，也就是说商业道德风险具有可变性。在企业的发展中，管理者要用与时俱进的眼光来看待企业中的道德风险，在日常管理中注意观察人际关系和个人道德观念的变化来规避由于道德风险的变化而带来的损失；同时，管理者可以对员工进行道德观念的培训来提高员工的思想道德从而使企业获益，与此同时企业的管理层和所有者应当起到模范带头作用，遵守对员工的承诺。

（三）商业道德风险产生的原因

造成商业道德风险的原因有很多，主要有以下几个方面。

1. 利益驱动性是道德风险产生的前提

根据经济学的经典假设即理性人的假设，人们都是为了自身利益而参与经济活动的，因此人们都希望自己获得的利益更多而付出的成本更少，所以有时候在利益的驱动之下有些人就会违背伦理道德以寻求自身利益的最大化，为企业和社会带来道德风险。所以说，利益驱动性是道德风险产生的前提。

2. 委托代理关系及信息不对称是道德风险产生的关键

在现代企业中，委托代理称为所有者与管理者、管理者与员工之间的基本关系，由于他们之间的这种关系，所以就会产生所有者与管理者、管理者与员工之间的信息的不对称。因此有人就会利用他们之间的这种信息不对称来寻求自身的利益，从而为企业带来道德风险。所以说，委托代理关系及信息不对称是道德风险产生的主要原因之一，也是道德风险产生的关键。

3. 所有权的不完整是道德风险产生的重要原因

在我国经济转轨时期，大量内生系统性风险的产生与积累源于国有产权的不完整性与同质性。由于所有者缺位，企业的利益由于制度的原因很可能被人（管理者及授权方）瓜分，而由此带来的风险却没有明确的承担者，这最终将损害与企业密切相关的特定群体的利益。因此，所有权的不完整会促使企业中道德风险的产生，使企业面临着巨大的威胁。

4. 企业本身组织结构不合理与组织文化建设滞后是道德风险产生的温床

企业本身组织结构这个问题解决不好，将会造成企业内部有关部门利益的不一致及权责不对等，加剧有关主体在企业利益上的争夺以及对组织预警防范系统和传导机制的破坏。有关主体在企业利益上的争夺会导致道德的约束作用降低，组织预警防范系统和传导机制的破坏将会使组织的内部控制系统形同虚设。而在我国企业又不注重商业诚信文化的建设，往往员工的价值观会与企业的目标发生冲突，使企业遭受由于道德风险带来的损失。因此，企业本身组织结构不合理与组织文化建设滞后是道德风险产生的温床。

5. 不完全市场竞争的体制弊端为道德风险产生提供了便利

不完全竞争市场是一种比较常见的市场结构。在不完全竞争市场下，供方可能会采取种种手段（如产量领导、价格领导、联合定产、联合定价、串谋等）来谋求个体或行业利益的最大化。不完全竞争市场会导致竞争的不公平性。竞争的作用在于它能产生诸如代理人努力程度等信息。而在不公平的竞争下，信息会被扭曲，而且，竞争越不公平，信息被扭曲的程度越大，这会导致业已存在的信息不对称问题更加严重，从而使道德风险的产生更加隐蔽，因而企业的代理人做出不伦理行为的胆子就越大，道德风险产生的可能性也就越大。

6．地理区域和历史文化的差异也是道德风险产生的主要原因

由于世界各国所处地理区域不同，历史文化发展差异不平衡，道德风险的爆发体现不同的差别，特别是跨国、跨地区公司更加容易产生道德风险。

二、逆向选择含义与表现

（一）逆向选择概念及存在市场

“逆向选择”是指由于信息不对称所造成的市场资源配置扭曲现象。具体而言，市场交易的一方如果能够利用多于另一方的信息使自己受益而对方受损时，信息劣势的一方便难以顺利地做出买卖决策，于是价格便随之扭曲，并失去了平衡供求、促成交易的作用，进而导致市场效率的降低。

在现实的经济生活中，存在着一些和常规不一致的现象。按常规降低商品的价格，该商品的需求量就会增加；提高商品的价格，该商品的供给量就会增加。但是，由于信息的不完全性和机会主义行为，有时候，降低商品的价格，消费者也不会做出增加购买的选择；提高价格，生产者也不会增加供给的现象。这种“逆向选择”行为经常存在于二手市场和保险市场。

（二）逆向选择模型与“柠檬”理论

乔治·阿克劳夫(George Akerlof)在1970年发表了名为《柠檬市场：质量不确定性和市场机制》的论文，被公认为是信息经济学中最重要的开创性文献。在美国俚语中，“柠檬”俗称“次品”，这篇研究次品市场的论文因为浅显而先后被三四份杂志退稿。然而，乔治·阿克劳夫在这篇论文中提出的逆向选择理论揭示了看似简单实际上又非常深刻的经济学道理。逆向选择问题来自买者和卖者有关车的质量信息不对称的现象。在旧车市场，卖者知道车的真实质量，而买者不知道。这样卖者就会以次充好，买者也不傻，尽管他们不能了解旧车的真实质量，只知道车的平均质量，按平均质量出中等价格，这样一来，那些高于中等价的上等旧车就可能会退出市场。接下来的演绎是，由于上等车退出市场，买者会继续降低估价，次上等车会退出市场；演绎的最后结果是：市场上成了破烂车的展览馆，极端的情况是一辆车都不成交。现实的情况是，社会成交量小于实际均衡量。这个过程称为逆向选择。

为更加清楚地说明逆向选择模型。可以考虑最简单的情况，假定卖者出售的旧车有两种可能类型：

(1) $\theta=6000$(高质量)和 $\theta=2000$(低质量)，每一种车的概率分别是1/2；

(2) 买卖双方有相同的偏好且对车的评价等于车的质量。

显然，如果买者知道车的质量，均衡价格 $P=6000$(高质量)或 $P=2000$(低质量)。买者不知道车的真实质量，如果两类车都进入市场，车的平均质量 $E(\theta)=4000$，由于买者不敢保证出高价就能买到高质量 $\theta=6000$ 的车，所以愿意出的最高价格 $P=4000$，希望能够买到 $\theta=6000$ 的车。但在此价格下，高质量车的卖者将退出市场，只有低质量车 $\theta=2000$

的卖者愿意出售。买者知道高质量的车退出以后,市场上剩下的一定是低质量的卖者。唯一的均衡价格是P=2000,只有低质量的车成交,高质量的车退出市场。如果市场上是$\theta=6000$到$\theta=2000$的连续分布,尽管推理稍微复杂一些,但同样证明这一理论。

这个例子尽管简单,但给出了逆向选择的基本含义。

(1) 在信息不对称的情况下,市场的运行可能是无效率的,因为在上述模型中,有买主愿出高价购买好车,市场——“看不见的手”并没有实现将好车从卖主手里转移到需要的买主手中。市场调节下供给和需求是总能在一定价位上满足买卖双方的意愿的传统经济学的理论失灵了。

(2) 这种“市场失灵”具有“逆向选择”的特征,即市场上只剩下次品,也就是形成了人们通常所说的“劣币驱逐良币”效应。传统市场的竞争机制导出的结论是——“良币驱逐劣币”或“优胜劣汰”;可是,信息不对称导出的是相反的结论——“劣币驱逐良币”或“劣胜优汰”。

【阅读链接 2-2】

奥巴马痛斥华尔街金融企业高额分红

美国总统奥巴马于2009年1月29日说,在美国纳税人出钱拯救金融业之时,华尔街的金融企业仍向员工发放近200亿美元的高额分红,这是一种非常不负责任的“可耻行为”。华尔街高管享受的高薪一直遭人诟病。

如今,由华尔街引发的金融危机把美国拖入经济衰退的泥潭,上到国会议员,下到普通纳税人,越来越多的美国人将怒火转向华尔街的高管。“美国人明白,我们已陷入黑洞中,必须把自己拔出来。民众还指望他们填平黑洞,他们却将洞越挖越深,”奥巴马说,“这是高度不负责任,是可耻。我们要求他们表现出克制、守纪和责任感。”

“可耻”论一出,引起美国民众、议员的强烈反应。布什政府通过7000亿美元救市计划时,美国民众以及议员就非常反对。理由是,他们不愿意看到用纳税人的钱去为贪得无厌、拿着天价高薪的华尔街金融大佬捅下的天大窟窿埋单。金融危机发生以来,美国政府每次出台救市措施,在反对者的意见里,都有对金融企业、实体企业高管高薪的不齿。

值得奥巴马政府庆幸的是,这次华尔街金融企业高额分红的消息恰巧是在美国众议院表决通过8190亿美元的经济刺激方案后被披露公开的,否则,可能给通过此方案增加难度。据分析,奥巴马痛斥其“可耻”,有出于民众怨恨、平息民众愤怒的因素,也有为了8190亿美元顺利获得参议院通过的政治目的而说给参议员们听的因素。

也有华尔街专家指出,奥巴马忽略许多金融从业员并非定额支薪,而是根据合约发放分红,赚取某个百分点的销售利润,如果不发红利,随时会有几家公司关门大吉。“很多红利具有合约基础,很多人都是根据百分比打工支薪。”“把金融业不同岗位的从业人员,笼统化成单一的一群金融恶魔”是错误的。这些“反驳”不能说一点道理都没有。类似中国保险业销售人员的底薪+销售保单业绩提成的一般打工销售人员,按照合约进行提成分红并没有错误。

但必须注意到,奥巴马痛批其“可耻”的两个重要因素:一是从总量上说,据《纽约时报》1月29日披露,2008年美国华尔街金融企业员工获得了总额达184亿美元的高额分红，相当于2004年金融业鼎盛期的水平。一边面临倒闭危机，一边分红相当于鼎盛时期水平，无论如何都说不过去。二是时机选择问题。奥巴马说得非常明白，华尔街企业总会有赢得利润并获得分红的时日，“但不应该是现在”。同时，人们包括华尔街必须明白两点：经济好的时候不分红也许调动不起来工作积极性，但在经济很差、失业很严重的情况下，哪怕只有底薪也一样有人愿意卖命工作；正因为根据业绩提成，华尔街才开发出一些高风险高收益的工具，为自己最大限度地谋利，而一些金融风险有相当长的积聚过程，一些金融从业者就在这段时间内谋取了大量的利益，这是产生金融风暴的根源之一。

华尔街金融高管薪酬问题，不仅是个高与低、该不该享受的经济问题，而且已经成为一个民众与特殊利益集团之间、党派之间角力的政治问题。一些国会议员建议设置“索回条款”，即当高管所在公司出现问题时，政府有权将高管的薪酬和分红收回。这很值得中国借鉴。从所有权结构上，中国政府必须约束国有以及国有控股金融企业高管的过高薪酬；从市场风险约束和中小股东利益上，中国监管部门必须约束上市金融企业高管的过高薪酬。

（资料来源：余丰慧：《东方早报》，中国网 china.com.cn，2009-02-02）

逆向选择模型的意义主要表现为以下两个方面。

（1）逆向选择理论深刻地改变了分析问题的角度，可以说给人们提供了逆向思维的路径，会加深市场复杂性的认识，由此能改变很多被认为“常识”的结论，使市场有效性理念又一次遭受重创。

（2）由于信息不对称在市场中是最普遍存在的最基本事实，因而乔治·阿克劳夫的旧车市场模型具有普遍经济学分析价值。他讲的故事虽然是旧车市场，可以延伸到烟、酒等所有产品市场、劳动市场和资本市场等。也能解释为什么假冒伪劣产品充斥这些市场，是因为交易双方的信息不对称，一方隐藏了信息。逆向选择的理论也说明如果不能建立一个有效的机制遏制假冒产品，会使假冒伪劣泛滥，形成“劣币驱良币”的后果，甚至导致市场瘫痪。

三、道德风险与逆向选择的联系、区别以及防范

（一）道德风险与逆向选择的联系、区别

逆向选择与道德风险的相互关系主要表现为两个方面：

（1）根源相同，都源于信息不对称；

（2）本质一样，都是一方利用信息不对称欺诈另一方。

道德风险与逆向选择的相互区别：道德风险，指的是进入市场后的行为；逆向选择：指的是“进入市场前的行为”，选择不进入市场，交易消失。

（二）如何防范道德风险

1. 树立以人为本的管理理念，创造良好的工作环境

企业应尽可能为员工提供宽敞、明亮、整洁、安全的工作场所，拓展管理者与员工的沟通渠道，营造一个充分沟通、信息知识共享的环境。维护员工的合法权益，为各类人才设计挑战性的工作、竞争性的职位。使员工有更多的发展机会和更广阔的发展空间。同时，加强商业诚信文化建设，营造融洽的企业人际关系，提高员工的认同感和归属感，提高员工的工作满意度，从而减少员工的道德风险。

2. 建立监督机制

建立各种机制,加大对员工的考核,加强对员工的监督和管理,通过各种制度的规范来减少道德风险。譬如说,为防范财务资金流失,我们采取会计与出纳分开、互相牵制和监督,来规避财务人员违背职业道德挪用或转移资金的风险。再如采购部,我们可以利用招投标的方法或利用询价与采购分开的方法来管理采购部的道德风险。

3. 建立激励机制

激励可以诱使员工采取经理所希望的行动,因而它能够在很大程度上有效地解决员工道德风险问题。其主要原理是通过改变经理人激励模型来改变员工的行为,这主要是通过"纳什均衡"的原理,加大其道德风险的成本。这样就可以让员工在选择的时候选择回避"道德问题"。

4. 建立道德风险基金

这一项主要是针对中高层管理人员而言,企业和管理人员签订道德风险合同,如果发现有违反道德风险的现象,取消管理人员的期权或其他福利。这样大大增加了管理人员违反道德的成本,从而选择回避"道德风险"。

(三)"逆向选择"问题的解决方法

在传统市场上解决"柠檬"问题的方法大致有以下几种。

1. 根据商品的开价来推测商品的质量

因为"柠檬"原理告诉我们,在非对称信息环境中,商品质量依赖于价格,也就是说高价格意味着高质量。或者更进一步地讲,我们可以将价格作为传递和判断质量高低的信号,这也是市场参加者以价格判断商品质量的信息经济学解释。

2. 制造与传播信号(signaling)

制造与传播信号是最为重要和最为常用的手段,主要通过品牌、广告或者向客户提供质量保证书、保修、退回等办法,来使消费者把他的产品与"柠檬"区别开,以相信它的产品是高质量的。

3. 中介为买卖方提供信息

中介利用他的专业知识为买方提供信息,通过他来"撮合"买卖双方,比如券商、经纪人等,当然中介所获的收益取决于他提供信息的质量。

4. 政府、消费者协会

政府、消费者协会等建立质量合格的标准。通过这个标准来保证产品的质量。

5. 搜寻(seeking)

这种方法就是消费者通过自身进行信息搜寻来改变其所处的逆向选择地位,比如走访、调查、函寻等。

第三节　商业伦理判断及其影响因素

只有准确掌握了功利主义、权利论、公正论、关怀论和美德论等主要商业伦理评价理论,以及个人、组织、行业和职业、社会等因素如何影响人们对伦理道德的判断,才能够有效地做出伦理决策。

一、商业伦理判断

商业伦理判断也称为商业道德评价，指人们依据一定的商业道德原则，运用相应的方式、方法，对他人或自身的商业行为进行善恶的判断。一般可以分为道德的商业行为和非道德的商业行为，或也称商业道德行为与商业失德行为。

道德的商业行为是指人们在一定的道德意识支配下做出的有利于或有害于他人和社会的商业行为。或者说，商业道德行为是指具有道德意义、可以进行道德评价的商业行为，具体指可以道德评价的商业行为。非道德的商业行为是指不受一定道德意识支配，也不涉及有利于或有害于他人和社会的无道德意义、不能进行道德评价的商业行为，如由不可抗力而产生的商业违约行为，具体指不可以进行道德评价的商业行为。

就可以进行道德评价的商业行为而言，分为符合道德的商业行为和违背道德的商业行为或不道德的商业行为。人们经常说，"这个人不讲道德"、"这样做不应该"，实际上这就是在做伦理判断。一般的人都会做这样的道德评价，但如果反问他评价的依据是什么时，他就很难讲清楚了。答案很可能多种多样，有的人根据利害得失，有的人根据自己的感觉，有的人是根据是否合法，有的人是根据是否能为社会所接受。

商业活动中绝大多数判断基于一些公认的伦理原则或规范，如诚信、公正等。

既然已经有了现成的判断原则或规范了，为什么还需要伦理学理论呢？有三个方面的原因。

第一，尽管一般伦理规范在通常情况下可以应付自如，但也确实存在一些无能为力的情况。对于几种伦理规范相冲突的情形，对于那些所遵循的伦理规范可能导致不道德行为的情形，对于新出现的现象、行为，我们如何做出评价和选择呢？伦理学理论对判断行为的对与错、善与恶的理由加以解释，为疑难问题和有争议的问题的解决提供了依据。如果一个人掌握了伦理学理论，就可以在理论的指导下进行道德推理，这将有助于个人或组织解决自身面临的复杂的道德问题。

第二，对于一些常常需要做出道德评价的人来说，掌握道德推理的一些工具有助于他们向他人阐述自己行为的依据及合理性。管理者在聘用、解雇或提升某位员工时，其行为的公正性可能会遭到质疑，在这种情况下，简单地以"我们认为这样做很公平"作为理由显然是不够充分的和缺乏说服力的。有必要列举出种种具有说服力的理由和观点为自身行为进行辩护，而这就是道德推理的过程。

第三，如果我们遵循的都是传统道德准则，如何对传统道德进行客观的评价呢？伦理学理论致力于对传统道德合理性的探讨。借助于伦理学理论，我们可以解释为什么我们所接受的部分应当被接受，为什么对其他一些内容要做必要的修正或摒弃。从这个意义上讲，伦理学理论体现出了其批判性的特征。

二、商业伦理评价理论

伦理学理论归纳起来有两大流派，即目的论或结果论和义务论或道义论。道德评价理论通常也是从这两个方面展开阐述的。商业道德行为的评价应该遵循一般道德评价理论。为了分析的便利，本教材采用曼纽·G. 维拉斯奎在其《商业伦理学：概念与案例》一书中从功利主义、权利论、公正论、关怀论和美德论五个方面来讨论道德评价理论的方法。

(一) 功利主义

1. 功利主义原则

功利主义原则是，当且只有当行为所产生的总效用大于行为主体在当时条件下可能采取的任何其他行为所产生的总效用时，该行为才是道德的。功利主义原则假设我们能够衡量并加总每项行为产生的快乐(利益)，减去该项行为带来的痛苦(损害)，从而确定哪项行为所产生的快乐最多或痛苦最小。

以下是关于功利主义的六点说明。

(1) 功利主义原则所说的快乐最多或痛苦最小，并不仅仅针对行为人自身，而是对受该行为影响的所有人(包括行为人)而言的。在选择行为时，功利主义并不要求我们放弃我们自身的快乐，当然也不应该加大自身快乐的权重，自身的快乐和痛苦与他人的快乐和痛苦是同等重要的。

(2) 功利主义原则，不是说只要某项行为产生的快乐大于痛苦就是道德的，而是说在特定情形中所有可供选择的行为中产生效用最大的行为才是道德的行为。

(3) "最大快乐"并不是说不考虑痛苦。如果几个行为都既有快乐又有痛苦。那就选择净快乐最大的那个行为，如果几个行为都只有痛苦没有快乐，而且没有别的选择，那就选痛苦最小的那个行为。

(4) 同一行为对不同的人有不同性质、不同程度的影响。例如，一个人把录音机放得很响，受其影响的有 5 人，其中两个觉得有些愉快，两个觉得不舒服，一个觉得既不喜欢也不难受。功利主义原则，不是让每个人投票然后根据得票多少来判断行为，而是把各种快乐和痛苦加起来，那个能够带来最大净快乐的行为就是应该选择的行为。

(5) 功利主义原则所说的快乐或痛苦，不仅仅指行为产生的、直接的、眼前的快乐或痛苦，也包括间接的、长远的快乐或痛苦。

(6) 功利主义者承认我们常常不能确切地知道行为的未来结果，因此，我们必须尽量使期望的利益最大化。

【相关链接 2-3】

美国安利："企业公民"的最大快乐

——访美国安利公司总裁德·狄维士

"企业公民"是美国安利公司总裁德·狄维士 2003 年 11 月访华说得最多的一个词。9 日至 11 日，由中华慈善总会与美中贸易委员会、国际联合劝募协会等发起的"跨国公司与公益事业高级论坛"在北京举行，德·狄维士是与会跨国公司代表中级别最高的企业领导人。9 日，在论坛发表完演讲后，德·狄维士接受了记者的采访。

何为"企业公民"，德·狄维士解释说，就是将公司视作社会的公民，一个有着自己"感情和想法"的公民，它在参加经济活动的同时，也承担着一定的社会责任。遵守商业道德、善待员工、注重环保、改善社区条件及资助慈善事业等都是题中之意。其中，资助慈善事业是"企业公民价值"的一个重要体现。

自1995年以来，安利（中国）日用品公司参与了多项慈善公益活动，涉及环保、儿童、教育、赈灾等方面，对各项福利事业的投入及捐赠累计已接近8000万元人民币，被誉为“公益楷模”。德·狄维士介绍说，安利在与许多慈善公益组织合作的同时，也有自己的侧重点，如儿童和环保。他尤其强调了安利对贫困儿童的关注，因为“儿童是未来”，他们“充满了潜力”，当他们还是孩子的时候给予他们帮助，将使他们的人生有所不同。目前安利正在全球开展五年期的“爱心手牵手关爱儿童大行动”，安利（中国）将其命名为“儿童慈善年”，采取了一系列促进中国儿童福利事业的行动：大力支持全国妇联中国儿童少年基金会“安康西部行”活动，向云南、贵州、新疆、青海等省区儿童送温暖；在北京设立300万元孤儿救助专项基金；向5000所希望小学捐赠足球等。德·狄维士说，每个孩子都是重要的和特殊的，帮助他们每一个人是参与慈善事业的最佳方式。

不可否认，在西方的企业经营管理理念中，“企业公民”实质上是一种公益策略，据调查，公司的社会公益成绩与资产回报率、销售回报率显著地成正比。面对记者关于“公益活动是否是安利的广告行为”的疑问，德·狄维士坦陈公益活动的确会为企业带来益处，因为企业的社会形象直接影响到消费者的产品选择，但他强调企业不能以寻求商业利益为出发点来做公益活动，而是要“从心出发”，积极去履行企业作为公民的社会职责。德·狄维士说，他个人成长的环境也影响了他的理念，因为他的父母经常向慈善机构捐赠，使他确信这是作为社会一员应该去做的“正确的事情”，并从中体验到价值和快乐。

开朗热诚的德·狄维士是安利公司创始人之一理查·狄维士的小儿子，曾先后负责过公司在亚太地区以及美地区的业务。中国目前已成为安利在全球最重要的市场，2002至2003财政年度，安利（中国）的销售额达到10亿美元。日前，德·狄维士在美国国会就美中商业关系作证时指出，美中应建立长远稳定的合作关系，并敦促美国政府从自身政策寻找美国制造业衰退的原因，而勿怪罪于中国。

采访结束时，德·狄维士表示，安利未来将继续支持中国慈善公益事业的发展，也盼望更多的企业投身这项事业。他说，企业首先要行事端正，然后环顾四周，看看可以为邻居和社区做些什么。诚然，希望越来越多的企业能够履行公民的职责，热心社会公益活动，并像安利一样，乐在其中。

（资料来源：王恬，《人民日报》，2003年11月11日）

2. 功利主义批评

对功利主义的指责主要有两个方面：一是衡量困难；二是不符合权利、公正原则。其中，对衡量困难的指责集中在以下几个方面。

（1）行为给不同的人带来的效用难以衡量和比较。例如，甲乙两人都想要某个岗位，怎么确定谁从该岗位中获得的效用最大呢？如果这一点确定不了，也就难以确定把岗位给谁能产生最大的效用，功利主义原则就不适用了。

（2）有些利益和成本难以计量。例如，假设在车间里安装一套昂贵的通风系统可以大大改善室内环境，工人的寿命能延长，生活质量能提高，假设部分工人因此能多活五年，那么，这增加的五年值多少钱呢？生活质量改善又值多少钱呢？如果无法定量计算安装通风系统带来的利益，怎么与成本相比较呢？

（3）许多利益和成本无法可靠地预测，因而也就不能确切地计量。例如，假设一项研究有可能获得理论性很强但没有直接用途的关于宇宙的知识，那么，怎么衡量这种知识的未来价值呢？怎么与把这笔钱投到建医院或给住房困难户建经济适用房带来的利益相比较呢？

(4) 有些东西非金钱可以衡量。如生命的价值、健康的价值、美丽的价值、公平的价值、时间的价值、人的尊严的价值等。

有批评者指出，一些根据功利主义原则被认为是道德的行为，事实上可能是不公平的或违反人的权利的。功利主义关心的是利益的总和，而不考虑利益怎么分配，这就可能产生不公正的结果。在南非实行种族隔离政策时，一些白人辩解说，如果黑人执政，就有可能出现内战、经济萧条、社会混乱等。如果这种说法成立的话，按照功利主义原则，种族隔离政策就是道德的，但显然这是不公正的。

由于功利主义者根据行为的结果衡量行为，而行为在不同的情景中会产生不同的结果，因此，从理论上讲，几乎任何行为在某一特定情景中都可能是善的。

功利主义只考虑行为结果而不考虑行为本身。为了使利益最大化，功利主义不仅允许甚至要求一些不道德的行为。有人指出，如果完全按照功利主义原则行事，就可能导致超过任何一个有良知的人所能容忍的欺骗、说谎、不公正等行为。

（二）权利论

1. 道德权利的特点

权利分法律权利和道德权利两类。我国宪法规定，公民有人身自由、人格尊严不受侵犯的权利等，这是法律权利。道德权利通常被认为是作为人，不管是哪个国家、哪个民族的人，都应该享有的权利。这一点与法律权利不同。

道德权利有两个方面：一是消极的权利或自由的权利，如隐私权，生命不被剥夺权、处置私有财产权等。它们之所以称为消极的权利，是因为每一项权利都要求我们履行不干涉他人的义务。二是积极的或福利的权利，包括受教育的权利、取得食物的权利、医疗服务的权利、住房的权利、工作的权利等。积极的权利要求我们履行积极的义务，即主动帮助人拥有某种东西或帮助他做某些事。

道德权利具有以下三个特点。

第一，道德权利与义务紧密联系。一个人的道德权利至少部分地可以定义为他人对这个人承担的义务。如小孩有受教育的权利，家长有义务让小孩接受教育。如果我有道德权利做某件事，那么其他人有道德义务不干涉我做这件事。一个人的道德权利意味着其他人的道德义务，相应的道德义务不一定针对某个人，有时是针对整个社会。例如，一个人有工作的权利，但不是说这个人所在的单位有道德义务给他工作岗位，而是说社会中所有成员，通过公共机构，有义务给工人提供工作岗位。

第二，道德权利赋予个人自主、平等地追求自身利益的权利。承认一个人的道德权利，就是承认在权利允许范围内，我的意志不能强加给他，而且他的利益并不从属于我的利益。也就是说，在一定范围内，我们是自主平等的关系。

第三，道德权利是证明一个人行为正当性及保护或帮助他人的基础。如果我有道德权利做某件事，那么我做那件事在道德上是正当的，他人干涉我做这件事是不正当的。相反，他人阻止任何不让我行使权利的人和事才是正当的，或者他人有义务帮助我行使我的权利。

权利论的道德原则是，当行为人有道德权利从事某一行为，或从事某一行为没有侵害他人的道德权利，或从事某一行为增进了他人的道德权利，则该行为是道德的。

2. 道德权利的基础：康德的绝对命令

我们怎么知道人有哪些权利呢？对于法律权利，这个问题很好回答，因为法律有规定。对于道德权利，问题就不是那么简单了。关于人的道德权利的基础，德国哲学家康德的观点是最重要和最有影响力的解释之一。康德试图说明有一些道德权利是所有人都拥有的，不论行使这些权利是否会给他人带来利益。

康德的理论是建立在他称之为“绝对命令”的道德原则基础上的，即每一个人都应该被作为平等的、自由的人来对待。康德的绝对命令包括两条。

康德的第一条绝对命令，即当且只有当一个人愿意把自己在特定条件下从事某一行为的理由作为每个人在相同条件下的行为理由，该行为才是道德的。这一绝对命令包含两个规则：一是普遍性，即一个人的行为理由必须能够成为每个人的行为理由；二是可逆性，即一个人的行为理由必须是他愿意其他人也遵循这样的理由反过来对待他。假设，因为不喜欢某一雇员的肤色，我正在考虑是否解雇他。根据康德的原则我必须问问自己，我是否愿意一个雇主在任何时候仅仅因为不喜欢某个雇员的肤色而解雇他。特别是，我必须问问自己，假如雇主不喜欢我的肤色，我是否愿意被解雇。如果我不希望每个雇主都这么做，那么，我这样对待他人是不道德的。因此，一个人从事行为的理由必须是可逆的，即一个人必须愿意其他所有人也用这样的理由。

换句话说，当行为者与受行为影响的其他人交换位置，行为者愿意接受同样的对待，那么该行为是善的，否则是恶的。例如，一位制造商尽管知道产品有潜在的不安全性缺陷，而且顾客不知道这一事实，但仍然推销该产品，根据普遍道德规律，判断制造商这行为是否道德，只要问“当他是不知情的顾客时是否乐意企业推销该产品”。

康德的第二条绝对命令，即理性人应该永远同时把人看作目的，而永远不要把人只看作实现目的的手段。这一绝对命令可以表述为以下伦理原则：当且只有当一个人从事某一行为时，不把他人仅仅作为实现自身利益的工具，而是尊重并发展他人自由选择的能力时，该行为才是道德的。

把人应该同时看成是目的，并不意味着不能让雇员从事艰苦的甚至是危险的工作，如果这位雇员事先知道该工作的内容和性质，且自愿承担该工作，那么让雇员从事艰苦甚至是危险的工作是完全可以的。但是，如果事先并未告知危险，或是雇员不是自愿的，则是不道德的。一般地说，欺骗、强迫没有尊重人选择自由，因而是不道德的。

（三）公正论

当分配利益和负担时，当制定和执行政策时，当群体成员间相互合作或竞争时，当人们因为做错了事情而受到惩罚时，当人们因为他人的原因遭受损失得到补偿时，往往会涉及公正、公平的问题。公正（justice）与公平（fairness）常常不加区分，有人认为公正涉及的是更为严肃的事情，也有人认为，公平概念更为基本。有关公正的问题包括分配公正、交易公正、程序公正、惩罚公正、补偿公正，下面逐一进行讨论。

1. 分配公正

分配公正的基本原则是，相同的人应该受到相同的对待，不同的人应该受到不同的对待。但是,这个原则过于笼统,它并没有告诉人们哪些差异可以合理构成区别对待的基础;究竟哪些差异与分配利益与负担有关,存在着不同的看法。

(1) 平均分配。平均主义者视平均分配为公正。但是这种分配制度也存在严重缺陷。第一,人与人之间的能力、智力、品德、需要、欲望等千差万别,人与人之间并不相同。第二,没有把需要、能力、努力考虑进去是不恰当的。这样,很可能造成吃“大锅饭”,导致社会生产率和效率降低。

(2) 按贡献分配。一些学者认为,一个人获得的利益与他所做的贡献成比例才是公正的。社会或群体的利益分配原则应该是,利益应该按着每个人对社会、群体、任务的贡献大小进行分配。工作独立性较强的群体中,成员一般希望按贡献大小支付报酬。按贡献分配,成员之间的合作程度会下降,甚至会形成竞争,人们不大情愿分享资源和信息。但是,按贡献分配也面临一个重要的难题,就是如何衡量一个人的贡献大小。例如,市场给歌星的回报比给从事基础科学研究的科学家的回报要高得多,谁能说前者比后者对社会的贡献一定要大得多呢?

(3) 按需要和能力分配。按需要和能力分配的原则是,应该根据人的能力分配负担,根据人的需要分配利益。充分发挥人的潜力是有价值的,因此,应该按着一个人能尽可能提高生产能力的方式分配工作。通过工作产生的利益应该用于促进人类的幸福和福利。

在决定如何在成员之间分配利益和负担时,确实需要考虑需要和能力。多数人都同意,应该把个人放在最能发挥自己长处的岗位上,应该帮助迫切需要帮助的人。但是,这一分配原则也受到了批评。首先,根据这一原则,工作努力程度与报酬之间没有任何联系,干多干少一个样,没有必要多干,导致员工失去了努力工作的动力。其次,根据个人的能力而不是自由的选择来分配工作,则个人自由受到了限制。如一个人有能力成为一名优秀的研究员,但他却想当公务员,按能力分配工作,他只能做研究员。一个人需要得到一个面包,但他想要一瓶啤酒,按需要分配利益,他只能接受面包。

(4) 罗尔斯的分配观。在约翰·罗尔斯(John Rawls)的《正义论》中,有一个重要的理论:“无知之幕(Veil of ignorance)。”无知之幕是一种对特定道德问题判断的方法,过程是做以下思想实验:从对本人在社会秩序中特长、爱好与位置无知的原初状态出发,思考问题。无知之幕遮住了一个人社会合作对其利弊的知晓,然后决定社会中对权利、位置和资源的分配原则。罗尔斯认为这样才能保证任何人都不会在选择原则时由于天然机会的结果或社会环境中的偶然事件而有利或不利。这个概念是为了在分配社会合作的原则正义与否时抹除一己之私而创造的。

约翰·罗尔斯要求人们采用“无知之幕”的思维方式,来寻求分配公正原则。

罗尔斯认为,当且只有当符合下列原则时,利益和负担的分配才是公正的。

第一,每个人对于所有人所拥有的最广泛平等的基本自由体系、相容的类似自由体系都应有平等的权利;

第二,社会和经济不平等时应该这样安排,使它们:

① 给处于最不利地位的人提供最大的利益;

② 给所有人提供均等的机会。

原则一称为平等原则;原则二的第一部分称为差别原则,原则二的第二部分称为机会均等原则。当原则一与原则二产生冲突时，原则一优先，即平等权利优先；当原则二的两部分产生冲突时，第二部分优先，即机会均等优先。

2. 交易公正

个人与个人之间、组织与组织之间、个人与组织之间在不断地发生交易，交易必然产生权利与义务，双方权利和义务的保障取决于契约规范。契约规范是保证个体信守诺言的一种途径，使得企业活动得以开展。

托马斯·加兰特对规范契约的伦理规则概括为以下四条：

(1) 双方必须对契约的性质有充分的了解；

(2) 任何一方都不能向对方提供有意歪曲的事实；

(3) 任何一方都不能被强迫签订契约；

(4) 契约不能约束双方从事不道德行为。

3. 程序公正

程序公正的基本特征大致有如下五条。

(1) 普惠性。每一个社会群体、每一个社会成员的尊严和利益都应当得到有效的维护，任何一个社会群体尊严和利益的满足都不得以牺牲其他社会群体和社会成员的尊严和利益为前提条件。

(2) 公平对待。公平对待包含两层含义。第一层含义是，在处理同样的事情时，应当按照同一尺度，如果是有所差别的话，也应当是因事而异，而不能因人而异。第二层含义是类似于法律界所说的“无偏袒地中立”，即“与自身有关的人不应该是法官”，解决纠纷者应当保持中立，结果中不应包含纠纷解决者的个人利益。

(3) 多方参与。在制定法律和重要的公共政策时，必须让多方人员参与，尤其是要允许相关社会群体有充分的参与和表意的机会。使之能够充分地表达自己的意见，维护自己的利益。

(4) 公开性。公开性主要体现在利益相关者对信息知晓权利的平等性。在制定和实施政策的过程中，利用信息不对称，对于其他社会群体进行各种类型的欺骗和误导，而信息缺乏的一方难以做到有效的参与，无法得到公平对待，程序公正也就无从谈起。

(5) 科学性。程序公正还包含一些技术方面的要求，一般应该包括两个方面的内容：其一，相关信息充分、准确；其二，应当具有必要的评估机制和修正机制。

4. 惩罚公正

惩罚公正关心的是对一个做错事情的人怎样惩罚才算公正的问题。可以说犯同样或同等程度错误的人应该受到同样或同等程度的惩罚。但是必须考虑可以免除或减轻道德责任的情况。免除或减轻道德责任的条件就是所谓的谅解条件。谅解条件分为三大类型：

(1) 缺少行为可能性条件；

(2) 缺少必要认识条件；

(3) 缺少必要自由条件。

5. 补偿公正

一个人损害了另一个人，则加害者有道德义务给受害者某种补偿。补偿多少才合适呢？这是一个较难回答的问题。有人认为，补偿的量应等同于加害者有意使受害者遭受的损失的量。可是，有些损失很难计量，例如，一个人诽谤他人，使他人名誉受损，这个损失怎么计量？有的损失根本无法弥补，如失去生命或失去双眼，这种情况下我们只能要求加害者至少给受害者或其亲属给予物质补偿。

（四）关怀论

一般的伦理学说都假设，伦理应该是不偏不倚的，在决定做什么时，对与个人有特殊关系的人，如亲属、朋友、同事、下属等，也应该一视同仁。有些功利主义者主张，一个陌生人与父亲同时落水，而你只能救一个，你是救陌生人还是救父亲？如果救陌生人比救你父亲能产生更大的效用（假如这个陌生人是个著名的外科大夫，能救许多人的生命），那么，你的道德责任应该是救陌生人而不是救父亲。许多学者指出，这样的观点是不合情理的，是错误的。在上述例子中，你与你的父亲之间特殊的关怀、爱护关系决定了你对父亲负有特殊关怀义务，这种义务应该超过对陌生人承担的义务。

对与我们有密切关系，尤其是有依靠关系的人，承担特别关怀的义务，是关怀伦理的关键。关怀伦理强调了以下两个道德需求。

（1）我们每个人都生活在关系之中，所以应该培育和维护我们与特定个人建立起来的具体的、可贵的关系；

（2）我们每个人都应该对那些与我们有实实在在的关系的人，尤其是那些易受损害的、仰仗我们关怀的人，给予特殊的关怀，关心他们的需要、价值观、欲望和福利，对他们的需要、价值观、欲望和福利做出积极的反应。

关怀伦理与中国传统文化非常吻合。但是，关怀伦理还是受到不少批评。认为关怀伦理容易导致偏袒和不公正。关怀伦理要求人们对孩子、父母、配偶、朋友等给予特别的关怀，似乎在要求人们为了他人的福利而牺牲自己的需要与欲望。

（五）美德论

美德论通常又称德性论。何谓美德？

美德是习得性的、体现在个人行为习惯中的、构成道德高尚的人的特征的一种品质。例如，诚实被认为是道德高尚的人的一个特征，如果一个人习惯性地讲真话，而且之所以这样做，是因为他相信讲真话是对的，是因为在讲真话时他感到愉悦，在说假话时他感到难受，那么，我们可以说这个人拥有诚实的美德。相反，如果一个人偶尔讲真话，或者之所以讲真话是因为出于错误的动机，如为了博得他人的欢心，那么，不能说这个人拥有诚实的美德。此外，美德必须是习得性的，而不仅仅是一种天生的特征，如智力、美丽、强健的体魄等。

在我国古代，人们除了把仁、义、礼、智、信作为五常德之外，还提出礼义廉耻、忠孝节义等要求。孙中山先生在辛亥革命时提出忠孝、仁爱、信义、和平等标准。有人提出当今社会主义道德品质体系应该包括忠实、无私、勇敢、勤奋、仁爱、公道、诚信、节制等标准。

美德论对行为的指导原则：如果实施某项行为能使行为主体实践、展示和培育高尚的品德，那么该行为便是道德的；如果通过实施某项行为，行为主体实践、展示和发展了邪恶，那么，该行为是不道德的。美德论不仅可以用于评价行为，还可以用于评价制度。例如，有人认为，一些经济制度使人变得贪婪，大型的官僚组织使人变得不负责任，这种评价的基础便是美德论。

可以这样说，那些倾向于形成不良品性的制度是在道德上有缺陷的制度。

三、商业伦理判断的影响因素

（一）个人因素影响个人的道德评价

个人的道德观念是指个人对什么是正当行为的看法。一个人在成长过程中逐渐形成了一定的道德观念。根据美国心理学家劳伦斯·科尔伯格的研究表明，个人道德发展与生理发育一样，经历从幼儿到成年人的过程。在成长过程中，他们的道德推理一般要经历由低到高的六个阶段。

(1) 逃避惩罚导向：认为能逃避惩罚的行为是正当的。

(2) 寻求奖赏导向：认为能获得奖赏的行为是正当的。

(3) 良好关系导向：认为那些能获得家庭、朋友、上司、同事赞同或能使他们高兴的行为是正当的。

(4) 守法导向：认为履行个人的义务、尊重权威、遵守法律、维护社会秩序的行为是正当的。

(5) 社会契约导向：认为虽然规则和法律在大多数情况下应该遵从，但一些根本的价值，如生命、自由，更应该得到维护。

(6) 普遍伦理原则导向：认为正当行为是由个人基于普遍伦理原则的良心决定的。

道德推理方式不同，对行为的道德评价结果不可能总是一致的。

D. R. 福尔斯(D. R. Forsyth)认为，个人之间的道德判断和行为各异，这是道德决策观念差异所致。他从两个维度来阐述不同的道德决策观念：一个维度是理想主义，即一个人相信合乎道德的行为总能带来好的结果的程度；另一个维度是相对主义，即一个人相信道德规范是因情景而异的程度。

情景主义者(高理想主义、高相对主义)：拒绝运用普遍的或个人的道德原则，具体情形具体分析，并根据分析确定什么是合乎道德的行为；主观主义者(低理想主义、高相对主义)：依据个人的而不是普遍的道德原则做出道德判断；绝对主义者(高理想主义、低相对主义)：相信遵循严格的、普遍的道德原则能取得最佳的结果，例外主义者(低理想主义、低相对主义)：把普遍道德原则作为指导，但需要根据实际情况，允许例外发生。

（二）组织因素影响个人的道德评价

组织的伦理政策是客观存在的，因为组织必然要面对如何看待经营与伦理关系的问题，必然要面对在道德上追求到何种程度的问题，必然要面对如何处理与利益相关者关系的问题，而组织对这些问题的看法和规定，不论是否以正式的、成文的形式出现，也不论以单独的政策出现或是渗透在其他政策中，都会影响组织成员的道德评价。

组织风气通过向组织成员提供明确的或隐形的、可接受的行为指南而影响他们的行为。按着差别关系理论，人们倾向于采纳与其交往更频繁的人的行为和观念。因此，组织成员会受到关系密切的同事和上司的行为和观念的影响。而根据相对权威理论，某人拥有的职位权力越大，对决策的影响越大。因此，管理者特别是组织中拥有最高权力的管理者对员工的道德观念影响最大。

（三）行业、职业因素影响个人的道德评价

行业政策或职业准则(或职业道德)会影响行业内成员或职业从业人员的道德评价。

例如，国际投资管理与研究协会(Association for Investment Management and Research，AIMR)对会员及注册金融分析师的职业行为准则作了详细规定：要求在处理与公众、委托人、潜在的客户、雇主、雇员和同事的关系时，应以能给会员及职业带来良好声誉的、专业的和合乎道德的方式开展工作，并鼓励他人也这样做。由于规定十分详细，什么是允许的，什么是禁止的，从业人员知道得清清楚楚。

（四）社会因素影响个人的道德评价

从众心理广泛存在，从众是指人们采纳其他群体成员的行为和意见的倾向。社会舆论对某种行为是否合乎道德的看法越是一致，对个人的道德判断的影响就越大。

第四节　商业道德决策流程设计

为了有助于企业做出正确的道德决策，不少学者研发和设计了许多道德决策模型。准确把握布来查德和皮尔伦理检查模型、道德决策树模型、“九问式”模型、纳什模型、利益相关者分析模型等主要道德决策模型，遵循一定的决策原则和步骤，是企业有效做出道德决策的重要保证。

一、商业道德决策的主要模型

为了将理论融入企业决策活动中，西方学者和企业还提出并运用了一些简明易行的决策模型，帮助经理们做出符合道德的决策。由于信奉的理论基础不同，相应地，采用的决策模型也不同。主要的模型有以下几种。

（一）布来查德和皮尔伦理检查模型

伦理检查模型由肯尼斯·布来查德和诺曼·Q.皮尔在1988年提出，包括三个伦理检查项目。该模型主要依据合理利己论和显要义务论，优点是简单实用，无须掌握在不少人看来比较抽象的伦理原则，便可做出大致符合伦理的决策。因此，被很多企业采用。理论模型如图2-1所示。

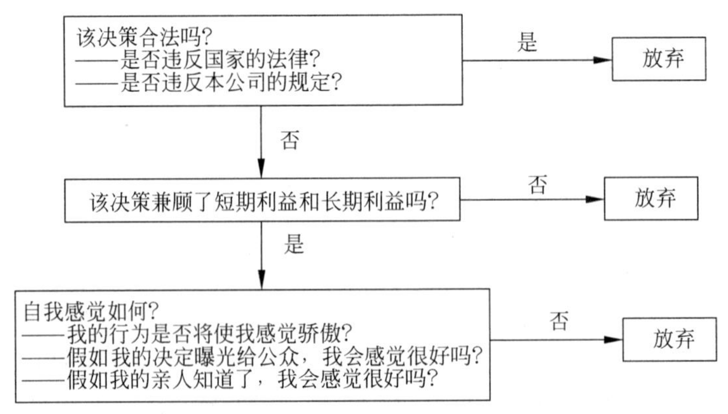

图2-1　布来查德和皮尔伦理检查模型

企业在运用该模型制定伦理决策时，首先要进行合法性检查。依据合理利己论，个人或本企业利益的实现应当在合乎良心与法律规范的前提条件下进行。伦理与法律是一致的,不合法的也通常是不道德的(当然也有例外)。然后,检查一项决策是否兼顾了长远利益和短期利益。其理论依据是,具有长远利益的行为不大可能是不道德的行为。最后,企业决策者对一项决策进行自我感觉检验和曝光检验。这里,模型实际上假定决策者知道对他人、对社会应有的义务,如果决策违反了诸如诚实、感恩、公正、行善、自我完善、不作恶等当然的义务,决策者应该会感到良心的谴责和无法面对其他人。

(二)道德决策树模型

此模型是 1981 年由杰拉尔德·卡瓦纳等人设计的,如图 2-2 所示。

这个模型有两个特点。特点之一是从决策的后果和决策对义务与权利的尊重两方面来评价决策在道德上的可接受性。模型首先要求决策者考虑决策对相当广泛的利益相关者的影响,如对企业自身、对整个社会目标的实现、对整个经济体系的运转、对决策涉及的个人权利的影响等,是站在较高的层次运用功利论的。在从后果上衡量之后,模型要求继续从道义方面评价决策,必须考虑对受影响者权利的尊重和对各方的公正性。特点之二是运用加勒特的相称理论,考虑例外情况的解决方式。模型虽然比较复杂,但其全面性是显而易见的。

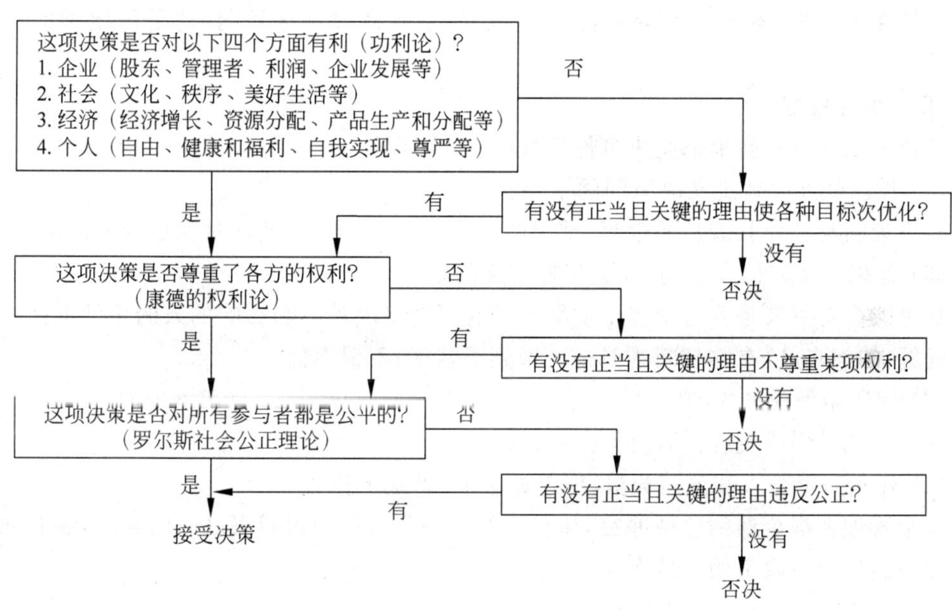

图 2-2 道德决策树模型

(三)"九问式"模型

该模型由美国马奎特大学营销学教授基恩·拉克兹尼亚克在 1983 年提出。模型在 9 个问题中运用了显要义务论、相称论和公平公正论。企业决策者可以通过回答这些问题来制定符合道德的决策。如果回答全部为否定,则该决策是道德上可接受的。该模型的问题如下。

(1) 该行动违法吗?

(2) 该行动违反以下任一条普遍性的道义吗?

——诚实的责任

——感恩的责任

——公平的责任

——仁慈的责任

——自我完善的责任

——无伤害的责任

(3) 该行动侵犯由组织类型而相应产生的特定义务吗?

(4) 该行动的动机是邪恶的吗?

(5) 采取该行动会不会发生某种“大恶”?

(6) 是否故意否定了可以比该行动产生更多的善,更少的恶的另一行动?

(7) 该行动侵犯了消费者不可剥夺的权利了吗?

(8) 该行动是否侵犯别的组织的权利?

(9) 个人或组织是否已经没有相关的权利了?

我们可以看出,这个模型遵循的设计思路是,从法律检验开始,依次进行显要义务检验、特殊行业责任检验、目的检验、结果检验、过程检验、权利检验、公正检验。它不仅照顾到了一般性的问题,还针对了特定行业、特定产品面临的特殊问题,这是该模型的一个优点。

(四) 纳什模型

劳拉·L.纳什:衡量企业决策伦理性的12个问题。

(1) 你已经准确地定义决策问题了吗?

对决策问题必须有清楚的理解,掌握的事实越多、越准确,处理时就越少感情用事。

(2) 如果你站在他人立场上,会怎样定义问题?

从可能会对决策是否道德提出质疑或最有可能受决策不利影响的人的角度审视一下决策问题,问问自己,在定义问题时是否做到了客观、不偏不倚。

(3) 问题是怎样产生的?

考察问题的形成过程,搞清问题的实质。

(4) 作为一个个人和公司成员,你忠诚于谁,忠诚于什么?

每个管理者都会遇到忠诚冲突,如自己的良心与履行公司职责之间的冲突,还有同事要你参与违反公司政策的事情等。

(5) 你做该决策的意图是什么(目的)?

为什么要这样做,如果得不到满意的回答,就不要选择该方案。

(6) 你的决策意图与可能的结果相符合吗?

有时意图很好,但结果可能是有害的。

(7) 你的决策会损害谁的利益?

即使产品有正当用途,但如果使用不当或落入一些人手中,会对消费者造成伤害,管理者就得重新考虑是否生产和销售该产品。

(8) 你能在做决策前与受影响的各方讨论该决策问题吗?

例如,你要关闭某个工厂,是否能在事先与受此影响的工人和社区讨论这一问题,以评估决策的后果。

(9) 你认为从长远来看，该决策将会与现在看上去那样有成效吗？

你能坚持你的承诺吗？你能预见可能改变你的想法的条件吗？今天的好决策到明天会是一个失误吗？

(10) 你能毫无顾忌地与你的上司、高层管理者、董事、家庭以及整个社会谈论你的决策吗？

你做的决策在电视上报道，你会感觉如何？你会乐意接受采访吗？

(11) 如果理解正确，人们会对你的行为产生什么样的看法呢？误解了又会怎么样？

这一问题涉及真诚与他人对行为的看法。

(12) 在什么样的条件下，你会允许对你的立场有例外(即稍稍改变你的立场)？

你发现一个员工挪用了1000元，随后归还了，公司员工手册对挪用公款有严格规定，一经查实，立即开除，假如这笔钱是用于支付紧急医疗费用，你会怎么办？如果是用于赌博呢？对于这名员工在公司里工作12年或者18个月这两种情形，你的决定会有什么不同？

(五) 利益相关者分析模型

利益相关者分析应考虑如下8个问题。

(1) 谁是我们现行的利益相关者？

(2) 谁是我们潜在的利益相关者？

(3) 利益相关者想从我们这里得到什么？

(4) 我们想从利益相关者那里得到什么？

(5) 我们的决策会为哪些利益相关者带去利益？利益有多大？

(6) 我们的决策会给哪些利益相关者造成伤害？伤害有多大？

(7) 利益相关者受到损害后会不会采取行动？如果会，会采取什么样的行动？

(8) 可能采取行动的利益相关者的影响力有多大？

二、商业道德决策原则

决策原则是反映决策过程的客观规律和要求，在决策工作中需要遵守的基本准则。商业道德决策除了必须坚持“以人为本”的原则之外，也应该遵循一般决策的基本准则。

决策原则分为两类：一类是在决策的整个过程都需要掌握的原则；另一类是在决策各个阶段中需要掌握的原则。前者有十个原则，后者有十个原则。

(一) 商业道德决策过程须掌握的十个原则

(1) 信息原则，信息是决策的基础，对信息的要求是准确、完整、及时，有的信息还要求保密。

(2) 预测原则，科学的预测是决策可靠性的保证，也是选择实施途径的重要方法。

(3) 系统原则，要用系统论的考虑决策所涉及的整个系统和相关系统，决策对象和外部的相互联系及相互作用。

(4) 可行性原则，决策的途径都要同主客观条件符合，有很大的现实可能性。

(5) 优选原则，要从两个或两个以上方案中，对比分析选佳或满意方案。

(6) 效益原则,选出的方案要有明显经济效益、社会效益、生态效益。花费代价小,而取得的效果大。

(7) 外脑原则,重视利用参谋、顾问、智囊团的作用,发挥集体智慧的优势。

(8) 行动原则,决策是要付诸行动,否则无价值可言。

(9) 跟踪原则,对决策实施跟踪反馈,及时进行控制调节,使决策实现。

(10) 科学原则,自始至终都必须体现决策的科学性,保证决策的正确和目标的实现。

(二) 商业伦理道德决策各阶段须掌握的十个原则

(1) 差距原则,是指决策目标应该着眼于解决应有现象与实际现象之间的差距,也就是需要与现实之间的差距问题。所谓应有现象,是指人的更高要求的现象,这种现象或者是人们美好的追求,或者是其他国家、社会、地区已达到的现象,或者是标准规定。实际现象是指现实的现象。应有现象同实际现象之间通过对比找出了差距。而缩短差距、消除差距就是决策目标所要解决的问题。

(2) 紧迫原则,是指决策目标所要解决的差距问题是紧迫性的问题,这个紧迫性有两方面的含义,一是现在就要解决的问题,说它的重要性。二是现在有利于问题的解决,说它的机遇性。如我国与发达国家经济发展水平相比是落后了,落后就是差距。解决这个差距就把经济建设搞上去,这是紧迫的任务,而且要抓住现在的机遇,不能坐失良机。

(3) 力及原则,是指决策目标应具有实现的可能,既充分发挥主观能动性,又充分利用客观可能性,两者结合下能实现的目标,有其可行性、可能性。

(4) 弹性原则,是指决策目标在实施过程中有伸缩的余地。在顺利进行中,情况越来越好,可以提前或超额完成目标的应有准备。同样,在不顺利中进行,或出现了意外,而使目标难以如期实现的就要留有余地。

(5) 瞄准原则,是指方案必须瞄准目标、准确度越高越好,不能南辕北辙。瞄不准目标的方案是无意义的方案。

(6) 差异原则,是指几个备选方案,在路线、途径、方法、措施上有明显的差异,有差异才选择性,雷同就无法选择。

(7) 时机原则,在信息充分、根据充分、论证充分的基础上及时选定方案、当断必断、不能贻误时机。

(8) 排斥原则,应在不同的方案、排斥的意见中充分听取、作出抉择。

(9) 追踪原则,决策实施后要随时检查验证,不能认为一经决策就放手不管。

(10) 反馈原则,实施决策过程中的进展情况、新情况、新问题,及时反回决策者,以便决策者掌握情况,对新出现的问题作出对策。

(三) 反映商业伦理决策过程的基本原则

1. 经济性原则

经济性原则就是研究经济决策所花的代价和取得收益的关系,研究投入与产出的关系。决策者必须以经济效益为中心,并且要把经济效益同社会效益结合起来,以较小的劳动消耗和物资消耗取得最大的成果。如果一项决策所花的代价大于所得,那么这项决策是不科学的。

2. 可行性原则

可行性原则的基本要求是以辩证唯物主义为指导思想，运用自然科学和社会科学的手段，寻找能达到决策目标的一切方案，并分析这些方案的利弊，以便最后抉择。可行性分析是可行性原则的外在表现，是决策活动的重要环节。只有经过可行性分析论证后选定的决策方案，才是有较大的把握实现的方案。掌握可行性原则必须认真研究分析制约因素，包括自然条件的制约和决策本身目标系统的制约。可行性原则的具体要求，就是在考虑制约因素的基础上，进行全面性、选优性、合法性的研究分析。决策的内容特别要符合现行的法律法规，并且决策要经过一定的、合法的组织程序和审批手续。

3. 科学性原则

科学性原则是一系列决策原则的综合体现。现代化大生产和现代化科学技术，特别是信息论、系统论、控制论的兴起，为决策从经验到科学创造了条件，领导者的决策活动产生了质的飞跃。决策科学性的基本要求是：

(1) 决策思想科学化；

(2) 决策体制科学化；

(3) 决策程序科学化；

(4) 决策方法科学化。

科学性原则的这几个方面是互相联系、不可分割、缺一不可的。只有树立科学的决策思想，遵循科学的决策程序，运用科学的决策方法，建立科学的决策体制，整个决策才可能是科学的；否则，就不能称为科学决策。

4. 民主性原则

民主性原则是指决策者要充分发扬民主作风，调动决策参与者，甚至包括决策执行者的积极性和创造性，共同参与决策活动，并善于集中和依靠集体的智慧与力量进行决策。

5. 整体性原则

整体性原则也称为系统性原则，它要求把决策对象视为一个整体或系统，以整体或系统目标的优化为准绳，协调整体或系统中各部分或分系统的相互关系，使整体或系统完整和平衡。因此，在决策时，应该将各个部分或小系统的特性放到整体或大系统中去权衡，以整体或系统总目标来协调各个部分或小系统目标。

6. 预测性原则

预测是决策的前提和依据。预测是由过去和现在的已知，运用各种知识和科学手段来推知未来的未知。科学决策，必须用科学的预见来克服没有科学根据的主观臆测，防止盲目决策。决策的正确与否，取决于对未来后果判断的正确程度，不知道行动后果如何，常常造成决策失误。所以决策必须遵循预测性原则。

【网络链接 2-4】

"诚信高于一切"原则：创业之本、兴业之源

美国《商业周刊》从企业、经济、科技、保健等社会多个层面，列出了25项商业诚信文化新思维。而列在这25项商业诚信文化新思维之首的就是——"诚信"。《商业周刊》指

出，面对社会与经济日新月异的变化，诚信与公平才是企业获得最大赢利的关键所在，企业应当倡导诚信文化。

美国商业诚信文化专家劳伦斯·米勒在《美国企业精神——未来企业经营的八大原则》一书中指出：几乎美国的每个大公司都在发生商业诚信文化的变化，老的商业诚信文化在衰变，新的商业诚信文化在产生。美国企业精神可以包括在八大基本原则之中：

一、目标原则，成功的企业必须具备有价值的目标；

二、共识原则，企业成功与否，要看它能否聚集众人的能力；

三、卓越原则，卓越不是指成就，而是一种精神、一种动力、一种工作伦理、一种追求卓越的精神；

四、一体原则，全员参与，强化组织的一体感；

五、成效原则，成效是激励的基础；

六、实证原则，即强调科学的态度，善于运用事实、数据说话；

七、亲密原则，即相互信任，互相尊重，充满团队精神；

八、诚信原则，诚信就是诚实守信，以认真负责的态度进行工作。

（资料来源：[美]保罗·詹森、杨毅宏著，《诚信的种子》，机械工业出版社，2006年。）

三、商业道德决策的主要步骤

决策是管理过程当中的核心问题之一。决策的过程因人而异。不少学者在努力探讨比较科学合理的决策过程，以便尽量减少决策的失误。比较著名的有西蒙的决策三步骤和德鲁克的决策六步骤。甚至一些著名的大公司也形成了自己独特的决策步骤，如IBM的最佳决策五步骤。本教材在探讨商业道德决策步骤时主要借鉴德鲁克的决策六步骤方法。

根据“现代管理学之父”德鲁克决策六个步骤理论，有效的道德决策主要有以下六个步骤。

(1) 对商业道德问题进行分类，明确问题是普遍性问题、特例性问题或是新问题。高效决策者首先会对问题进行分类，对于普遍性问题、新问题(即新问题的早期表现)则采取普遍性的解决方案，也就是制定某种规则、政策或原则，并结合实际来处理问题；而真正的特例性问题则必须个别处理。

(2) 对商业道德问题进行定义，即我们遇到的是什么问题，明确所做的定义是否能解释已发生的情况，是否能解释所有情况。

高效决策者明白，对问题进行定义的这一步骤中，应该避免出现貌似合理、实则不全面的定义，并且明确定义所要促成的目标。

(3) 明确决策的限定条件。“限定条件”即决策必须实现什么目标？决策的最低目标是什么？必须满足什么条件？只有满足了限定条件的决策，才能是有效的决策。

(4) 判断哪些是符合限定条件的“正确”决策，而不是先考虑决策可否被接受。若从一开始就考虑“什么样的决策会被接受”，那么决策往往会丢掉重点，这便不利于做出有效的决策，更不用说正确的决策。恰当运用前面所述的道德决策模型以促进决策的正确性和有效性。

(5) 在制定商业道德决策时将实施行动考虑在内。要将决策转化为行动，在制定决策时就必须确认：将决策告知哪些人？采取哪些行动？由谁来执行？为了使执行者能够胜任，任务应该是什么样的？

(6) 对照实际执行情况检验决策的正确性和有效性。决策过程中还必须建立信息跟踪和汇报机制，不断将决策的预期目标与实际情况进行对照。高效管理者往往通过一个要素明确、步骤清晰的系统化过程来进行重大决策。

【本章关键术语】

道德滑坡　囚徒困境　道德风险　逆向选择　道德判断　道德决策

案例讨论题 2

海尔：真诚何以到永远

没有哪个企业不明白诚信对于立企、兴企的重要性，但在具体实践中差异却很大。企业能不能在理念、模式和机制上保障并发展自己的诚信呢？

海尔公司 1984 年创立于青岛。海尔有一个很著名的广告语，叫作“真诚到永远”。海尔总裁张瑞敏解释说：一个企业要永续经营，首先要得到社会的承认、用户的承认。企业对用户真诚到永远，才有用户、社会对企业的回报，才能保证企业向前发展。“顾客永远是对的，”张瑞敏说，“不管在任何时间、任何地点、发生任何问题，错的一方永远只能是厂家，永远不是顾客，不管这件事表面现象看来是不是顾客的错。”一位农民来信说自己的冰箱坏了。海尔马上派人上门处理，还带着一台新冰箱。赶了 200 多公里到了顾客家，一检查是温控器没打开，打开温控器就一切正常了。海尔管理层却就此进行认真的反思：绝不能埋怨顾客，海尔必须满足所有人的需求，要把说明书写得让所有人都读懂才行。

1994 年夏天《青岛晚报》发了一则报道，谴责本市一名出租司机把顾客买的海尔空调器拉跑了。海尔知道了这个消息后，给这位顾客送去了一台空调器。这条消息再次成为新闻，社会舆论一致赞誉海尔助人为乐，但海尔人认为：这件事真正的责任还在企业身上，如果我们把空调器直接送到顾客家里，就不会出现这样的问题了。由此，海尔酝酿推出了无搬动服务。服务是向用户卖产品，售后服务环节不能产生利润，却要求企业较大的资金、人力和物力投入，因此有不少企业把售后服务视为负担，多数是借用别人的网络代理服务。

海尔投资建立了自己的维修服务体系。因为他们担心如果依靠别人的网络，很难达到海尔的质量与服务要求。更要紧的是，海尔将会因此失去与用户沟通、了解需求信息的重要渠道。海尔认为营销的本质不是卖，而是买，是海尔花钱向用户购买信息。这些举动不仅使海尔赢得了用户的信赖，更使它赢得更大的市场。

用机制保障真诚持久，从“顾客永远都是对的”到“用户打一个电话，剩下的由海尔来做”，从“真诚到永远”到“国际星级服务一条龙”，海尔的理念在延伸。海尔认为：所谓服务是广义的，是从了解用户潜在需求到产品的设计、制造直到送达用户的全过程。做好一个产品，做好一段时间的工作，做好一部分顾客的工作并不会很难，但要天天如此，真是太难了。怎样才能达到“真诚到永远”、“顾客满意到永远”呢？海尔在实践中提出并逐步完善了一些管理思路。

（1）以创新为导向的螺旋上升的三角结构。三角的一端是市场需求，另一端是产品创新，还有一端是质量保证和服务体系。需求是导向创新的来源，通过主动搜集世界各地市场的各种需求来确定创新的课题。创新课题一经确立，便被纳入质量保证体系和服务网络，保证把产品推进市场并反馈新的需求，就这样不断循环、螺旋提高。

（2）斜坡理论。经营中的组织好比是放在斜坡上的一个圆球，圆球随时都会滚下来，因此必须给它一个动力，这种动力就是组织的基础管理。有一次张瑞敏到日本考察一条生产线，日本老板对他说：“这里一个真正合格的贴商标的工人需要培养两年的时间。”这使他深受启发：贴一个商标没什么难的，然而把一个简单的事成千上万遍准确地做到位，肯定不是一件简单的事，这对质量控制是非常重要的。完成一台冰箱需要经过156道工序、545道工位，他们把每个时间的每个动作都分解到位，每项指标都落实到人，从而造就了优质的生产线。

（3）实施国际化战略，创造国际美誉度。他们认为，只要有钱打广告，知名度就上来了，但顾客不一定满意。质量和服务都合乎相关法规要求，产品就有了信誉度，但却没有研究顾客真正的需求。美誉度就是在知名度和信誉度的基础上，满足顾客潜在的需求。迄今，海尔先后在欧洲、美国、亚洲等地区建立了自己的生产基地，并在海外建立18个设计中心，56个贸易中心和40000多个营销网点。他们的目标就是要在国际市场创美誉，创出国际名牌。

1. 海尔集团是全球领先的整套家电解决方案提供商和虚实融合通路商

创业以来，海尔坚持以用户需求为中心的创新体系驱动企业持续健康发展，从一家资不抵债、濒临倒闭的集体小厂发展成为全球最大的家用电器制造商之一。2012年，海尔集团全球营业额1631亿元，在全球17个国家拥有8万多名员工，海尔的用户遍布世界100多个国家和地区。

2. 在白色家电领域，海尔是世界白色家电第一品牌

海尔集团持有多个与消费者生活息息相关的品牌。其中，按品牌统计，海尔已连续四年蝉联全球销量最大的家用电器品牌（数据来源：欧睿国际Euromonitor）。全球管理咨询公司波士顿公布的“2012年度全球最具创新力企业50强”榜单中，海尔排名第八位，与苹果、谷歌等一起进入十强，是唯一进入前十名的中国企业。在互联网时代，海尔打造开放式的自主创新体系支持品牌和市场拓展，截至2012年，累计申报13952项技术专利，获授权专利8987项；海尔共组织研究、提报了84项国际标准提案，其中28项已经发布实施，是中国申请专利和提报国际标准最多的家电企业。在全球白色家电领域，海尔正在成长为行业的引领者和规则的制定者。

3. 在流通渠道领域，海尔构筑全流程用户体验驱动的虚实网融合竞争优势

海尔实网即营销网、物流网、服务网，覆盖全国大部分城市社区和农村市场，海尔在一二级市场建有2952家专卖店，三四级市场2.8万家专卖店，19万个村级联络站，通过客户信息化系统将实体店连成黏用户的网络，实现对用户的精准营销；海尔在全国的90余个过站式物流中心，2800多个二级配送站构成了一张物流网，在全国400个城市及1500

多个区县实现24小时限时达，在460个区县实现48小时内送达。凭借“24小时按约送达，超时免单”，为用户提供最后一公里解决方案的最佳体验；海尔聚焦“送装一体，持续关怀”，深入终端为用户提供七星服务，创造用户口碑，从原来单一的上门服务，到家电销售服务一体化，升级为提供整体家居解决方案。海尔的虚实网融合的优势保障了企业与用户的零距离，不但有效支持海尔产品的营销，还成为国际家电名牌在中国市场的首选渠道。

4. 海尔致力于成为时代的国际化企业

适时进行战略创新和管理模式创新以适应时代的变迁和发展，先后实施名牌战略、多元化战略、国际化战略、全球化品牌战略、网络化战略，海尔管理模式也从日清管理法、OEC管理模式、市场链管理发展到人单合一双赢管理模式。

5. 在互联网时代，海尔实施两个战略转型：企业转型，从“卖产品”转变为“卖服务”；商业模式转型，从传统商业模式转型为人单合一双赢模式，提升了海尔对互联网时代用户需求的响应速度和盈利能力

2007年至2011年，海尔利润复合增长率为38%，是收入增幅的2倍多，现金周转天数(CCC)为负的10天。人单合一双赢模式的互联网特征使其具备了跨文化融合的能力，在海尔并购三洋白电业务后成立的海尔亚洲国际，人单合一双赢管理模式得到了日本本土员工和管理团队的认可，并吸引当地一流人才纷纷加盟。海尔正在通过人单合一双赢模式创新，成为互联网时代领先的全球化品牌。

海尔组织结构应需而变，让每个员工直面市场，更加敏捷快速地获取并满足碎片化、个性化的用户需求。世界著名的商学院、管理专家认为，海尔的人单合一双赢模式具有颠覆性、首创性和领先性的特点，是对传统管理理论的突破，有可能破解全球企业界的管理难题。

(资料来源：http://www.haier.net/cn/about_haier/,2013-04-05)

讨论问题：

1. 海尔公司的发展历程与其公司现实状况如何？
2. 海尔公司取得巨大成功的根本原因何在？

练　习　题

一、单选题

1. 囚徒困境最早是由美国普林斯顿大学数学家(　　)1950年提出来的。
   A. 西蒙　　B. 阿尔伯特·塔克
   C. 纳什　　D. 基恩·拉克兹尼亚克
2. 下列不属于道德领域中的“囚徒困境”现象的是(　　)。
   A. 上车挤抢　　B. 汽车抢道　　C. 排队加塞　　D. 见义勇为
3. “无知之幕”(Veil of ignorance)作为对特定道德问题判断的方法是谁提出的(　　)。
   A. 曼纽·G.维拉斯奎　　B. 德鲁克
   C. 约翰·罗尔斯　　D. 西蒙

4. 道德权利的基础是康德所提出的(　　)。

A. 绝对命令　　B. 相对命令　　C. 法律规定　　D. 道德约束

5. 根据美国心理学家(　　)的研究,个人道德发展与生理发育一样,经历从幼儿到成年人的过程。在成长过程中,他们的道德推理一般要经历由低到高的六个阶段。

A. 劳伦斯·科尔伯格　　B. 曼纽·G.维拉斯奎

C. 约翰·罗尔斯　　D. 科斯

6. 商业道德决策必须坚持的根本原则为(　　)。

A. 科学与民主　　B. 经济原则　　C. 可行性原则　　D. 以人为本

二、多选题

1. 下列属于道德风险的特点的有(　　)。

A. 客观性　　B. 隐蔽性和不确定性

C. 长期性和复杂性　　D. 破坏性和可变性

2. 下列道德风险产生的原因表述正确的是(　　)。

A. 利益驱动性　　B. 委托代理关系及信息不对称

C. 所有权完整　　D. 完全市场竞争的体制

3. 下列有关"逆向选择"问题解决方法正确的有(　　)。

A. 根据商品的开价来推测商品的质量　　B. 中介

C. 制造与传播信号　　D. 政府和消费者协会

4. 下列影响人们做出道德评价的因素正确的有(　　)。

A. 社会因素　　B. 个人因素和组织因素

C. 法律因素　　D. 行业和职业因素

5. 下列伦理评价理论正确的有(　　)。

A. 仁义论　　B. 功利主义　　C. 公正论　　D. 关怀论

6. 免除或减轻道德责任的条件就是所谓的谅解条件。谅解条件分为三大类型,表述正确的是(　　)。

A. 缺少行为可能性条件　　B. 缺少必要认识条件

C. 缺少必要自由条件　　D. 缺少必要的人际关系条件

三、判断题

1. 目前中国商业道德滑坡最严重的现象表现为食品安全领域中层出不穷的恶性事件,导致这一严重问题的根本原因是市场经济体制的不完善。(　　)

2. 囚徒困境反映了个人最佳选择的总和就是团体最佳选择。(　　)

3. 只要市场经济存在,道德风险就不可避免。(　　)

4. "柠檬市场"俗称"次品市场"。(　　)

5. 非道德的商业行为是指不受一定道德意识支配,也不涉及有利或有害于他人和社会的无道德意义的、不能进行道德评价的商业行为。(　　)

6. 功利主义所说的快乐最多或痛苦最小,主要针对行为人自身而言。(　　)

7. 公正(justice)与公平(fairness)常常不加区分,有人认为公正涉及的是更为严肃的事情,也有人认为,公平概念更为基本。(　　)

8. 肯尼斯·布来查德和诺曼·Q.皮尔在1988年提出的三个伦理检查项目简单实用,有利于做出高伦理水平的决策。 ( )

四、问答题

1. 分析经济人、道德人与"囚徒困境",个人理性、集体理性与"囚徒困境"的相互关系。

2. 商业道德风险产生的原因有哪些?

3. 试述道德风险与逆向选择的联系区别及解决方法有哪些?

4. 试述伦理评价理论中的公正论。

5. 分析商业伦理判断的影响因素。

6. 简述商业道德决策的主要模型与步骤。

练习题参考答案

一、单选题

1. B 2. D 3. C 4. A 5. A 6. D

二、多选题

1. ABCD 2. AB 3. ABCD 4. ABD 5. BCD 6. ABC

三、判断题

1. 对

2. 错。囚徒困境反映了个人最佳选择并非团体最佳选择。

3. 对

4. 对

5. 对

6. 错。功利主义所说的快乐最多或痛苦最小,不仅仅针对行为人自身而言,而是针对所有人而言。

7. 对

8. 错。肯尼斯·布来查德和诺曼·Q.皮尔在1988年提出的三个伦理检查项目简单实用,有利于做大致合乎伦理水平的决策。

第三章 商业行为道德透视与现实探析

道生之，德畜之，物行之，势成之。长之育之；成之熟之；养之覆之。
万物莫不尊道而贵德。
道之尊，德之贵，夫莫之命而常自然。
生而不有，为而不恃，长而不宰。是谓玄德。
上善若水。水善利万物而不争。

——老子《道德经》

学习目标

1. 了解商业行为的道德分类及其相互关系；
2. 明确商业道德行为的现实价值；
3. 理解商业失德行为的伦理思考；
4. 熟悉 217 份商业伦理道德问卷调查数据与存在的问题；
5. 把握加强我国商业伦理道德建设的对策建议。

导读 3

中国概念股在美遭遇诚信危机

——绿诺科技审计失败的思考

2010 年年底，大连绿诺环境工程科技有限公司(RINO，以下简称“绿诺科技”)成为第一家因财务造假在美退市的中国公司。从调查公司提出质疑，到纳斯达克(NASDAQ)勒令退市只经过了 23 天。创下中国概念股最快被猎杀纪录，中国概念股风潮被推向巅峰，中国概念股的诚信危机由此爆发。在美国迎来中国 IPO(首次公开募股 Initial Public Offerings，简称 IPO，是指企业透过证券交易所首次公开向投资者发行股票，以期募集用于企业发展资金的过程。)之年的 2011 年，绿诺科技还是依据美国《反国外贿赂法案》(*Foreign Corrupt Practices ACT*，以下简称 FCPA)直接成为被调查对象的首家纯中国企业。

由于中国企业对美国资本市场缺乏了解，一条由美国券商、律师事务所、会计师事务所等机构组成的利益链条应运而生。此类生意模式的故事很容易讲述：向中国的创业家们兜售这一特殊的“美国梦”，再向海外投资者们推销中国经济概念和诸如新能源环保之类的产业概念。华尔街的投资者曾经将“ Made in China ”的公司，即在国外上市、中国注册，或虽在国外注册，但业务和关系在中国的中国概念股公司的“市场容量”理解为“量化数据”，从而给予它们高于市场平均水平的溢价，这种情况一直持续到 2010 年绿诺科技案的爆发。2011 年初，SEC(美国证券交易委员会 Securities and Exchange Commission，根据《1934年证券交易法》于当年成立的美国联邦政府专门委员会，旨在监督证券法规的实施。委员会由五名委员组成，主席每五年更换一次，由美国总统任命）基于潜在的财务问题将340家中国企业划入调查范围，给做空的研究机构提供了一份"黑名单"。而部分中国企业确实存在以下若干问题：面向国内和国外的财务报表迥异；频繁更换审计师或使用名不见经传的审计师；公司盈利趋于完美，让人难以置信；企业利润保持恒定增长，违反股市波动规律；缺乏分红和反复进行股票和债券增发；公司运营不透明等。

在猎杀中国概念股的过程中，同样存在一条由券商、对冲基金、市场研究机构、律师事务所等组成的利益链条。第三方沽空研究机构专门从事"找瑕疵"的工作，并形成产业链：建立空仓披露财务造假数据—评级机构调低评级—律师事务所起诉—被猎杀公司股价暴跌—做空者卖空获利。更换CFO(Chief Financial Officer，财务总监，指公司首席财政官或财务总监，是现代公司中最重要、最有价值的顶尖管理职位之一，是掌握着企业的神经系统——财务信息和血液系统——现金资源灵魂人物）、审计师辞审、成为被做空的猎物、接受SEC调查、停牌甚至退市、陷入集体诉讼，成为这些在美造假上市公司相似的命运。在猎杀中国概念股风潮中名声大噪的浑水公司(Muddy waters Research)成立于2010年初。核心业务就是研究在美国上市的中国概念股票，抓住那些试图浑水摸鱼(Muddy waters make it easy to catch fish)的中国概念股公司。

2011年初，PCAOB责令一家名为Chisholm，Bierwolf，NiL. Son & Morill的审计师停止执业，两家委托公司也被永久禁止经营。PCAOB(美国公众公司会计监督委员会Public Company Accounting Oversight Board，是会计行业的自律性组织，它由PCAOB不同会员事务所的会计师组成，这些会计师要为PCAOB中的其他会员事务所进行年检)对这一惩罚措施做出的解释是："美国审计公司将审计工作外包给毫无经验的中国助理机构，允许这些机构对在中国经营的公司实施审计业务，却不对其进行合理的监管。"同时，中美双边审计监管机制的建立，已是大势所趋。我国应进一步加强临时执业许可证发放的事前、事后管理，要求美国事务所严格按照许可证范围执业，接受中国监管部门的监督检查；参与美国事务所审计的国内事务所，应该作为检查的重点。

正如英国杰出的小说家查尔斯·狄更斯（Charles Dickens）所言，"这是最好的时代；也是最坏的时代；这是智慧的时代，也是愚蠢的时代；这是信任的年代，也是怀疑的年代；这是光明的季节，也是黑暗的季节；这是希望的春天，也是失望的冬天"。相信随着公司内部会计控制的加强、审计师执业质量的提高和市场监管机制的完善，中国概念股的风潮终会过去，而中国概念股的未来值得期待。

（资料来源：刘华，《财会学习》，2012年第1期）

商业伦理道德理论起源于商业伦理道德实践。现代企业怎样处理与"利益相关者"，即股东、董事会、监事会、雇员、顾客、供货商、竞争对手、社会组织、政府团体及自然环境之间的关系，形成现实的商业伦理道德问题，表现为可查验证的商业行为。[①] 我们不能完全

① 商业行为，从道德角度可分为商业道德行为与商业失德行为。商业道德行为肯定是商业合法行为，商业合法行为大多是商业道德行为，而极少数商业合法行为不一定合乎道德的要求，进而表现为商业失德行为。当然，商业违法行为肯定是商业失德行为。

像“正统的”微观经济学那样，将企业的真实经济生活中的不确定性抽象成生产函数，同理因为企业作为经济体系的社会存在，其经营理念的选择及处理与利益相关者的伦理道德尺度也不能视为是企业的“外部性”问题。

我们看到近年来，中外资本证券市场少数公司的诚信缺失严重，将上市作为圈钱的手段，为此不择手段炮制假账、虚构盈利、蒙骗公众、谋取私利。从而引起不少知名上市公司因巨额造假纷纷破产倒闭。中外社会的企业腐败现象甚是严重，层出不穷的商业失德对社会造成巨大危害。因此，很有必要对契约经济与道德契约、商业伦理环境与商业道德行为展开分析。

第一节　契约经济、道德契约与信用机制

从契约论的角度讲，企业所具有的伦理特征是企业履行与利益相关者的长期隐含契约的客观内在要求。我们发现，人类社会、经济体系及企业的进步和发展与企业是否合乎伦理的经营观念及行为息息相关、密不可分。

一、市场经济是契约经济

为了使市场经济中的利益驱动合理合法，保证市场运作能够按公平、公开、公正原则进行，并能真正发挥义利共生理论的作用，就应当用道德契约加以规范市场各方面的主体行为，建立强有力的信用机制予以确保，从而优化商业伦理道德环境。

市场经济中的经济活动都是通过契约(合同)来确认、来实现的，所以，市场经济从这种意义上说是契约经济。契约道德是市场经济重要的道德基础。据工商行政部门统计，目前我国经济契约的签约率仅为63%，而履约率仅为50%，这在世界上也是少有的低。签订契约和履行契约的基础是契约道德，即日常提到的信用。契约失效就是经济失信。所以，商业伦理道德中的一个重大问题就是如何确立守信。

目前，市场经济秩序混乱，重要原因之一是商业伦理道德缺失，而商业伦理道德缺失尤以契约道德缺乏最为明显。“三角债”就是例证。利用资产重组、债务重组、关联方交易等的做假手段，其渊源概出于此。商业伦理道德缺乏不是市场经济秩序混乱的深层次原因。深层次原因是体制转换期间市场秩序失控。在相当长的一段时间内，人们只把市场经济视为“逐利经济”，只知道逐利，不知规则，甚至无视道德与法律。不受任何约束的利益驱动是市场秩序混乱的根本原因，不仅要从道德根源上寻找，还需要从制度根源上寻找。

二、道德契约的规范性要求

我们可以看如图3-1所示的商业道德契约的关键问题图。

道德契约的规范性要求包括以下几个方面。

(1) 买卖是建立在交易各方相互意见一致的合意基础上的。各自只对自己的行为负责，对一切当事人都有约束力，契约必须信守。

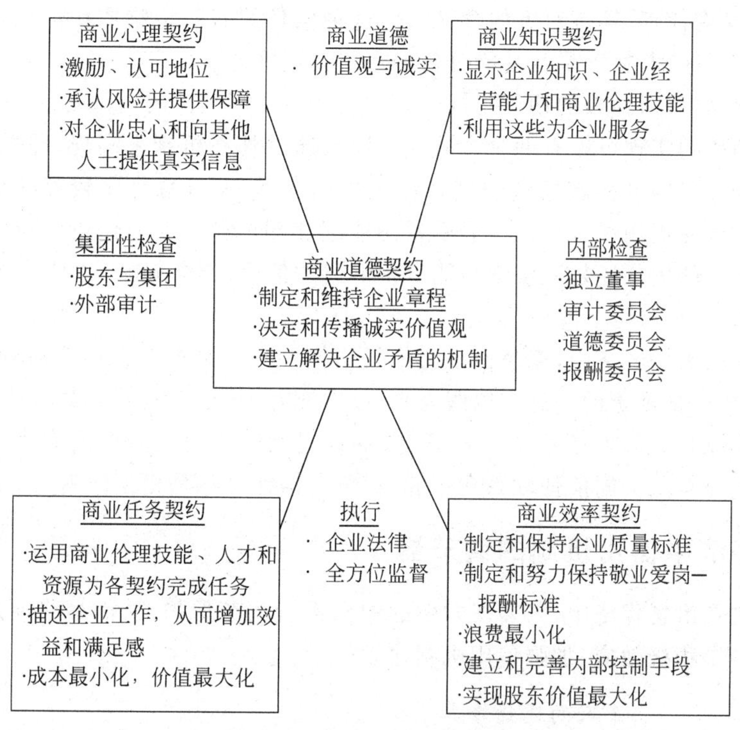

图 3-1　商业道德契约的关键问题

(2) 契约包含买卖是交易各方在地位平等的基础上，按各自的意志自由选择的结果。任何第三者包括国家在内，都必须尊重当事人的自由意志。

(3) 改善实现道德契约的环境。这里需要公平竞争的客观环境，同时实现道德契约需要法律的保护。只有在充分竞争的环境里，契约道德才能被人们普遍接受。只有在这样的环境条件下，谁遵守契约，谁就能从交易中获得最大效用；反之谁不遵守契约，谁就会被淘汰。

三、信用机制与有序竞争

(一) 有契约必须履行，必须讲究信用。有契约而不履行，就是不守信

“信”是一种德行，一种道德规范。为了规范我国经济生活，当务之急是启动全社会的企业与个人信用机制，建立企事业单位及个人信用档案，为有序竞争创造条件。因为“市场经济的本质就是信用经济，诚信问题不解决，我国经济体制的改革就难以为继，与国际规则接轨、防范金融风险则更是一个遥远的话题。西方发达国家用了 150 多年的时间，才建立起较为成熟的社会信用体系，我国正处于经济转轨最关键也是最艰难的时期，建立社会信用之路任重而道远”(林毅夫，2002)。[①]

(二) 信任，作为一方对另一方的期待，本身就蕴含着一方对另一方的评价

信任是一种主体评价，代表着一种社会交往模式。在市场经济发达的社会，信用既不

---

① 饶邦安. 林毅夫等知名人士放言：建立信用制度势在必行.《决策与信息》，2002(5)：2-3.

是超功利，却又有信任、期待对方的含义。但这种信任要有一定物质作保证，它同纯粹道德范畴的"信"的区别，在于是从功能分析的视角去把握的。

在人类社会中，对他人的期待是社会公共生活所不可缺少的，否则公共生活不可能存在。但这种期待的实现可以有两种方式：一种是通过外在机制来实现，即采取以法律和社会制裁的方式来强制实施某些规则。在这种场合下，期待总是比较容易获得回报的。另一种则是靠内在机制通过信任。但后者所能起作用的范围是有限的。有时候，无论是道德范畴意义上的信任还是经济学功能分析形成的信用，都会失灵，这时，期待便会落空，即信用危机。

当前中国的市场经济中，竞争似乎与信任格格不入。谁都对自己今后的命运缺乏信心，往往采取捞一把就走的心态。以假充真、以次充好，甚至一锤子买卖，充斥市场。竞争取胜变成欺诈取胜。如果竞争是健全而有序的，它就应当以优质产品取胜，淘汰劣质产品。这样的竞争自然会同信任联系在一起，竞争与信任可以是相互作用的。

四、市场经济中信用机制的调节器

信用机制在市场经济中，需要多方面的中介进行调节保护，从而最终通过利益驱动，给道德领域带来积极效应，加强信用机制建设。

信用机制调节器：
- 个人的道德修养
- 法律的制约
- 社会舆论导向
- 社会管理
- 消费者自觉

(1) 个人的道德修养。个人在社会生活各个领域中扮演种种角色，"经济人"、"道德人"、"政治人"等。市场主体(经济人)有什么样的道德观念和道德修养，在很大程度上影响到市场经济条件下的社会道德状况。在旧的道德标准已经不能维系人心，而新的社会责任感还没有树立起来时，就会出现极端恶劣的道德状况。所以，必须加强对个人的道德教育，必须强调个人的道德修养。

(2) 法律的制约。道德修养是自律的。保障社会道德不滑坡的另一条防线就是法律。一方面以法的威慑力量来防止利益驱动对人类共同道德准则的破坏和侵犯，另一方面以法律的威慑力量来保证市场内部竞争中的公正与公平。

(3) 社会舆论导向。在激烈的市场竞争与利益驱动面前，个体的道德选择与守法观念往往被社会舆论所左右。

(4) 社会管理。国家政权对社会生活的管理是利益驱动与道德状况之间最重要中间环节。如果政府廉洁，对经济生活的宏观控制有力，就能创造出一种局面：在市场经济的利益驱动为社会带来巨大好处的同时，社会道德状况不会恶化，而会趋向良好。如果政府的权力是高度集中而缺乏任何制衡，那么此权力就会趋向腐败。在这种权力下，不但市场正常有序的关系被扭曲，社会道德状况也必定大滑坡。

(5) 消费者自觉。消费者形成一种有组织的力量来维护自身的利益。

【网络链接 3-1】

诚信是企业经营的基本准则

企业经营活动所要遵守的基本原则,就是诚信原则。诚信是市场经济的一种内在要求,市场经济不是一种坑蒙拐骗的经济,市场经济恰恰是要求人们遵守诚信,所以,诚信是企业经营活动应该坚持的最基本的准则,如果违反了诚信的原则,这种企业就可能根本谈不到有效发展的问题,甚至谈不上是一种所谓的合法经营的行为。

由此可见,诚信原则既是企业必须要遵守的基本原则,也是人们评价一个企业好坏的最基本的标准。

(资料来源:魏杰,《中国商业诚信文化创新》,中国发展出版社 2006 年 1 月第 1 版,p. 37)

我们看到近年来,中外资本证券市场少数公司诚信缺失严重,将上市作为圈钱的手段,为此不择手段炮制假账、虚构盈利、蒙骗公众、谋取私利。从而引起不少知名上市公司因巨额造假纷纷破产倒闭。中外社会的企业腐败现象甚是严重,层出不穷的商业失德对社会造成巨大危害。因此,很有必要从权钱交易、不公正经济与会计假账关系入手展开分析。

第二节　商业道德行为的现实价值

一、人类社会发展客观要求商业行为必须合乎道德规范

在人类社会不断进步的今天,人们普遍认为法律是管束个人行为的灵丹妙药,制度是规范集体行为的紧箍咒,科学技术是人类创造美好生活的敲门砖,文化知识是人类提高生活水平的制胜法宝,似乎伦理道德成为无足轻重的赘物和老道的说教。殊不知法律管不住道德败坏后可怕的人心(这才是各种社会问题百出的总根源),科学技术乃是一把善恶两向的双刃剑。科学技术在给予了人类改善自身生存条件的力量的同时,也赋予了人类毁灭自己的能力:当今世界各国拥有的核武器已经足以将地球毁灭上百次,此外有多种多样的、大量新式的大规模杀伤性武器先后登场,再结合现代计算机技术,地球的安全与人类的生存完全掌握在按钮和控键之中。

(一) 商业道德文化水平整体提高的强烈需求和迫切呼唤

如果人类不重视伦理道德,即使社会再进步、法制再健全,科学技术也可能成为人类毁灭自身的利器,人类也就不可能享受科学技术带来的丰硕成果。令人可惜的是,在科技飞速发展的今天,人们对道德的重视程度却远不及古人,长此以往,科技与道德的两极分离可能使地球的安全与人类的生存面临巨大威胁。为了避免悲剧的发生,真正的出路在于人类道德的全面回升。只有法律与道德受到同等重视,依法治国与以德治国同时并举、标本兼治,才能从根本上扭转社会风气下滑的局面,诚信中国方能重新确立。人类社会从来就没有像今天这样面临道德水平整体提高的强烈需求和迫切呼唤。

公司从产生以来,就一直是社会性的存在。从公司组成的本义看,"公司是企业的组

织形式。公司由两个以上的企业与个人集资并根据国家法令组成。公司实行经济核算，具有法人资格；分有限公司、无限公司、股份有限公司等形式。企业或个人利用公司集中分散的资金、技术与人才，主办独资无力经营的现代化大公司，以扩大规模，增强经营，并提高市场竞争能力”。[①] 在经济全球化的今天，公司的任何行动都会对利益相关者产生重大的影响。因此，人类社会发展要求公司用社会公共道德标准来规范企业自身的经营活动。

（二）企业的经营行为体现着人类社会的文明进步程度

在近代工业化发展进程中，企业的经营行为体现着人类社会的文明进步程度。亚当·斯密提出“经济人”的人性本体论为企业经营模式奠定了文化伦理基础。[②] 其后的大卫·李嘉图也认为人是有限理性的“经济人”，泰勒所创立的标准化科学管理中也反映了这样的思想，并由福特把“经济人”应用实践成为一种现实企业的生产模式。可以说“经济人”人性本体论反映出社会仍处于低水平道德的层面上。

在“经济人”的假设下，企业将追求自身的“利润最大化”作为天经地义、合乎伦理的终极目标。后来人类文明程度的发达客观内在地要求商业伦理水平的提高，公司行为对人性的假设也逐渐由“经济人”过渡到“社会人”，进而发展到“文化人”。正如福山在《信任：社会道德与繁荣的创造》中所说的那样，[③]一个充满信任的有效且合乎伦理的企业组织是成就资本主义经济的关键要素，这种合乎伦理的企业组织与社会的文明进步互为作用，共同反映着这个社会的文明进步程度。反之，不合伦理的企业经营行为有损于社会的文明与进步，企业的伦理行为在社会文明进步程度中的催化作用不可低估。据报道，世界著名的 IBM 在跨国经营过程中的交易是在既不行贿也不受贿的情况下进行的，他们坚持这样一种价值准则，即使在与当地的行贿受贿企业的订货竞争中败北，也要体现该企业的伦理价值观，从而显示了较高水准的伦理道德，IBM 也长期保持着稳定发展的良好态势。IBM 的做法有其值得称道和我国企业学习的地方。

（三）从成本与效率看，合乎道德约束的公司行为胜于合乎法律约束的公司行为

从成本、社会效率与公平的角度讲，合乎道德约束的公司行为与合乎法律约束的公司行为相比，前者的社会成本低，而且效率高。

人类社会为了维持法律与国家的尊严，需要设置公安、警察、法院、检察院、监狱等执法机构，这些机构都是非生产性的组织，社会为了处理违法案件需要付出相当巨大的成本。据报载，为了追回某地生产的假化肥，执法人员兵分几路，奔赴东北、辽宁、华北等地，行程千里，调查、取证、核实等，付出了大量人力、物力、财力、时间等宝贵的资源。如果将假农药、假种子、假化肥等假冒伪劣产品使农户歉收、绝收，假酒直接导致消费者致残、生命的丧失等全部加在一起算，则为此所付的社会成本数目就会更大。可是，法律的约束并不能扼制、消灭、杜绝某些企业的非伦理行为。就打假而言，我国虽然近年来出台了一系列法律法规和政策，但是消费者受假货危害的事情仍有增无减。据权威部门近年的统计

---

① 《辞海》(1989 年版缩印本). 上海：上海辞书出版社，1994：317.

② 亚当·斯密，郭大力、王亚南译. 国民财产的性质和原因的研究. 北京：商务印书馆，1979.

③ 弗朗西斯·福山，李宛蓉译. 信任：社会道德与繁荣的创造. 北京：远方出版社，1998.

表明，我国大多数消费者在不知情的形式下购买过假冒伪劣商品，深受其害。打假已经成为了我们经济生活中挥之不去的困惑与难题。

固然，人类社会的法律约束是必需的，特别是我国社会主义市场经济还处于起步、不成熟时期，更需要法制的维护与保证。值得称道的是，伦理道德对公司行为的约束则是无成本或者低成本的，并且效率也高。原因在于，企业的道德行为可以不需要专门机构与人员监督执行，完全是发自企业内部与企业职员本身的自律行为。这种类似于福山认为的“自发社会力”的强度越大，则由该“自发社会力”为核心所形成的规模企业组织与经营形态而结成的社会的经济效率就越高。很显然，超越法律约束的企业自觉、合法合理的运作优点明显突出，这也就是商业伦理在跨入21世纪之时显示其重要性的原因之所在。

（四）商业伦理水平的高低直接关系着人类生存的前途与社会发展的命运

商业伦理问题的前身是以商业伦理道德的称谓出现的。商业伦理道德问题经历了从不被重视到世人广为关注的过程。20世纪70年代以来，美日等国开始对“商业道德”、“社会公正”、“正义”、“功利”等伦理问题逐步重视。地球环境资源问题日益成为企业必须加以认真处理的课题。20世纪80年代中期，世界观察学会的莱斯特·R.布朗先生在《虚假的安全感》一文就告诫世人：“尽管人类的活动一直在改变自然环境，20世纪后期的破坏却属前所未有。现在，世界人口达50多亿，他们的集体行动能够在一个大陆，甚至在全球造成自然体系的改变。随着人为压力的增长，人与自然维持系统的关系会跨过要害界限走向崩溃”。由资深专家组成的世界观察学会的书明确指出，全球面临着粮食短缺、饥荒严重、人类淡水资源过度消耗、各国渔业资源日趋枯竭、高空酸雨与大气污染严重、海洋与森林珍稀物种濒临灭绝以及能源枯竭、过快人口增长等全球性问题。我们认为，这些全球性共同面临的问题中，大多数是与企业经营战略、商业伦理道德密切相关，商业伦理水平的高低直接关系着人类生存的前途与社会发展的命运。

二、商业伦理存在于市场经济体系的发展过程之中

（一）市场优化配置资源与企业自主经营性以诚信与公平等为基础

一般认为，市场经济在不同的时代、不同的国家与不同的社会制度中各有其特色。不过，有两个特点是非常相似的，即市场优化配置资源与企业自主经营性。这两个共同特点又是以人类共同的伦理价值观，如诚信与公平等，为基础的，商业伦理存在于市场经济体系的发展过程之中。

我们看到，市场经济体系按照价值规律与等价交换原则推动生产要素流动，以及将社会资源优化配置到效益好的项目上去，给企业以巨大压力和内外部动力，实行优胜劣汰。然而，市场经济体系是否有效运作有其前提条件。美国学者大卫·J.佛里彻(David. J. Fritzsche)发现至少有三个条件：一是拥有支配私有财产的权力；二是拥有买卖产品和服务的自由选择权；三是能获得这些产品和服务相关的准确信息。

（二）合乎伦理道德的商业行为是市场体系有效运作的前提条件

在市场经济中，如果买卖双方不能自由地交换，或是提供产品和服务信息不准确，那么，人们就可能错误地选择购买某些劣质的产品和服务。而市场体系却是按销售量来配置资源，这样资源将会流向那些低劣的环节之中，使市场体系优化配置资源的运作失去效

用而导致“优不胜、劣不汰”。那么，始作俑者就在于企业经营过程中的种种不合伦理的行为。在企业经营过程中，如果企业使用不准确或是错误的信息误导消费者去购买一些产品或服务，欺骗性信息会产生两个恶果：一是使生产单位的产出成本因生产诸关节的无序而陡然增加，这些企业没有能力持续经营下去而自毁前程；二是限制了消费者用有限的货币购买了与承诺不符的劣质产品和服务，消费者满意度减小，这些企业必然会伤害顾客，那么作为上帝的顾客被这些企业得罪，其结果自然是失去市场而被迫破产关门。

显然，无论是贿赂还是欺骗性信息或是其他如假冒伪劣及不公平歧视等种种不合伦理的企业经营行为都扭曲了市场体系，破坏了市场体系有效运作的前提条件，导致了资源的错误配置。而优胜劣汰的市场机制是任何企业与个人都无法左右的，最终受害的是这些不合乎伦理经营的企业自身。而那些循规蹈矩、合法合理经营的企业在优胜劣汰的市场机制作用下如鱼得水，不断发展壮大。因此，合乎伦理道德的商业行为是市场体系有效运作的现实基础。

三、商业伦理是提高管理水平与产品质量，提升企业形象的关键

（一）商业伦理道德在企业管理中具有无可替代的优越性

良好的商业道德体现在尊重人与信任人之上。尊重人就是要使职工能按自己的意志自觉自主地工作。信任人会使企业形成强大的凝聚力。如美国通用电气企业的日本子企业——左光兴产企业，实行“无章管理”，最大限度地减少企业内部人际间的紧张关系，增强员工之间的信任和上下级之间的信任。企业规定：即使在企业最困难的时候也绝不准许辞退任何一名员工。企业认为不需要设打卡机，因为从打卡机上看不到经营者与员工之间的情感与信赖。由于企业高度信任，使全体员工更加自重自爱，从没有任意迟到早退的现象发生。企业不规定老年职工退休年龄，只要本人愿意，而且身体条件许可，可一直工作到过世。这样员工的晚年生活得到了保障，精神上也有寄托。该企业实行“无章管理”后，年销售额在通用电气的所有海外子企业中独占鳌头。这都能体现出商业伦理道德在企业管理中无可替代的优越性。

企业经理层要以身作则，诚恳平等地对待下级。在以高尚的动机对职工进行情感投资，以健康的方式对职工进行激励的同时，还应满足职工思想、文化、修养等深层次的需要。根据马斯洛需求层次论，人对物质的需要并不是最高层次的需要，而自我实现才是人的最高层次的需求。美国通用电气企业总裁斯通——一位曾被选为“世界最佳经营家”的企业巨子，曾亲自探望加利福尼亚州的销售员哈桑因痢疾住院治疗的妻子。哈桑后来知道此事，感激不尽，以努力的工作报答这位企业家，使加州的销售业绩名列前茅。通用电气企业从上到下直呼其名，无尊卑之分。企业在尊重员工和企业经理层诚恳平等地对待下级方面做出了很好的榜样，它的成功与此是分不开的。

（二）健康的商业伦理把企业形象和信誉看得比生命还重

单纯的物质激励对产品质量的提高存在许多负面作用。据国外调查研究发现，单纯物质激励效用不能持久。而健康的商业伦理把企业形象和信誉看得比生命还重，因而十分注重解决产品质量问题。

消费者在产品使用过程中将对其产生理性认识，这种认识能对消费者将来的重复购

买和产品信誉的广泛传播有很大影响。在现代企业的生产过程中，企业制定了严格的条例和制度，如目前最典型与最完善的把人的行为规定在一个起码应该做到的标准上的强制性管理方法的是 ISO 9000，这种强制性管理使人们处于“要我干”的被动状态。而通过商业伦理对员工的影响，例如宣传“我提供优质产品给他人的生活带来了幸福；我提供劣质产品给他人生的活带来了烦恼”的伦理观念，使员工感到荣誉感或羞耻感，再加上企业经理层能充分调动人的积极性、尊重员工的管理，便使职工从过去的“要我干”转变为“我要干”，创造性地去努力工作，力求精益求精，创造品质卓越的产品。

【网络链接 3-2】

“中国最受尊敬企业十年”评选活动揭晓

由经济观察报社与北京大学管理案例中心联合主办的“中国最受尊敬企业十年”评选活动结果已揭晓，获奖名单如下：

中国最受尊敬企业十年成就奖（以下排名以企业名称拼音为序，25 家企业获奖）：阿里巴巴集团、北大方正集团有限公司、比亚迪股份有限公司、东风日产乘用车公司、国际商业机器中国有限公司（IBM）、海尔集团公司、海信集团有限公司、华为技术有限公司、联想集团有限公司、青岛啤酒股份有限公司、三星（中国）投资有限公司、上海通用汽车有限公司、苏宁电器股份有限公司、TCL 集团股份有限公司、腾讯控股有限公司、万科企业股份有限公司、微软（中国）有限公司、西门子（中国）有限公司、新浪网技术（中国）有限公司、招商银行股份有限公司、浙江吉利控股集团有限公司、中国海外发展有限公司（中海地产）、中国民生银行股份有限公司、中国平安保险（集团）股份有限公司、中粮集团有限公司。

中国最受尊敬企业十年贡献奖：华为技术有限公司、中国惠普有限公司。

中国最受尊敬企业十年进步奖：凤凰卫视有限公司、浙江吉利控股集团有限公司。

中国最受尊敬企业十年公益成就奖：上海通用汽车有限公司、中国平安保险集团股份有限公司。

（资料来源：凤凰网财经，http://finance.ifeng.com/news/special/zgzszj，2011-03-29 日）

（三）树立良好的企业形象和信誉，增强商业伦理道德约束力

有了商业伦理观念，企业处理与社会之间的关系时，就会更多地从社会本位出发，取利但又不造成外部不经济。企业的外部不经济，如企业向外部排污，影响了居民的生活环境和质量；企业本身对产品设计不科学，留下了安全隐患，造成了消费者使用产品过程中，发生人身伤亡事故。在重视商业伦理的情况下，国外的企业已普遍重视产品设计的安全性问题。这种变化显然是从顾客（社会）角度出发考虑问题，而不是从企业节约成本的角度出发。要杜绝我国现阶段企业的种种不良行为，除了要靠不断完善法制、使企业遵纪守法、违法必究外，树立良好的企业形象和信誉，增强企业的道德约束力，也同样重要和紧迫。企业必须增强道德感，形成社会本位观念来处理企业与社会、企业与顾客之间的关系。这种观念对最终清除假冒伪劣商品，提高整个社会的产品质量是有益的。

四、商业伦理是锤炼企业自身创新精神与竞争优势的永恒动力

"创新精神"是管理大师熊彼特赋予在企业家身上以区别于一般的投资者或生产管理者的核心精神，这是现代企业在激烈的市场竞争中脱颖而出并发展壮大的根本原因。还要明确，"创新"对一个企业或一个国家来说还是其生存、发展的原始动力与力量源泉。缺乏创新能力的企业其命运是可以预料的：失去顾客与市场而无法获得竞争优势。那么，企业的新精神从何而来？怎样才能在竞争中取胜？

（一）商业伦理是企业长期成功所必备且在能竞争中取胜的重要精神品质

企业的成功依赖于企业特有的创新精神与竞争优势，而支撑的核心因素之一是企业经营行为必须合乎伦理。那些国际老牌的跨国企业，我国的"百年老店"，它们的成功靠的就是合乎伦理道德的经营理念及实践。可以说，伦理道德是企业长期成功所必备的且能在竞争中取胜的重要精神品质，是激发企业创新精神的永恒动力。

美国两位教授尼丁·诺利亚与詹姆斯·昌佩的研究表明：传统命令与绝对服从的管理支配模式和单向交流只能激发出员工10%的创造力。诺利亚与昌佩没有深入研究去揭示出潜藏的90%的创造力靠什么去激发出来。但是，这两位学者给企业经理层明确了要做一项重要的职能工作，那就是"必须不懈地追求企业的诚实正直"，这两位教授认为"正直是信任的基础，而信任则是管理控制一个灵活机动的网络组织的基础"。这个思想也被福山扩展表达为"一个社会信任度的高低成为其影响经济的重要文化因素"。这种英雄所见略同的论述正好说明了商业伦理道德不仅对企业发展，而且对社会稳定都是至关重要的根本原因。可以说，这两位学者没有深入研究揭示出潜藏的那另外90%的创造力的激发，有一大部分依赖于企业内部每个成员的伦理道德水平，这也就可以帮助我们发现一个重要事实背后的原因：即为什么20世纪90年代美国企业所倡导的"创新精神"、"团队意识""商业诚信文化"等观念与事实能在全球迅速得到认同。

由"创新精神"、"团队意识"、"商业诚信文化"等提炼而成的商业伦理能够使企业员工的活动规范于特定的安排之中，使他们无须为彼此的工作与利益而讨价还价。原因在于，企业里的所有员工都遵循大家认同的伦理规范、相互信任、亲如一家，企业内部的凝聚力增强，减少了员工的流动和员工之间的摩擦，从而降低了不确定性风险。员工之间更开放、更乐意地听取和接受批评与自我批评，而不是对批评采取抵制的态度。员工就会对企业工作更加专注和投入，他们会寻找并发现完成工作的最佳方法，对产品与服务质量认真负责，由此，企业的经营成本与交易成本就会大为降低。

（二）商业伦理是企业履行与利益相关者长期隐含契约的内在客观要求

非伦理的公司行为不但有损企业自身的近期利益，更可怕的是还会断送企业自身的长远利益。有市场研究资料显示：有的企业靠蒙骗而得罪一个消费者可能会获一时小利，而一个消费者被上当受骗的现身说法所引起的连锁反应会影响25～30个人的购买决心，这种企业就陷入贪小利而吃大亏的不利局面。在现代社会，网络与媒体十分发达的今天，企业在某一商品、某一时间、某一地区局部的不道德行为，通过网络或媒体的曝光一夜之间就可以传遍世界各地，它给企业造成的负面影响往往是人们难以预料、无法想象的。在市场上，无数事实证明，企业经营的非伦理行为对企业的近期"报应"是直接而明显的，

这类企业很快就产品积压、资金短缺，而且还会断送企业的长期利益，最终失去顾客，失去市场而破产倒闭。

综上所述，企业的伦理价值观念与道德规范水准，不仅影响到企业的生命周期、企业自身的学习能力与企业的长期竞争优势，而且对于国家的繁荣昌盛、中华民族的伟大复兴、人类的未来和我们赖以生存的地球环境越来越具有决定性的重要意义。作为企业处理与利益相关者关系的行为准则与规范的商业伦理逐渐显示成为企业生存发展的关键因素之一。所以说，商业伦理是企业履行与利益相关者长期隐含契约的内在客观要求。

五、商业道德治理是公司治理的最基本层次

我国企业已步入公司治理改革新阶段。如何借鉴市场经济发达国家的经验与教训，建立和完善适合中国国情、与国际接轨的公司治理结构与机制，实现企业在微观层次的“入世”，已经成为政府、企业界及理论界所面临的共同课题。为了完善我国公司治理结构与机制，我们必须重视与健全企业的道德治理机制。原因在于以下几点。

（一）商业道德治理机制内生于公司治理结构与机制之中

一方面，公司治理的这套制度安排中，已经包含了既定的道德原则，累积的道德思想已经通过法律法规等嵌入到了公司治理制度的形成过程之中，同时制度又包含着人们深厚的道德情感；另一方面，公司治理的制度安排又成为约束员工行为的道德原则的基本层次，而这些道德原则是有扩展性的。企业的所有利益相关者，特别是员工，在遵循制度的同时，也对公司治理机制中所蕴含的道德原则有评判的权利。这虽然增加了对商业伦理道德问题理解的复杂性，不仅是引起企业思想文化冲突的原因之一，但同时也是孕育新的公司治理制度的起点。

（二）商业道德治理机制的运行将促进公司治理机制的运行

道德通过权威进行传承，用以维系其道德治理的秩序，使一代又一代人从这个组织中获得正义感，使他们认同公司治理机制的合理性。道德治理机制在运行的过程中，可以使置于其中的成员对这个机制有一种心理上的依恋情感。它调节人们从事企业活动时，自觉地选择他们认为最恰当的道德原则，促进其他公司治理机制的运行，比如决策机制、激励机制与监督机制的运转。道德情感主要是指一个人对道德问题所产生的情绪，它将促进人们按既定公司治理原则行事。

（三）商业道德治理机制将促进公司治理机制的稳定性

一方面，基本的道德伦理观念已经通过法律以及法规的形式，固化在法规的制度安排之中，这些都将对商业道德治理机制的稳定性产生基础性的影响，这个层面的稳定性，来自于法律的威严，因此所形成的稳定性将更为相对持久与坚定。另一方面，在商业道德治理机制运行的过程中，也在履行一个选择的功能，对于符合正义观念的公司治理原则与机制，将被不断地优化与传承，从而使符合正义原则的公司治理结构保持相对的稳定性。

总而言之，公司治理制度本身的目标要求所设计出的这套制度的形式能孕育正义的美德，遏制与正义背道而驰的愿望与抱负。道德原则可以帮助公司治理制度安排形成一种自我的支持力量，要做到这一点，这些原则必须与社会普遍的道德原则相吻合。因此，我们研究商业道德治理机制之于公司治理安排时，首先必须考虑企业设立之初时，应有什

么样的机制约束嵌入公司治理之中的道德因素更符合企业发展内在的价值原则。

我们认为，道德治理属于公司治理的最基本层次；道德治理的目标能够促进公司治理目标的实现；道德治理的边界与公司治理的边界相一致；道德治理的效益是基于其他治理成本的节约；道德治理是降低治理风险的最有效手段；道德治理的实现机制是与其他治理机制伴生的。道德治理是公司治理的本源，反过来，道德治理只有通过其他治理机制的实现才能表现出普遍的有效性。对处于公司治理活动中的个体来说，其活动的出发点只有与制度的一般原则相适应，才是道德的，才能促进其他公司治理机制的实现，成熟的道德治理机制能给企业带来长久的稳定。

第三节 商业失德行为的伦理探析

一、利益驱动与“道德滑坡”

（一）利益驱动激发每个人对功利价值的追求

任何一种经济体制也是一种伦理道德和文化体制。任何一种经济体制实际上都蕴含着某种伦理道德规范和标准。利益驱动，从市场经济的运行来看，是市场机制的必然表现。从个人来看，利益驱动是他成为商品生产者或者商品交换者所必须遵循的。为了最大限度实现他的商品交换价值，他必须权衡利害得失，以经济利益作为交换活动的主要准则。市场对道德的双重作用正是通过利益驱动来实现的。利益驱动激发每个人对功利价值的追求。而摆脱了狭隘的宗法性共同体束缚的独立个人，在缺乏适当社会规范的条件下，很容易走向个体本位。个体本位的过度发展，势必造成社会生活的无序性和个体主义泛滥，其结果是对他人和社会利益的漠视、侵犯。我们不能说，利益驱动本身必然带来这些道德生活的负面作用，但它在缺乏约束的条件下，易于诱发不道德和反道德行为。商业失德行为就是这种负面效应的综合表现。

利益驱动，说到底就是金钱驱动，崇尚个人利益至上，追求金钱万能。事实上，虽然没有金钱在现代市场经济社会里不能办事，但金钱绝对不是万能的。

（二）在经济体制改革过程中，有道德“爬坡”与“滑坡”两说

“道德滑坡”是用旧观念来看新情况。道德观需要统一于历史观。新时期需要新的经济，从而决定要有新的道德观与市场经济相联系。道德的概念也是与时俱进的。经济上讲的利，包括“利己”和“利人”，市场经济讲究利益导向、公平竞争、优胜劣汰、等价交换、互惠互利等，不管我们对它们的看法如何，不也是一种道德吗？“滑坡”论只注意到了市场经济条件下出现的道德消极现象，没有看到利益驱动力对推动社会发展前进的巨大作用。

在激烈竞争的市场经济中，利润维系着每一个企业的命运，企业应该通过诚实劳动、产品质量和优质服务获得利润。然而，我们悲哀地看到，贪婪愚昧使人忘记本性。在现实生活中只要有人悬出高价、天价，不管多么可耻的行为，面临多么严厉的法律制裁，总有人愿意去干。钱好像可以买到一切。有的经营者为了追求利润，不惜采取各种非法途径去达到目的。制假贩假、欺诈行骗、商业贿赂、行业垄断等不正当竞争行为，犹如商海里的一股浊流，加之会计假账广为泛滥和会计信息大量失真，严重败坏了社会风气，极大地扰乱了市场经济秩序。这种无视伦理道德准则、违反法律法规、不顾公众意识的企业和个人有

时可能会侥幸获得“成功”,骗取短期与局部利益。但只要撕开虚伪的外衣,当那些见不得人的权谋诡计公示昭然于天下之时,也就是他们失败之际。违背伦理道德的竞争也许躲得过一时,但逃不过永远。不择手段的渔利,也许会在商战中偶尔赢得一个回合,但却不可能在市场的大潮中站稳脚跟,持续稳定发展。

二、商业失德行为的理性分析

事实上,不正当竞争和商业失德行为既损害了广大消费者和诚实经营者的正当权益,同时使企业本身也失去社会的信任,从而被客户所抛弃、为大众所谴责,情节严重的必将受到法律严惩,走上自毁之路。正所谓:“多行不义必自毙”。从这个意义上讲,不正当的市场竞争永远不可能有赢家。

可令人遗憾的是,我国绝大多数企业对伦理道德仍未引起足够的重视。众多经营者只对管理实务尤其是经营谋略颇感兴趣。从远古时代起源的《鬼谷子》到中华民国流行的《厚黑学》,几乎每个朝代的权谋韬略都被推崇备至。其目的只不过是为了用最简便、最快捷、最廉价的途径实现发家致富的梦想,完成“空手套白狼”的目标。于是这类不讲道义、只要权术的书籍便应运而生、长盛不衰,成为中国图书市场上一道令人费解的奇异风景。

【网络链接 3-3】

企业家的八宗“原罪”

有人把当代中国之资本“原罪”,称之为“中国式之资本原罪”。这样称呼无非是为了强调其与政治、权力等相关因素的“共谋”关系。而如今,加入这个圈子的民营企业家越来越多,大家不但关心这个问题在任何一个阶段提出的特定背景,更关注其今后的发展和解决的路径。

2006 年 11 月,广东佛山,中级人民法院。就在这里,曾经的富豪顾雏军全部否认了检察机关的指控,并发表了近 3 个小时的“演说”,目的就是为自己“喊冤”之后不到 10 天,北京物美商业集团宣布该公司董事长兼大股东张文中辞职,配合中纪委对有关房地产事宜的调查。再之后,张文中的“亲密朋友”,“期货教父”中期集团董事长田源也被宣布协助调查。一连串事件的背后是高度敏感而又不得不直面的企业家的八宗“原罪”。

一宗罪:虚假出资罪、虚报注册资本罪。代表案件:顾雏军案。

二宗罪:非法集资罪、非法吸收公众存款罪。代表案件:唐万新案。

三宗罪:虚开增值税发票罪、虚开抵扣税款发票罪。代表案件:铁本案。

四宗罪:操纵证券罪。代表案例:周正毅案。

五宗罪:非法占用农地罪。代表案例:杨斌案。

六宗罪:贷款诈骗罪。代表案例:新疆啤酒花案。

七宗罪:挪用公款罪、挪用资金罪。代表案例:郑俊怀案。

八宗罪:非法经营罪、内幕交易罪和单位行贿罪。代表案例:黄光裕,重判 14 年(补充)。

(资料来源:《大家文摘报》,2006 年 12 月 1 日,转引自《南方周末》)

的确,中国谋略计策源远流长、博大精深,但绝非救世发达的灵丹妙药。相反,过于“偏食”而忽视伦理道德,谋略计策很可能成为“毒药”。当今假冒伪劣猖獗,失信赖账严重,欺诈行为泛滥正成为我国的一大公害,“许多贪污受贿、偷税漏税、挪用公款等经济违法犯罪活动以及大量腐败现象,几乎都与财会人员做假账分不开。这已经成为严重危害市场经济秩序的一个‘毒瘤’”,[①]不正是这种“偏食”造成的恶果吗?近一两百年的中国市场经济为什么发展如此缓慢?中国绝大多数企业的生命周期为什么如此短暂?多则几十年,少则几年。为什么会如此缺少驰名世界的中国品牌?过于“偏食”谋略计策而忽视商业伦理道德约束,或许是阻碍中国企业发展与壮大的致命伤。

西方国家数百年的市场经济发展历史表明:商业伦理与职业道德对市场经济的健康运行具有重要意义。“诚信是市场和企业的基石。企业违反诚信规则无异于饮鸩止渴,毁了自己,殃及社会”。[②] 从中国证券市场先后发生的深原野、琼民源、鄂猴王、郑百文、银广夏、黎明股份、大庆联谊、麦科特与张家界等上市企业造假曝光事件及中天勤企业倒闭案,到国外的美国安然(Enron)企业假账案、世界通讯(Worldcom)企业最大破产案、施乐(Xerox)企业财务欺诈案与安达信(Arthur Anderson)审计丑闻案及有失诚信导致瓦解倒台,到法国维旺迪集团企业财务危机案与韩国最大企业集团——SK 集团企业假账案,再到荷兰阿霍尔德会计丑闻案与最近在意大利掀起轩然大波的帕玛拉特企业金融诈骗案,一个个企业造假事件被揭穿,一串串触目惊心的企业假账证实着以上的真理。

上述大案要案对中外资本证券市场和国内外投资者造成极大伤害,给世界各国和广大股民造成数额重大的经济损失和难以估量的精神损失。那些涉案的上市企业及其高级管理层必然要面临法律的严厉制裁,涉案的“证券企业、资信评级组织、律师事务所、大众媒体、政府监管和民间自律组织都难辞其咎。政府宏观经济调控部门更应深刻反省”。[③]

商业失德行为产生的表面原因好像是,社会经济环境不佳、法律不健全、执法不从严、惩处不得力,无法约束人们的各种不良行为;实际上,根本原因则是人们的道德标准下滑,真假、善恶、美丑、忍狂、好坏、是非、忠奸等界限模糊,无法约束人们的不良心灵,进而导致不道德行为。

我们要像保护无时无刻要呼吸的空气和每天要喝的水一样保护我们今日社会中无处不在的商业诚信道德。当商业诚信道德受到彻底的损害之后,犹如一个人患上了不治之症一样,这个社会也完了,没治了。美国乔治敦大学商业道德系主任乔治·布伦凯特介绍说,近若干年来,美国很多大学的商学院给学生灌输的思路是:只要是为了大量赚钱,可以不择手段、不计代价、不讲方式,在物质利益的驱动下也不必顾虑任何社会责任和任何诚信道德规范。连续不断的企业造假案不能不引起中外大学的商学院(含管理学院)对教学思想的全面反思,应该在狠抓专业技能教育的同时,高度重视商务管理的诚信道德教育,并把诚信道德教育放在首位。

---

① 朱镕基,中央电视台 2001 年 10 月 29 日新闻联播。

② 葛家澍主编.上市公司财务舞弊案剖析丛书封底语(冯淑萍题).中国财政经济出版社,2003

③ 葛家澍主编.上市公司财务舞弊案剖析丛书封底语(汪建熙题),中国财政经济出版社,2003.

第四节　权钱交易、不公正经济与会计假账的关联分析

一、权钱交易的制度经济学分析

（一）权钱交易的制度分析

社会游戏规则称之为制度。从制度角度考察经济运行，本小节分析制度产生和变迁对资源配置的影响。制度是约束、激励、保护个人行为的规则，人在不同的制度环境中，将表现出不同的行为方式，人的行为方式是制度的函数。经济制度对人们的经济行为起决定性作用，并需要很长时间反复实践，在多次博弈中才能逐步形成和完善。

（二）权钱交易的博弈论分析

通俗地看，博弈论分析是研究决策者在某种竞争过程中，当最终结果无法由自己控制，而需要取决于其他参与竞争者来选择策略，个人为了取得最佳结果而应采取何种策略的数理和方法。

博弈论分析
- 合作博弈→存在制度对局中任何人都有约束力→强调群体
- 非合作博弈→不存在制度约束，只存在自我实施协议→重点在于个体

1. 两种博弈

合作博弈，在于探讨合作的形成过程以及合作中的成员如何分配他们的支付，因此强调集体理性，强调效率、公正、公平；非合作博弈，在于揭示个体在其他局中人的策略给定的条件下，所应选择的策略，因此强调个人理性、个人最优决策，其结果可能是有效率的，也可能是无效率的。

2. 价格制度

“经济人”在最大化自身效用时需要相互合作，而合作中又存在冲突。为了实现合作的潜在利益和有效地解决合作中的冲突，人们制定了各种制度，以规范相互行为。其中价格制度是最重要的制度之一。

3. 博弈与契约

现实中，市场参与者之间的信息一般是不对称的，这就使得价格制度常常不是实现合作和解决冲突的最有效的制度安排。企业、家庭、政府等非价格制度便应运而生，其显著特征是参与人的相互作用。如果一种制度安排不能满足个人理性，就不能实行下去。所以，解决个人理性与集体理性矛盾的方法，不是去否定个人理性，而是设计一种机制，在满足个人理性的前提下，达到集体理性。

4. 信息的重要性及其影响

由于在他人信息不完全的情况下，自利的“经济人”往往会利用一切在现行体制下可能的机会，以损害他人或公众利益的办法，为自己谋取利益，即具有私人信息的一方，可以利用自己在信息上的优势，采取机会主义的行为。所以，信息在人群间的不对称分布，对于个人的选择及制度的安排有着重要影响。

【网络链接 3-4】

宁缺钱，不缺德

“宁缺钱，不缺德”，不曾想到，这句出自网络红人“棒棒哥”的质朴之语，竟成为 2011 年的第一句流行语。新年第一天，重庆一位以挑货物为生的“棒棒哥”郑定祥在帮人挑两包羽绒服时，与雇主走散，寒风中，他苦寻雇主 5 天的事让无数人感动。面对记者的采访，他喊出的“宁缺钱，不缺德”，更是令人不禁动容。建立一种良性的道德奉献与利益分配机制，是整个国家和社会的事情。这些年来，无论是中组部强调的“不让老实人吃亏、不让投机钻营者得利”，还是各地纷纷设立的“见义勇为”奖励基金，都表明改革开放 30 多年“不差钱”后，中国对道德重建的努力。与此同时，所谓“惩恶才能扬善”，这种努力还应表现在建立对不道德获利行为的惩戒机制上，比如对“血汗工厂”的打击，对腐败行为的严惩。

（资料来源：范正伟，《生命时报》，2011 年 1 月 28 日第 485 期）

5. 委托代理理论

非对称信息的博弈论，它包括两类：道德风险和逆向选择。道德风险是指双方签约后，具有私人信息的一方，会产生机会主义行为的风险；逆向选择是指在双方签约前，具有私人信息的一方所进行的机会主义行为产生的后果。通常，我们把具有私人信息的一方视为代理人，不具有私人信息的一方视为委托人，因此产生了委托代理关系。黑色经济的“假账丛生”就是产生在这种委托代理关系之中。

（三）权钱交易：会计假账丛生的社会根源

“官员腐败”是现代社会各个国家面临的通病。笔者认为“官员腐败”是会计假账丛生的重要社会根源。通过各种媒体和渠道，我们收集了百名“贪官录”，这百名贪官个人贪污、受贿、犯罪金额合计高达 2 亿元，给国家直接造成的经济损失高达 2000 亿元。据一位知名经济学家提供的研究成果表明，近五年来，全国贪官个人收受的犯罪金额如果达到 50 亿元，给国家造成的经济损失至少为 50 000 亿元，贪官本人犯罪金额为 1 元，给国家造成的损失则为 1000 元，“权钱交易”的“代价”一般比例为千分之一。而“黑色经济”的会计账目，不是“假账真算”，就是“真账假算”，“官出数字，数字出官”，其渊源概出于此。腐败的“黑色经济”是当今假账泛滥的重要社会根源之一。

产生腐败的微观原因，是公共权利“委托-代理”合同的不完善。腐败是发生在某个特定个人身上，与时间观念、消费观念、法制观念等个人偏好密切相关，但腐败的普遍存在必然有其制度原因。转型经济中制度的诸多特点，特别是其过渡性和不完善性，尤其为腐败的发生和泛滥提供了肥沃的土壤。腐败不仅与宏观的社会背景有关，作为一种行为选择，腐败实际上是建立在个人得失、个人效用算计基础上的一种个人行为选择。一般的腐败作为社会的常态，其产生主要是既定偏好下个人理性处理的结果。而在特定的社会背景下，作为社会问题出现的特定的腐败，源于体制改革未完全到位。

我们需要从微观到宏观、从个体到整体、再到改革时期特殊制度条件，这样层层深入分析，才能完整、全面、深刻、透彻地认识到腐败及假账的根源。

二、不公正经济是会计假账产生的直接条件

当前，在全世界范围内有五种比较突出的不公正经济，这五种不公正经济就是会计假账产生的直接条件。

（一）权力经济

权力者用手中之权同企业做交易，借助“关系”、“批文”、“差价”获得不义之财。企业靠权力之助等“寻租”行为而破坏了市场经济活动中的起点公平，从而不用通过公平竞争就轻易获得非法利润。这种经济不公正的社会存在，反映到人的意识中，就是掌权者中流行的“有权不用，过期作废”。此种腐败属于结构性的“政经勾结”和“权钱交易”，需要从体制上解决。

（二）人情经济

人情经济或称经济人情化。借人伦、人情为中介，在权力者协助下，干预经济过程以中饱私囊。于是就出现金融领域里的大量人情贷款，企业与企业之间的人情供给、人情销售，企业内部用人方面出现裙带、故旧关系。人情经济本质上又是长期计划经济一统天下局面的延续。

（三）地方保护主义经济

地方保护主义经济只关注地方利益、部门利益，而不顾国家和全局利益，搞地区封锁和部门垄断。

（四）短期经济

如果社会上流行的是个人拼命巧取豪夺，谁也不去关心、注意这种短期经济将以牺牲长远的、全局的利益为其成本，那么长久下去，这个社会在精神上就会沉沦。短期经济行为既有道德上的短缺，又有体制上的原因。企业做假就是短期经济的突出表现。

（五）贿赂经济

行贿受贿均属腐败，是经济上的黑洞，也是产生会计假账的温床，更是会计做假账的直接通道与现实源头。

第五节　商业伦理道德问卷调查与现实反思

从纵向的时间序列来看，在经历了“资本原始积累以及资源优化和整合阶段”之后，现代企业已经步入“企业公民”这一全新竞争阶段，社会责任已经成为对一流企业“高标准、严要求”的公认指标。从 1999 年美国的“道琼斯可持续发展指数”，到 2001 年英国的 Footsie for Good，再到澳大利亚即将推出的 RepuTex，国际社会已经越来越看重企业的社会责任，并加以量化。世界经济论坛更是放言，具有社会责任感是决定企业能否在全球化运作中取得成功的决定性因素之一。事实上，越来越多的企业实践和研究成果表明，在社会责任和企业绩效之间存在正向关联度，企业完全可以将社会责任转化为实实在在的竞争力。

一、样本设计及调查研究的伦理道德问题

为了考察商业伦理道德规范实施的实际影响、发现实施中存在问题、总结已有经验，为商业伦理道德规范完善提供积极支持，南开大学公司治理研究中心专题调研组2005年开展了一次关于“商业伦理道德状况”的问卷调查，通过问卷调查报告分析，得到大量有益启示。

调查从问卷设计、分发、回收到统计分析历时近半年，共收回问卷217份，经过分析，认定有效问卷216份。问卷在设计时，共列示18道题，每道题都有四个选项，对每题的四个备选答案只填首选，如果必要亦可多选。在统计时，对每题选答项进行加总，然后再按每题加总的绝对数计算所占比例，比例较大的反映大多数人对所提问题的看法。

问卷设计的研究问题有以下三类。

(1) 对商业伦理道德的一般理解。商业伦理道德具有社会性质，遵守又具有自觉性质，因此，问卷试图从思维观念上考察人们对商业伦理道德的一般认识。

(2) 对商业伦理道德的认可度。此类问题侧重于了解社会公众对商业伦理道德所持态度，考察人们对商业伦理道德规范是否上升到从法律规范的角度去理解，考察商业伦理道德是自律行为还是规范行为。

(3) 对商业伦理道德内容的理解和实际执行情况。对于此类研究问题，调查者最关心的是回答的可靠性，因此，选择了社会公众最可能知道的一些情况进行调查，以确保被调查者根据所知情况如实回答。

二、我国商业伦理道德状况问卷调查与统计分析

217份问卷调查结果逐项分析如下。

1. 在您看来，目前我国商业伦理道德状况：

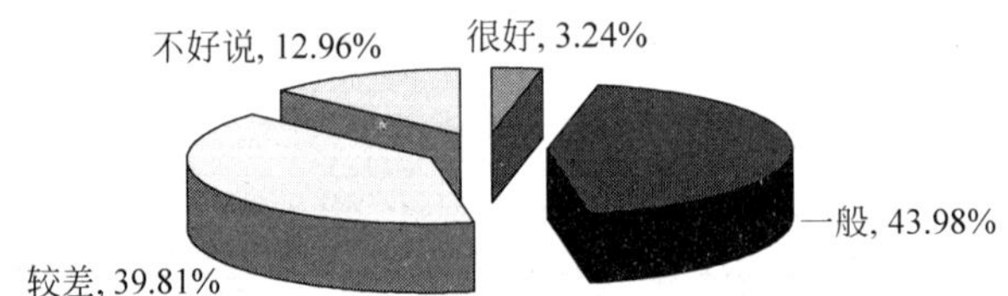

分析：

(1) 回答“一般”和“较差”的合计为83.79%，占绝大多数，其中回答“一般”和“较差”的各占大约一半。这充分说明我国目前商业伦理道德状况令人担忧，可以用“一般”或“较差”来形容，这基本上是对我国目前商业伦理道德状况的真实反映，也是人们对我国商业伦理道德状况的一般认识。

(2) 选择“不好说”的占12.96%，经过调查我们得出：“不好说”实际上是在“一般”和“较差”之间难以抉择；而选择“不好说”的回答者中，认为我国目前商业伦理道德状况在“很好”和“一般”之间难以抉择的比例很小。

(3) 很少有人选择“很好”(占 3.24%),所以我们可以肯定地得出结论:我国目前商业伦理道德状况不容乐观。

2. 公司治理水平与商业伦理道德状况的关系:

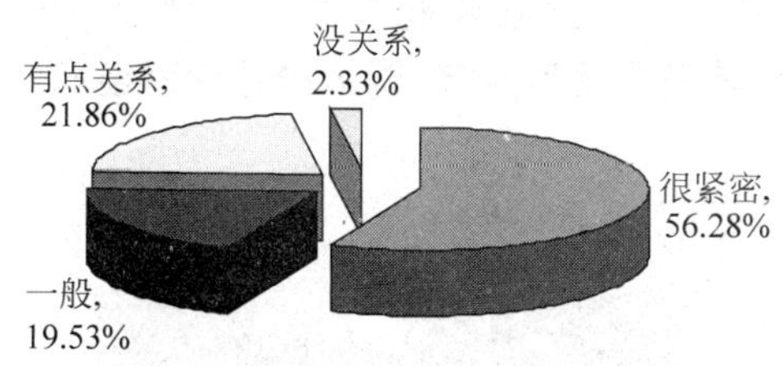

分析:

(1) 这是一个简单问题,绝大多数回答者认为“公司治理水平”与“商业伦理道德状况”关系非常紧密。

(2) 商业伦理是随着我国改革开放而兴起和发展起来的一个新兴理论学科,尽管至今还没有形成自己的体系,但是从研究发展的规模和速度来看,从市场经济中企业经营理念转变以及产生的社会效益来看,商业伦理道德已经被理论界和企业界所重视,其对经济产生的重要作用将随着研究的深入和实践的拓展而越来越显现出来。

(3) 相当一部分回答者认为公司治理水平与商业伦理道德状况关系“一般”或“有点关系”,这在一定程度上反映了社会公众对商业伦理道德理解的盲点,从侧面也说明了我国目前商业伦理道德教育的现状以及重要性。

(4) 令人惊喜的是只有很少一部分人(占 2.33%)回答公司治理水平与商业伦理道德状况“没关系”,充分说明商业伦理道德教育在我国已有起色。

3. 关于本问卷的主题,过去说法较多的是:

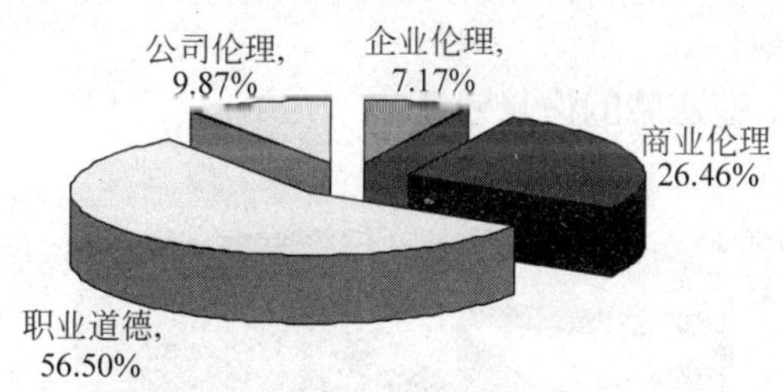

分析:

(1) 56.50%的回答者听到的关于本问卷的主题是“职业道德”。职业道德是指人们从事正当社会职业,并在履行其职责过程中,在思想和行为上应遵守的行为准则。“职业道德”是从个人角度考虑道德问题,但是个人是企业的雇员,受制于企业,不具有独立性,所以笔者认为,从个人角度考虑伦理道德问题是一个误区。

(2) 排在第二位的是“商业伦理”这个主题,这个概念比较狭隘,排斥了“工业伦理”和“服务业伦理”等范畴。

(3) 回答“公司伦理”和“企业伦理”的分别占 9.87%和 7.17%。在存在公司监管的情况下，公司责任意味着遵守法律条文，“公司伦理”和“企业伦理”意味着遵守法律精神，即以公正之心做正确的事情。“公司伦理”或“企业伦理”是从公司或企业角度考虑社会道德问题，企业受限于政府或社会，这正是公司或企业遵守法律精神的原因所在。“公司伦理”和“企业伦理”概念区别不大，只是强调重点不同。

4. 有学者认为市场经济既是法制经济，同时也是伦理经济，您对此说法：

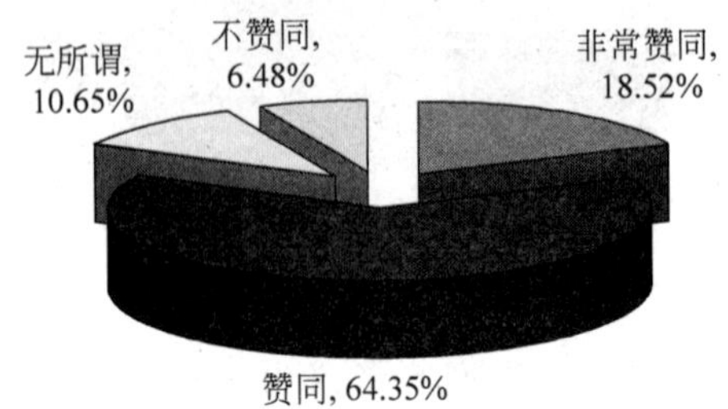

分析：

(1) 选择“赞同”的排在第一位，选择“非常赞同”的排在第二位，选择“赞同”和“非常赞同”的合计达到82.87%，充分说明伦理经济已经深入人心。依法治国的同时要加强以德治国，就是要加强社会主义的伦理道德建设，我们现在整顿市场经济秩序，其实就是要建立经济领域中的伦理道德。

(2) 经济伦理就是经济的伦理，或经济活动、经济行为、经济运行过程的伦理理念、伦理关系、伦理规范、伦理标准、伦理价值；经济伦理可以理解为是以某种商业伦理准则来指导、规范、评价经济(包括经济活动、经济行为、经济运行过程)，是经济与伦理这两种社会因素相互作用的结果。社会主义市场经济既是法制经济，又是伦理经济，在体制转换过程中，由于法制的不健全，重视伦理道德建设显得更为重要。

(3) 选择“无所谓”和“不赞同”的共计17.13%。我们希望这组数据能够反映伦理经济在市场经济中的真实地位。

5. 在您看来，商业伦理道德的含义包括：

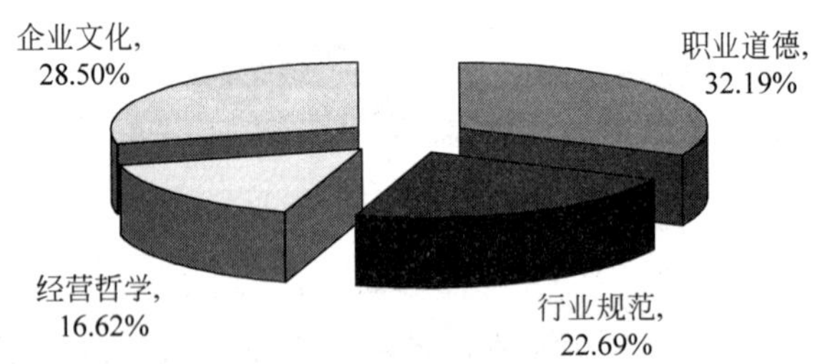

分析：

(1) 此题是一道多选题，216位回答者的选项合计为379项，选择“职业道德”的(占32.19%)以微弱优势排在第一位，选择“企业文化”的(占28.50%)紧随其后，其次是选择“行业规范”(占22.69%)和“经营哲学”(占16.62%)。商业伦理作为一种价值观念内含于企业活动之中，包括管理伦理、经营伦理、竞争伦理、质量伦理和职业伦理等方面的内容；而商业伦理道德是指活跃在公司经营管理中的道德意识、道德良心、道德规则、道德行动的总和。

(2) 四个选项所占比例都不高，最高的也只有 32.19%，说明人们对商业伦理道德含义包括范围的认识模糊不清，也反映了我国缺少商业伦理道德方面的教育，可以肯定地说，商业伦理道德教育势在必行。

(3) 在收回问卷中，A、B、C、D 全选的，达到十分之一，说明商业伦理道德的含义包括所有四个方面。

6. 世界前 100 强中 90% 的企业重视管理道德，认为伦理道德是无形资产，您：

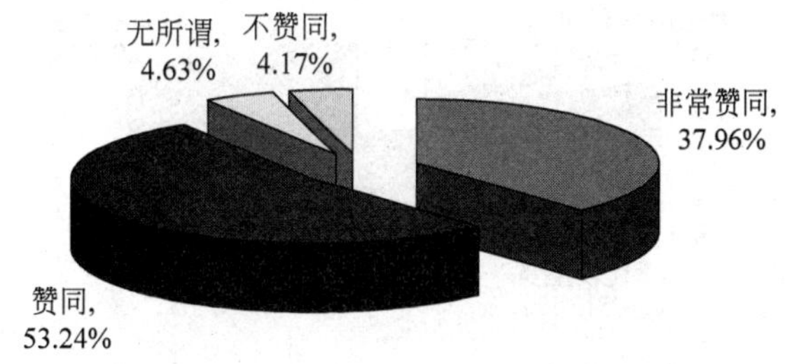

分析：

(1) 选择"非常赞同"与"赞同"两项的为 91.20%，支持"伦理道德是公司的无形资产"。商业伦理道德关注人的需要、尊重人的价值、以善待客、以德处事，在经营活动中做到诚信相交、以礼相待、老少无欺，这就使企业可以得到顾客的信赖，当无数的顾客对商家表示亲近时，企业家会深切感受到商业伦理道德并不是空洞的说教，是送给企业家的一剂如何参与市场竞争的良方。

(2) 选择"不赞同"与"无所谓"两项的比较少，分别占 4.17% 和 4.63%，反对"伦理道德是公司的无形资产"。

(3) 本题统计数据显示，在伦理道德认识上，90% 以上的人持肯定态度，这是令人欣慰的，至少说明人们已经从思想上认识到商业伦理道德的价值。

7. 公司的道德责任是公司社会责任的基础，您对此说法：

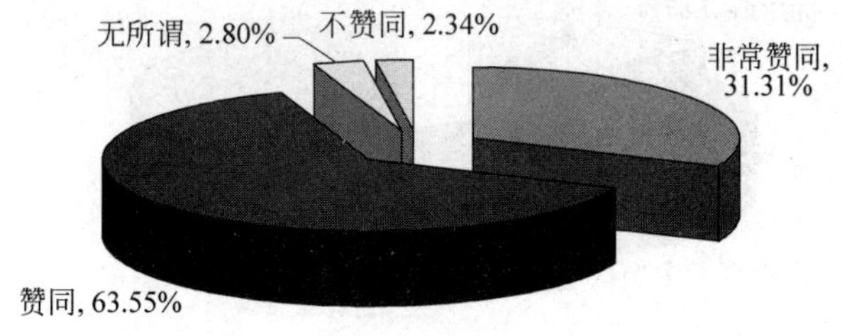

分析：

(1) 选择"非常赞同"、"赞同"的占 94.86%，占绝对优势。在爆发一系列骇人听闻的财务丑闻之后，西方发达国家就特别强调，商业道德责任是公司社会责任的基础。2002 年《萨班斯·奥克斯利法案》、美国证券交易委员会颁布的法规以及证券交易所制定的新上市标准，加大了违反道德行为和公司责任的风险。上市公司及其高层管理人员、董事会成员必须对新法规中财务报告细则部分承担责任，必须维护商业道德责任和公司社会责任，高层管理人员和董事会成员个人分担责任。

(2) 选择“无所谓”、“不赞同”合计占 5.14%，占绝对劣势。在改革开放 30 多年来，呼唤企业改革建设的呼声此起彼伏，我国到底该如何改造企业，如何建设企业？答案是，向西方国家趋同，建立商业伦理道德体系，注重伦理道德规范建设，在基本伦理道德规范的前提下运作企业。

8. 商业伦理道德在其生产经营管理活动中的实际作用：

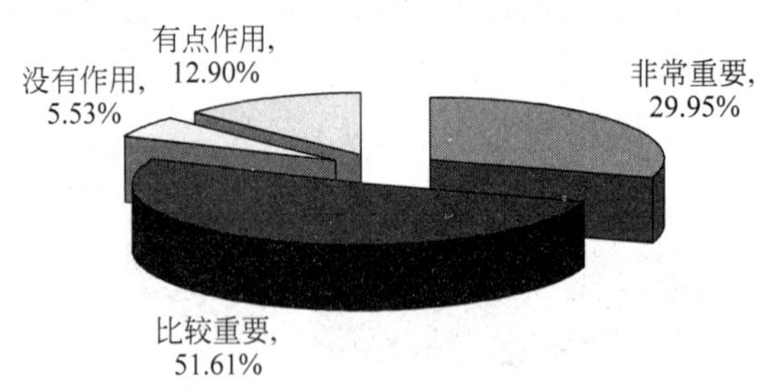

分析：

(1) 选择“比较重要”的占 51.61%，排在第一位，选择“非常重要”的位居第二，占 29.95%。在社会经济发展过程中，经济运行及经济目标实现都是以人为主体的，人的意识及其伦理道德是经济活动的必要因素，它参与经济过程的每一个环节。令人感到遗憾的是，选择“非常重要”的比例不多，说明人们对“商业伦理道德在生产经营管理活动中的实际作用”的理解还不够彻底。

(2) 选择“没有作用”、“有点作用”的占 18.43%，占绝对少数，说明“商业伦理道德在生产经营管理活动中的实际作用”已经得到人们的普遍认可。现代企业的经营管理是人在经营活动过程中的一种社会关系，是人在进行经营管理，突出人的主体地位，这是现代经营管理的进步，而伦理道德毫无疑问地成为企业经营管理的重要内容。

9. 公司 CEO 是首席执行官，首先应该是首席道德官，是商业道德楷模，您：

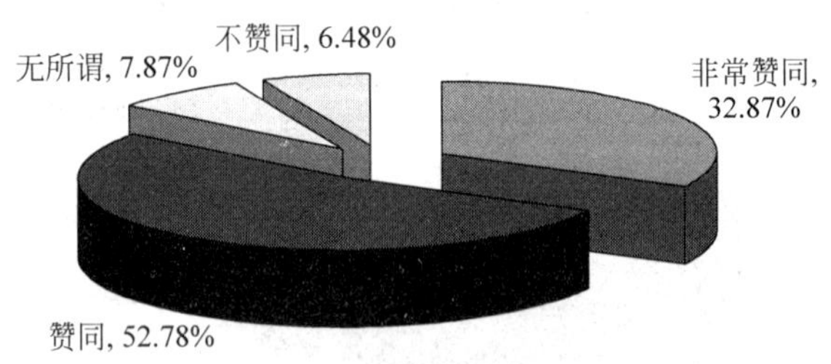

分析：

(1) 选择“赞同”的超过 50%，选择“非常赞同”的紧随其后，也达到 32.87%，这是社会公众对公司 CEO 道德楷模的强烈要求，突出强调了伦理道德在现代企业经营管理中的作用。我们希望公司 CEO 的道德水平能够像数据显示的那样，如果果真如此，中国市场经济就可以成为名副其实的伦理经济。

(2) 选择"无所谓"、"不赞同"的较少，合计才 14.35%，只有很少一部分人认为，"公司 CEO 是首席执行官，首先应该是首席道德官，是商业道德楷模"没有必要。常言道，"良臣择主而侍，良禽择木而栖"，能力突出的人往往在工作去向上选择慎重。目前超过 3/4 的美国人在找工作时会考虑未来雇主的社会形象，因为只有在开放创新、符合社会道德规范的企业中，士气才会高涨，员工才能真正为自己所从事的事业感到由衷的自豪，全身心投入到企业的发展中，尽情释放自己能量和光泽。

10. 公平、公开、公正原则是证券市场与控制权配置的道德基石，您认为：

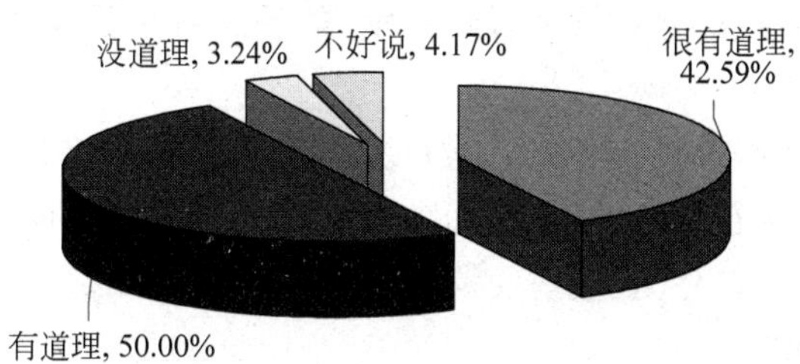

分析：

(1) 对这个问题选择"很有道理"、"有道理"的占 92.59%，占绝对多数，这是人们对"公平、公开、公正原则是证券市场与控制权配置的道德基石"的一般看法。市场经济从某种意义上讲就是伦理经济，良好的社会信用环境是市场经济的基本要求，信用作为重要的社会资本，是经济社会持续健康发展的基石。

(2) 公平、公开、公正原则之所以重要，在于它是一切制度和规则得以确立和运作的基础，是良好的经济秩序和社会秩序的根基，是一切文明的立足点；离开了这些原则，市场经济就寸步难行。信用(即公平、公开、公正原则)是市场经济的基石，信用是立人之本，成事之基，也是国家兴盛的基本因素之一；在市场经济中，生产自由、交换自由、价格自由，而信用正是维系这种自由的纽带。

(3) 选择"没道理"和"不好说"的占 7.41%，占绝对少数。我国正处于计划经济体制向社会主义市场经济体制过渡的转轨时期，市场经济的发展，不但需要先进科学技术等生产力条件，还要有与之相适应的社会文化、伦理道德、法制等生产关系的协调发展，诚信(即公平、公开、公正原则)与法制属于生产关系范畴，是市场经济发展的基础。因此可以肯定地说，公平、公开、公正原则是证券市场与控制权配置的道德基石。

11. 在商品市场中顾客是公司的上帝，在资本市场中投资者是公司的上帝，您：

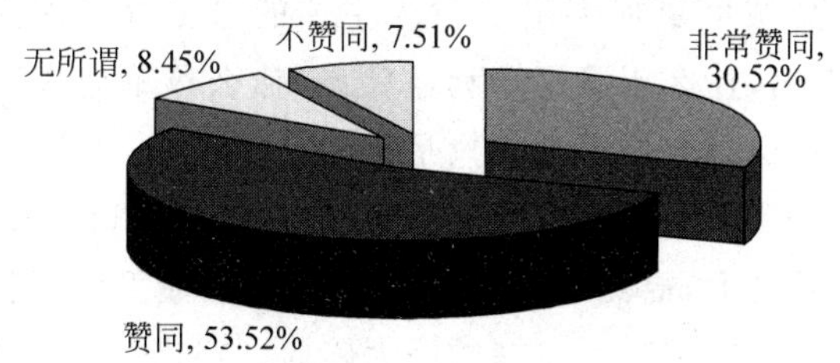

分析：

(1) 选择“非常赞同”、“赞同”两项的为84.04%，持肯定观点，赞成“在商品市场中顾客是公司的上帝，在资本市场中投资者是公司的上帝”。

(2) 随着市场竞争的日益激烈，商业伦理者越来越重视顾客的战略意义，而对于顾客的战略意义已由“满足顾客需求”发展到了涵盖品牌、服务、广告、公关、商业诚信文化以及业务流程重组等企业经营活动的全过程，“顾客是上帝”的理念对于提高中国企业营销能力起到一定的积极作用。“投资者是上帝”、“为投资者提供方便、让投资者赢得利润”等也是符合市场经济特点的新观念，“投资者是上帝”的理念对于提高中国企业融资能力起到一定的积极作用。

(3) “顾客是上帝”的理念要求企业员工以顾客为尊，为顾客提供优质服务，但是顾客天生就不是平等的，必然有三六九等之分，随着一对一战略的不断完善，专家们根据顾客对于企业的价值，将顾客划分为三类：

① “最有价值顾客”；

② “最具增长性顾客”；

③ “负值顾客”。

一家企业必须坚守住其“最有价值顾客”，尽快地将其“最具增长性顾客”转化为“最有价值顾客”，最为重要的就是尽快抛弃掉“负值顾客”，因为“负值顾客”给企业带来不了任何价值，只会耗用企业资源。这种观点同样适用于投资者。

12. 诚实守信是公司经营的根本，您对此说法：

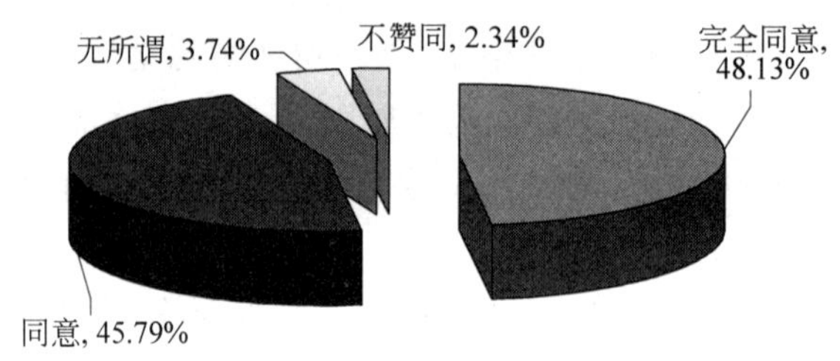

分析：

(1) 选择“完全同意”的排在第一位，占48.13%，选择“同意”的紧随其后，占45.79%，反映了人们的普遍看法。在市场经济伦理道德要求中，诚实守信是最重要的也是最核心的伦理准则，在竞争中强化“合作意识”、“合作精神”等，都要以诚信作为基础，诚信是各种伦理要求的进一步深化，诚信更加突出了行为主体的自觉性。古人云：“诚于中而形于外”，没有内心之至诚至信，什么正确理解利益关系、什么尊重他人利益、什么自觉遵守市场规则、什么发扬合作意识和合作精神都只是一句空话。

(2) 选择“无所谓”、“不赞同”的占6.08%，比较少。忽略市场经济的本源——诚信问题，就等于建大厦于沙丘之上，摇摇欲坠；人无信不立，企业无信不长，诚信缺失给国家和企业造成极大损失，已成为中国企业发展的巨大障碍。在市场经济中，诚信是最有力的竞争手段，追求利益是企业经营的前提，但如果没有健全的信用体系，就会出现企业因追求暴利而损害公共利益，最后招致自身失败的悲剧。

13．人们说“善有善报，恶有恶报”、“做生意心态与运气很重要”，您的看法是：

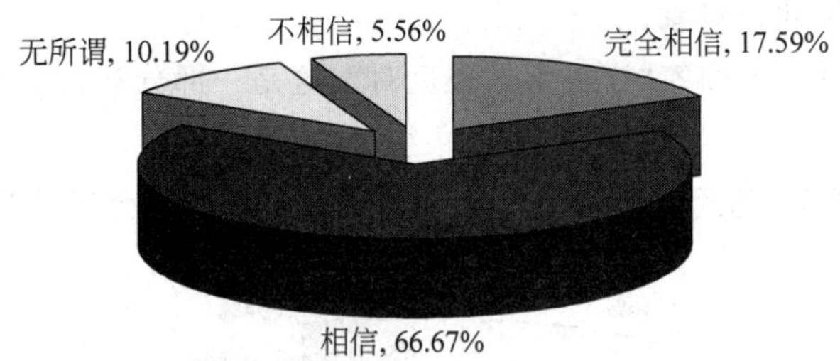

分析：

(1) 调查结果表明：66.67%的人选择“相信”，17.59%的人选择“完全相信”，仅有15.75%的人选择“无所谓”、“不相信”，说明人们对“善有善报，恶有恶报”、“做生意心态与运气很重要”持积极态度。

(2)“善有善报，恶有恶报”是佛教基本理论的重要组成部分，自东汉以来就对我国社会和思想界产生广泛而深刻的影响，在我国思想界不断地对佛教的“因果报应”进行质疑、辩论、批评、应答的过程中，“因果报应”理论事实上经历了一个逐渐中国化的过程，“因果报应论”也逐渐深入人心。

(3) 恶劣心态主要包括忧愁、悲伤、愤怒、紧张、焦虑、痛苦、恐惧、憎恨等，长期的恶劣心态会引起行动的迟钝和精神的疲惫、进取心丧失，严重时会使自我控制力和判断力下降、意识范围变窄、正常行为瓦解，给人带来非常大的危害。

(4) 好运气无论对谁都非常重要，但是请记住，牌是上帝发的，我们分到什么就是什么，别无选择，也不可更换；我们能够做的、应该做的，就是如何将手中的牌优化组合，并为求把每张牌打好！

14．公司为了做生意而向客户送礼或提供回扣，您的态度是：

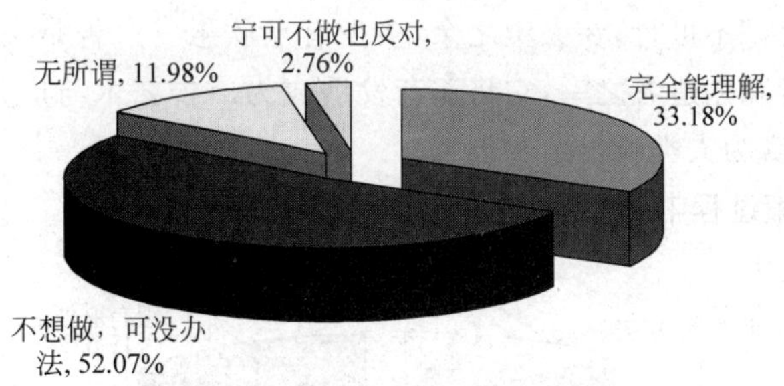

分析：

(1) 这组数据显示的结果是令人震惊的！52.07%的人回答“不想做，可没办法”，一方面反映了我国目前存在严重“送礼或提供回扣”的现象，另一方面也反映了有相当一部分人认为“公司为了做生意而向客户送礼或提供回扣”是不道德的，但是在竞争压力和残酷现实面前不得不向“送礼或提供回扣”屈服。

(2) 33.18%的人回答“完全能理解”,这部分人在认识上存在严重误区,应该及时得以纠正。11.98%的人回答“无所谓”,这一部分人对“送礼或提供回扣”已经麻木,习以为常,失去知觉,也是被纠正对象。

(3) 只有2.76%的人回答“宁可不做也反对”,这是一部分有正义感的有识之士,可惜这种人太少了!

15. 在公司经营中,进行适当夸张和自我标榜以及加点水分的广告宣传是:

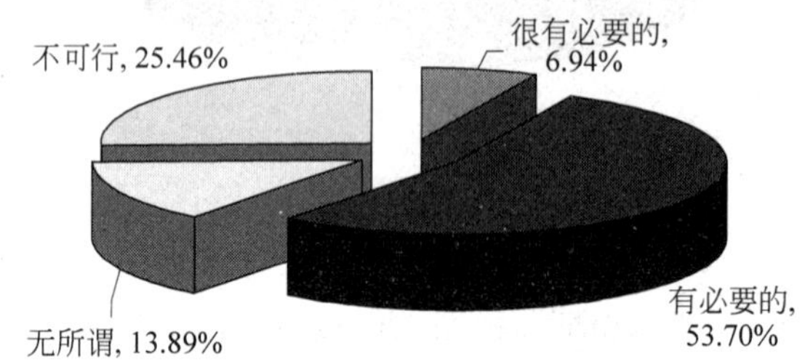

分析:

(1) 60.64%的人选择“很有必要的”、“有必要的”两项,认为“在公司经营中,进行适当夸张和自我标榜以及加点水分的广告宣传”是必要的,而13.89%的人麻木地认为“无所谓”,反映了人们对广告的认识误区。

(2) 我国《广告法》对广告的误导行为作出了原则性规定,如第三条规定:“广告应当真实、合法,符合社会主义精神文明建设的要求。”第四条规定:“广告不得含有虚假的内容,不得欺骗和误导消费者。”第五条规定:“广告主、广告经营者、广告发布者从事广告活动,应当遵守法律、行政法规,遵循公平、诚实信用的原则。”适当夸张和自我标榜以及加点水分的广告宣传如果违背公平、诚实信用的原则,不仅会受到法律的制裁,而且也会受“上帝”的惩罚。

(3) 25.46%的人选择“不可行”,认为“在公司经营中,进行适当夸张和自我标榜以及加点水分的广告宣传”不可行,在失望之余,多少有点欣慰。广告是文化艺术整体的一部分,是文化的传播者和创造者之一,它将逐渐发展成为广告艺术与广告文化的综合体,并作为宝贵的精神财富为人类所继承和创造。

16. 在公司决策过程中,优先关注和考虑伦理道德因素是:

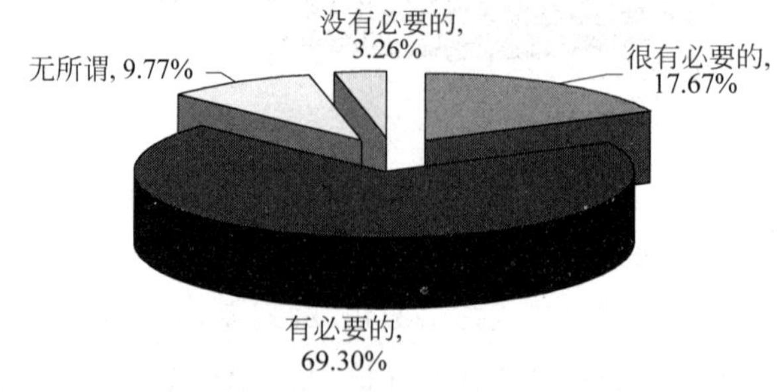

分析：

(1) 令人惊喜的是，有 69.30%的人选择“有必要的”，另外又有 17.67%的人选择“很有必要的”，说明人们已经普遍意识到“伦理道德因素在公司决策过程中的重要性”。

(2) “义以生利”、“义，利之本也”，是中华经济伦理的合理内核，也是现时代人处理企业与社会、利益与道德关系的法度。亚当·斯密的利己动机原本是一种“有道德的利己动机”，市场经济也是强调道德与社会责任的，因此现代企业必须树立以社会效益促经济效益的经营思想。

(3) 只有 9.77%的人选择“无所谓”，3.26%的人选择“没有必要的”。把市场经济单一地与利己主义和缺乏社会道德、缺乏社会公益思想相联系都是极片面的和不实事求是的，市场经济也是讲究社会道德与社会利益的，这是市场经济得以顺利运行与健康发展的前提。

17. 美国最佳 10 所商学院 MBA 的 9 门核心课程有商业伦理学（或商业伦理），我国大学应该：

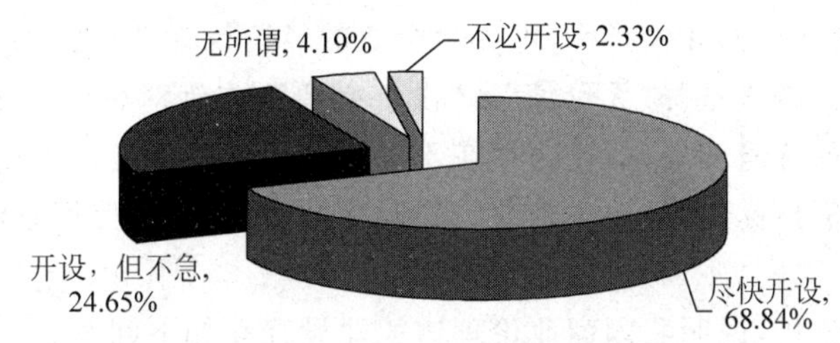

分析：

(1) 68.84%的人认为我国大学应该尽快开设商业伦理学课程，24.65%的人认为“应该开设，但不急”，只有 6.52%的人认为“无所谓”或“不必开设”。希望这组数据反映了人们的真实想法，如果果真如此，中国伦理道德的教学改革会更有希望的曙光。

(2) “商业伦理与会计职业道德”专题研讨会于 2005 年 6 月 11 日在厦门国家会计学院召开，会议旨在继续推动“商业伦理与会计职业道德”的研究，促进 MPAcc 职业道德教育。北京大学王立彦教授认为商业伦理与会计职业道德课程的设置目的是，了解国际组织及主要国家的会计师职业道德规范的基本内容；通过案例讨论，建立必要的职业风险意识，增强对职业风险环境的判断力；通过对企业经营中的各种伦理的问题进行深入分析，了解企业经营和管理中会涉及的众多伦理问题，引发思考和讨论如何从事符合商业伦理的行为；强化会计师职业的社会责任感。

(3) 目前我国商业伦理教学还处于一个探讨阶段，尚未形成一个为大多数学者公认的稳定、成熟系统；西方发达国家对商业伦理学给予了充分重视，伦理道德教育体系也成熟得多，美国最佳 10 所商学院 MBA 的 9 门核心课程开设有商业伦理学就是一个很好的例证。

18. 对公司活动和经营成果开展道德指标评价，您觉得这项工作：

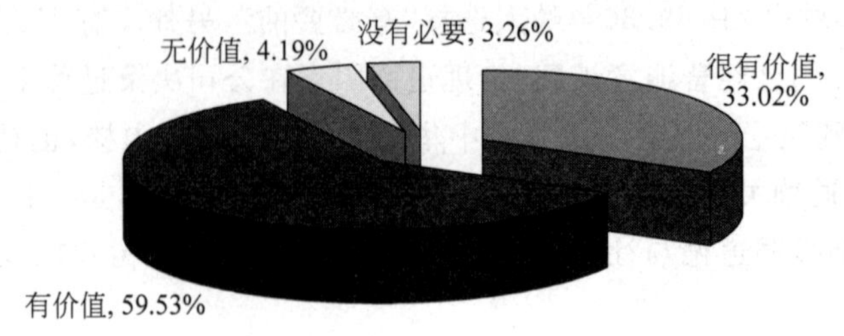

分析：

(1) 认为“有价值”、“很有价值”的分别占59.53%、33.02%，排在第一位和第二位。这充分说明绝大多数人认为，对公司活动和经营成果开展道德指标评价是必要的，希望这组数据可以成为指导实践的有力证据，指导企业大力开展道德指标评价。

(2) 要使经营活动始终沿着健康的轨道运行，就必须存在伦理道德的引导；此外消费者不仅有利益偏好，而且也有道德偏好，道德偏好影响消费行为。根据公司活动和经营成果的相关资料，设计道德评价指标，可以为企业的经营行为选择提供可行的道德路径。

(3) 只有7.45%的人选择“无价值”和“没有必要”，占绝对少数。因为道德偏好的后天性和可变性是一种普遍现象，即普遍存在于一切社会个体的道德内在结构之中，所以社会应当设计道德评价指标，积极地对企业施加正确的道德影响，促使它们向正确的道德偏好方向转化。

通过以上统计分析，说明我国商业伦理道德建设存在如下问题。

(一) 对商业伦理道德的概念、框架以及基本问题的理解比较模糊

对于商业伦理道德的内涵，选择“职业道德”、“企业文化”、“行业规范”和“经营哲学”的分别为122人次、108人次、86人次和63人次，每个选项所占比例都不高(最高的也只有32.19%)，反映了人们对商业伦理道德含义的理解模糊不清。

关于市场经济的定位问题，17.13%的人对于“市场经济既是法制经济又是伦理经济”不以为然，一方面说明伦理经济已经深入人心，另一方面说明对伦理经济的认识还不彻底。

谈到商业伦理水平与伦理道德的关系，不少回答者认为“一般”、“有点关系”或“没关系”(合计达43.72%)，这属于商业伦理道德基本问题，在一定程度上映射了公众对商业伦理道德理解的盲点。

(二) 商业伦理的道德环境建设尚不完善

谈到商业伦理道德是无形资产，选择“无所谓”或“不赞同”的合计为8.80%，说明商业伦理的道德认识已经取得一定进步，但是究竟有多少企业真正落到实处，这是一个大问号。

关于商业伦理道德在生产经营活动中的作用问题，选择“非常重要”的只有29.95%，说明商业伦理的道德环境建设并没有得到充分重视。

至于“公平、公开、公正、公信原则是证券市场与控制权配置的道德基石”，选择“有道理”或“很有道理”的占92.59%，反映商业伦理道德环境建设的重要性。

对于“诚实守信是企业经营根本”，选择“完全同意”的占48.13%，选择“同意”的占45.79%，反映了人们对这个问题的普遍认识，这是令人欣喜的！

谈及对企业活动和经营成果开展道德指标评价，92.55%的人认为“有价值”或“很有价值”，7.45%的人认为“无价值”或“没有必要”，期望企业能够切实贯彻这项工作，完善商业伦理的道德环境建设。

（三）商业伦理的法制环境建设尚不健全

谈到商业道德责任和企业社会责任的关系，认为前者是后者的基础的占94.86%。在美国，《萨班斯·奥克斯利法案》、SEC颁布的相关法规以及证券交易所公布的上市标准，都加大了对违反企业社会责任行为的处罚力度，企业高管和董事会成员必须对财务报告部分承担责任，必须维护商业道德责任和企业社会责任，企业高管和董事会成员个人也分担这一责任。与美国相比，我国商业伦理的法制环境建设差距较大。

关于适当夸张、自我标榜以及加点水分的广告宣传，60.64%的人选择“很有必要的”或“有必要的”，13.89%的人麻木地认为“无所谓”，这些都是广告认识的误区，说明我国商业伦理的法制环境建设有待进一步改善。

（四）商业伦理道德教学体系尚不稳定、成熟

关于商业伦理学的开设，68.84%的人认为，我国高等院校应该尽快开设商业伦理学；24.65%的人认为，“应该开设，但不急”，事实上我们认为，商业伦理学的开设已经不能再缓了；6.52%的人认为，“无所谓”或“不必开设”。折射出我国商业伦理道德教学还处于一个探讨阶段，尚未形成一个为大多数学者所公认的稳定、成熟系统。

（五）企业职员的伦理道德境界亟待提高

对于企业CEO应该是首席道德官，是商业道德楷模的这个问题，仍然有14.35%的人认为“无所谓”或“不赞同”。

令人震惊的是，52.07%的人认为，企业为做生意而向客户送礼或提供回扣“不想做，可没办法”，说明相当一部分人虽然意识到这是不道德的，但是在竞争压力和残酷现实面前不得不向“送礼或提供回扣”屈服；33.18%的人认为“完全能理解”，这部分人在认识上存在严重误区，应该及时得到纠正；11.98%的人认为“无所谓”这部分人对“送礼或提供回扣”已经麻木，习以为常，失去知觉，也属纠正对象。

关于企业决策是否应该优先关注和考虑伦理道德因素，9.77%的人选择“无所谓”，3.26%的人选择“没有必要的”，对这部分人的道德境界，我们持怀疑态度。

三、关于加强商业伦理道德建设的对策建议

在调查对象中，认为目前我国商业伦理道德状况“一般”或“较差”的合计占83.79%，真实反映了我国商业伦理道德现状，概括了整个社会对商业伦理道德状况的一般认识。从调查结果可知，我国商业伦理道德现状令人担忧，存在诸多问题，充分说明我国商业伦理道德教育势在必行。

随着我国建立和完善社会主义市场经济体制的全面推进和改革开放的不断深入，加强商业伦理道德建设已经成为建立伦理经济的必然要求，最终必将促使执业人员不断追求崇高的道德观念，达到更高的道德境界。

（一）重新审视商业伦理的概念、框架以及基本问题

商业伦理，是一个宽泛得有些模糊的概念，几乎没有一个得到广泛认可的权威定义；作为商业伦理的一部分，商业伦理关注的问题是，“在企业这个层面上，为确立和不断维护公司行为的合法性，可以以及必须做些什么？”为正确理解商业伦理的概念、框架以及基本问题，我们必须明确以下三个问题。

(1) 商业伦理的合理概念，只有在讨论了企业在国家、社会、经济中的现代作用之后，才能找到明确答案。

(2) 市场经济可以容纳超越最大利益原则的企业战略的伦理取向，换句话说，单个企业确实是提出伦理要求的恰当场所。

(3) 我们应该为商业伦理学建立一个可靠的哲学基础，以使价值判断的所谓任意性不再成为反对商业伦理学作为一门学术科目的有效理由。

以上三个问题不仅与哲学有关，而且与国家的、宪法的哲学有关。

（二）从社会大局出发，加强商业伦理与企业文化的环境建设

要使企业成为负责任的社会公民，以符合商业伦理的方式对待各种利益相关者，需要有企业内外环境配合，需要有良好的道德氛围。道德氛围包括正确的价值观、行为要求以及员工对企业中什么是道德这一问题的共识，涉及以下三个问题。

(1) 道德氛围是产生于工作场所中的价值观、传统和压力，影响着企业的法律和道德决策。

(2) 如果企业存在良好道德氛围，那么企业员工在面临道德困境时，就能够很快意识到问题，并能有效利用企业资源，以符合组织政策、文化的方式解决问题。

(3) 在企业中建立良好道德氛围能够帮助企业坚持其公民行为，以负责任的方式对待各个利益相关者的要求，从而能够提升企业形象和企业内部运作的有效性。

【网络链接 3-5】

方正：商业诚信文化是企业员工塑造的

方正是中国本土最具创新力和影响力的高科技企业之一，它的不断发展壮大离不开商业诚信文化的功劳。

“方正”一词源自《汉书·晁错传》。“察身而不敢诬，奉法令不容私，尽心力不敢矜，遭患难不避死，见贤不居其上，受禄不过其量，不以亡能居尊显之位，自行若此，可谓方正之士矣。”这在当时是士大夫的行为准则。在方正集团，从王选教授倡导的“先做人后做事”，到集团的核心理念“方方正正做人，实实在在做事”，无一不是在倡导大家做“方正之士”。此外，集团在文化上还倡导“持续创新”，令企业和全体员工保持前进的原动力。

商业诚信文化是企业全体员工行为习惯的总和，而行为习惯是在我们处理事件时，不加思索、下意识或者在潜意识中逐渐形成的。良好行为习惯的养成，必然有助于优秀商业诚信文化的铸造。优秀的商业诚信文化一定要让全体员工的行为习惯、所做的事情有利于企业的发展，并且要发自内心、主动地去做事，这样的商业诚信文化首先要包括优秀企业理念。具体到方正而言，集团所说的全体员工，既包括普通职员，更涵盖各级领导干部。

全体领导和员工必须统一认识，严格规范个人的行为，对方正的核心理念切实做到知行合一，以“持续创新”和“方方正正做人，实实在在做事”的企业核心理念严格要求自己，员工受到领导良好行为习惯的感染与带动，必然会将全部热情和干劲投入到具体工作中。良好的行为习惯，即每位员工具备高度的责任心和高效的执行力，无论身处何种岗位，都要充分发挥主观能动性与创新精神，将工作做到尽善尽美，为社会创造价值的同时，个人价值也得以最大体现。

（资料来源：http://www.founder.com/cn/news/founder20090713.htm）

（三）“乱世用重典”，更需要综合治理

当高额利润背后隐匿的虚假暴露时，企业不得不直面它们应承担的后果——从巨额罚款到停业整顿，再追究刑事责任；只有当对违规企业的处罚力度越来越严厉时，商业伦理道德才会“有法可依、有法必依、执法必严、违法必究”。商业伦理道德规范是一项重大的系统工程，需要政府及社会各部门的正确引导，需要社会公众的支持与关注，需要企业自己的努力和坚持。

改革开放30多年来，呼唤企业改革建设的呼声此起彼伏，我国到底应该如何建设企业，如何改造企业？答案是，向西方市场经济成熟的国家学习，加快以股份制为主体的现代企业制度建设，企业应建立完善的伦理道德规范体系，促使企业在基本伦理道德准则前提下经营运作。

（四）不断深化商业伦理道德的教学改革

在商业伦理道德教学中，切忌搞形式、走过场，可以考虑将传授知识与总结实践经验相结合，个人示范与集体影响相结合，榜样引导和舆论扬抑相结合，采用灵活多样的方法，使商业伦理道德教育收到良好效果。关于教材，应该搜集现有资料，在研究、提炼、归纳、整理的基础上，形成课程教案和课件。至于教学方式，整体上要以案例教学为主，将案例贯彻始终，同时辅以报告、论坛、专题、研讨等形式，形成灵活多样的授课方式。

（五）锤炼与发展商业道德品质，升华商业道德境界层次

从深层次上来说，上市企业的违规行为昭示着非正式制度的问题，更确切地说，是商业道德问题，正如国际著名金融大鳄索罗斯在接受英国广播公司（BBC）采访时指出，美国大企业出现的违规行为反映了美国文化缺乏道德原则。在新世纪，贪婪成为社会特征，会计企业可以为咨询费做假账，律师可以为拉到企业业务搞伪证，董事可以为自己的利益不顾股东的死活。曾经成功预言亚洲金融危机的美国经济学家克鲁格曼说，现行世界经济体制唯一无法解决的问题就是道德风险，最严密的制度也无法堵住道德的黑洞，在贪得无厌者面前，再强大的法律和监管也无能为力。

造成企业职员道德风险的原因众多，有的来自外部，有的来自内部，但唯物辩证法认为，内因是推动事物发展的根本动力源泉，外因是通过内因来起作用的，造成企业职员道德风险出现的内因，是他们的价值观念趋向世俗化，道德约束力下滑。因此为了有效预防职业道德风险，必须从内因即价值观上寻找办法，改造企业职员的价值观，锤炼商业道德品质，升华商业道德境界层次。

【本章关键术语】

公司行为　公司治理　商业道德行为　商业失德行为

案例讨论题 3

美国世通公司财务失信欺诈案

2002 年 6 月 25 日，美国惊曝“假账第一大案”，排在美国电话电报公司之后的全球第二大电信巨头“世界通信”公司承认，仅 2001 年 1 月到 2002 年 3 月底，将 38 亿美元的经营支出列为资本支出账户上，从而将公司巨额亏损一跃转为盈利 15 亿美元，也就是说“世界通信”公司虚报盈利 38 亿美元。“世界通信”公司造假信息公布后，其股东狂抛“世界通信”公司股票，股价大跳水，一路跌破 1 美元以下。次日上午纳斯达克证券市场宣布“世界通信”公司股票暂时停牌交易。“世界通信”公司曾经是华尔街的宠儿，鼎盛时期年收入超过 350 亿美元，股票价格高达 64 美元，公司市值曾达到 1800 亿美元。与“世界通信”公司 1 年多点时间相比，安然公司 4 年虚报近 6 亿盈利只能说是个小错误。因而“世界通信”公司财务失信欺诈案成为美国乃至世界历史上最严重的最大财务欺诈案，对全世界资金股票市场产生巨大冲击，其恶劣影响大大超过“9・11”事件和安然事件。

世通公司财务失信欺诈案成为继安然事件之后再次打击投资者对美国股市信心的重磅炸弹。安然公司作假账出笼后，美国一些大公司违规行径纷纷暴露在阳光下。会计行业有安达信、普华永道等公司都是世界会计行业的领头雁，金融行业有美林证券、波士顿银行等世界级的投资银行，高科技行业有朗讯公司、Network 公司、施乐公司等。作为世界上金融市场的榜样，最具有创新力的美国企业却不停地欺骗投资者，使投资者的信心屡屡受挫。一家企业垮掉并不足惧，可怕的是投资者对所有企业、对整个社会的信用深感疑虑，因为害怕欺骗将不敢再投资，世界经济将持续低迷不振。这些公司违信倒闭为人们留下的思考是，信用失范的现象正日益恶化，已成为全球经济令人担忧、不容忽视的难题。再一次证明美国的公司管理模式也并非完美，美国式的资本主义市场经济制度还是存在制度性缺陷的。企业信用缺失给社会所带来的恶果是一个沉重而不可逃避的顽症。企业如不诚实守信，就会断送生存的根基，不仅危害世人，最终必是玩火自焚。同时警示我们，中国在建设社会主义市场经济体制过程中，还有很多规章制度需要健全。如果忽略市场经济的本源——诚信问题，就等于建大厦于沙丘之上，摇摇欲坠。人无信不立，企业无信不长。诚信缺失给国家和企业造成极大损失，已成为中国企业发展的巨大障碍。市场经济中，诚信是最有力的竞争手段，追求利益是企业经营的前提，但如果没有健全的信用体系，就会出现企业因追求暴利而损害公共利益，最后招致自身失败的悲剧。

（资料来源：马玉超，《经济管理》，2002 年第 19 期，并经整理而成）

探讨问题：

1. 美国世通公司财务失信欺诈案说明了什么？
2. 怎样理解“人无信不立，企业无信不长”的说法？

练 习 题

一、判断题

1. 利益相关者指的是企业股东和债权人(　　)。

2. 在市场经济中的经济活动都是通过契约来确认、来实现的,市场经济从这种意义上说是契约经济(　　)。

3. 为了规范我国经济生活,当务之急是启动全社会的企业与个人信用机制,建立企事业单位及个人信用档案,为有序竞争创造条件(　　)。

4. 个体的道德选择与守法观念不会被社会舆论所左右(　　)。

5. 科学技术是一把善恶两向的双刃剑(　　)。

6. 只要重视道德建设,就能从根本上扭转社会风气下滑的局面,诚信中国方能重新确立(　　)。

7. 合乎伦理道德的公司行为是市场体系有效运作的现实基础(　　)。

8. 权钱交易是会计假账丛生的文化根源。(　　)

二、单选题

1. 市场经济重要的道德基础是(　　)。

A. 会计道德　　B. 契约道德　　C. 审计道德　　D. 商业道德

2. 亚当·斯密提出的下列哪个观点为企业经营模式奠定了文化伦理基础(　　)。

A. 社会本位论　　B. 需求理论

C. "经济人"的人性本体论　　D. 企业本位论

3. 在"经济人"的假设下,企业将下列哪一项目标作为天经地义合乎伦理的终极目标(　　)。

A. 利润最大化　　B. 产量最大化

C. 股东权益最大化　　D. 企业价值最大化

4. 在现代企业的生产过程中,企业制定了严格的条例和制度,如目前最典型与最完善的把人的行为规定在一个起码应该做到的尺码上的强制性管理方法是(　　)。

A. SOX 法案　　B. 职业道德规范　　C. 行为道德准则　　D. ISO 9000

5. 有了商业伦理观念,企业处理与社会之间的关系时,就会更多地从(　　)出发,取利但又不造成外部不经济。

A. 消费者本位　　B. 社会本位　　C. 企业本位　　D. 员工本位

6. 管理大师熊彼特赋予在企业家身上以区别于一般的投资者或生产管理者的核心精神是(　　)。

A. 团队意识　　B. 商业诚信文化　　C. 伦理道德　　D. 创新精神

7. 我们把具有私人信息的一方视为代理人,不具有私人信息的一方视为委托人,因此产生了委托代理关系。(　　)的"假账丛生"就是产生在这种委托代理关系之中。

A. 红色经济　　B. 绿色经济　　C. 黑色经济　　D. 黄色经济

三、多选题

1. 信用机制在市场经济中,需要多方面的中介进行调节保护。下列属于信用机制调节器的是(　　)。

A. 法律制约　　B. 舆论导向

C. 社会管理　　D. 个人道德修养

2. 一般认为,市场经济在不同的时代、不同的国家与不同的社会制度中各有其特色。不过,有两个特点是非常相似的,即(　　)。

A. 有价值的商业诚信文化　　B. 市场优化配置资源

C. 优秀的员工和管理者　　D. 企业自主经营性

3. 美国学者大卫·J. 佛里彻认为市场经济体系有效运作的前提条件有(　　)。

A. 政府的正当引导

B. 拥有支配私有财产的权力

C. 拥有买卖产品和服务自由选择权

D. 能获得产品和服务相关准确信息

4. 企业的成功依赖于(　　)。

A. 企业特有的创新精神　　B. 竞争优势

C. 生产经营活动　　D. 企业经营行为必须合乎伦理

5. 下列关于商业伦理说法正确的是(　　)。

A. 商业伦理是企业履行与利益相关者长期隐含契约的内在客观要求

B. 商业伦理是企业长期成功所必备的且能在竞争中取胜的重要精神品质

C. 商业伦理是激发企业创新精神的永恒动力

D. 商业伦理可以代替商业诚信文化作为企业的企业价值观

6. 下列关于道德治理的说法正确的有(　　)。

A. 道德治理属于公司治理的最基本层次

B. 道德治理的目标能够促进公司治理目标的实现

C. 道德治理的边界与公司治理的边界相一致,道德治理的效益是基于其他治理成本的节约,道德治理是降低治理风险的最有效手段

D. 道德治理的实现机制是与其他治理机制伴生的

7. 在全世界范围内有五种比较突出的不公正经济,(　　)就是会计假账产生的直接条件。

A. 权力经济　　B. 人情经济　　C. 短期经济　　D. 贿赂经济

四、问答题

1. 道德契约的规范性要求有哪些?
2. 市场经济为什么需要信用机制?
3. 商业道德行为有哪些方面现实价值?
4. 怎样理解商业失德行为?商业失德行为产生的根本原因何在?
5. 谈谈你对加强商业伦理道德建设的看法和建议。
6. 试论述我国为什么要重视与健全企业的道德治理机制。

练习题参考答案

一、判断题

1. 错。“利益相关者”包括即股东、董事会、监事会、雇员、顾客、供货商、竞争对手、社会组织、政府团体等。

2. 对。

3. 对。

4. 错。道德选择与守法观念会被社会舆论所左右。

5. 对。

6. 错。法律与道德同等重视,依法治国与以德治国同时并举,标本兼治,才能从根本上扭转社会风气下滑的局面,诚信中国方能重新确立。

7. 对。

8. 错。权钱交易是会计假账丛生的社会根源。

二、单选题

1. B 2. C 3. A 4. D 5. B 6. D 7. C

三、多选题

1. ABCD 2. BD 3. BCD 4. ABD 5. ABC 6. ABCD 7. ABCD

第四章 商业伦理道德原则设计

古之欲明明德于天下者，先治其国；欲治其国者，先齐其家；欲齐其家者，先修其身；欲修其身者，先正其心；欲正其心者，先诚其意；欲诚其意者，先致其知，致知在格物。

物格而后知至，知至而后意诚，意诚而后心正，心正而后身修；身修而后家齐，家齐而后国治，国治而后天下平。

德者本也，财者末也。

国家不以利为利，以义为利也。

——曾子《大学》

学习目标

1. 了解商业伦理道德规范系统的构成；

2. 理解推行集体主义原则旨在形成公司团队精神；

3. 掌握、并能熟练运用商业伦理道德的三大具体原则：诚实守信原则、义利统一原则和公平与效率兼顾原则。

导读 4

政府要做守诚信担责任的表率

《管子》曰："诚信者，天下之结也。"管理者如无诚信可言，被管理者再讲诚信就很容易吃亏，而不讲诚信的人却容易得势。人都是趋利避害的，既然讲诚信吃亏，谁还会讲诚信？由此看来，要在社会树立诚信，政府应该先行。

当今社会，不诚信行为时有发生，并呈现泛滥之势，造成极坏影响，可以说，诚信缺失已成为时下严重的社会问题，而诚信建设确已迫在眉睫。对如何建设诚信，人们看法各异。我认为，诚信建设首先应从政府开始。

政府是社会的管理者、执法者，它的行为对整个社会起到导向作用。古语说得好：上好信，则民莫敢不用情。意思是说，政府喜好诚信了，老百姓就不敢互相欺骗了。这说明，现实中如果政府讲究诚信，树立起诚信形象，便能起到良好的示范作用，讲诚信也会在人与人之间蔚然成风。否则，想在社会上树立诚信之风，恐怕很难，所谓上行下效，上梁不正下梁歪。长此以往，必将导致诚信缺失、世风日下、人心不古。为什么会这样？政府如何建设诚信？可能仁者见仁、智者见智，但总离不开政府各部门切实有效的实际工作，以下几方面颇为重要。

依法办事。说起来简单，但做起来非常难，因为人们都希望用规则去约束别人，而自己却想在规则之外。政府作为社会的管理者，掌握各种权力，民众希望其依法办事。一个依法办事的政府最能取得民众信任，也最能树立诚信形象。倘若政府违法行事，势必对法律造成极大破坏，也最容易失信于民，于建设诚信政府极为不利。道理很简单，一件事情，本来按照法律应该这样做，你却那样做，这就使法律处于不确定的状态，使人无法相信了，因为将来你还有可能这样做。举一个简单的例子，比如，按照法律规定，环保不达要求的企业是不能开业生产的，但现实中有的企业不达要求就生产了，让人对环保部门产生不信任感，而且既然甲企业能这样做了，那么乙企业或许也能这样，就容易使人产生非分之想，也为以权谋私大开方便之门。

言而有信。说到做到，言必信行必果，对做人处事十分重要。自古以来，人们都信赖言行一致的人，"得千金不如得季布一诺"，同样，它对建设诚信政府也不可或缺。民不可欺，承诺过的事情，就要想尽一切办法去做到，绝不能把承诺当成权宜之计，出尔反尔，那将付出更大的代价，导致民众将不再相信你的话了，而这是极其危险的。绝不遮丑护短。所谓"丑"、"短"，也就是说在政府工作中出现的过错。面对复杂的形势、众多的人口，政府工作难免出错。世上不可能存在一个没有过错的政府，因为任何事都是人做的，而人非圣贤，孰能无过？因此，工作出现过错并不可怕，人们也不会去计较，关键是要正视它、改正它，过而能改，善莫大焉。如果犯错之后遮丑护短、掩盖真相，那又犯了一个更加严重的过错。当今世界，人们获知信息的渠道很多，真相很难被掩盖，而一旦真相公之于众，将给政府形象带来严重损害，也将失掉人们的信任。

当前，整个社会诚信缺失，假货满天飞，违法乱纪的事层出不穷，政府对此负有不可推卸的责任。但亡羊补牢，未为晚也。只要政府行动起来，严格依法办事，言而有信，必能树立起诚信政府形象，那么社会风气也将为之一变。

（资料来源：司欣刚，《光明日报》，2011 年 08 月 24 日）

第一节　商业伦理道德规范体系

商业道德原则、商业道德规范和商业道德范畴三个部分共同组成商业伦理道德规范体系。有关内容可参见如图 4-1 所示的商业伦理道德规范体系。

商业道德原则是商业道德规范系统的核心部分，处于支配地位，发挥引导作用。商业道德规范是商业道德原则的具体表现、全面补充和详细表述，是根据商业道德原则针对企业员工及行为所提出来的专门要求。有协调企业与购销客户、企业与竞争者的企业外部利益关系中的商业道德规范，有协调企业与所有者及投资者、企业与经营者的企业内部利益关系中的商业道德规范。商业道德范畴则是商业道德学科的一些基本概念，它既受商业道德原则和商业道德规范的制约，又是商业道德原则和商业道德规范的必要补充及其所包含的道德内容的概括和总结。

如果把商业道德规范系统看作一个系统网络，那么商业道德原则就是系统网络上的"纲"，商业道德规范就是系统网络上的多条经纬线，商业道德范畴则是系统网络上的纽结。上述三者之间相互影响、相互制约、相互协调、相互作用，构成一个有机的理论整体，从而构成商业道德理论体系的核心内容。

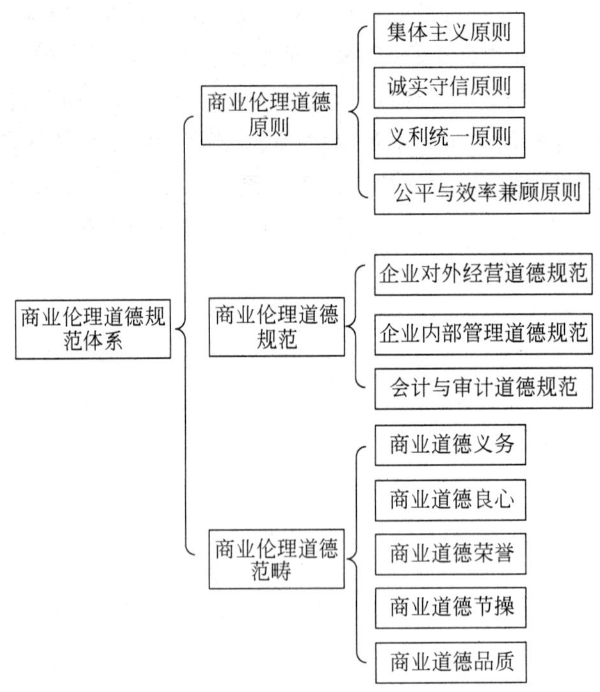

图 4-1　商业伦理道德规范体系

第二节　企业推行集体主义原则：打造优秀企业团队

从计划经济体制转向市场经济体制，同时也是个人义务本位转向个人权利本位。因此，在市场经济体制下，个人利益更加突出。这种市场经济不是放任自由的传统市场经济，而是国家宏观调控的现代市场经济，是以公有制为主体的社会主义市场经济。我们认为，现代市场经济竞争的主体不仅仅是劳动者个人，而首先是企业，企业成为社会主义市场经济的价值主体和功利主体，是兼容伦理性和经济性的协作利益集合体。集体主义精神在企业中就表现为企业的凝聚力、向心力和命运共同体，公司行为及其结果既具有直接的经济意义，同时具有重要的伦理意义。

2001 年 9 月 20 日，中共中央印发《公民道德建设实施纲要》，明确提出“爱国守法、明礼诚信、团结友善、勤俭自强、敬业奉献”20 字的公民基本道德规范，关于“公民道德建设的主要内容，从我国历史和现实的国情出发，社会主义道德建设要坚持以为社会公众服务为核心，以集体主义为原则，以爱祖国、爱社会公众、爱劳动、爱科学、爱社会主义为基本要求，以社会公德、职业道德、家庭美德为着力点。在公民道德建设中，应当把这些主要内容具体化、规范化，使之成为全体公民普遍认同和自觉遵守的行为准则”，并特别指出“集体主义作为公民道德建设的原则，是社会主义经济、政治和文化建设的必然要求。在社会主义社会，人民当家做主，国家利益、集体利益和个人利益根本上的一致，使集体主义成为调节三者利益关系的重要原则。要把集体主义精神渗入到社会生产和生活的各个层面，引导人们正确认识和处理国家、集体、个人的利益关系，提倡个人利益服从集体利益、局部利益服从整体利益、当前利益服从长远利益，反对小团体主义、本位主义和损公肥私、损人利己，把个人的理想与奋斗融入广大社会公众的共同理想和奋斗之中”。显然，集体主义原则是我们建设商业道德规范系统的基本原则，旨在形成公司的团队精神。

我们认为，商业道德原则，首先应充分体现集体主义这一共产主义基本原则的精神，充分体现社会公众对于商业伦理工作的基本业务要求；还应体现商业伦理工作的基本特点，使之成为规范企业员工的行为和进行商业道德评价的基本标准。要使共性和个性有机结合起来，仅用一个商业道德基本原则是难以囊括的。因此，我们设计商业道德的具体原则有三个，它们之间的关系可参见图 4-2。

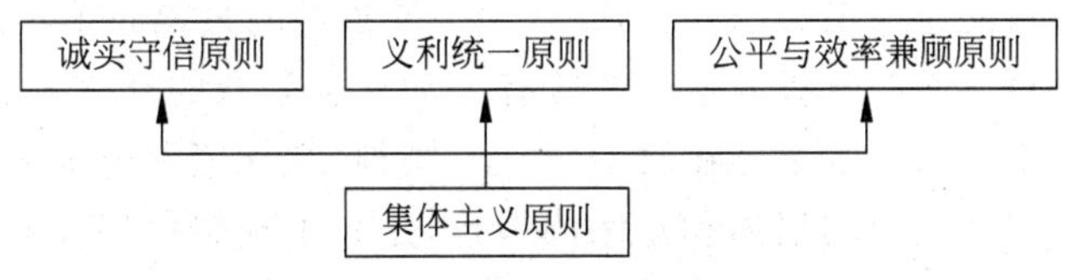

图 4-2　商业道德原则关系构成

一、企业推行集体主义原则的理论依据

虽然企业是由人创立和经营的，但其作为一个整体，是一个不可分割的系统。当然企业员工也会有其个人行动自由，但公司行为一般来说都是集体行为。因此，企业实践活动有理由要求把集体主义作为原则，从而形成公司的团队精神，以期提高企业主体的经济利益。

集体主义原则成为社会主义道德的基本原则，并不是偶然的，在道德理论方面具有充足依据。从社会主义道德的最一般原理上看，集体主义原则必然是社会主义道德的基本问题的具体体现和集中反映。所有一切道德问题都是围绕集体主义这一道德基本问题展开的，最后必须借助于道德基本原则方能解答其他道德理论问题。所以，集体主义原则是一切道德理论的核心，是解答疑难道德理论的基本原理。从这个意义上讲，集体主义原则贯穿于马克思主义道德理论体系的始终，必然成为以马克思主义伦理学的基本道德原则。从社会主义道德规范体系上看，集体主义原则在本质上是该体系规范之一，且高于别的具体规范，是说明和统驭别的具体规范的最高道德规范，处于该道德体系的最高层次，并对其以下层次的具体道德规范和道德范畴起着指导的作用。从社会主义道德评价体系上看，人们评价善恶的尺度，评价利益的尺度，作为劳动力标准的尺度往往具体化成集体主义尺度。也就是说，集体主义原则是衡量人道德境界高低的最基本的评判标准。

集体主义原则成为社会主义道德的基本原则，这在我国现实道德生活中是可行的，同时也应该是调整我国现实道德关系的主要手段。一方面，从可行性角度看，以生产资料公有制占主导地位的社会主义经济形式为集体主义原则的运行奠定了切实的经济基础；以中国共产党为核心的政治体制，以工人阶级为主体的国家体制和以乡村镇街的农民、居民组成的最基层政权组织为集体主义的实施奠定了可行的组织基础；有一定程度上，社会主义觉悟的广大社会公众的思想道德水平为集体主义的实施创造了直接思想前提。另一方面，从道德调节手段角度看，长期以来，无论是道德理论，还是道德实践，人们争论及分歧的焦点总是围绕集体与个人的关系来展开的。人类道德的发展历史表明，相对于利己主义、功利主义和个人主义，集体主义具有巨大的道德价值和旺盛的生命力，它对提高公民的道德品质和改善社会风气等方面发挥着巨大的作用，推动着社会、政治、经济全面健康发展，也加快了个人物质生活及精神生活全面自由。

二、集体主义原则辩证统一集体利益与个人利益

社会主义的集体主义原则的首要任务是辩证地统一集体利益与个人利益之间的关系。在我们社会主义国家，实现集体利益与个人利益的辩证、有机的统一，是社会主义的集体主义原则所追求的最高道德的目标，是社会主义道德的最核心内容。

所谓集体利益是以无产阶级为核心的所有劳动社会公众的整体利益，是由无产阶级与广大社会公众所组成的利益集体在政治、经济、精神、文化诸多方面利益的总和。其系统价值目标与共产主义理想的集体利益保持一致，是介于理想的集体利益与虚幻的集体利益之间的一种现实的集体利益。什么是个人利益呢？个人利益是劳动者个人全部需求的总和。这种个人利益首先体现为解决个人在经济上需求的个人经济利益，在今天分别体现为满足个人在政治、文化、精神等诸多方面需求的个人政治利益、个人文化利益和个人精神利益。

【网络链接 4-1】

GE：个人利益必须服从公司的利益

诚实正直对于美国公司的发展有着重要的意义，所以美国的公司非常重视培养员工诚实正直的品质。美国管理者认为，缺乏应有的人格锻炼，就会在商业道义上产生不良的影响。

GE(美国通用电气集团公司)视诚信为企业的生命。诚信是人际交往的基础，是企业信誉的保证。诚信不仅是企业的外在形象，更是崇高的道德理念和企业无价的资产。诚信高于一切。GE 对自己的员工首先要求为人诚实，在 GE，诚实比能力更重要。公司员工绝不做见不得新闻界的事，每个人的所作所为必须能登报纸、公开曝光。个人利益必须服从公司的利益，不能跟公司利益冲突。公司规定 GE 人不能在外面兼职做事。这些制度都是为了防止产生腐败。

(资料来源：王伟峰编著，《美国公司为什么赢》，中国商业出版社，2005 年 2 月第 1 版，pp. 132-136)

个人利益在任何时候、任何地方都是一种客观存在，且有正当个人利益与不正当个人利益之分。在一定的历史条件下上述的两种个人利益有时还会相互转化。还应明确，只有社会、国家、民族根据社会生产力的实际情况相对公平地提供和分配给个人的利益，才是正当的。我们每个个人则应当根据社会的道德尺度，合理恰当地节制个人的无穷尽的欲望，克制个人的无穷尽的物质与精神需要，追求正当的个人利益，放弃且排斥不正当的个人利益，从而与集体利益保持道德目标和手段上的协调一致性。在坚持社会主义的集体主义原则过程中，怎样才能实现其集体利益和个人利益的辩证统一？以下提出了三方面的要求。

（一）集体主义原则强调集体利益与个人利益的辩证性

集体利益与个人利益是辩证的关系，既有统一性又有不一致性。统一性表现在一方面，集体利益是个人利益总和的载体，是个人利益最直接、最现实、最权威、最集中的代表。另一方面，个人利益是构成集体利益的必要元素，是健康发展的、极其活跃的。不一致性表现在集体利益会偶尔与个人利益相冲突。但是从长远和整体来看，集体利益与个人利益是根本一致的。

（二）集体主义原则强调集体利益与个人利益的统一性

首先，从集体利益角度看，集体利益不是虚构的，不是完全凌驾于个人利益之上的利益实体，而是实实在在的由集体中各个具体成员所追求的个人利益在集体方面所表现的总和。其次，从个人利益角度看，个人利益不是孤立的，不是完全脱离集体之外的利益个体，不是独立于集体利益之外的纯粹的个人利益，而是实实在在的个人利益，但是这些个人利益应该体现集体主义精神并且被集体认同。集体主义原则最高目标就是促使集体利益与个人利益相互依赖、和谐共生、同步实施、共同完善，实现集体利益与个人利益的根本统一。

（三）集体主义原则强调集体利益与个人利益的辩证统一

集体主义原则要求集体利益和个人利益的辩证统一赖以存在的基础是集体利益高于个人利益。虽然，我们知道集体利益与个人利益都很重要，但权衡两者之间，集体利益更为重要。集体主义原则强调集体利益至上性的原因是只有更关注现实的、真实的集体利益，集体中的个人利益方可得以最佳实现。集体利益没有实现，个人利益就无法实现。也就是说，实现了集体利益才有可能实现个人利益，集体利益的实现是个人利益实现的前提条件，是个人利益实现的基础。对于集体利益至上性这一点，我国有源远流长的传统，俗语有云：“国家兴亡，匹夫有责。”集体主义原则倡导集体利益至上性，其出发点和归宿是为了兼顾集体利益与个人利益两个方面。

三、集体主义原则强调和颂扬自我牺牲精神

集体主义原则在强调集体利益与个人利益的辩证统一，明确集体利益至上性的同时，强调在十分必要之时，个人利益应该服从集体利益，甚至不惜牺牲个人利益来维护集体利益。当然这种个人的自我牺牲不是随时随地、随意随机的，而应是一种在必要的情况下，服从和维护集体利益的方式。为了准确地坚持集体主义原则、维护集体主义原则，我们必须摒弃各种形式的不合理功利主义原则、极端个人主义原则和利己主义原则，使集体主义原则真正发扬光大。

四、企业推行集体主义原则目标：培养优秀的公司团队

任何团队都是一个有机的整体。作为企业员工个人，是非常渴望加入到这个有机的整体之中的。正如利皮特博士所说的：“人的价值，除了具有独立完成工作的能力外，更重要的是拥有和他人共同完成工作的能力。”在现实的市场竞争环境内，根本就不可能只凭个人的力量来大幅度地提升企业竞争力，而团队力量的发挥已成为赢得竞争胜利的必要条件，竞争的优势在于你能比别人更能发挥团队的力量。一个优秀的公司团队，能更好

地达成企业的经营和质量方针，能更好地达成企业的质量目标；一个优秀的公司团队，能更好地达成顾客的满意度；一个优秀的公司团队，可以把企业带到永续经营的境界。

对于优秀的公司团队来说，其影响力是深远的。第一，它能够对团体内个体的行为产生约束及潜移默化的影响，逐渐形成自身的行为及行事规范。并且团队会形成一定的行事风格与准则。第二，它能调整每个个体的期望值，尽力使其保持高度一致，而这个高度一致的期望值正是这个团队所要达成的目标。第三，团队内个体间的互助及影响能产生集群效应，即个体在团队中受到的影响，往往能发挥超出个体原本的能力，这种影响不是主管与部下一对一的互动能够替代的。也正是这种超常规的发挥使得优秀企业更加优秀，极大地提高创造价值的能力。而个体间的信息共享，又有效地解决了团队或是企业内部的沟通和协调，从而对一个企业的工作效率起到了深远的影响。第四，优秀的公司团队通常具有很强的凝聚力，而这绝对是团队或企业成败的关键。

组建优秀的公司团队必须符合如下几个要件。

其一，要有共同的目标、共同的期望，这是形成一个团队的首要条件，而这也正是企业与员工的伦理道德规范的重要组成部分。企业与员工的伦理道德规范是企业中一整套共享的观念、信念、价值和行为规则，以致得以促成一种共同的行为模式。共同的目标、共同的期望亦是达成员工对一个团队、一个企业忠诚的重要方式。影响员工团队意识的关键问题有如下几个：员工是否了解企业的发展目标？他们能否直接影响企业的成功？能否明确他们的职责？在创新制胜的知识经济时代，你是否意识到员工的忠诚奉献已成为企业求发展的关键？传统的命令加控制模式对确保企业成功已显得苍白无力，因为你的关键资源就存在于你员工的头脑中。唯有切实了解员工的期望和需求，发展新型的员工与企业关系，才能让员工释放出，而不是被挤出自己的能量。只有这样，一个团队、一个企业才能够茁壮成长，不断地从一个胜利走向另一个更伟大的胜利！

其二，团队内部良好的沟通协调。我们知道沟通是团队有效合作的前提。正如沃尔玛总裁所说的："如果你必须将沃尔玛体制浓缩成一个思想，那可能就是沟通，因为它是我们成功的真正关键之一。"丹佛大学斯蒂芬·艾尔布思克(Stephen Erbschloe)所做的一项研究表明，他所研究的46家企业之所以面对互联网带来的商业机会行动迟缓，最主要的两个原因就是交流的贫乏和行政上的混乱。使交流成为一个团队、一个企业里的优先事项，并且让每个员工都知道你重视交流；为员工提供同管理层交谈的机会；建立互相信任的氛围。这是优秀的公司团队要达到有效的沟通协调至关重要的三个条件。为了实现良好的沟通协调，领导应该为员工提供更多的交流平台；并且走出办公室与员工近距离亲身交流，而不是仅仅聆听汇报。

其三，要形成一个优秀的公司团队，还必须具有优秀的激励机制。因为只有通过激励，才能极大程度地调动员工的积极性和创造性。在优秀的激励机制下，使一个团队始终以高昂的士气、进取的精神来达成企业的目标，是公司管理上不懈追求的境界。因此要实行"赛马"机制，通过"赛马"，可以让优秀人才得到脱颖而出的机会并且得到锻炼。在这样的一个优秀团队内，每个人都有自己的海洋，每个人手中都有一张航海图、一个罗盘，以便能发挥自身的最大潜能。总之，在这样的一个优秀团队内，每个人的精力、兴奋、热情、努力、活力，甚至是开支等这些"E"元素都被统统激发了出来。

其四，一个优秀的公司团队必须具有创新能力，没有创新能力的团队不能称其为优秀团队。现今，企业面对的是独具慧眼并且具有高智商的客户群，而且客户的需求日趋多样化，这就要求公司团队要具备高度的弹性以及敏捷的创新能力，以便更好地满足客户的要求。在塑造这样的团队时，就要把弹性以及创新能力根植在团队意识内，使每一位员工都习惯于改变，并且勇于改变。要清楚改变是任何改善的前提，永远不变的就是"变"！

第三节　诚实守信原则：企业经营之灵魂

由于社会的发展和历史的进步，诚信理念伴随着社会经济关系的变化而与时俱进。古人在《史记·货殖列传》感叹道："天下熙熙，皆为利驱；天下攘攘，皆为利往"。在诚信面临利益冲突之时，孔子告诫后人"见利思义，临危授命，久要不忘平生之言，亦可以成人矣"[①]；对"子以四教：文、行、忠、信"[②]；还说"君子喻于义，小人喻于利"[③]；"君子之仕也，行其义也"[④]。在诚信与利益对立而不可兼得之时，孟子说："生，亦我所欲也；义，亦我所欲也；二者不可得兼，舍生而取义者也"[⑤]。在生意场上，赚钱发财，天经地义。但切不可见利忘义；利义舍取，应舍利取义。晚清著名商人胡雪岩财源亨通的奥秘就在于他"以义取利"和"以德经商"的商贾理念，他讲究"君子爱财，取之有道；战必以义，信而服众；利义统一，仁富合一"[⑥]，从而成为清末富甲，且名扬天下的大财神，进而赢得红顶商圣的桂冠。在当今市场经济时代，"温良恭俭让，让中取利；仁义礼智信，信内求财"的儒商思想和正当的功利主义已为不少企业家接纳吸收、付诸实施，且创造辉煌的经济效益和社会影响。这样的成功人士为数甚多，华人首富李嘉诚的事业正如其名，是靠勤勉与诚信取得成功的。他经商成功的理念主要有：做生意首要讲诚实信用，无信不立；名利不是最重要的，道义至上；与人方便、与人为善才能财源广进；耐心及决心是制胜法宝。他的企业的名字长江即是取万涓汇入之意。

世界500强企业之一的默克公司(Merck)曾经投入巨资开发生产一种根本不能赚钱的产品，却让很多深受一种病痛折磨的人们摆脱了痛苦，这是典型的基于商业伦理道德的选择。经过7年的研究和无数次的临床试用，默克公司终于开发出供人体服用的治疗河盲患者的新药，默克公司专门和世界卫生组织合作，共同出资组成了一个委员会，负责将这些药品安全地送到第三世界国家的病人手里，并且保证这些药品不会流到黑市移作他用。到1996年，这个委员会通过和多个国家政府以及志愿组织合作，将治疗河盲症的特效药送给了几百位病患手中，解除了他们的痛苦，保护易感人群免受河盲症的威胁。有人曾问，默克公司为何投入巨资开发生产一种根本不能赚钱的产品，默克公司主席魏格洛斯的回答是，当公司发现一种药品可能用来治疗一种足以把人折磨疯的病痛时，唯一符合商

---

① 程昌明译注.论语·宪问.沈阳：辽宁民族出版社，1996:157.

② 程昌明译注.论语·述而.沈阳：辽宁民族出版社，1996:75.

③ 程昌明译注.论语·里仁.沈阳：辽宁民族出版社，1996:39.

④ 程昌明译注.论语·微子.沈阳：辽宁民族出版社，1996:205.

⑤ 张华腾选译.孟子·告子上.北京：台海出版社，1997:229.

⑥ 史源.逆创商机——红顶商圣胡雪岩.北京：华文出版社，2002:442.

业伦理的选择就是去开发这种产品。

创立于1669年的北京同仁堂给我们的启示就是仁者无敌,诚信常青;仁德诚信铸造同仁堂金字招牌,今日之同仁堂集团企业名列全国医药企业50强之首,成为中华民族医药产业的骄傲。张瑞敏倡导"真诚到永远"的海尔理念取得巨大效益就是诚信成功的生动典范。十六届三中全会通过的《关于完善社会主义市场经济体制若干问题的决定》明确提出"增强全社会的信用意识,政府、企事业单位和个人都要把诚实守信作为基本行为准则"。

一、企业员工贯彻诚实守信原则的内在要求

《中庸》的作者认为,诚是客观规律的反映,是事物发展规律的本质规定。天道之诚作为天理之本然,是人性的价值本源。在市场经济的伦理道德要求中,诚信是最重要的也是最核心的伦理准则。中国古人云"诚于中而形于外"。没有内心之至诚至信,"做理性的经济人","合作意识"和"合作精神"都将失去实践基础。因此,诚信是上面所说的各种伦理要求的进一步深化。和上面所提的伦理要求相比,诚信更突出了行为主体的自觉性。

"诚"是指诚实,"信"是指信用、信誉、信念。诚与信是中华民族的传统美德。中国古代思想家十分重视这两种德行,认为是人的安身立命之本。诚与信是紧密相连的,凡是真正的诚实之举,本身就显示着信用,也肯定能得到别人的信任;而真正守信用的行为,本身就是当事人诚意的反映,所以在评价人的行为时,人们往往将"诚信"连用。在人们的实际生活中,诚信一直作为基本的道德准则。欺诈、虚妄、投机取巧的行为总是被人所不齿。竞争行为是市场经济条件下人活动的主要方式,因而诚信同样是评价竞争行为的道德准则。

竞争行为中的"诚"一般具有以下三方面的含义。一是凭自己高质量的产品、技术、信息、服务参与竞争,而不是搞花拳绣腿、哗众取宠。这样的"诚"表现为提高自己的诚实劳动和努力工作去获取利益。二是以诚待人(包括竞争对手)。这表现为遵守市场的基本规则,通过正当的竞争手段去取得竞争优势。三是以诚待事,即以充分的诚意对待自己所从事的事业。企业或个人参与市场竞争,既是检验自己的生产、经营与管理的手段,也是自己事业得以延续和发展的一种方式,而不是为竞争而竞争。这个意义上的"诚"体现为一种敬业精神。总之,如果把竞争视为发展自己、体现自身价值的方式,就会以真正的"诚"对待竞争。

如果说"诚"在竞争中更多地体现为主体的一种道德观念和精神境界的话,那么"信"在竞争中更多地体现为一种为人处事的态度和行为作风。两者互为映射,前者是后者的基础,后者是前者的反映。只要以诚待人、以诚为事,就一定能以信取人、以信成事。这样,在竞争活动的各个环节中,如生产经营、产品质量、市场营销、企业洽谈、履行合同及服务方式等,就都能本着诚信原则。开展公开、公平、公正的竞争。

我们将"信"诠释为"信用"、"信誉"和"信念",实际上是说明"信"在竞争活动中所展示的不同精神境界。"信用"是最一般层次的境界。在具体的竞争行为中,信用只是表现为一定的活动方式和行为态度,即表现为行为的客观状况。

讲究信誉则更多地依靠企业员工的清醒意识和自觉行动,即企业和员工为了自己的

良好信誉而恪守信用。在市场竞争中，经营者（无论个人还是企业）的良好信誉本身就是一笔无形的资产。当然，经营者的信誉既表现在产品质量、工艺和技术等硬件方面，但更重要的则是表现在重约守信、真实无妄、诚实守信的软件方面。对信誉的追求表明企业员工认为竞争活动不仅仅在于获取利润，而更重要的是要展示自己良好的形象和处事为人的品格，把求利和做人结合起来。

信念是"信"中最高层次的境界。信念不仅体现了企业员工充分的自觉性，而且表明了其明确的价值目标。企业员工恪守信用原则，其动机不是出于生意的需要和功利的考虑，甚至不仅仅是为了顾及自己的形象和信誉，而是出于他内心的、深植的信念，是信念的外化。

二、诚实守信：企业立业之根本要求

对于广大的企业员工来说，坚持诚实守信原则就是要求立足企业实践，力行诚实守信。如果把诚信二字分开要求，我们认为，"诚"相对于企业员工至少有三层内容：忠诚于自己所承担的企业事业，热爱本职岗位；诚恳善待与自己企业工作有关和无关的人们；热诚勤勉地做好企业工作，精益求精，追求卓越。而"信"相对于企业员工至少也有三层内容：讲究信用，信守诺言，实话实说，只做真账；树立企业信誉，创建企业品牌，提高企业知名度，让公众信服；信任他人、公司信息，像相信自己一样相信企业同行和他人。

从整体看，企业诚信品质的内容包括良好的商业道德和企业操守、完善的企业信息质量和优质企业服务。所以，完全可以说，诚信，是企业立业之根本，是企业之基础。企业诚信建设是一项庞大的系统工程，需要多方面的共同努力。但无论如何，外因只是变化的条件，内因才是变化的根本。从这个意义上讲，企业员工的道德诚信素质将对企业诚信建设发挥决定性影响。

【网络链接 4-2】

诚信是企业价值实现之本

"天下之术，唯诚信而财丰。诚信是企业永远不变的承诺"，参加董事长联席会议的特变电工股份公司董事长张新如是说。

张新认为，企业上市后，资本市场给企业带来前所未有的发展空间和舞台，为企业发展奠定了不断超越自我、不断实现跨越发展的平台，是企业高速健康发展的强大动力和有力支撑，同时也感到一些上市公司最大的匮乏不是资金、机会、法律约束的匮乏，而是自律、理想、责任感、敬业精神与信誉道德的匮乏。面对机遇与挑战，特变电工在日后的竞争中，仍将以规范求发展，以诚信创品牌，实现公司的高速健康发展。

以特变电工的实际来说，公司首先要进一步建立完善的法人治理结构，树立起股东观念、责任观念和程序观念。在运作中通过制度化的建设和完善，建设一个运作规范、信息对称、管理透明、遵守职业道德、有社会责任感的公司。所有董事、监事和其他高管人员必须遵守股份公司的运作程序，严格按程序办事。

其次要树立诚信忠实、勤勉尽责的观念。市场经济就是诚信经济。加入 WTO 后，不论是与国内企业还是境外企业竞争，表面看似乎是市场的竞争，其实质还是企业家素质的竞争。资金可以借，技术可以买，而诚实守信是市场上买不到的。有诚信才能树立企业形象，赢得信誉；讲诚信、遵守 WTO 的游戏规则，企业才有资格参加世界经济的竞赛，才能提升员工的素质和企业的价值，从而为企业创造更大的价值提供根本支撑。

（资料来源：唐海鹰，《证券时报》，2002 年 2 月 6 日）

为贯彻诚实守信原则，应具备优秀企业诚信品质，其内在要求包括以下几点。

（一）正直客观立场

保持正直客观立场是企业员工具备优秀企业诚信品质的首要要求。正直是社会公众信赖企业员工的一个关键品质因素。但这种品质很难评价，因为企业员工一个特定的疏忽或委托失误，可能由于无意的失误，也可能由于缺乏正直品质；而企业大案要案更多的是当事企业员工缺乏正直品质而共同舞弊所成。客观指的是企业员工在经营时保持不偏不倚、公正态度的能力。由于这种态度包括个人的意识活动，因此对客观性的评价主要基于在弄清事情来龙去脉过程中观察到的企业员工行为及其相互关系。应该看到，正直和客观程度是无法准确度量的。然而，作为为人之首要品质，企业员工必须牢记在心，并付诸于企业实践活动中去。

（二）公正平等意识

在社会主义市场经济条件下，建立以诚信为核心的道德秩序，首先要求企业员工应具备公正平等意识。如果企业员工没有追求公正平等的意识，就不可能有对诚信的强烈要求；没有机会公正平等地参与，就不可能有公正平等的交易，就不可能有企业权利和企业责任相对应的契约，诚实守信原则也就不可能得到贯彻执行，这样的经济也就不是信用经济，伦理经济、也不是健康可持续发展的经济。

（三）笃信虔敬态度

在讲究公平与效率的市场经济社会中，企业员工要想得到社会及人们的尊重和信任，必须对自己所处的社会、对自己所从事的企业、对社会交往的规则持一种笃信虔敬的态度。市场经济社会中的企业员工，都要靠对自己本职工作的敬业精神和本职工作的职业能力来获得社会的尊重、信任。企业员工能诚心诚意地怀着笃信虔敬的态度对待自己的本职工作，本职工作就会更有效率，也会产生更多先进的企业思想。本职工作有效率、有成果，自然会有社会信誉。企业员工个人信用首先也是一种对诚实守信原则的敬畏精神，把诚实守信原则看成自己的安身立命之基础。其次具体体现在企业工作、个人信贷、个人消费以及个人与他人、银行等交往时的恪守态度之中。

（四）企业经营判断与责任能力

作为应具备的诚信素质，并非仅指人们的人品和情操意义上的信任，更主要的是对人的经营判断及责任能力的信任。在市场经济中社会所要求的“诚信”是以经营判断及责任能力为基础的。企业经营判断与责任能力简单地说就是指企业员工负责任地执行企业业务的判别能力。企业员工仅有企业诚信意义上的责任感还不够，还需要实现自己的企业诚信诺言的企业经营判断与责任能力。我们到市场上买商品，首先不是看经营者是否老实忠厚，而是看商品和服务本身是否令人满意；银行和金融机构在货币、资本市场上进行信贷活动，首先不是视其人品是否端正，而是首先考察其是否具有偿还能力；财务、企业及审计机构在发布财务与企业信息，提交审计报告，首先不是看其有多少资格证书以及品质德行如何，而是看其能否严格控制质量，坚决不做假账，出具真实客观的财务、企业及审计报告，不断提高企业经营判断与责任能力。

第四节　现代企业的义利统一原则

一、义利统一：实现商业道德与利益的最佳结合

义与利的关系是一个长盛不衰的伦理学话题。现代企业为了谋求持续稳定协调的发展，必须寻求义利统一，实现道德与利益的最佳结合。而传统文化的“义利之辩”值得我们把握：“利”应以合“义”为导向；合理的“利”为“义”，“义”之所在才是真正的“利”。一旦见利忘义，多行不义必自毙！新时代的企业员工应确立如下三个要求的“义利观”。

第一，公众利益是终极目的，个体利益不应逾越凌驾于社会公众利益之上。

从形式上看，企业与客户签订业务合同，似乎应唯客户利益是从。然而，企业服务从本质上观察，其业务约定的最终委托人是社会公众。尤其是上市企业，众多的现实投资者与潜在投资者、债权人等公众利益是天然合理的，只有“公众利益”至上，即在面临不同方案选择的情况下，毫不犹豫地选择社会效益最大化方案，现代企业才会不负公众的期望，最终得以持续的发展。

第二，个体利益有其现实合理的存在性，“义”不必再游离于“利”之外。

强调“公利”（义）为本，并非固守虚假的社会本位主义，以否定“私利”的合理性及其道德上的遵循性，从而否定个体利益作为道德目的所具有的本质意义。事实上，个体利益的获取才是使一个社会、一个道德模式的合理性得以确证的最后依据。正因为如此，现代社会承认其企业员工个体利益有其现实合理的存在性，正当之“义”不必，也不应该游离于“利”之外。

第三，当短期利益与长期利益发生冲突时，弃短就长，方为“合义”。

企业的制度创新，不仅取决于职业界内部的自主选择，还取决于外部的约束偏好。走合伙制之路，可能使短期利益受到损害，因为对于给定的利益而言，合伙制比有限责任制意味着来得低。因此，业内人士缺少选择合伙制的强烈动机。但一味指望用有限责任换取公众的无限信任，显然难以奏效。是应付现在，还是放眼未来，企业不难作出回答：短期利益的土壤里生长不出信用文化，长期利益才是滋养信用文化的雨露。

通过上述三个要求的确立，可以初步形成新“义利观”的框架：公众利益是企业永远的旗帜，个体利益是“义”的物质支撑，短期利益服从长远利益。企业应记住伟大的思想家孔子的话，他说，虽然富与贵，是人之所欲，但“不义而富且贵，于我如浮云”！伦理学者欧阳润平在其论著《义利共生论——中国商业伦理研究》中认为，企业义利统一原则的要求包括如下几点：

（1）奉行利己不损人、谋利不损义及谋义不损利原则的义利共存，为己必先为人、谋利必先谋义原则的义利共融，不为谋利而谋义原则的义利共生等三个层次；

（2）义利共生型商业伦理及其运行的基本要求是将人道主义、集体主义和科学求是

精神贯穿于企业的人员、生产、交换、分配及沟通准则之中，体现于企业决策、激励、监督和教育机制之中；

（3）企业实践义利共存价值理想的基本保证是公平正义的法律秩序、合理有效的政治经济制度和良好的社会信用体系。

中西方优秀企业的发展壮大历史也从事实上证明：企业从义利共存、义利共融和义利共生是商业伦理发展的必经之路。

二、构建义利统一观为基础的企业信用文化

我们看到，传统的“信”是与“义”结合在一起的，或者说“信”随“义”走，“义”指向哪里，“信”就实践到哪里。所以，对于部分企业遗失了信用的问题，应从“义”的迷惘中去寻找原由。

一旦企业融入转型经济的洪流——“利”成为社会关系的基本内容的时候，传统与现实便从此发生了剧烈冲突，并引发了信用文化和信用秩序的迷失。观点之一是企业以营利为目的，似乎必须做到舍利取义；观点之二是企业作为市场经济微观机制运行的实体，体现着竞争规则和职业精神，既利他又利己，义必须在利前；观点之三则认为在通向超然独立的殿堂的途中，不必守身如玉，某些失信行为是可以理解的，也是难以避免的。

显然，第一种观点会导致义与利的对立，第三种观点可能导致实务中对信用的放纵，那么，第二种观点代表着新义利观导向。

正直守信、率先垂范，是现代企业信用文化的基石。一位经营大师说，人本正直，不应被迫正直。企业经常面临着如何让客户认可其出具的鉴证报告的问题。此时，诚实地表达自己的专业判断，正直地恪守道德标准，威武不屈、富贵不淫、挫折不馁、诱惑不移。无论外部环境存在多少规范盲区和信号失真，不抱怨、不懈怠，始终守护心中对“义”的那份坚持。企业的职责毕竟非同一般，其“信用指数”有理由高出社会平均水平。

讲究良知、崇尚理性，是现代企业信用文化的主体。有时，客户会提出超越专业规范的要求，试图购买鉴证意见；有时，客户会发掘专业规范的空白地带，获取非信用利益……企业要么屈服于感性，“食君之禄，分君之忧”，要么登高望远，让良知弹劾盲从。显然，后者是企业的正确选择。

三、肯定合理合法的功利主义

（一）经济与道德相互依赖的基础——正当功利

我们假设的前提是把一切经济活动定义在“经济人”或“社会人”的基础之上。因此，经济与道德具有可分、不可分的两重性。亟须解决的突出问题是：如何正确认识功利？如何解决功利性与超功利性、自律性与他律性的统一？

1. 功利性与超功利性的两面性

市场经济具有功利性，它排斥超功利的道德，而不排斥那些允许个体追求、保持或争取自己正当功利的道德规范。如，在一种对交易双方都能带来利益的买卖中，货真价实、童叟无欺是必须有的——这里起作用的是诚实与平等的道德；在借贷活动中，守信用、及时付息还贷是必须的——这里起作用的守信、负责任的道德；在市场的良性、有序竞争

中，机会均等、排斥垄断和特权是必须有的——这里起作用的是公平、公正的道德；在独立审计中，委托与被委托是一种买卖关系，但它应当是独立、客观、公正进行的——这里起作用的是商业道德和注册企业师审计职业道德……对这一类道德，不能称为超功利道德，因为它并不要求人们完全放弃自己的正当功利，而只是要求人们放弃对市场经济带来负效应的不正当功利。这一类道德之所以是市场经济需要的，因为市场经济正常运转的基本前提是建立在机会均等基础之上的公平竞争。为了保证竞争的公平性，必须确立这样的市场规则：它一方面允许每个个体在竞争中追求自己的正当利益，同时防止以一己之私的追求堵塞了他人的利益追求。体现在这些规则中的道德便是社会公认的公德。企业市场的伦理道德认同功利性道德，排斥超功利性道德。

2. 自律性与他律性的对立和统一

自律性是正当功利的道德本性。自律——把行善视为目的；他律——为达到自己的物质利益而给他人提供好处的行为。自律是同行为的功利性相一致，但作为纯粹"经济人"，自律与他律又是排斥的。而在实际经济生活中的人，在扮演"经济人"的同时，依然具有"道德人"的一面。在市场中就有可能出于某种非功利性的考虑，而放弃追求最大限度的物质利益，仅满足于适度利益。在这样的市场经济参与者的行为中，既有他律，也有自律的成分。处理得好，两者是一致的；处理得不好，两者则是相互矛盾的，而且呈此消彼长的状态。"企业假账"就是在两者矛盾无法统一的条件下而产生的。超功利性是产生"企业假账"的根源之一。

（二）正确理解功利主义

（1）功利主义不等于利己主义。功利主义是调整个人利益和公共利益的关系，从而达到两者之间的和谐统一。功利主义包括功利利己主义，也包括功利利他主义。事务所受企业委托进行审计，需要收费，如果出具审计报告是独立、客观、公允、真实的，这既是利己功利主义，也是利他功利主义，是完全正当的，也有利于市场经济的发展，受法律保护，符合职业道德原则。反之，见利忘义，为了追求利益，出具了虚假审计报告，既损害了自身的功利，也损害了企业功利，更损害了社会公众的功利。

（2）为了发挥功利主义的正面效应，限制它的负面效应，以公正原则来补充功利原则，以公平原则来补充效益原则，防止出现损人利己的功利主义行为。

【网络链接 4-3】

关于钱的忠告

钱可以买到"婚姻"，但买不到"爱情"；钱可以买到"药物"，但买不到"健康"；钱可以买到"美食"，但买不到"食欲"；钱可以买到"床位"，但买不到"睡眠"；钱可以买到"珠宝"，但买不到"美丽"；钱可以买到"娱乐"，但买不到"愉快"；钱可以买到"书籍"，但买不到"智慧"；钱可以买到"谄媚"，但买不到"尊敬"；钱可以买到"伙伴"，但买不到"朋友"；钱可以买到"权势"，但买不到"威望"；钱可以买到"服从"，但买不到"忠诚"；钱可以买到"躯壳"，但买不到"灵魂"；钱可以买到"虚名"，但买不到"实学"；钱可以买到"小人"，但买不到"大志"；钱可以买到"谎言"，但买不到"实情"；钱可以买到"帮凶"，但买不到"知己”；钱可以买到“劳力”，但买不到“奉献”；钱可以买到“财富”，但买不到“幸福”；钱可以买到“虚伪”，但买不到“诚实”；钱可以买到“暴力”，但买不到“仁慈”；钱可以买到“假意”，但买不到“真心”；钱可以买到“良药”，但买不到“忠言”。

钱可以使你富裕，但也可以使你空虚；钱可以使你成功，但也可以使你一败涂地。流汗的钱，使你幸福坦然；集资的钱，使你力量无边；援助的钱，使你感到温暖；奖励的钱，使你加倍实干；节省的钱，该你美德璀璨；捡来的钱，使你用之不安；偷来的钱，使你作贼心虚；受贿的钱，使你贪得无厌；贪污的钱，使你灵魂糜烂；挪用的钱，使你有借难还；恩赐的钱，使你变成懒汉；诈骗的钱，使你心惊胆战；索要的钱，使你惯于伸手；抢得的钱，使你扪心有愧；色情的钱，使得你满身羞耻；多收的钱，使你面呈愧色。继承的钱，使你不足为惜。

钱是生活之必需，又是万恶之根源，就看你如何驾驭！

（资料来源：聂勇荐，《中国广播报》，1996年9月9日）

（三）市场经济转型期正确运用功利主义的对策

我国经济体制正处于转型期间，人们的功利原则的价值取向，既有积极的一面，促进了社会的良性运行；也有消极的一面，妨碍社会的健康发展。应当采取如下对策。

（1）宽容。但不是恩赐、施舍，它的前提是平等。承认多元化的价值取向。

（2）批判。宽容是有原则的。但批判不是专制，是一种平等基础上的竞争。

（3）建设。这种价值导向：一是反对极端个人主义和纯粹利己主义；二是容忍温和个人主义和合理利己主义；三是在一般条件下提倡现实集体主义和温和利他主义；四是在特殊条件下鼓励理想集体主义和极端利他主义。

（四）功利主义的两种导向的约束机制

（1）内在机制：培养人们的社会责任感和义务感，形成心理-意识机制，自觉选择正当功利主义行为。

（2）外在机制：包括社会经济、政治政策导向，社会赏罚和社会舆论，鼓励和宣传正当功利主义行为。

价值主体归根到底是利益主体。因此，价值取向归根到底是利益导向。在一段时期，由于人们利益失衡，导致人们的价值观念失衡，原因是没有用好这两种机制。

第五节　公平与效率兼顾原则

一、市场经济中的公平、公正、公开、公信规则

市场经济中的公平、公正、公开、公信规则是一种社会的历史范畴，是一种侧重调解人们交往关系的行为准则。公平、公正、公开、公信观是对这种社会规范的价值评价。应该明确：公平、公正、公开、公信不是一个抽象的、永恒不变的范畴。公平、公正、公开、公信在不同社会领域里表现为不同形式。在经济领域里，表现为等价交换；在政治领域里，表现为权利平等；在道德领域里，表现为机会均等。作为历史范畴，受生产力发展程度影响；作为阶级范畴，受阶级关系影响。虽然，公平、公正、公开、公信等呼吁很吸引人，但没

有充分的物质技术基础以保证它们的实现，就只能流于空洞的形式。

市场经济需要机会均等的、效率均等的公平、公正、公开、公信原则要求表现在以下几方面。

(1) 机会均等。作为市场竞争机制实现的必要条件均等，机会均等是作为垄断与特权对立物而存在的。

(2) 效率优先。效率优先的前提包含在公平、公正、公开之中。

(3) 兼顾公平。社会通过政府调控对市场经济的结果所作的一种伦理道德调节。通过这种调节，对人们从市场经济活动中直接得到收入进行一次再分配，如征收个人所得税。再分配所贯彻的精神就是使原来不平等程度较大的收入趋于更公平一些。

(4) 经济公平、公正、公开、公信观首先与经济发展的价值取向有关，是经济发展战略的抉择问题，必须引起高度关注。

(5) 市场经济的本质是体现公众信用为主体的信用经济，以诚信为核心的伦理道德是市场经济建立的基石。

【网络链接 4-4】

上市公司呼唤诚信法则

诚信法则一直以来是整个社会谈得最多的主题。但是诚信法则并非仅是一种理想的抽象或一种概念的虚构，而更多的是一个具体人的内心状态及由此转化而来的外部行为。具体地说，前者表现为当事人确信自己没有侵害他人权利的心理状态，后者表现为以市场的行为法则让个人行为忠实地履行其义务。也就是说，诚信并非是叫喊着的口号，而是具体转化为每一个当事人实际行为中。

不少人在确立市场诚信法则的要求上信誓旦旦，但一涉及个人的实际行为就忘乎所以。这里既有个人价值观念的选择，也有现行制度安排使然，而且后者更为重要。也就是说，要确立市场的诚信法则要从建立有效机制并严格执行做起，而不是仅从技术性条例上来规范人们的行为。证券市场的诚信法则不能确立，证券市场要得到真正的发展是不可能的。

(资料来源：易宪容，中华财会网 www.e521.com，2002-05-22)

二、公平与效率兼顾原则的含义与要求

为了使市场经济中的公平、公正、公开、公信规则得到切实贯彻，最重要的应遵循公平与效率兼顾原则。由于资源的有限性和需求的无限性，管理本身作为一种资源的分配行为，包括对人力资源和物质资源的再分配，在进行企业资源的分配和管理时，怎样处理和兼顾公平与效率的问题，就是商业伦理的一项重要任务。

商业伦理中的公平至少包含以下四层含义。

第一，地位的平等。在市场经济中，作为企业法人的经济组织，不管其规模大小、成立先后、地处何方、经营性质如何，它们都应享受经营地位的平等对待；而作为自然法人的个人，不管其学历高低、年龄大小、资产多寡，他们都应享受工作地位的平等对待。

第二，权力的平等。这种权力体现在多方面，例如对企业信息的了解程度、在企业内部的自由程度、对企业工作的参与程度等，都应拥有平等的权利。

第三，机会的平等。包括一切机会平等地面向全体成员，每个成员都有平等选择各种机会的权利。

第四，分配的平等。不过，分配中的平等不等于平均主义，不等于吃"大锅饭"，不要求均分。管理中的公平直接影响到员工发挥的积极性、主动性和首创精神，直接影响到管理的绩效和效益。

效率问题是企业壮大的关键要素和企业发展的根本问题，效率是企业组织活动的出发点和衡量标准，是企业高层必须经常思考和长期面对的问题，效率最终来源于生产要素提供者的积极性、主动性的发挥。"效率实际上有两个基础，一个是物质技术基础，一个是道德基础。只具备效率的物质基础，只能产生常规效率。有了效率的道德基础，就能产生超常规的效率"。[①]

公平与效率是无处不在的，而且常常处于两难境地。公平与效率相统一的原则就是要求在商业伦理过程中要坚持"效率优先，兼顾公平"这一伦理原则。反对"平均主义"，反对"不患寡而患不均"的习气，反对以公平或不道德方式不讲效率地去追求绝对公平，同时反对"效率至上"，反对以不公平或不道德方式去追求所谓效率。应该在注重效率的同时，重视公平，达到企业内部人际关系的日趋和谐，使企业获得长久发展。

为了体现公平与效率兼顾的原则，应该做到以下工作。

（一）竞争与合作协调统一

市场经济既是竞争经济，同时也是分工协作经济。企业可以在竞争与合作中去追求公平与效率相统一。虽然，竞争是市场经济的题中应有之义，但市场竞争并非是纯经济的行为，它在内容、目的和手段上不仅有"合法"与"非法"之分，而且还有"义"与"不义"之区别。作为人类在经济生活中的一种现象，市场经济的基本特征是，促使企业利用价值规律和市场规则，以自己的优质产品和服务扩大市场占有额；与此同时，企业通过降低成本使自己凝结在商品中的个别劳动量低于社会平均必要劳动量，从而获得比其他企业更多的利润和收益。在市场中，企业发展的机会是无限的。因此，即使在激烈的、商场如战场的市场竞争中，企业之间也不是人们所想象的那种你死我活的关系。市场竞争的目的也不是为了消灭对手，更不得为此不择手段、损人利己。

在现实经营活动中，企业之间的竞争一方面必须接受法律法规的约束，另一方面也必须受到经营伦理道德的约束，并以此形成规范的、有序的良好竞争，确保市场经济合法且合理运行。一个企业，如果它的行为不讲道德、不合伦理，即使能一时获利，也难以在市场上长期立足，最终会失去顾客而自毁前程。

今天的商场是由各种社会经济关系组成的"生态系统"。在这个庞大的系统中，不同企业各司其职、共存共竞。企业成员之间总在寻求双赢的共荣关系，不仅在竞争中合作，同时也在合作中竞争。采用既合乎市场经济规律的运作方式和手段，而且又符合社会主义精神文明和优秀文化传统的伦理道德准则的行为来进行加强经营管理和商业伦理，才

---

① 厉以宁.道德是调节经济运行的第三种方式.新华日报，1999-05-06.

能有利于整个社会文明的进步，也才能真正使企业获得长久的发展，从而实现公平与效率的统一。

（二）控制与自由协调统一

从总体看，现代社会在广泛自由中追求大众的高度民主，但其间不可能缺乏有效的控制，否则可能会乱套。只有通过控制与自由的协调统一，方能追求真正意义上的公平与效率的统一。

经营管理实践表明，控制对于维持企业正常的生产经营活动是必不可少的。控制的根本目的是为了保证企业的实际活动符合计划的要求，以便有效地实现预定的发展战略。但由于各方面的影响，在商业伦理活动中，表现更多的是过度控制或控制不足。过度控制会对企业员工造成伤害，可能扼杀他们的主动性、创造性与积极性，会抑制他们的创新精神，从而影响他们个人能力的发展和工作热情的提高，最终会降低企业的效率。通用电气前总裁韦尔奇明确指出："旧组织建筑在控制之上，但是世界已经今非昔比。世界变化得太快，使得控制成为限制，反而使速度慢了下来"。①而控制不足就不能使企业活动有序地进行，不能保证各部门活动进度和比例的协调，会造成企业有效资源的浪费。此外，控制不足可能使企业员工无视组织的要求、我行我素，不提供组织所需的贡献，甚至利用在企业中的便利地位谋求个人利益，导致企业的涣散和崩溃，最终也会降低企业的效率。

控制与自由的协调统一就是要求企业把控制在范围、程度和频度等方面做到恰如其分、恰到好处，既能满足对企业组织活动监督和检查的需要，又能充分尊重企业员工的变化和差异性，给予企业员工自由畅想发挥的空间，从而充分调动企业员工的积极性、主动性和创造性，防止企业与员工之间发生强烈的冲突。企业一方面严格限制员工的言行举止，使其与企业的思想保持一致，体现企业的精神风貌；另一方面又向员工提供较大的行动自主权。我们看到，实行思想控制旨在维护了企业的企业价值观，而员工行动自由则促进了企业事业的发展。所以，韦尔奇指出，"必须在自由和控制之间取得平衡，但是你必须拥有以前想象不到的自由"。②"如果你想从员工身上获取利益，你必须给他们自由，让每一个人都成为参与者。每个人都知道所有事情，那么他们自己就可以做出最适当的决定"。③ 而企业只有在员工的自由和控制之间取得平衡，才能达到公平与效率的统一。

（三）权力与权威协调统一

因为企业经营实践的需要，企业经理层往往会被赋予一定的权力，包括领导权、指挥权、决策权、财务权和用人权等。在企业运行中，如果企业经理层不拥有这些权力，管理的职能就难以实现，整个企业也就可能无法有序运行，而陷于混乱状态。但作为一个企业经理层，仅拥有权力是不够的，光靠权力的作用去指挥别人，并不能使人心服口服；而且仅仅依靠权力的指挥棒去指挥别人，这种行为本身就是不道德的，也是不符合伦理标准的。对于企业经理层来说，权力只是一种外在的东西，要有效的管理，除了拥有权力之外，还需要树立相当的权威。

---

① 秦朔. 传播成功学. 广州：广州出版社. 1998：138-140.

② 秦朔. 传播成功学. 广州：广州出版社，1998：138-140.

③ 秦朔. 传播成功学. 广州：广州出版社，1998：138-140.

随着社会经济的发展,在越来越富有理性和独立思考的员工面前,一味运用权力的影响去强制实行对被管理者的控制,不仅是不道德的,而且也越来越行不通。西方著名管理学家巴纳德指出:“管理者的权威完全取决于下级人员接受命令的程度。”“只有注重管理者自身的道德修养,充分体现管理者的人格魅力,才能真正实施管理的权威”。[①] 这种人格的影响力可能会越来越大,直至可能抵消或削弱一个人的权力的影响。企业经理层的人格对于被管理者的影响力和号召力比权力大得多。所以,权力与权威的协调统一就是要求加强企业经理层的人格塑造,提高企业经理层的品质修养,在商业伦理过程中要把握权力与权威的伦理界限,正确运用权力和权威,实现公平与效率的统一,以便更好地达到企业的目标。

【本章关键术语】

集体主义原则　诚实守信原则　企业义利统一原则　公平与效率兼顾原则

案例讨论题 4

华人首富李嘉诚:超人、诚商、善人之道

2001 年早些时候,李嘉诚出现在中国中央电视台晚间新闻的新闻中,这并不是因为他又签署了几百万美元的交易,也不是因为他又向其钟爱的慈善事业作了捐赠。而是因为在北京,他受到了国家主席江泽民的欢迎并与其进行私下会谈,71 岁的李嘉诚绝非一般的亿万富翁。这位拥有庞大资产的巨头比香港任何其他名流对中央政府的影响力都要大。作为中国香港事务的长期顾问,李嘉诚曾是香港特别行政区基本法起草委员会成员。作为一位慈善家,李嘉诚向各事业捐赠了 3.6 亿美元。其中的一半都流向了其故乡广东省潮州市的汕头大学。他从 20 世纪 40 年代离开大陆到香港创业,直到 1979 年才有机会重返故里。当时,李嘉诚觉得自己应该为这个国家做出贡献。

1. “超人”李嘉诚

《时代》杂志和美国安永会计师事务所组成的一个专家小组已就谁是千禧年企业家作出裁决,香港著名企业家李嘉诚夺得千禧年企业家荣誉。

由比尔·盖茨到亨利·福特总共有 15 名著名的企业家入围被评估,夺魁的是李嘉诚。李嘉诚并非承继万贯家财而是白手兴家。他于 1928 年出生在多事动荡的旧中国,11 岁到香港,不久失学。从事塑胶玩具制造使他名成利就,地产投资又令其财富滚滚而来。他一举买下两家传统上由英国人控制的公司——“港灯”与“和记黄埔”更是名噪一时,凸显实力。李先生控制着约 50 亿英镑财富,三个商业王国加在一起便使其成为千禧年最伟大的企业家。

早被香港媒体称为“超人”的李嘉诚名不虚传,在 20 世纪末的一次并购交易中,七天时间赚了 1000 多个亿,为“千禧年企业家”作了一个充分的注脚。李嘉诚在长和系的实际收益约为 1120 亿港元,为此李嘉诚在全球富豪排名由第 12 位升至第 10 位。

---

① 苏勇. 管理伦理学. 上海:东方出版中心,1998.

很多人将“超人”的发家史看作是命中注定，似乎李嘉诚在少年时代算过一次命，算命人说他天庭饱满，双目有神，生辰属龙命，保护星乃水星，若勤劳苦干，坚持不懈，将来定会大富大贵，李嘉诚并没有相信什么龙命，而相信了只要能勤劳肯干，坚持不懈，定有所成。并在一生的实践中一直躬行不辍。如果说苦孩子李嘉诚 14 岁开始做推销员，为养家糊口，不得不如此而已，那已经是亿万身家的他似无必要再过那种简单的生活。相反，李嘉诚生活非常俭朴，丝毫没有懈怠之心，因为赚钱后不是一种目的，而是实现人生价值、挑战自我的手段。

2. **诚商李嘉诚**

中国几千年的商业文化，鄙视的都是一个“奸”字，对于李嘉诚这位 30 岁就凭自己的努力成为富豪的人来说，商人最重要的素质是“信”。“要令别人对你信任。做生意是无信不立。不只是商人，一个国家亦是无信不立。”

其实，李嘉诚在事业上的“信”与他对人的“诚”是分不开的，诚信相合，即为“义”。从对子女的教育上最能看出一个人的为人和心中的想法。李嘉诚坦言：“以往百分之九十九是教孩子做人的道理，现在有时会谈论生意，约三分之一谈生意，三分之二教他们做人的道理。因为世情才是大学问。世界上每一个人都精明，要令人家信服并喜欢和你交往，那才最重要。人格魅力是金钱买不来的。”

“我经常教导孩子，一生之中，最重的是守信。我现在就算再有多十倍的资金也不足以应付那么多的生意，而且很多是别人主动找自己的，这些都是为人守信的结果。对人要守信用，对朋友要有义气，今日而言，也许很多人未必相信，但我觉得‘义’字，实在是终身用得着的。”李嘉诚在其日常管理的几个要点中也突出了诚的原则。

(1) 坚守诺言，建立良好的信誉，一个人良好的信誉是走向成功的不可缺少的前提条件。管理企业要有领袖素质，以诚说服他人要注意变换角度。

(2) 要了解下属的希望。除了生活，应给予员工好的前途；并且，一切以员工的利益为重，特别在年老的时候，公司应该给予员工绝对的保障，从而使员工对集团有归属感，以增强企业的凝聚力。

(3) 要有海纳百川的容才之量。要信赖下属。公司所有行政人员，每个人都有其消息来源及市场资料。决定任何一件大事时有关人员一起研究，汇合各人的资讯，从而集思广益，尽量减少出错的机会。以诚感人者，人亦以诚应之。

李嘉诚创业之始是长江塑胶管厂，1957 年又将其企业更名为长江实业公司，之所以取名为长江，似也反映了李嘉诚的不辞细流涓滴成海的胸襟。而这一切都源于他的“诚”字哲学，因为只有诚，才能真正面对自己的不是，才会取长补短，才会在成功之时，不忘旧交，才能团结人，增强企业的凝聚力。商海之战是充满血腥的，因为市场不相信眼泪，但这并不是说每个商人都得奸诈投机，以赚钱为唯一目的，李嘉诚就是一位以诚信为原则，胸中自有公道的商人。

李嘉诚的发家致富史实际在很大程度上是企业收购扩张史。在李嘉诚主持的每一次庞大的收购行动中，几乎都是采取“软”收购，而且真正做到了兵不血刃。这特别表现在收购永高公司、和记黄埔、青洲英坭，甚至收购港灯股权上。李嘉诚的收购行动，始终都是以股东的利益为前提条件，以冷静、合理、双方皆大欢喜为出发点，而进行友善的收购。以诚为出发点，就不会得寸进尺，商业的扩张自然是每个生意人愿意看到之事，但若对对手穷追猛打，可能会收一时战功显赫之虚荣，但从长远来看会广树敌人，自毁退路。纵横商海几十年的李嘉诚非常懂得“中庸之道”和“忍字功夫”。

3. 善人李嘉诚

富豪李嘉诚发达后，不忘桑梓，仅向香港和大陆捐款达3.6亿美元，其中他最钟爱的事业是医疗和教育事业。李嘉诚的父亲曾是小学教师，少年时代的李嘉诚看到父亲工作的清苦，发达后遂贡献与教育事业，李父李云经在李嘉诚14岁时因病去世，这也刺激了李嘉诚致力于医疗事业的决心。这一愿望直到1978年后随大陆改革开放才得以实现。几次比较瞩目的捐资是：给北京大学图书馆捐1千万美元；捐资兴办上海外国语学院附属浦东外国语学校。

“发达不忘国家，必以报效桑梓。”李嘉诚自1980年12月开始筹建汕头大学，没有李嘉诚，就不会有今天的汕头大学。在汕头大学的筹建过程中，李嘉诚不断追加捐款，从1980年9月的3000万港元至1989年10月的3.7亿港元，一个月后又欣然增至5.7亿港元。直到今天的累计投资达12亿港元。而现在每年汕大需要的1.2亿元人民币经费中七成是李嘉诚支付，两成是由广东省政府拨款。面对商海中的挑战，李嘉诚有时也感资金短缺、捉襟见肘，但其对汕大的支持从未改变，李嘉诚曾这样说过：“近年世界衰退影响所及，本人面临十年来最困难处境，各行业倒闭及亏蚀甚多，本人所经营之业务亦深受打击，上述捐赠，在个人今后数年之现金收入，已达饱和，但牵扯汕大创办成功与否，较之生意上及其他一切得失更为严重，而站在国民立场，能在此适当时间，为国家桑梓竭尽绵力，即使可能面对较为困难之中，仍属有意义及应予勉力以赴之事。”

“达则兼济天下，穷则独善其身。”是中国传统士大夫的理想人格，李嘉诚发达了，报效社会，但并没忘记内心的“善”，而是独守一片心灵的宁静。

（资料来源：新浪教育，http://www.sina.com.cn，2001-09-25）

讨论问题：

1. 李嘉诚取得巨大成功的根本奥秘何在？
2. 华人首富李嘉诚的超人、诚商、善人之道对我们有什么启发作用？

练 习 题

一、判断题

1. 集体利益与个人利益之间的关系是辩证统一的。（ ）
2. 现代企业要实现持续稳定的发展，必须坚持利润第一。（ ）
3. 保持正直客观立场是企业员工具备优秀企业诚信品质的首要要求。（ ）
4. 自律性与他律性是对立统一的 。（ ）
5. 功利主义等于利己主义。（ ）

二、单选题

1. 商业道德原则，应充分体现（ ）这一共产主义基本原则的精神。

A. 集体主义　B. 个人主义　C. 社会主义　D. 拜金主义

2. 现代企业为了谋求持续稳定协调的发展,必须寻求(   ),实现道德与利益的最佳结合。

A. 义利统一　B. 见利忘义　C. 大公无私　D. 舍利取义

3. 社会主义道德的基本原则是(   )原则。

A. 利己主义　B. 集体主义　C. 个人主义　D. 拜金主义

4. 企业经营的灵魂是(   )。

A. 诚实守信　B. 见利忘义　C. 注重生产　D. 获取利益

5. “信”中最高层次的境界是(   )。

A. 信誉　B. 信用　C. 信心　D. 信念

6. 现代企业信用文化的基石是(   )。

A. 正直守信,率先垂范　B. 公平

C. 信心　D. 义利统一

7. 公平与效率相统一的原则就是要求在商业伦理过程中要坚持(   )这一伦理原则。

A. 平均主义　B. 公平

C. 效率优先,兼顾公平　D. 只重效率

8. 培养人们的社会责任感和义务感,形成心理-意识机制,自觉选择正当功利主义行为的机制是(   )。

A. 内在机制　B. 外在机制　C. 公平机制　D. 法律机制

9. 集体利益与个人利益之间的关系是(   )。

A. 对立　B. 辩证地统一　C. 机械地统一　D. 完全对等

10. 包括社会经济、政治政策导向,社会赏罚和社会舆论,鼓励和宣传正当功利主义行为的机制是(   )。

A. 内在机制　B. 外在机制　C. 公平机制　D. 法律机制

三、多选题

1. 企业员工为贯彻诚实守信原则,应具备优秀企业诚信品质,其内在要求包括(   )。

A. 政治客观的立场　B. 公正平等的意识

C. 笃信虔敬的态度　D. 企业经营判断与责任能力

2. 商业道德规范系统的组成部分包括(   )。

A. 商业道德原则　B. 商业道德规范

C. 商业道德范畴　D. 商业伦理

3. 为了体现公平与效率兼顾的原则,应该做到(   )。

A. 竞争与合作协调统一　B. 控制与自由协调统一

C. 权力与权威协调统一　D. 效率与效果协调统一

4. 商业伦理中的公平的含义(   )。

A. 地位平等　B. 权利平等　C. 机会平等　D. 分配平等

5. 功利主义的两种导向约束机制(   )。

A. 内在机制　B. 外在机制　C. 道德机制　D. 法律机制

6. 市场经济中的规则是(　　)。

A. 公平　　B. 公正　　C. 公开　　D. 公信

7. 组建优秀的公司团队必须符合(　　)几个要件。

A. 共同的目标　　B. 良好的沟通　　C. 激励机制　　D. 创新能力

8. 集体利益与个人利益之间的关系(　　)。

A. 辩证性　　B. 独立性　　C. 对等性　　D. 统一性

9. 中共中央印发《公民道德建设实施纲要》,明确提出 20 字的公民基本道德规范为“爱国守法、(　　)”。

A. 明礼诚信　　B. 团结友善　　C. 勤俭自强　　D. 敬业奉献

10. 市场经济转型期正确运用功利主义的对策是(　　)。

A. 宽容　　B. 批判　　C. 建设　　D. 惩罚

四、复习思考题

1. 什么是商业伦理道德规范系统? 它是如何构成的?
2. 组建优秀的公司团队必备的条件?
3. 公平与效率兼顾原则如何实现?
4. 市场经济转型期正确运用功利主义的对策是什么?
5. 怎样理解企业活动中诚实守信原则?
6. 如何熟练运用商业伦理道德的义利统一原则?

练习题参考答案

一、判断题

1. 对。　　2. 错。应该是义利统一

3. 对。　　4. 对。

5. 错 。功利主义不等于利己主义

二、单选题

1. A　2. A　3. B　4. A　5. D 6. A　7. C　8. A　9. B　10. B

三、多选题

1. ABCD　2. ABC　3. ABC　4. ABC　5. AB　6. ABCD　7. ABCD　8. ABCD
9. AD　10. ABCD　11. ABC

第五章

企业内部管理道德规范

“六项精进”是搞好企业经营所必需的最基本条件，同时也是我们度过美好人生必须遵守的最基本条件。如果我们每天都能坚持实践这“六项精进”，我们的人生必将更加美好，甚至超乎我们自己的想象。我自己的人生就是如此。

所谓“六项精进”，指的是：(1)付出不亚于任何人的努力；(2)要谦虚，不要骄傲；(3)要每天反省；(4)活着，就要感恩；(5)积善行、思利他；(6)忘却感性的烦恼。

——日本当代“经营之圣”稻盛和夫

学习目标

1. 知道企业的投资者是企业的上帝；
2. 了解董事会、独立董事与监事会的道德责任；
3. 掌握企业经理层道德人格的塑造；
4. 理解企业与员工之间存在同舟共济的关系。

导读 5

企业精英阶层社会责任感最重要

“修身、齐家、治国、平天下”，自古以来是中国“无恒产有恒心”士大夫阶层的道德理想，也应该是现代企业精英阶层的重大社会责任。如果希望普通民众能有尊严地生活，精英阶层首先要自觉要求自己。

《21世纪经济报道》记者(以下简称《21世纪》)：有些观察者认为，现在中国社会道德感，包括商业道德(公司伦理道德)在内，正在丧失，您怎么看？儒家思想又能为道德重建提供怎样的养分？

杜维明(北京大学高等人文研究院院长、儒学思想家、哈佛大学荣誉研究教授、长江商学院人文委员会主席)：儒家谈“仁、义、礼、智、信”，“仁”是同情，类似博爱和慈悲；“义”追求公正，天下为公，比如对弱势群体就要有所倾斜，让他们生活好一点；“礼”要求人与人之间礼貌往来；“智”是智慧；“信”是信用。但是现在很多人的恻隐之心荡然无存；不少领域中金钱和权力勾结在一起，公正的价值不存在了；礼仪规范丢失了；智慧沦为竞争上的小聪明；诚信也出很大问题。我们固然有好的人文传统，当下确实有丢弃得一干二净的危机。

《论语·颜渊》篇有一段：子贡问政，子曰“足食，足兵，民信之矣”。里头孔子讲了三种价值：粮食、军队和诚信。粮食维持基本生活，军队用以维持秩序，诚信让社会更加和谐。孔子说，如果一定要去掉一个，首先去掉“兵”，还要去掉的话，就去掉“食”，绝对不能丢弃的是“信”，因为没有“信”国家就无以立足，“食”和“兵”就没有用了。而我们的社会，市场经济力量太强大，慢慢演变为“市场社会”。有些地方连宗教领域也被市场化了。

中国传统中讲“富而知礼”，我们的社会整体并不富裕，“礼”更是荡然无存，所以人与人之间的关系异常紧张，大家都非常浮躁，非调解不可。

《21世纪》：社会要变得更为包容，制度供给要提供更多的开放度，以儒者的观点来看，你认为这样做的核心要点在哪里？

杜维明：企业精英阶层的责任感最重要，谁的力量越大，影响力越大，责任感就该越强。我们不能用太多责任去要求普通百姓，比如打工的民工，生话窘困到跳楼自杀者，更不用说黑窑洞打工的苦难的人们，他们只想过基本生话，能活下去就是尊严。如果希望普通民众能有尊严地生活，企业精英阶层要自觉要求自己。儒家理念中谈“修身、齐家、治国、平天下”，首先要求的是既得利益者要有强烈的责任感。现在，部分人权力在手，完全没有责任感，有钱有势的人开车撞死了人也觉得没有关系，自然引起民众强烈的反感。

在中国，政府的力量尤其庞大，政治责任感尤其要提高，我相信中国的政治领导有这样的自觉，但如何把责任伦理落实到人民的日常生活就必须有严格的法律机制和执法的承诺，这就需要从上到下贯彻到底，儒家所谓“上行下效”是基本原则。

《21世纪》：经济学上分析利益集团，他们是高度理性的、逐利的。你所说责任感，其实是寄望于精英阶层的自我觉醒吧？

杜维明：有可能。当然一下子就自觉自愿没有可能，关键起步很重要。现在已经有了慢慢转变的因素，比如，很多企业家就不满现在道德沦丧，他们愿意改变，媒体也在呼吁回归公平与正义。

当然，改变当前的状况，还要有突破点，这个突破点就应该是最有钱、有权、有势的人来做。比如某一位企业家宣布将其财产全部捐献出来，这不仅是一种象征行为，同时提供转变的契机。当然，人太少了不行，累积到一定量一定会有改变。

我们也在从教育方面做努力。现在我们就在北大倡导“经典会读”，就是几个同学聚在一起读经典，一句句地读，然后讨论。中国接下来的三五年非常关键，要么出现转机，要么道德继续沉沦下去，直到不可逆转的危险。我不是个悲观者，但我目前确实忧心如焚。改变的初期必须从我们自己做起。

（资料来源：“对话长江商学院人文委员会主席杜维明：企业家的责任伦理”，2011年2月28日，《21世纪经济报道》记者陈晓平）

2005年10月27日修订颁布的《中华人民共和国公司法》第五条首次庄严承诺公司从事经营活动，必须遵守法律、行政法规，遵守社会公德、商业道德，诚实守信，接受政府和社会公众的监督，承担社会责任。

本章将探讨企业与社会、政府、社区、股东、投资者、债权债务人、消费者与员工及各方利益相关者的社会责任关系，尤其是关注企业与利益相关者责任关系模型与边界划分，如图5-1所示的企业和利益相关者的社会责任关系。

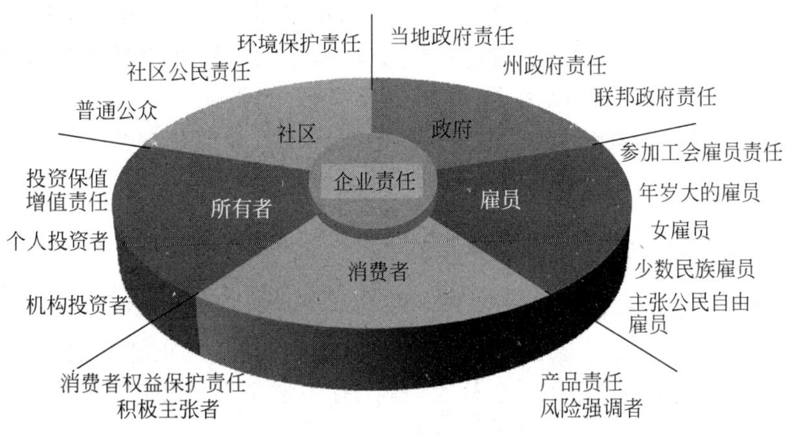

图 5-1 企业和利益相关者的社会责任关系

第一节 企业切实履行道德责任与社会责任

从本质上讲，商业伦理起源于企业的社会责任。早在 20 世纪初叶就有学者论述有关企业的社会责任思想，但直到现代 H. R. 鲍恩(Hwand R. Bowen)的《工商企业的社会责任》一书的出版，才大大推动了有关社会责任的探讨。事实上鲍恩只是提出企业应当考虑它们决策的社会含义，对关于什么是企业的社会责任(使命)，如何起源，企业在承担社会责任时应当遵循的什么基本原则，企业社会责任的范围与限度是怎样等问题，未作深入的研究和探讨。

20 世纪 60 年代，管理者因时代的变化经常遇到需要考虑社会责任的各种决策，如慈善事业、产品定价、雇员关系、资源保护以及产品质量等，都是极为明显的社会责任问题。因此，企业的社会责任问题被提到了商业伦理的重要议事日程，有关社会责任的理论探讨也逐步深入。

企业的社会责任使得企业经理层不仅仅要为股东的利益服务，而且要为更广泛的利益相关者服务。20 世纪 80 年代初，以弗里曼(Freeman，1983)为代表的一些经济学家和管理学家从企业战略管理、商业伦理等角度，对商业伦理结构的主体作了较详细的分析，并研究了利益相关者现象。布莱尔(Blair，1995)认为，企业应是一个社会责任的组织，企业的存在是为社会创造财富。商业伦理改革的要点在于：不应把更多的权利和控制权交给股东，“企业经理层应从股东的压力中分离出来，将更多的权利交给其他的利益相关者”。同时，英国的《汉普尔报告》(*The Hampel Report*，1998)、经济合作与发展组织(OECD)于 1999 年 6 月推出的《OECD 商业伦理原则》，美国商业圆桌会议(The Business Roundtable)、商业伦理声明等重要的商业伦理原则都把利益相关者放在相当重要的位置；在德国、荷兰、瑞士等欧洲国家，典型的利益相关者如员工等参与商业伦理是相当普遍的。国内也有研究认为，企业的“第三种资本”——环境资本日益重要，它是由企业的利益相关者诸如供应商、客户、债权人、员工、政府、社区等构成企业生存和发展的环境要素所提供的。2002 年初中国证监会和国家经贸委制定的《中国上市商业伦理准则》对利益相关者的范围、利益相关者在商业伦理中的地位、作用和权利等方面作了框架性的规范，并指出利益相关者拥有求偿权、知情权和参与权等，他们在商业伦理中起作用的主要方式是企业与主要债权人的信息沟通，职工与董事会、监事会与经理人员的直接沟通与交流等。由此可见，利益相关者的相关问题已成为现行商业伦理框架中不可或缺的一部分。

一、企业社会责任与道德责任的含义

在西方商业伦理学和管理伦理学著作中，社会责任是一个含义极广，因而也是歧义较多的一个概念。较为流行的说法有："只是创造利润"、"不仅创造利润"、"是自愿的活动"、"关心更大的社会系统"、"社会敏感"等。有关定义可分为两类，斯蒂芬·罗宾斯(S. P. Robbins)称之为"古典观"和"社会经济观"。

古典观的最重要倡导者是经济学家、诺贝尔奖获得者密尔顿·弗里德曼(Milton Friedman)。弗里德曼认为，今天大部分经营者是职业经营者，他们并不拥有他们所经营的企业，他们是雇员，对股东负责。因此，经理的主要责任就是按股东的利益来开展经营业务，那么股东的利益是什么呢？弗里德曼指出，是财务收益率。

根据弗里德曼的观点，当经营者将企业的资源用于"社会产品"时，可能会破坏市场机制的基础。企业承担社会责任、生产社会产品，实际上是一种资源的再分配。有人必须要为这种再分配付出代价。如果企业的社会行为降低了利润和股息，那么股东将遭受损失；如果通过降低工资来消化企业社会责任行为的成本，那么雇员将遭受损失；如果用提价来补偿社会责任行为，那么消费者将受到损失。最后，如果市场不接受更高的价格，销售额就下降，那么企业也就不能生存。结果，企业的全部组成要素都将遭受损失。更重要的是，弗里德曼指出：当职业管理者追求利润以外的目标时，他们实际上是将自己置于非选举产生的政策制定者的地位，而经营者并不具有制定公共政策的专长。

针对古典观的观点，社会经济观明确主张企业应自觉地承担起社会责任。持社会经济观观点的学者认为：时代的变化使公众对企业的社会预期发生了变化，而企业的法律形式就是对此最好的说明。在美国，企业要经过州政府许可才能成立和经营，同样，政府也有权解散企业。因此，企业已不再是只对股东负责的独立实体了，它必须对建立和维持他们的更大的社会负责。

在社会经济观论者看来，管理者应该关心长期的资本收益最大化。为了实现这一目标，他们必须承担社会义务以及由此产生的成本，他们必须以合乎伦理的经营者来增进社会福利，他们必须对企业所在社区负责，资助慈善事业，在促进社会进步方面发挥积极的作用。

社会经济观的支持者还认为，古典观只了解现实的表面。在现代，企业已不仅仅是经济组织，它们有自己的愿望和要求，并通过各种方式影响政府的公共政策和立法机关的立法，即为企业的自身利益而影响社会的政治进程。在有些国家，社会接受甚至鼓励工企业参与社会的政治法律进程。总之，企业与社会是相互影响的。

圣加·L. 霍姆斯(Sandra L. Holmes)曾就履行企业社会责任后的可能结果询问了美国 560 家企业的高层管理者，结果如表 5-1 所示。

表 5-1 履行企业社会责任的可能结果

结果		百分比(%)
积极的结果	企业信誉改善	97.4
	社会制度得到强化	89.0
	经济制度得到强化	74.3
	雇员的工作满意感增强	72.3
	避免政府干预	63.7
	高级管理者的工作满意感增强	62.8
	企业生存的机会增多	60.7
	有利于吸引更好地管理人才	55.5
	长期获利能力增强	52.9
	留住和吸引顾客	38.2
	投资者喜欢对社会负责的企业	36.6
	短期获利能力增强	15.2
消极的结果	短期获利能力下降	59.7
	消费者承担的价格提高	41.4
	管理绩效评价标准有冲突	27.2
	对股东不利	24.1
	生产率下降	18.8
	长期获利能力降低	13.1
	政府干预增加	11.0
	经济制度削弱	7.9
	社会制度削弱	3.7

上述调查结果表明,管理者对企业承担社会责任的态度比较积极,多数人认为履行社会责任能产生许多正面的结果,而反面结果较少。可见,履行企业社会责任已得到了高层管理者的认同。

在西方企业界及管理学界看来,企业必须承担为股东谋取利益之外的社会责任已经成为共识,波斯特等在其所著《企业与社会》一书中,进行了系统的论述。根据波斯特考察,关于企业社会责任起源的时间是在20世纪20年代。当时在美国,企业因规模和权力急剧扩张,并因社会犯罪和垄断而开始受到攻击。批评者试图通过立法,即建立银行和保护消费者法律来限制企业的影响力。为了缓解社会的压力,一些有远见的企业经理提出,企业应该运用它们的力量和影响去服务于广泛的社会目标,而不仅仅是追求利润。在此情形下,一些大企业的领导人开始资助慈善事业。他们拿出大量财富,捐献给教育和慈善机构。例如,大汽车商亨利·福特就为企业的员工设立了一些改善健康的项目,大企业的领导者开始意识到企业对社会负有责任。

关于企业应在社会中扩大自己角色的观念,产生了一个重要的结果,就是形成了20世纪企业(企业)社会责任的两个初始原则——慈善原则和服务原则。这样奠定了现代企业社会责任观念的基础。

关于慈善原则,波斯特指出,社会中富有的成员应该施善济穷乃是一个古老的观念,各种宗教都有关于施善的信条。在现代社会,许多富有者都出资建立公共图书馆,赞助教育，或建立各种基金支持一些社会团体。所有这些，都源于施善原则。对社会有困难的成员提供帮助，在20世纪最初的二十年显得极为重要。当时，没有社会保障体系，没有养老院，没有失业救济。因而，当富有的实业家开始以某种方式帮助穷人、弱者时，他们便确定了一种原则，这就是为改进社会福利而担负起责任。

波斯特指出，关于服务原则，许多企业经理视自己为社会服务人员或受托人，他们为一般的公众利益工作。虽然他们所经营的企业属于私人所有，因而必须全力为股东创造利润，但企业是受专业管理者鼓励和指导的，而这些管理者坚信，他们有责任使每一个人从企业活动中受益。根据这一观点，企业经理层实际上被放在公众信任的位置上，他们以必要的方式控制着可以影响公众的巨大资源。由于这种影响，企业经理层便肩负着一种责任，这就是运用其所控制的资源为社会总体而不仅仅为股东谋取福利。因此，企业经理是社会的服务员或受托人，他们被期望在决策方面能够有责任去行动。

在上述观念的基础上产生了现代利益相关者管理理论。波斯特指出，根据这一理论，企业经理层要有处理与企业所有利益相关者关系的技巧或能力。如果他们不具备这一点，企业就不可能有令人满意的经济效益，更不能被公众视为一个有责任感的企业而接受。以上两个原则——慈善原则和服务原则，构成了企业社会责任观念的原始含义，它们的进一步发展，便形成了企业社会责任的现代形式。波斯特通过表5-2展示了企业(企业)社会责任的现代发展。

表5-2　企业社会责任的基本原则

	慈善原则	服务原则
含义界定	企业自愿给予社会有需要的人和团体以援助	企业作为受托人，应考虑所有受企业决策和政策影响的人的利益
现代表述	■企业善举 ■为改进社会福利而自愿自觉地行动	■对社会和企业相互依存的认识 ■平衡利益和社会各团体之间需要
举例	■企业慈善基金 ■积极主动解决社会问题 ■与有需要的团体合作	■考虑利益相关者的战略规划 ■适度的长期利润而不是最大化的短期利润 ■对自我利益的开明态度

斯蒂芬·罗宾斯(S. P. Robbins)认为，"企业社会责任是指超过法律和经济需要的、企业为谋求有利于社会的长远目标所承担的责任，而不是法律和经济所要求的义务"。[①]他将社会责任(Social responsibility)、社会义务(Social obligation)以及社会响应(Social responsiveness)三个概念进行了区分。认为一个企业只要履行了经济和法律责任就算履行了社会义务，而社会责任则在社会义务的基础上加了一个道德责任，它要求企业分清是非并遵守基本的道德准则。

与社会责任与社会义务概念相比，社会响应则是指一个企业适应变化的社会状况的能力。关于社会责任、社会义务和社会响应的关系，罗宾斯如图5-2和表5-3所示。

罗宾斯在其《管理学》中认为，作为一个管理者，在追求社会目标方面，即在承担社会

① 斯蒂芬·罗宾斯. 管理学. 第4版. 北京：中国人民大学出版社，1997：79.

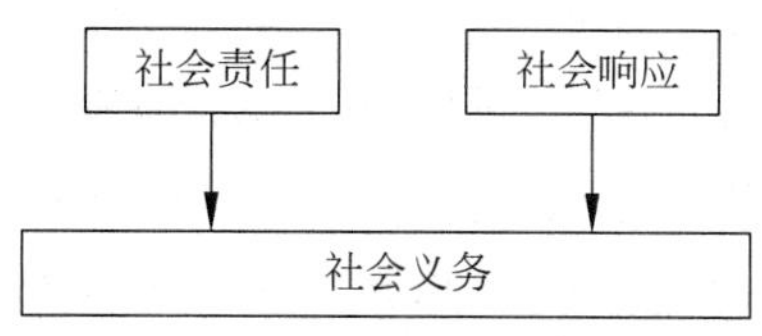

图 5-2　企业参与社会的程度

责任方面，其所做的一切取决于管理者认为应对哪些人负责任，也就是取决于管理者的社会责任意识。

表 5-3　社会责任与社会响应

项目	社会责任	社会响应
主要考虑	道德的	实际的
焦点	结果	手段
强调	义务	响应
决策框架	长期	中短期

罗宾斯描绘了一个企业社会责任扩展的四阶段模型，试图对这一问题给予具有实际指导意义的说明。该模型如图 5-3 所示。

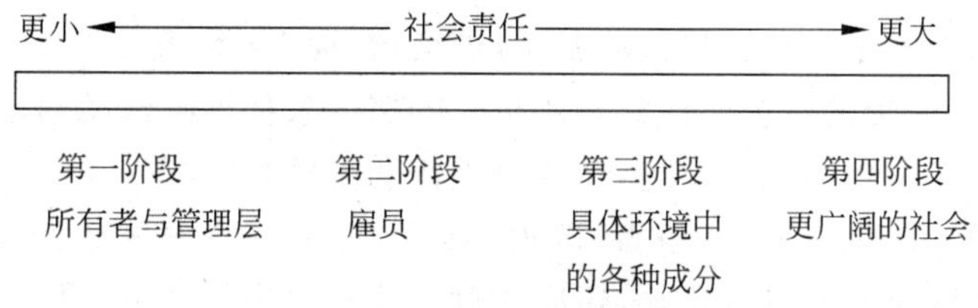

图 5-3　企业社会责任扩展的四阶段模型

处在第一阶段的管理者，将通过寻求使成本最低和使利润最大来提高股东的利益。在第二阶段上，管理者将承认他们对雇员的责任，并集中注意力于人力资源管理，因为他们想获得、保留和激励优秀的雇员。为此，他们会努力改善工作条件、扩大雇员的权利和增加工作保障。在第三阶段上，管理者会扩展其管理目标，注意公平的价格、高质量的和安全的产品以及良好的供应商关系等。处于此阶段的管理者，已经意识到他们只有通过间接地满足其他利益相关者的需要，才能履行对股东们的责任。在第四阶段上，管理者履行的社会责任同严格意义上的社会经济观的定义相一致。在本阶段上，管理者将其经营的事业视为公众财产，因而对社会整体负责，对提高公众利益负责。承担这样的责任意味着管理者积极促进社会公正、保护环境、支持社会活动和文化活动。即使这样的活动对利润产生不利影响，管理者的态度也不会改变。

二、企业社会责任的对象与内涵

（一）企业社会责任的对象

企业应该对谁负责？对这个问题的不同回答大致可归结为两种模型：所有者模型和利益相关者模型。

1. 所有者模型

对我国国有、集体企业来说，国家、集体是企业的所有者，对股份制企业来说，股东是企业的所有者。所有者模型认为，企业应该而且只对所有者负责，为所有者创造财富。这种模型从企业内部来看似乎合情合理，但从整个社会的角度看就暴露出了问题：首先，一个企业之所以在一个社会中有立足之地，不仅仅因为它对所有者带来了好处，而是因为它的存在对社会有利，如果只考虑企业所有者的利益而不考虑社会的利益，这样的企业迟早会被社会所抛弃；其次，企业不是孤立存在的，而是跟外界有各种各样的联系，无视或轻视这种联系，企业将寸步难行，无法生存，更谈不上企业的发展。

2. 利益相关者模型

利益相关者是指与企业有利害关系的个人或群体。一方面，企业的发展要借助于这些相关者的力量；另一方面，后者要通过企业来谋取自身的利益。顾客是企业的上帝，企业通过创造需求、发现需求、满足需求来获得应有的报酬，如果产品滞销、积压，那么企业的经营活动就难以正常开展；顾客则希望从企业那里以合理的价格获得满意的产品或服务。企业从事经营活动，一刻也离不开人、财、物等资源的投入，没有投入就没有产出。供应者则通过给企业提供资源来获得报酬。生产同类产品的企业往往有许多家，竞争在所难免，所以，企业与竞争者利益息息相关。企业一方面要遵守政府的法令，接受政府的指导、帮助；另一方面，又要协助政府开展经营工作，向政府交纳税金等。企业总是处于一定的社区中，它需要并享受社区提供的服务，如交通、通信、水，电，气、娱乐等；同时，社区也需要企业的支持和帮助。企业依赖全体员工的努力来从事经营活动；企业员工希望得到工作保障和安全、卫生的工作环境，并通过工作获得较高的收入和个人事业的成长。

既然企业与顾客、供应者、竞争者、政府、社区、员工等有着如此密切的利益关系，那么，企业就不应该仅仅对所有者负责，还应该对上述利益相关者负责，否则，在利益相关者的利益受到损害的同时，企业自身和所有者的利益亦必然受到损害。

（二）企业社会责任模式

根据分析，我们可以把企业社会责任归纳为如表 5-4 所示的四种模式。

表 5-4 企业社会责任模式表

	模式Ⅰ	模式Ⅱ	模式Ⅲ	模式Ⅳ
内涵	经济责任 法律责任	经济责任 法律责任	经济责任 法律责任 道德责任	经济责任 法律责任 道德责任 慈善责任
对象	所有者	利益相关者	所有者	利益相关者

这四种模式在现实中都存在，但只有模式Ⅳ才真正符合现代社会的要求。企业活动也是一种社会活动，社会活动涉及经济活动、政治活动和文化活动。政治与法律关系密切，法律关系实质上也是政治关系，文化包含科学知识和思想道德两个方面，因此，相对于经济、政治、文化活动，企业的社会责任由经济责任、法律责任（含政治责任）和道德责任三个部分组成。三者之间的关系是：履行经济责任是企业的中心任务，但是，履行经济责任

是以履行法律责任和道德责任作为前提和基础的，不讲法律、不讲道德的赢利不是真正的赢利。

由此导出我们对现代企业社会责任的理解：广义的企业社会责任是指企业应该承担的，以利益相关者为对象，包含经济责任、法律责任和道德责任在内的一种综合责任。这一含义亦可称之为企业责任(Corporate Responsibility)。狭义的企业社会责任主要是指道德责任，更明确地说，企业社会责任是建立在商业道德责任基础之上的。

三、企业社会责任的本质内容：道德责任

（一）现代企业的道德责任

企业社会责任的本质内容要求就是企业必须履行其对社会的道德责任。目前人们所接受的现代商业道德责任的具体内容十分广泛，大致概括为以下几个方面。

(1) 对顾客：企业应该深入调查并千方百计地满足顾客的需求；广告要真实；交货要及时；价格要合理；产品使用要方便、经济、安全；产品包装不应引起环境污染；实行质量保证制度；提供周到的售后服务。

(2) 对供应者：企业应该恪守信誉；严格执行合同。

(3) 对竞争者：企业应该公平竞争、不诽谤，放弃不正当竞争。

(4) 对政府、社区：企业应该执行国家的法令、法规；照章纳税；保护环境；提供就业机会；支持社区建设。

(5) 对所有者：企业应该提高投资收益率；提高市场占有率；使股票升值。

(6) 对员工：企业应该公平就业、上岗、报酬、调动、晋升；安全、卫生的工作条件；丰富的文化、娱乐活动；参与管理、全员管理；教育、培训；与员工分享利润。

(7) 在解决社会问题方面：企业应该救济无家可归的人；安置残疾人就业；资助失学儿童重返校园；在高校设立奖学金；支援边穷地区发展经济；帮助老人；资助文化、教育、体育事业。

（二）企业社会责任与商业伦理

企业社会责任与商业伦理有着密切的联系。从内容上看，狭义的企业社会责任主要是指道德责任。企业经济责任自然要负担，因为这是其自身利益之所在，法律责任也是要负担的，而以前忽视的正是道德责任。换句话说，企业社会责任观念的提出主要是针对道德责任而言的。可见，企业社会责任与商业伦理在内容上是一致的，要求企业讲究伦理道德，实质上就是要求企业履行社会责任，反之亦然。

从对象上看，企业社会责任的对象与商业伦理涉及的领域基本一致，此外，企业社会责任观念的提出为商业伦理的兴起打下了基础，而商业伦理学的发展，有利于进一步明确企业的社会责任。当然，商业伦理与企业社会责任还是有区别的。商业伦理强调权利与义务两个方面，企业社会责任只注重责任；商业伦理是双向的，企业社会责任是单向的；商业伦理旨在明确怎样处理好企业与利益相关者的关系，企业社会责任重在回答企业在社会中应尽什么样的责任；商业伦理还包含员工的职业道德规范，企业社会责任则不涉及个人的责任。

第二节　企业与股东：投资者是企业的上帝

世界上存在着不同的企业形态及股东表现形式，不同国家或地区、不同时期同一类型企业的股东形式各具特点，即使是同一国家同一时期的不同企业的股东形式也有差异。相应地，这些股东与企业的伦理关系、所承担的责任和所享受的权利也不可能完全相同。所以对股东形式进行合理的分类将有助于我们全面理解企业与股东之间的伦理关系，为我们科学地认识每一类股东的权利和责任提供切实可行的思路。

一、企业与股东的形式及组成

（一）企业组织形式的演进与特点

对于各类个体而言，为了充分地利用各自拥有的资源，从其自身利益来讲，就有必要相互联系起来组成一个个的企业。这同时也就决定了现实生活中的企业形态及其与股东所形成的特定关系。因此为了揭示和理解企业与股东之间的伦理关系，我们有必要从企业与股东的角度对企业形态进行科学的分析。从企业与股东的关系来看，企业可分为个体制企业、合伙制企业和公司制企业。

个体制企业指一个股东拥有并独立经营的企业。作为股东的个人和经营单位之间没有法律上的区别，企业的目标也正是业主个人所追求的目标。个体制企业是历史最久、最简单的企业形式。股东对企业财务、人事等重大问题拥有完全的控制权。同时对企业债务负无限责任。

合伙制企业是由两个或两个以上的股东为盈利而组成的经济实体。合伙人有两种：有限责任合伙人和一般合伙人。有限责任合伙人不直接管理企业，对企业债务负有限责任；一般合伙人对企业负无限责任，承担企业的管理职责。对于这类企业来说，是由多个合伙人共同出资拥有企业，共同控制、支配企业，共同享有收益权，共同对企业债务负责。

公司制企业按公司法登记成立的，以营利为目的的社团法人组织。在这类企业中，企业的股东即股东，一般不再直接管理企业，而是将资产的实际占用权和支配权交给了公司法人；股东享有选择并监督企业的经营、企业经理层的权力，享有剩余索取权、企业的最终控制权并以其投入的股本对企业债务负有限责任，从而极大地减少了其承担的风险，但企业股东不得退股。

实际上，企业的经营管理是通过企业中相互制约的机制实现的，即企业中一般设立董事会、监事会、股东会三个机构，分别代表了经营权、监督权和所有权。这种三权均衡配置、严格分工，适当突出经营权的结构有利于各种权力发挥其独立作用而又相互制约，一方面保证了股东通过用“手”投票（通过股东会和董事会）或用“脚”投票（通过股市）选择、监督企业经理层，保护自身利益的权利；另一方面又保证了企业生命的延续性，为企业各利益主体谋求企业长远发展创造了前提条件，有利于社会资本的集中和经营管理科学化。正如21世纪初形成的所有权与经营权分离理论指出的：“企业的成败掌握在职业经理手中，而股东则投资于表现出非凡管理技能和盈利的企业。”然而，实际上并非如此简单。各个国家缘于不同的文化、信仰以及政治、经济、背景等因素，在企业制中仍存在着不同形式的企业所有权。从对企业拥有控制权的主体的不同可以分为几种形式：家族控制型企业、金融控制型企业、经理控制型企业、国家控制型企业。

由于世界上存在着不同的企业形态及股东表现形式，不同时期、不同国家或地区，不同企业的股东又各有其特点，但就其对企业的控制程度的性质而言，无非只有商业伦理股东和投资者股东这两大类。

管理股东指拥有全部或大部分企业产权从而对企业具有很大的经营控制权的股东，这类股东主要存在于个体制企业、合伙制企业（有限合伙人除外）、家族控制型企业、金融控制型企业中。投资股东指拥有相对较少的产权从而对企业控制程度较弱甚至不去控制企业的股东，主要是有限合伙人。

（二）企业股东的权利和责任

尽管股东与企业的伦理关系因不同的企业而异，但一般说来，股东因其对企业的所有权而应当享有的权利和承担的责任都有其共性。

1. 企业股东的权利

（1）对企业资产的拥有权（其中包括了转让其资产的权利），即作为股东应享有的受法律和道德保护的最基本的权利，是企业对股东承担的最基本义务。

（2）拥有剩余控制权，即拥有企业中除了那些属于员工（包括高层企业经理层）享有的权利以外的权利控制权。具体表现为股东在制定企业使命、决定经营目标、实施经营策略以及亲自经营企业或委派评价、监督高层企业经理层等方面的权利。

（3）拥有剩余索取权，即取得与其所担风险相应的企业收益中扣除用来支付各项主要要素报酬和投入品价格之后的余额的权利。

（4）在企业解散时参加分配并有权获得份额内的剩余财产。

（5）对于企业制的股东——股东还有获得企业经营情况方面的信息（财务、报告）和新股摊认权。

（6）企业章程或其他有关法规、规则规定的其他权利。

实际中损害股东权利的现象却不胜枚举，尤其是中国的许多国有企业和一些改组而来的股份有限企业、有限责任企业。表现为：忽视企业股东的存在，追求企业经理层个人报酬的最大化；即企业经理层福利和利益最大化；忽视股东的存在，追求内部人报酬最大化；有的企业还能够操纵利益账户，通过建立假账（常常是两本账），保留“小金库”，乱摊成本等形式变相地减少股东收益；因循守旧，不能采用新的技术成果改进和更新设备，不能保证固定资产正常维修，不能有效利用固定资产，造成闲置。

2. 企业股东的主要责任

（1）及时如数供应所应提供的财务资源。

（2）对企业经营成果最终负责。股东既然享有剩余控制权，就决定了其必然对公司行为的最终结果负责；股东必须促使企业同与之有关的各利益主体保持协调的关系；股东还应有较强的民族责任心和自豪感；法律、法规、企业章程或企业其他利益相关者期望股东承担的其他责任。

实际中常有违背上述股东责任的股东行为发生。有些事情表面上看好像能给股东带来某些好处，但事实上只要加以跟踪观察和分析就会发现这些行为损害了企业、产品形象，严重地危及企业的正常发展乃至生存，最终无疑会导致包括股东在内的各利益相关者遭受损失。

【网络链接 5-1】

企业科学发展战略观：要适应两个“上帝”

19 世纪新古典经济学框架中国际贸易的“比较优势”学说与 20 世纪 90 年代初期的战略管理学者波特教授的“国家竞争优势”学说，都无可辩驳地证明，社会的可持续发展，从本质上看依赖于作为经济组织的公司的长期生存与健康发展。而支撑公司的可持续经营，首先要树立公司科学发展战略观。这种战略观要求透视并辨别那些为公司长期经营提供养料的“上帝”，牢固树立两个“上帝”理念。

数百年的市场经济发展历程给我们的最大收获就是，认识到在商品服务市场上顾客就是公司的“上帝”，公司要立于不败之地，一定要服务好或适应这个“上帝”，全心全意服务顾客、适应顾客，尽量满足顾客的需求。然而，近年在安然、世通和帕玛拉特等全球大公司相继曝出的、以财务丑闻为导火索的公司管理大地震中，就连为安然这类客户提供周到服务的安达信等大公司也陷了进去。这些大公司没有忘记在商品服务市场上顾客是公司的“上帝”警示，曝出丑闻之前它们在顾客看来口碑尚好，然而在资本市场上几乎泯灭了投资者对它们的信任。那么，失去作为公司“主人”——投资者的信任，像安然与世通等这样的公司不仅难以获得充足的资本供给，而且很难在以诚信与道德维系的市场经济环境中生存，这些公司就更谈不上可持续经营与发展。

所以，为了实现公司可持续经营，我们必须在适应商品市场中“顾客”这个上帝的同时，要适应资本市场上的以股东为主体的“投资者”这第二个“上帝”。适应前者，可确保我们的公司能够有效完成商品和服务的供需交易；而适应后者，则可保证我们的公司能够获得源源不断的资本：供给能量，从而像一艘在市场经济的海洋中破浪航行的战舰。有了适应这两个“上帝”的能力，公司就能在下游的商品市场和上游的资本市场上游刃有余、百战不殆。

（资料来源：李维安，《南开管理评论》，2004 年第 2 期，主编寄语）

二、企业与股东的内在利益关系

以企业制为主要形式的现代企业制度，是经过市场经济上百年的筛选和塑造，逐步形成、发展和完善起来的。它可以体现公有制的利益要求，又适应市场经济的运行要求。因此，建立现代企业制度，是为今后我国国有企业在市场经济条件下的长期、稳定、健康、快速的发展提供根本性的制度保证，是实现公有制与市场经济结合的基本形式，符合国有企业的现实要求和长远发展要求。

建立现代企业制度是发展社会化大生产和市场经济的必然要求，我们所要建立的现代企业制度，就是在社会主义市场经济条件下，根据现代企业固有的性质和要求，按照世界通行的国际惯例和标准，来塑造适应社会主义市场经济发展要求的、能自主经营、自负盈亏、自我发展、自我约束的法人实体和市场竞争的主体。现代企业制度的特征是产权明晰、权责明确、政企分开、管理科学。在这里我们重点分析以企业制为主要形式的现代企业的内部利益关系。

(一)现代企业的内部利益关系协调与制衡

商业伦理结构是现代企业制度的核心,现代企业区别传统企业的根本点在于所有权和经营权的分离。商业伦理结构的全部内容是指,在契约制度的基础上,通过各种机制,既充分调动各种企业内部利益主体的积极性,又对各种内部利益主体形成有效的约束,即形成相互制衡,保证各种利益主体自身的应有利益与权力,从而实现企业决策的科学化与最优化。因此,商业伦理结构是一个复杂的制度体系。一般来讲,商业伦理结构主要包括下述内容。

1. 法人治理结构

法人治理结构主要是界定股东与企业经理层的相互关系。法人治理结构的核心是契约制,其内容包括三个方面。首先是经济契约,即在股东与企业经理层之间形成责权利内在统一的相关关系。人对利益和权力的追求是无限的,靠什么约束?只能靠责任来约束。其次是道德契约,指股东与企业经理层之间的经济契约贯彻到股东与企业经理层的道德规范中,其主要内容是指在没有任何外在监督的条件下,双方都不会索取不该归自己的利益和权力。最后是环境契约,指经济契约贯彻到股东与企业经理层的整个社会环境中,即股东与企业经理层不应在外部交往中索取不属于自己的利益。

2. 委托经营结构

作为委托人的股东将财产授予代理人经营,由于委托人和代理人的目标函数不一致,以及不对称信息的因素,代理人就可能利用自己的信息优势,采取机会主义行为来谋求自身利益,而损害委托人的利益。因此,尽管所有权与经营权的分离可以产生代理收益(分工效果和规模效果),但委托人为使其效用最大化而通过合约监控代理人的行为,而产生的代理成本也是必然发生的。只要存在委托经营关系,就会产生利益冲突,如果这种冲突不可能通过完备的契约得到解决,则商业伦理结构问题必然在企业中产生。商业伦理之所以成为必要,关键在于企业中存在的两个问题:一是代理问题,二是不完备合约(契约)。

(二)商业伦理与股东利益相互影响

商业伦理的目的就是要适应企业内外部环境变化的要求,公正、合理地处理好各利益相关者之间的复杂关系,使权利责任关系在各个利益相关者之间重新进行合理分配,推动企业健康成长,而绝不是削弱股东的权利,减少股东的收益。

1. 商业伦理维护股东的合理利益

首先,从根本上讲,股东的利益与企业的利益是一致的,只有企业兴旺发达才能给股东带来更多的利益。股东建立企业的最原始动机之一就是追求尽可能多的利益,也正是这种对利益的追求,决定了企业是一个营利性组织,而非社会公共福利机构,从而客观上推动了企业的成长壮大,为社会积累财富,推动了经济的发展和社会的进步。

其次,企业本质上是利益相关者缔结的一组合约,有股东投入的物质资产,也有职工投入的人力资产以及债权形成的资产等。按照谁贡献谁受益的原则,这些产权主体都有权参与企业"剩余"分配。这就意味着股东并不是企业获利过程中起支配作用的唯一主体，任何企业的获利过程都是在与内外部环境交换物质和信息的基础之上，在各利益相关者的共同参与下实现的。

再次，企业经营环境的巨大变化，特别是信息社会的到来，客观上也要求企业必须突破原来服务于股东单方面利益的狭隘局限，建立起体现各利益相关者利益的合理的企业经营思想。原因有如下几点。

(1) 资本的相对充足相对地降低了股东在企业中的地位。正如美国金融界新秩序的建筑师米歇尔·米尔肯所说："在工业社会，资本是一种稀有资源，但在当今的信息社会中，资本却十分充足。"

(2) 资本的可替代性，事实上也弱化了股东在企业中的地位。在财富的生产过程中，资本本身的地位趋向削弱，知识的地位稳步上升。

(3) 企业的目标并不在于使用资本，而在于谋利，故能影响利润的才是关键性的因素。今天，大多数产品的真正价值取决于产品的知识含量，价值是全体努力的结果，而非某个人努力的结果。

(4) 新的经济正以加速度向前发展，企业必须在它的竞争对手把它挤垮或模仿它的产品之前，以更快的速度把它的新产品投入市场。最后，商业伦理也保护股东切身利益的需要。信息革命扩大了金融和经营之间的鸿沟，使得金融资本相对集中而经营权力却大量分散，出现践踏股东权利的迹象。

2. 股东道德对商业伦理具有举足轻重的影响

首先，股东特别是管理型股东对于企业目标、企业宗旨、企业发展战略的形成具有重要影响，其经营理念、行为模式将会极大地影响企业的经营行为。其次，股东特别是管理股东是商业诚信文化的倡导者和表率。自日本首次引入商业诚信文化导致企业成功以来，商业诚信文化已成为促进企业发展的巨大动力和手段。商业诚信文化建设是否成功，虽然取决于很多因素，但最重要的还在于股东。他们把企业的价值观和信念传输给员工并首先做出表率，从而产生巨大的带动效应。由于商业诚信文化的核心就是商业伦理，所以企业股东也是商业伦理的倡导者和表率。日本松下电器的创始人松下幸之助自己认为担负了经营企业的社会责任，他明确提出日本松下电器的目标是促进整个企业的成长及增进社会福利，与此同时还要进一步致力于世界文化的发展。正是在松下幸之助的倡导和示范下，松下电器由一个手工作坊发展为世界一流的著名企业。

三、股东与管理者之间的道德规范：委托经营，信息对称

股东与企业经理层之间的关系可以视为一种契约关系。在这种关系中，股东把企业委托给企业经理层，让企业经理层经营、实现其利益。这里，真正的问题是如何通过一定的机制来保证企业经理层服务于股东的利益，保证股东与企业经理层之间"契约"的实现。在经济契约之外，股东与企业经理层之间还存在重要的伦理道德规范。

由于企业经理层目标和股东目标的不一致性，以及二者之间明显的信息不对称性导致了股东主要面临如下风险。

(1) 股东只能观察到经营结果，而不能直接观察到企业经理层的行为，这时就存在着隐形行为的道德风险。

(2) 企业经理层在给定的自然状态下做出选择行动，股东能观察到企业经理层的行动，但却观察不到自然的选择状态，于是就存在着隐形信息的道德风险。

(3) 企业经理层为了实现自己的目标故意错误地报告信息，使股东面临"逆向选择与道德风险"，如企业经理层装饰豪华办公室、买高档汽车等。

对于股东而言，总是希望企业经理层按其利益来选择行动，但股东不能直接观察到企业经理层究竟选择了什么行动，所能观察到的只是另一些变量，而这些变量则是由企业经理层的行动和其他外生随机因素共同决定的。所以，股东的问题是如何根据所能观察到的信息来监督和奖惩企业经理层以激励其选择对自己最有利的行动。

(一) 股东监督企业经理层

为了避免道德风险和逆向选择，股东就必须获取更多的信息，制定各项规章制度，建立各种监控机制，约束企业经理层的权限，监督企业经理层的行为，在发现其背离股东目标时给予一定的处罚甚至解聘他。但这要发生昂贵的成本，既包括由于监督而直接增加的费用，又包括由于监督而使企业经理层不能及时采取措施丧失时机所带来的损失，因此应在这种监督成本和因为监督而可能给股东带来的收益之间进行权衡。

(二) 股东激励企业经理层

企业经理层的个人报酬同企业的运营成果挂起钩来，从而鼓励他们采取符合企业最大利益的行动。这也涉及成本问题，如果激励成本过低，则不足以激励企业经理层，股东的权益得不到有效的保护；如果激励成本过高，股东又得不到应得的收益，因此只有适当的激励才能一定程度上调整股东与企业经理层之间的利益冲突。

对企业经理层的激励可以采用与企业产出相关的工资、奖金等货币形式，也可采用股票期权等形式，但对于行为和绩效难于监督的高层企业经理层而言，可以让其拥有部分剩余索取权和控制权，如使之拥有企业股票或债券，成为企业的股东或准股东，他的报酬就会直接同企业运行的绩效和结果挂钩；另外，如果某些人员的产出难以计量，可以用等级制的提升职位制度来监督其努力程度。对于股权分散情况，似乎没有人能够监督高层企业经理层，此时可以给予等级制的高级经理一揽子的津贴，并使这些津贴取决于企业的整体经营绩效，以为高层企业经理层提供刺激和动力。

经济学家承认，存在各种各样的机制能完成这个任务，如董事会的监督、正式的控制体制、预算上的限制、激励报酬体系等。但现代商业伦理学认为，企业经理层仍需担负着对股东的伦理道德责任，才能更完美地终结与股东之间的委托经营关系。因此，股东应特别关注企业经理层对某些伦理理念的反应，如表 5-5 和图 5-4 所示。

表 5-5 企业经理层对某些伦理理念的反应

反应／理念	完全不同意		不太同意		一般		比较同意		完全同意	
	频数	百分比(%)	频数	百分比(%)	频数	百分比(%)	频数	百分比(%)	频数	百分比(%)
善有善报，恶有恶报	8	2.7	31	10.3	39	13.0	117	39.0	105	35.0
人都是自私的	27	9.0	103	34.3	54	18.0	63	21.0	53	17.7
做生意运气很重要	9	3.0	43	14.3	59	19.7	107	35.7	82	27.3

续表

理念 \ 反应	完全不同意		不太同意		一般		比较同意		完全同意	
	频数	百分比(%)	频数	百分比(%)	频数	百分比(%)	频数	百分比(%)	频数	百分比(%)
吃苦在前,享受在后	3	1.0	23	7.7	43	14.3	107	35.7	124	41.3
一个人活着总要做点有意义的事情	2	0.7	11	3.7	24	8.0	53	17.7	210	70.0
生意归生意,朋友归朋友	7	2.3	40	13.3	40	13.3	62	20.7	151	50.3
讲信用是经营根本	3	1.0	8	2.7	18	6.0	40	13.3	231	77.0
商业中适当的夸张和吹嘘是必要的	46	15.3	96	32.0	53	17.7	65	21.7	40	13.3
把握机会的能力是商业成功的关键	3	1.0	12	4.0	24	8.0	76	25.2	185	61.7
无奸不商,无商不奸	109	36.3	99	33.0	33	11.0	37	12.3	22	7.3

(资料来源：苏勇、陈小平,《MBA 管理伦理学教学案例精选》,上海：复旦大学出版社 2001 年版,pp. 18-19)

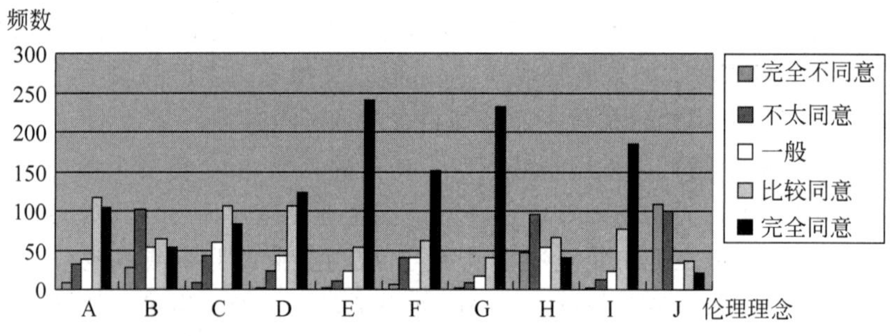

图 5-4 企业经理层对某些伦理理念的反应

(资料来源：苏勇、陈小平,《MBA 管理伦理学教学案例精选》,上海：复旦大学出版社 2001 年版,pp. 18-19)

(三) 企业经理层为全体股东利益服务

任何企业,一旦利润达到最大点的时候,还没有采取应变的措施,就会超越这个利润最大化的点,企业就会出现亏损。

因此作为企业经理层,当企业达到利润最大点的时候,就要为企业、为股东重新绘制一幅边际利润的底线,这样才可以保证企业的利润底线。这是企业经理层的责任。

作为企业的企业经理层,他有必要而且有责任认识到：在哪个方向,企业应该采取何种措施和社交手段,使企业向边际利润最大化方向发展,以及发展的途径是什么。

(1) 卓越的企业经理层做事情首先要有目标,要把目标作为企业的组织原则。知道自己的企业要做什么,为什么要这样做,并且要把企业的目标通过员工贯彻到企业的各个方面。这些都是事情的本源问题。目标的三大要素分别是使命、远景目标和价值。使命,就是通过大家共同努力,达到某个既定的目标；远景,是通过可以衡量的目标来说明解释结果；价值则为结果提供了非常具有意义的原因。

(2) 企业经理层应十分清楚企业的目标，与股东利益保持一致，为股东利益服务。而一个企业的价值，就是改变他人的生活。企业的企业经理层应该意识到企业对他们意味着什么，除了完成工作以外，重要的是他为这个企业做出贡献。

企业经理层必须为了结果进行管理，并且要通过与他人的共同努力，来实现利润的增长，这是商业的精髓所在。因为利润，是一种生存的条件，如果一个企业没有利润，就无法生存，所以作为以营利为目的的企业不能从事没有利润的亏本工作。利润，同时是一种成本以及未来要达到的某种指标。但是利润，不是最终的目的，只是一种手段。

四、股东和利益相关者之间的伦理道德规范

企业利益相关者是指受公司行为影响或可影响公司行为的任何个人、群体和组织，通常包括顾客、供应者、竞争者、政府、社区、股东、员工等。企业股东与利益相关者的关系是客观存在的，没有了这种关系，企业也就不复存在了，企业股东的利益就无法实现。如何协调企业股东与利益相关者的关系，我们可以借鉴荣事达企业集团 1997 年 5 月 18 日通过的《荣事达企业竞争自律宣言》。

企业股东与利益相关者之间的伦理道德规范，是以社会为前提条件的：

(1) 企业通过对社会做出贡献的方式谋求利润的最大化，企业在满足股东利益的同时，还要考虑其他利益相关者的利益；

(2) 企业经营活动与商业伦理规范有关，用商业伦理规范评价企业经营活动；

(3) 法律是最低限度的道德标准，应按高于法律要求的伦理规范从事经营活动。

支持企业股东与利益相关者之间的伦理道德规范的主要理由有以下几点：

(1) 企业与利益相关者存在着休戚与共的关系，只有考虑了利益相关者的利益，企业的利益才能得到保障。

(2) 由于不完全竞争、外部效果和信息不对称的存在，股东利益最大化不一定能给社会带来最大好处。以空气污染为例，当一家工厂喷出有害气体损害当地居民的健康和财产，而该企业又不为此支付任何费用时，实际上等于把成本转嫁给他人和社会。

(3) 法律是人们必须共同遵守的最起码的行为规范，它只能对触犯了"最起码的行为规范"的行为予以追究，对一般不道德行为并不追究，法律只规定什么是不应该的、禁止的，而没有指明什么是应该的、鼓励的。然而，除了禁止的，并非都是受鼓励的，中间还有既不禁止也不鼓励的行为。法律反映的是昨天的道德准则，不一定符合今天和明天的社会期望。法律的产生是数年一修订，而社会是在不断发展变化的，因此，难免会出现法律滞后于现实的情形。仅仅守法不大可能激发员工的责任感、使命感、不大可能赢得顾客、供应者、政府、社区、公众的信赖、支持，也就不可能取得卓越的成就。

(4) 利润与道德既有对立的一面，但更有相辅相成的一面，利润与道德是可以兼得的。企业经营道德性假设是客观存在的，尽管企业经理层不一定考虑过这一问题，但事实上，他们的每一项决策、每一个行为都总是受特定的道德性假设支配的。道格拉斯、麦格雷戈视人性假设为管理的理论假设，同样，企业经营道德性假设也是一种管理理论假设，因为所持假设不同，管理实践将随之大不一样。

第三节 董事会、独立董事与监事会的道德责任

由于企业生产规模的不断扩大，企业股东人数越来越多，经营业务日益复杂，加之股东管理能力、管理经验与时间、精力等种种客观条件的制约，不可能由所有的股东都共同参与企业的日常经营管理，只能由专业经营人员（即经理层）来负责经营，从而就使企业所有权与经营权产生分离。企业所有权当然归全体股东所有，而企业经营权则归经理层所有。因股东人数众多，受管理成本的限制，只能每年举行为数不多的几次股东会，而无法对企业的日常经营做出决策，因此企业需要一个常设机构来执行股东会的决议，并在股东会休会期间代表全体股东对企业的重要经营做出决策。这个机构就是董事会。显然，董事会责无旁贷地承接了对全体股东的道德责任。

从委托-代理理论的角度看，在股东与董事关系中，股东是委托人，董事则是代理人；而在董事与经理的关系中，董事是委托人，经理则是代理人。显而易见，股东与经理之间是比较复杂的双层委托-代理关系。在股东、董事及经理的委托-代理关系中，股东（委托人）所关心的是自己财产的安全、保值和增值，董事、经理（代理人）却有着他们自己的利益目标（比如相互攀高的年薪报酬与奢华的在职消费等）。可以肯定，如果没有高尚的诚信品质与道德修养、有效的约束和监督，他们很难站在股东的立场上追求企业资产的有效使用。当董事、经理自身的利益与企业的利益发生偏离甚至冲突的时候，他们可能会牺牲企业及股东的利益而追求自己的最大利益，由此而做出的经营决策不当、滥用权力乃至中饱私囊等逆向选择行为必然会导致道德风险，引起企业及股东利益的损失，这种损失就是“代理成本”。“代理成本”概念的提出，把如何在保证企业经营者拥有一定权力的条件下，对其进行有效的监督约束，以减少代理成本和控制代理风险、控制逆向选择以降低道德风险的难题便摆在了各国立法者面前。在这种背景下，企业的独立董事制度与监事会制度就在大陆法系国家①孕育而生，并通过各国企业立法制度的发展逐步走向成熟与完善。

一、董事会的道德义务与独立董事的道德责任

（一）保持独立性，形成独立自主人格

所谓保持独立性，是指董事与独立董事在履行董事会业务、参加董事会决策时应当在精神上和形式上超出一切界限，独立于企业经理等管理层，其目的是取信于企业各种利益相关者。这种独立性的需要有两层含义，即精神上的独立与形式上的独立。

精神上独立，是要求董事和独立董事明确，他们表面虽受聘于委托单位，而在精神层面董事和独立董事则受托于社会公众。董事和独立董事只有与委托单位保持精神上的独立，保持独立自主人格，才能够以客观、平等的心态表示董事和独立董事的意见。

形式上的独立，是对第三者而言的，董事和独立董事必须在第三者面前呈现一种独立于委托单位企业经理等管理层（少数执行董事例外）的身份，即在他人看来董事和独立董

---

① 大陆法系，又称为民法法系，法典法系、罗马法系、罗马一日耳曼法系，大陆法系首先产生在欧洲大陆，后扩大到拉丁族和日耳曼族各国，它是以罗马法为基础而发展起来的法律体系的总称。大陆法系典型代表国家主要指法国和德国，还包括过去曾经是法、西、荷、葡四国殖民地的国家和地区，以及日本、泰国、土耳其等国家。

事是独立的、无倾向性的。由于董事和独立董事意见是外界人士决策的依据，因而董事和独立董事除了保持精神上的独立外，还必须在外界人士面前呈现出形式上的独立，只有这样才会得到社会公众的信任和尊重。

董事和独立董事尽管接受委托单位的聘请开展董事和独立董事业务，而且向委托单位领取报酬。但董事和独立董事应始终牢记自身所承担的却是对于整个社会公众的责任，这就决定了董事和独立董事必须与委托单位和外部组织之间保持一种超然独立的关系。因此，可以说，独立性是董事和独立董事的灵魂，对于独立董事而言其重要性更是不言而喻的。

（二）勤勉尽责，客观求是，真诚为企业谋取正当利益

勤勉尽责、客观求是就是指董事和独立董事对有关企业事项的调查、判断和意见的表述，应当基于客观中立的立场，以企业客观存在的事实为依据，勤勉尽责、实事求是，不掺杂个人的主观意愿，也不为委托单位或第三者的意见所左右，在分析问题、处理问题时，绝不能以个人的好恶或成见、偏见行事；在工作中必须一切从实际出发，注重调查研究、分析，只有深入了解实际情况、兢兢业业、勤奋尽责、认真负责，才能取得主观与客观的一致，做到董事和独立董事的意见与结论有理有据。

真诚为企业谋取正当利益，主要是要求董事和独立董事必须忠实于受聘的企业，提高董事和独立董事对企业的忠诚度。真诚为企业谋取正当利益对董事和独立董事的具体要求是：模范遵守企业章程；忠实履行董事和独立董事职务；在保障社会公众利益前提下维护企业正当利益；对那些明知危害社会公众利益而违规违法、不择手段追求企业不正当利益的行为，董事和独立董事必须想方设法加以制止，不得利用在企业的地位和职权为自己谋取私利；不得利用职权收受贿赂或者其他非法收入，不得侵占企业的财产；除依照法律规定或者经股东会同意外，不得泄露企业秘密。企业董事和独立董事应当向企业申报所持有的本企业的股份，并在任职期内不得转让；企业董事和独立董事应当对利益向企业做出说明。

（三）善管守信，维护企业资产，审慎行使决议权

善管守信义务源于董事和独立董事与企业之间的委任关系。董事和独立董事作为受任人，在执行职务中应尽善管人的关注守信义务。尤其在企业所有权与企业经营权分离的情况下，董事和独立董事对企业的正常运转负有高度的道德责任以及不可推卸的法律责任。所以，强化董事和独立董事的善管守信义务是十分必要的。董事和独立董事的善管守信义务可以分为以下四条。

1. 董事和独立董事必须维护企业资产

企业资产是企业业务活动的前提，维护企业资产的安全、完整、保值、增值是对董事会这个业务执行和经营决策机关组成人员的最基本要求。为此，董事和独立董事必须做到，不得私自挪用企业资金或者擅自将企业资金借贷给他人；不得将企业资产以其个人名义或者以其他个人名义开立账户存储；不得以企业资产为本企业的股东或者其他个人债务提供担保。实现这些要求，可以防止将企业资产化为个人资产，保证企业财产的安全。

2. 董事和独立董事在董事会上有审慎行使决议权的道德义务

董事和独立董事不仅负有上述对企业的善管守信义务，也应承担因未尽到义务而应

负的责任。董事和独立董事不得从事损害本企业利益的活动。否则,企业可对其行使归入权,即将从事上述活动的所得收入归企业所有。董事和独立董事执行职务时违反法律、行政法规或者企业章程的规定,给企业造成损害的,应当承担赔偿责任。董事会的决议违反法律、行政法规或者企业章程,致使企业遭受严重损失的,参与决议的董事和独立董事应对企业负赔偿责任。从董事和独立董事与企业的委任关系看,可将董事和独立董事对企业的赔偿责任视为因债务不履行所致。但是,如果就董事和独立董事违反善管守信义务和危及企业资产而言,董事和独立董事损害本企业利益的行为可能是侵害企业财产权的行为,因而将赔偿责任视为侵权责任也是有道理的。由此,董事和独立董事对企业的赔偿责任已不再是单一性质的,而是多元性质的问题。

【网络链接 5-2】

深交所公开谴责四家公司及其董事不诚信

信报讯(记者焦菁)深交所昨日(2006 年 4 月 11 日)在其官方网站发布了对四家公司或公司高管的公开谴责公告,这些公司均因严重违反上市规则同时被记入上市公司诚信档案。

从发布的公告来看,违规较为严重的两公司及其高管为阿继电器和数码网络。公告称,自 1998 年以来,阿继电器将控股股东阿继集团在银行的贷款变更到阿继电器名下,为阿继集团承担银行债务 2.14 亿元,截至 2005 年 12 月 31 日,阿继集团仍未偿还。该事项构成关联交易,阿继电器直至今年 2 月 9 日方予以补充公告。该行为严重损害了公司及其他股东的利益。另外,阿继电器 2005 年第三季度报告显示亏损 1766 万元,阿继电器未披露业绩预亏公告,对市场造成不良影响。因此,根据相关上市规则,深交所对阿继电器及其董事朱大萌、程力、段洪义等予以公开谴责,记入上市公司诚信档案。

对于数码网络,该公司于今年 4 月 11 日才发布预计 2005 年净利润为亏损的公告,预亏公告的披露时间严重滞后,给市场造成了不良影响。数码网络还给关联公司担保累计 2.22 亿元,占其净资产的 145%。根据其违规行为,深交所对数码网络及其公司董事钟小剑、张德雷、孙荣芳等予以公开谴责,记入上市公司诚信档案。

另外,因江苏天奇物流系统工程股份有限公司董事浦浩清未正常履行董事职责,丽江玉龙旅游股份有限公司前独立董事杨苍未能勤勉尽责地履行独立董事职责,深交所对他们予以公开谴责。

(资料来源:《信报》,2006 年 4 月 12 日)

3. 对董事和独立董事竞业禁止的道德义务

这里的竞业禁止,即对竞业行为的禁止,是指特定地位的人不得实施与其所服务的营业具有竞争性质的行为。在股份有限企业中,董事和独立董事是具有特定地位的人之一。依新《公司法》规定,董事和独立董事不得自营或者为他人经营与其所任职企业同类的营业。其行为要素是董事和独立董事自营或为他人经营的营业与所任企业的营业同类。

一旦企业董事和独立董事违反上述竞业禁止义务,企业可以依法行使归入权。新《公司法》之所以做出这些规定,主要是基于这种行为对企业的危害性。董事和独立董事从事上述竞业行为,就很有可能夺取企业的交易机会,还可能利用对企业商业秘密的了解,对企业造成损害。无疑,新《公司法》对董事和独立董事竞业禁止义务的规定尚需进一步完善:一是要明确董事和独立董事实施此种行为应向股东会说明其重要事实,取得股东会的认可;二是仅应禁止股东会未认可的上述行为;三是要确认企业行使归入权的程序和时效;四是上述行为如果给企业造成损失,还应赔偿企业损失。

4. 对董事和独立董事私人交易限制的道德义务

这里的私人交易,是指有特定地位的人为自己或为他人而与企业进行交易。在股份有限企业中,董事和独立董事是特定地位的人之一。新《公司法》规定,董事和独立董事除企业章程规定或者股东会同意外,不得同委托的本企业订立合同或者进行交易。这表明,董事和独立董事的私人交易是受到新《公司法》限制的。具体地说,董事和独立董事欲与企业订立合同或进行交易应有企业章程的规定作为依据。如企业章程无此规定,董事和独立董事应向股东会说明事实,取得股东会的同意。如果股东会同意,则可进行此种交易,否则不能进行。如果股东执意进行此种交易,则该交易在法律上无效。新《公司法》做出这一规定的目的,是为了防止董事和独立董事为谋私利而牺牲企业利益,从而成全自身私人交易业务。

我国新《公司法》第 47 条明确董事会对股东会负责,行使下列职权:

(1) 召集股东会会议,并向股东会报告工作;

(2) 执行股东会的决议;

(3) 决定企业的经营计划和投资方案;

(4) 制订企业的年度财务预算方案、决算方案;

(5) 制订企业的利润分配方案和弥补亏损方案;

(6) 制订企业增加或者减少注册资本以及发行企业债券的方案;

(7) 制订企业合并、分立、解散或者变更企业形式的方案;

(8) 决定企业内部管理机构的设置;

(9) 决定聘任或者解聘企业经理及其报酬事项,并根据经理的提名决定聘任或者解聘企业副经理、财务负责人及其报酬事项;

(10) 制定企业的基本管理制度;

(11) 企业章程规定的其他职权。

二、监事会的组成、职权与道德责任

监事会制度源自西方大陆法系国家,是监督理事会的简称。根据西方国家公司法的规定,监事会具有如下特点:监事会是股份有限企业的常设监督机构,负责监督董事会、经理层执行业务的情况;一般不参与企业的业务管理,对外一般无权代表企业。

监事会是公司法人治理的制衡机构。在企业治理结构[①]中,股东会是企业的最高权

① 公司治理结构,狭义地讲是指投资者(股东)和企业之间的利益分配和控制关系,包括公司董事会的职能、结构、股东的权利等方面的制度安排;广义地讲是指关于公司控制权和剩余索取权,即企业组织方式、控制机制和利益分配的所有法律、机构、制度和文化的安排。它所界定的不仅是所有者与企业的关系,而且包括利益相关者(包括股东、债权人、公司职工、顾客、供应商、当地社区居民、政府等)之间的关系。公司治理结构决定企业为谁服务(目标是什么),由谁控制,风险和利益如何在各个利益集团中分配等一系列根本性问题。

力机构。但股东会是一个会议体机构，只是在例会期间行使权力，日常实际行使企业权力的则是董事会、经理层。股东会为了避免失控于董事会、经理层，必须建立一个机构来监督董事会、经理人的受托代理行为是否与股东的意志相符，从而使股东的利益得到保障。这个行使监督权的机构就是监事会。

我国新《公司法》第五十二条规定：有限责任企业设立监事会，其成员不得少于 3 人。国务院颁布的《国有企业监事会暂行条例》(2000)第二条规定：国有重点大型企业监事会由国务院派出，对国务院负责，代表国家对国有重点大型企业的国有资产保值、增值状况实施监督。我国各地在《国有企业监事会暂行条例》的框架下对国有企业监事会的人员有各自不同的要求。例如《上海市国有企业监事会管理暂行规定》中要求：(国有企业)监事会成员的数目应为不少于 3 人的奇数。监事会成员一般应包括以下人员：一是出资者的代表(或股东代表)；二是有关方面的专家；三是职工代表。

我国新《公司法》第五十四条规定，监事会或者监事行使下列职权：

(1) 检查企业财务；

(2) 对董事、高级管理人员执行企业职务的行为进行监督，对违反法律、行政法规、企业章程或者股东会决议的董事、高级管理人员提出罢免的建议；

(3) 当董事、高级管理人员的行为损害企业的利益时，要求董事、高级管理人员予以纠正；

(4) 提议召开临时股东会会议，在董事会不履行本法规定的召集和主持股东会会议职责时召集和主持股东会会议；

(5) 向股东会会议提出提案；

(6) 依照本法第一百五十二条的规定，对董事、高级管理人员提起诉讼；

(7) 企业章程规定的其他职权。

在以下特殊情况下，监事会有权代表企业：一是当企业与董事间发生诉讼时，除法律另有规定外，由监督机构代表企业作为诉讼一方处理有关法律事宜。二是当董事自己或他人与本企业有交涉时，由监事会代表企业与董事进行交涉。三是当监事调查企业业务及财务状况、审核账册报表时，代表企业委托律师、会计师或其他监督法人。新《公司法》首次明确监事会、不设监事会的企业的监事行使职权所必需的费用，由企业承担。监事会、不设监事会的企业的监事发现企业经营情况异常，可以进行调查；必要时，可以聘请会计师事务所等协助其工作，费用由企业承担。

那么，如何履行监事会的道德责任？

(一) 遵纪守法，尽职尽责，严格监督

当前，我国企业也面临全面实施法治的任务。由于遵纪守法是每个公民应尽的义务和责任，作为监事人员必须以身作则，应严格遵守国家的财经纪律(财政纪律、信贷纪律等)和财务制度(如费用开支标准、成本开支范围)，贯彻执行国家的法律规定，如经济合同法、公司法，特别是公司法，牢牢树立公司法治的思想，使企业工作早日走上全面法治的轨道。

所谓尽职尽责、严格监督，是指监事人员不屈服于任何人的意志，严格按照国家有关法律、法规、财经政策与制度，精通业务，尽职尽责，通过审核凭证、账簿、控制预算或计划的执行，对本单位的每项经济活动的合理性、有效性进行监督，制止损失浪费，维护财经法纪，提高经济效益。

1. 明确企业的监督职能

企业监督是企业的基本职能之一，是我国经济监督体系的重要组成部分。有效发挥企业监督职能不仅可以维护财经纪律和社会经济秩序，对健全企业基础工作，建立规范的企业工作程序，也起到重要作用。企业监督职能也称控制职能，是指监事人员在对特定对象经济业务的合法性、合理性进行审查。合法性是指保证各项经济业务符合国家的有关法律法规，遵守财经纪律，执行国家的各项方针政策，杜绝违法乱纪行为；合理性审查是指检查各项财务收支是否符合特定对象的财务收支计划，是否有利于预算目标的实现，是否有违背内部控制制度要求等现象，为增收节支、提高经济效益严格把关。

在社会主义市场经济条件下，必须加强企业监督。市场经济是法制化的经济，活而有序的社会主义市场经济，要求各单位的经济活动必须在法律、法规、制度规定的范围内进行。搞违法活动是任何一个成熟而健全的市场经济国家所不允许的。企业监督作为我国经济监督体系的重要组成部分，必须在维护社会主义市场经济秩序、保障财经法律、法规、规章贯彻执行中发挥重要作用。

加强企业监督，必须以财政经济法律、法规为依据。开展经济工作必须依据财政经济法律、法规为规范，这是经济工作顺利进行的重要保证。监事人员和单位负责人应当明确地辨别经济业务是否合法的界限，要以财政经济法律、法规、规章为依据做出准确的判断，并以此做出恰当的处理，对不认真履行企业监督职责，干扰、阻挠监事人员履行企业监督的行为，要坚决依法予以追究，扭转企业监督弱化的现象。

2. 监事人员应以身作则，模范遵守财经法规

为了做到严格监督，监事人员必须培养自己具有公正、客观的品质和忠于职守的精神，从国家和人民的利益出发，以有关政策和法规为标准，不带任何成见和偏见去开展企业监督工作。实施严格监督，更为重要的是，监事人员必须从自己做起。要求有如下几点。

(1) 自觉遵守财经纪律和经济法规，严于律己，大公无私，不谋私利。

(2) 积极主动宣传解释财经法规和制度，使有关人员了解、掌握并自觉遵守。

(3) 在工作中严格把守关口，从实际出发，善于区别各种情况，宽严结合。进行严格监督，最后必须落实到实处。

(4) 积极支持促进生产、搞活流通、开发财源的一切合理、合法开支，坚持抵制揭发违反财经纪律、偷税漏税、铺张浪费、假公济私、行贿受贿、贪污盗窃等不道德的行为，不怕打击报复，维持监事人员的尊严，忠实地执行法律所赋予的权利和义务，以促进社会主义建设的发展。

3. 对经济活动实施严格的事前监督、事中监督和事后的监督

企业监督工作要始终贯穿于经济活动的全过程中，要把企业监督寓于决策之中，寓于管理之中，寓于日常的财务业务之中。这样，既可以防患于未然，又能及时解决出现的各种问题，避免造成大的损失。具体来说，这一规定就是要监事人员运用一定的方法、手段和企业资料对本单位的经济活动进行严格的事前、事中和事后的监督。

事前监督是指在企业各项经济业务活动的准备阶段，以财经政策、制度和企业计划为准绳，对企业经济合同、经营计划等所做的合法、合理、合规的经济性审查，使之符合规定要求。

事中监督是在企业生产经营过程中以计划、定额、预算等为标准，对生产消耗、成本升降、资金使用、收益大小加以控制，及时发现并校正执行中的偏差，促使预定目标的实现。

事后监督则是指在一个生产经营过程完结之后运用企业资料进行检查，对经营全过程做出评价，并检查企业工作的质量，为下一个生产经营过程做全面准备。

4. 把握企业监督工作重点，增强监督工作的有效性

企业监督工作的重点是，应该根据党和国家对经济工作的要求来保证经济工作沿着正确的轨道运行，不断提高经济效益。因此，企业监事人员要围绕这个重点，抓住经济活动中的重要环节，开展监督工作。

要积极发挥把关作用。目前在国家经济政策尚不健全，并存在执行不力的情况下，个别领导立足于单位的小天地，无视财经纪律的现象到处可见。有的为了“创政绩，捞选票”往往置国家政策、纪律不顾，任意挥霍国家财产，有的为了搞福利、谋私利，随意侵吞，违法违纪，企业监事人员绝不能睁只眼、闭只眼，类似问题都是非常有害的，是与企业职责格格不入的，必须予以坚决纠正。

（二）公正审查，廉洁执法

1. 公正审查，正确处理各种不同类型的经济利益关系

公正审查是指监事人员应当具备正直、诚实的品质，公平正直、不偏不倚地对待有关利益各方，不以牺牲一方利益为条件而使另一方受益。

监事人员在处理审查业务的过程中，要正确对待与被审查单位有利害影响的各方面关系人，诸如债权人、所有者、政府、企业职工、商业伦理当局等。这些人的利益与被审查单位有着密不可分的利害冲突。监事人员在处理审查业务时，保护了债权人的利益，可能会损害所有者的利益；保证了所有者的利益，可能会损害政府的利益；维护了企业职工的利益，有时会影响商业伦理当局的利益。这些关系人的利益纵横交错，关系非常复杂。所以，企业监事人员，在审查过程中，包括准备阶段、实施阶段和终结阶段，都应保持正直、诚实的心态，不偏不倚地对待利益各方，不掺杂个人私心、主观立场，做到使各方面利益关系人都能接受并认可。

2. 廉洁执法，适时对违规的董事、独立董事或经理提起法律诉讼

廉洁执法是指企业监事人员在审查监督中必须保持清廉洁净的情操，在独立、客观、公正的基础上，恪守国家任何有关法律、法规及制度的规定，依法进行合理、合法的审查监督业务，不得利用自己的身份、地位和执业中所掌握的被查单位资料和情况，为自己或所在的单位谋取私利，不得向被查单位索贿受贿，不得以任何方式接受被查单位馈赠礼品和其他好处，不得向被查单位提出超越工作正常需要之外的个人要求。

市场经济越发展，企业监事人员在经济生活中的地位将越来越重要，发挥的作用也会越大。企业监事人员如果工作失误或犯有欺诈行为，将会给有关企业、国家或第三方造成重大损失，严重的甚至导致经济秩序的紊乱。

按照监事会的职权，当董事行为损害企业的利益时，监事会有权要求董事和独立董事予以纠正。如果监事会纠正后,董事和独立董事及时赔偿了企业的损失,企业的损害则得到了救济。如果董事和独立董事拒不赔偿企业损失,则会酿成以企业为原告以董事和独立董事为被告的损害赔偿诉讼。对此,有两个问题是需要讨论的。一是谁代表企业提起诉讼。二是监事会代表企业起诉谁。这将视情况而定。既然监事会有权纠正董事和独立董事损害企业利益的行为,它的职权也自然可以延伸为代表企业提起对董事的诉讼。

因此,强化企业监事人员的法律责任意识,严格规定企业监事人员的法律责任,以保证其职业道德和监督质量,其意义就显得愈加重大。

【网络链接5-3】

诚信领导:诚信社会从领导做起

不久前我在迈特克公司(Medtronic,世界500强企业,是一家制造医疗设备的公司,它的主要产品是心脏测量器,客户包括医院、护理中心等,销售市场以美国和加拿大)见到了一群高智商的年轻职业经理人。我们在讨论职业发展时,其中一位请我列出在迈特克公司当一名领导者必须具备的最重要的品质,我说:"我可以用一个词来概括,那就是诚实。"

通过几年来对领导者及其特征的研究,我发现对于领导者而言,最重要的就是诚实。它表现为坚持自我、坚守本位。这既不同于大多数关于领导的文章所报道的,也不同于美国企业界的权威人士所传教的。它们罗列的是种种以供仿效的领导品质,描绘了领导者的种种个人风格,并引导你如何运用到自己身上。

这恰恰是与诚信相对立的,它树立的只是一个领导者的表面形象。不幸的是,媒体、出版社甚至电影一直鼓吹高度自我中心的领导者。他们看重的是领导者的风格,而不是他们的性格。更进一步讲,把知名的CEO塑造成时代英雄正是企业领导的危机所在。

诚信的领导者真诚地希望通过他们的领导为他人服务。他们不十分看重自身的权力、金钱和威望,而是给下属更多的自主权,为机构创造更多的利益。他们既信奉理智,也信奉情感——激情和悲悯。

诚信的领导者并不是天生的。很多人生来就具有领导天赋,但他们只有充分开发自身潜质才能成为杰出的领导者。诚信的领导者善于发挥自身才能,但他们同时意识到自身缺陷并努力克服。他们的领导目标明确、切实有效,又不失职业道德。这类领导者和他人建立了长期良好的人际关系。人们遵从他们的领导,因为他们知道每个人适合干什么。他们坚持一贯作风,而且自我约束力极强。当他们的准则遇到考验时,他们不会轻易退让。诚信的领导者总是不遗余力地发展自我,因为他们清楚,作为一名领导者,他们需要耗尽一生的时间不断成长。

没有诚信领导　哪来基业长青?

做一个诚信领导的代价有如下几点:

(1) 没有明星CFO的那种风光;

(2) 需要耐得住寂寞;

(3) 需要忍受各色人物的猜测和批判。

做一个诚信领导的收益有如下几点

(1) 没有良心的谴责,一夜安睡到天明;

(2) 不必每周工作 70 小时,可以享受天伦之乐;

(3) 超越时间与金钱的重压,过一种平衡的生活;

(4) 自我做主,不必理会各色人物的聒噪与摆布;

(5) 可以创造一家基业长青的企业,不像安然、世通公司那样轰然倒地;

(6) 可能与比尔·乔治一样,在 20 年的时间里,迈特克公司的收益从 4 亿美元增加到 80 亿美元;股票市值从 11 亿美元增长为 600 亿美元。

(资料来源:[美]比尔·乔治著,《诚信领导》,王成、顾澄清译,北京:电子工业出版社 2004 年 6 月第 1 版)

第四节 企业经理层道德人格的塑造

"企业精神"实际上就是企业经理层人格精神的延伸,而企业凝聚力的强弱在很大程度上取决于企业经理层的道德人格魅力。道德人格是企业经理层素质的内在化与轴心,决定着企业经理层的人格质量。因此,企业经理层道德人格素质包括知识、经验、能力、品质等的内在化。

企业经理层道德人格的主要表现在企业经理层具备良好的思想、精神和工作作风。具体看,首先,企业经理层要有大公无私、公而忘私的忘我精神,一心为公,严于律己,宽以待人。其次,企业经理层要有一丝不苟、实事求是的工作作风。有成绩不夸大。有缺点不缩小,勇于批评与自我批评。用严肃的态度、严格的精神,去做好企业各项工作。再次,企业经理层要有雷厉风行、艰苦奋斗的实干作风。要言行一致,不尚空谈,追求务实,树立威信,带领职工群众沿着企业正确的发展轨道前进。最后,企业经理层要有密切联系群众的民主作风。要有群众观点,走群众路线,工作上依靠群众出谋划策,生活上要关心群众疾苦。全心全意依靠工人阶级办好企业。企业经理层要牢固树立"公仆"意识。唯有上述作风品质,企业经理层才能有效树立个人威望,发挥自己的领导力,通过科学决策,领导企业在市场挑战中保持强大的竞争力。

杜莹等人(2005)研究说明,企业经理层在现代社会中具有较高的社会地位,时代也赋予他们发展经济、传播先进文化、促进社会道德水平提高的社会责任。[①] 同时,企业经理层担负着发展企业、振兴企业、实现民族腾飞的重任,也就决定了企业经理层必须富有理想、廉洁奉公、遵纪守法、崇尚信誉、公正待人、尊重员工、坚韧不拔、锐意进取、忧国爱民,先天下之忧而忧、后天下之乐而乐。这样才能团结员工、凝聚人心、振兴企业。就我国目前而言,作为社会主义企业经理层,其道德人格风范更应该具有责任意识、廉洁作风、创新精神、博大胸怀。可以说,强烈的创新精神、永不停止的经济冲动、坚韧不拔的内在毅力、对市场变化的灵敏触觉、极强的复合素质,是企业经理层的永恒主题。以上相互关联构成"企业经理层道德人格"的基本要素。

---

① 杜莹等.企业家的社会地位与社会责任.道德与文明.2005(2):69-72.

在企业经理层中，处于最高的企业经理是企业 CEO，即 Chief Executive Officer，而 Chief Ethics Officer，即首席道德官或商业伦理主管，正好也可简单表示为 CEO，所以我们认为，首席执行官首先应该是首席道德官(虽然首席执行官不一定兼任该职务)，他应该是商业道德楷模。在我们专题调研中，当问及“企业 CEO 是首席执行官，首先应该是首席道德官，是商业道德楷模”，非常赞同的有 71 人次，占 32.87%；赞同的有 114 人次，占 52.78%，这也印证我们以上的想法。

从 2002 年 10 月到 2003 年年底，美国就有 100 多家企业聘请伦理长，因为美国致力于从制度与机构设置上规范商业伦理，纽约证券交易所要求所有的上市企业都必须设立伦理规范，该项规定实施使许多企业纷纷聘用伦理主管。华尔街的一系列丑闻使美国企业主管明白，对员工进行商业伦理训练，重要性不亚于收支平衡或行销等业务训练。国际纸业商业伦理长伯格说：“如果企业看重伦理道德，这种美誉在今天的市场上是一种竞争优势，不仅客户对你忠诚，而且你也可赢得员工的忠诚”。[①]

那么，怎样塑造企业经理层道德人格？企业经理层有哪些道德规范要求？

一、依法为民经营：企业经理层的经营方向

民即人民，亦指社会公众，人民是一个历史范畴。在任何时代和任何国家，人民的主体就是劳动群众、社会公众。依法为民经营就是要求企业经理层为劳动群众服务，为绝大多数人服务。依法为民经营规范的确定，正是社会公众的集体利益在商业道德观念上的集中反映。依法为民经营规范贯穿于经营过程的始终，落实于本职工作的方方面面，是企业活动的最低界限。企业经理层就是通过依法为民经营，来体现为社会公众服务目的。显然，依法为民经营规范与毛泽东同志倡导的全心全意为社会公众服务的精神相吻合，也体现江泽民同志“三个代表”思想对企业经理层的根本要求，与“人人为我，我为人人”及“取之于民，用之于民”的规范是一致的，同时体现了经商管理活动的基本要求和主要特点，反映了社会公众对企业经理层的特别要求。依法为民经营规范的主要内容有如下几点。

(一) 把社会公众的整体利益放在首位，合法开展规范经营

企业经理层在经商理财过程中，首先必须把社会公众的整体利益放在首位。无论在什么时候、什么情况下，绝不做明知对社会公众有害的事情。因为，社会公众利益就是整体利益，把社会公众利益放在首位就是要把满足整体利益作为本职工作的出发点和归宿。凡是有悖于整体利益的事情，不仅自己不能做，也要反对他人去做。

(二) 企业经理层做社会公众的“好管家”

为社会公众做“好管家”，这是依法为民经营规范对广大企业经理层提出的直接要求。依法为民经营规范就是要求企业经理层理财得当、恰到好处、好上加好、低耗高效；就是要做到聚财有道、用财有效、生财有方。为了聚财有道，企业经理层应该熟悉财经法规，洞察市场行情，集聚恰当资财，以便生产经营；为了用财有效，企业经理层应该精打细算，勤俭节约，量力而行，统筹规划，积极参与预测，参与决策，编制全面预算，把有限的钱财用到

---

① 大松，最新的职务：企业伦理长．中国企业家，2003(1)：80．

刀刃上，讲究资财使用效果；生财有方，就是要求企业经理层积极做好资金使用决策，关注货币的时间价值，不断提高资金使用效率。

【网络链接 5-4】

重温《出师表》：高管您勤勉尽责了吗？

上市公司是所有权与经营权相分离的典型形式。董事、监事和高管人员，受托对公司进行经营和管理。上述人员对公司的责任感、事业心和奉献精神，直接关系到股东的利益和企业的发展。新修订的《公司法》明确规定，董事、监事、高级管理人员"对公司负有忠实义务和勤勉义务。"重温诸葛亮的《出师表》，学一学诸葛亮对蜀汉政权的忠诚和勤勉尽责，对我们落实这一规定，是大有益处的。

其一，诸葛亮始终不渝地忠实于蜀汉政权，从无僭越之念。他谨守为臣的本分，把自己摆在一个辅佐的位置上，不越轨，不逾规。

其二，诸葛亮重承诺，讲诚信，一诺千金。

其三，诸葛亮十分勤勉尽职。出师北伐之前，为了指导刘后主处理好政事，稳定国内政局，减少后顾之忧，专门向刘后主上奏疏。

其四，诸葛亮勇于承担责任，自我加压，敢于自断后路。

闲云潭影日悠悠，物换星移几度秋。民间流传着这样的说法，读《出师表》不流泪者不忠。一个"忠"字，道尽了这篇文章的真谛。上市公司的董事、监事和高管人员，不妨挤点时间，读一读这篇文章，对照自己的所言、所想、所为，或许能从中得到一些有益的启示。

（资料来源：徐叔衡，《证券时报》，2006 年 1 月 13 日）

（三）恰当处理长远利益与眼前利益关系

在经商管理实践活动中，企业经理层必须恰当处理好企业长远利益和眼前利益的关系。应该看到，在一定的历史阶段，企业的长远利益与眼前利益是一致的；但在某一个特定时点上，由于劳动生产力的水平性和社会财富的有限性，企业的长远利益与眼前利益可能会呈现差异性，存在一定程度的矛盾性。

企业经理层在本职工作中，既不能单纯为了满足企业的眼前利益而不顾长远利益，特别是要克服生产经营的短期行为；也不能借口企业的长远利益而不顾及眼前利益，应促使企业员工的生活水平随着时间的推移逐步得到提高。依法为民经营规范要求在兼顾企业的长远利益的同时，不断满足企业眼前利益的需要。

（四）妥善处理社会利益与企业利益关系

从总体上看，由于社会主义公有制的建立，企业利益包含在全体社会利益、即社会的整体利益之中。因此，社会的整体利益与企业利益应该是一致的。但在现实生活中，两者之间仍然会产生一些矛盾。企业经理层在经商理财的工作中，不得以企业利益去损害社会的整体利益，也不得以社会的整体利益去取代企业利益。马克思曾经明确指出："共产主义既不拿利己主义来反对自我牺牲，也不拿自我牺牲来反对利己主义……"正确的做法是按照客观经济规律，根据国家的方针、政策和法规妥善处理好全体社会利益与企业利益之间的经济利益关系，使两者在尽可能的条件下达到和谐统一。

二、廉洁奉公：企业经理层之行为准绳

所谓廉洁，是指清白、节俭、高洁、干净之意。“廉”的反义词是“贪”，“洁”的反义词是“污”，“廉洁”就与损公肥私和贪污盗窃相对立。《楚辞·招魂》篇有：“朕幼清以廉洁兮。”王逸注：“不受曰廉，不污曰洁”。《淮南子·原道》也说：“夫得其得者，不以奢为乐，不以廉为悲。”所以，“廉洁”就是要求廉洁清正、不谋私利。所谓奉公，是指奉行公事，主持正义，讲求公道，不偏不倚，与假公济私相对立。《史记·廉颇蔺相如列传》有：“以君之贵，奉公如法，则上下平。”应该明确，奉公的基本依据是法律、法规和制度。因此“奉公”就是要求奉公执法、不畏权贵、不唯上、不唯钱、只唯法、只唯实。廉洁奉公就是要求洁身自好、操守为重、廉洁清正、奉公执法、照章办事、主张为公众谋福利。商业道德理论把廉洁奉公从干部道德规范上升到商业道德规范的高度，是经商管理工作的特殊职能所规定的，是广大社会公众对企业经理层的客观要求，是经商活动的行为准绳。

企业经理层的职业生活，说到底就是经商理财，是通过使用价值的运营对价值运动所实施的反映、核算、控制和管理，是对使用价值所实施的监督。正是这一职业生活的特点，决定了企业经理层首先必须是廉洁奉公、公私分明的人，而社会也以此为标准作为考察其是否具有商业伦理资格的基本前提之一，企业经理层在社会生活中的职业威信和信誉的取得，在很大程度上依赖于这种商业道德规范和商业道德品质。

企业制使企业经理层肩负起受托管理社会及单位的金钱账务这一重要的职业使命，也使得廉洁奉公在职业生活中显得更为重要。因为，企业经理层一旦有渎职行为，受到损害的必然是全社会的利益，是人民大众的利益。所以，商业道德的廉洁奉公规范反映社会对于企业经理层在管理活动中的责任、权力、利益等方面的根本要求。作为社会主义商业道德规范之一，廉洁奉公规范包括如下要求。

（一）企业经理层做到廉洁清正，操守为重

廉洁是我国各族人民的光荣传统。清正廉洁是民间广为流传的包公、狄仁杰、海瑞等清官的优秀品质，是毛泽东、刘少奇、朱德和周恩来等老一辈无产阶级革命家的优良作风，长期以来为我国人民所赞颂和敬仰。在市场经济条件下，廉洁清正是企业经理层正确执行国家财政经济公司法规、政策和制度，履行企业职责的基本保证，是社会主义商业道德的重要标志，是衡量企业经理层是否称职的重要尺度，是企业经理层最起码的道德品质。根据廉洁奉公规范要求，企业经理层怎样做到廉洁清正呢？

1. 洁身自爱，切忌以权谋私

企业经理层要培养洁身自好、自尊自爱、不贪不占、干净明白的高尚品德，就应该珍惜自己的企业经理层身份，重视自己的品质、荣誉、情操和人格，提倡“老老实实做人，认认真真做事，明明白白获取”，彻底放弃“金钱至上、货币万能”的没落人生哲学，要正确认识自己手中的经商管理权利是人民神圣权利的一种表现。惩治、清除腐败是党和国家当前面临的重大任务。相应地，在企业领域是切忌、清除以权谋私。

2. 保护公共财产神圣不可侵犯

广大企业经理层应深刻认识到自己管理的财产是社会主义的公共财产。我们知道，大陆法系强调社会利益至上性，而英美法系则强调个人利益至上性。我国宪法明确规定

"社会主义的公共财产神圣不可侵犯"。爱护公共财产是每个公民应尽的道德义务。企业经理层理所当然应该成为履行这一义务的模范。这也是企业经理层对祖国、对人民和社会主义事业的忠诚、热爱精神的体现。企业经理层要把好"关",守好"口"。绝不容许任何人以任何借口和任何方式挥霍浪费、侵吞人民的公有财产。要与化公为私、损公肥私、盗公利私的行为进行坚决的斗争。

3. 自我约束,严禁舞弊贿赂

自我约束,也称自我控制,简称自觉性,就是指一个人对自我思想和个人行为的内在的、内心的、内化的、内部的管理、约束和控制的能力和水平。一个人的自觉性体现在政治思想自觉性、道德情操自觉性、文化素质自觉性和职业工作自觉性等诸多方面。自我约束就是要求每个企业经理层应严格按照商业道德伦理、商业道德规范和商业道德范畴的基本要求,时时处处及方方面面都对自己的思想观念和行为活动加以反思、检查及分析,促使自己的商业道德境界不断向更高的层次迈进。

4. 加强学习,造就廉洁清正的高尚道德品质

企业经理层要想具备廉洁清正的高尚道德品质,就必须加强学习,自觉提高思想觉悟和道德水准。原因在于,一个人高尚的廉洁清正的道德品质不会与生俱来,也不可能从他人处获取。唯有通过长期的自觉学习、深刻的自我改造和复杂的社会实践,方能锤炼出廉洁清正的优秀品质。

(二) 企业经理层做到秉公执法,率先垂范

廉洁奉公规范不仅要求企业经理层做到廉洁清正,更重要的是要求企业经理层自觉做到秉公执法。何谓秉公?所谓秉公就是在任何时候、任何地方、做任何事情,企业经理层都要出以公心,主持公道,讲究公平、公正、公开,不偏不倚。秉公执法就是要求做到不畏权势、唯法独尊、唯法是从、唯法独上。企业经理层是在为国家依法经营执法。秉公执法就是依法经营,是为社会尽职尽责的具体表现。同时秉公执法是企业经理层最主要的职业行为,是企业经理层应该尽到的职业责任和道德义务,是商业道德规范的重要内容。秉公执法,既是由社会主义本职工作的性质决定的,也是全社会对企业经理层的必然要求,是商业道德规范体系的现实基础。根据廉洁奉公的规范要求,企业经理层怎样才能做到秉公执法呢?

1. 熟悉法律,精通政策

企业经理层是对企事业单位的人力、财力、物力的使用价值形态与价值形态进行综合系统控制、监督使用的重要管理者。经商管理机构是国家经商管理法纪和制度的重要维护执行者,是协调各种经济实体内部及其与外部各方面经济联系的中介纽带。应该明确,全部本职工作与活动都必须以国家立法机关和国家行政机关制定和认可的经商管理法律、法规、准则为准绳。应该明确"依法经营、依法核算、依法监督"是商业伦理工作的关键。经商管理法律控制约束着经商管理日常工作的每个环节和全部过程。企业经理层应当熟悉、掌握经商管理法律和法规,以及与此相关的其他法律和法规,精通由上述法律制定的各项经商管理政策。与此同时,要增强执法、守法的自觉性。唯有如此,企业经理层在其业务工作中对经商管理法律和政策的运用方能得心应手、运用自如。

2. 有法必依，执法必严

企业经理层在其经营工作中应有法必依、执法必严、违法必究，严格贯彻执行国家有关经商管理法律、法规和政策制度，依法经营，无论是上级领导，是顾客用户，还是亲朋好友，应一视同仁，不讲亲疏。企业经理层须过好两个"关口"。

（1）平等过好"权利"关。企业经理层在其业务过程中，无论是对当领导，还是对平民百姓，都应该平等相待，坚持在法律面前人人平等，遵循法不以权变的规范。在某些地方、某些部门或某些单位领导出于本位主义、地方主义及个人主义考虑，会出面干涉企业经理层执法，以权压法，阻碍经商管理法规的贯彻执行，甚至对执法的企业经理层进行责难或打击报复。面对这种情况和局面，有的企业经理层畏惧权贵，不讲规范，放任自由，听之任之；有的同流合污，出谋划策，这都是不对的。作为企业经理层，应当明确依法管理是国家和人民赋予的神圣权利，要勇于坚持正确意见，积极主动维护经商管理法规的尊严，维护国家和人民的整体利益。

（2）坦然过好"人情"关。企业经理层在执行经商管理法律过程中，不能因为与个人关系远近或亲疏而有别，应坚持法不以情变的规范。在收入确认与计量、费用开支与发生、工资计算与发放、成本归集与计算、利润形成与分配、款项借支与报销、税金预提与清缴等问题上"求情"的人和事，常常会发生。当前，社会风气还没有根本好转，执行问题还会比较严重，有一个难闯的"人情"关。企业经理层既要做好耐心细致的经商管理法律法规的宣传与教育工作，更要按照秉公执法的规范待人处事。

3. 以身作则，克己奉公

"打铁先要本身硬"。作为国家财经公司法律的执行者，企业经理层必须以经商管理法律、法规来约束自己的言行。事事处处要以经商管理法规作为自己行为的准则，在群众中，以身作则，克己奉公，率先垂范，起表率作用。在本职工作要严守经商管理法律、法规，维护经商管理法律、法规的权威性，自觉地把自己的活动置于经商管理法规允许的规范内，切实履行企业经理层对国家、对社会、对人民应承担的法律义务。绝不能以为经商管理法律只约束别人执行，而自己则可以随心所欲。企业经理层必须从自己做起，身体力行，率先做到，以自己实际行动维护经商管理法律、法规的严肃性和权威性，切实做到秉公执法，把廉洁奉公规范落到实处。

三、服务社会，追求卓越

（一）企业经理层应兼顾企业利益与公众利益，服务社会公众

担任企业经理，必须坚定不移地贯彻股东与客户第一，商品质量与服务至上的经营理念。企业作为社会经济组织，承担为社会创造物质财富与精神食粮，为公众提供优质商品与周到服务的重大任务，要在生产品牌和服务公众的过程中发展自己。因此，必须增强品牌与服务意识。纵观所有的企业经理层的业务类型，都是在其服务于客户的经营理念上拓展的，尤其是在市场经济中，所有企业的发展都要建立在取信投资者与赢得客户的基础上。失信投资者，自断资金后路；失去客户，就失去市场；失去市场，就失去发展后劲；失去发展后劲，就失去生机和活力。要赢得投资者与客户的信任和信赖，开拓资本市场与商品市场，就必须落实股东与客户第一，商品质量与服务至上的经营理念。这要从六个方面

着手：一是提高优质商品；二是创造丰厚利润；三是拓宽市场领域；四是完善服务手段；五是改善服务态度；六是提升服务质量。

企业经理层职业性质决定了他所担负的是对社会公众与发展自身企业的责任。企业经理层之所以在现代社会中产生和发展，是因为他能够以优良的道德品质、成熟的管理能力、熟练的专业技术和独立的工作立场赢得企业所有者的信任与青睐，从而被赋予企业的经营管理权利。由企业会计人员编制、经理层签发的会计报表，通过审计后对外公布，作为企业会计信息外部使用人进行决策的依据。所谓会计信息外部使用人，既包括企业现有的，又包括潜在的投资人、债权人以及政府有关部门等所有与企业财务信息相关的人士，可泛指为社会公众。社会公众在很大程度上依赖企业会计人员编制、经理层签发的会计报表和注册会计师对会计报表的审计意见，并以此作为决策的基础。他服务的对象从本质上讲是社会公众，这就决定了企业经理层从他诞生的那一天起，所担负的是发展自身企业的责任与面对社会公众的责任。

（二）企业经理层在生产经营管理过程中不断追求卓越

企业经理层作为一个独立的职业，是服务于广大企业和社会公众的，其生存与发展依赖于公众对其的评价和信任，因此，企业经理层作为专业管理人士，保持良好的职业风范是相当重要的。企业经理层诚信品质、技术水准和服务质量是其生存的根基，也是其赢得社会公众信任的竞争优势之所在。因此追求经商道德的日益完善、管理及技术的精益求精是成为企业经理层的必然要求。追求卓越也就成为企业经理层职业道德规范的一个重要组成部分，具体有以下几个方面。

（1）保持谦和礼貌的态度。礼貌是中华民族的传统美德，作为具备一定素质的企业经理层，在与投资者、客户进行沟通的过程中，保持对投资者、客户和广大社会公众的礼貌态度是一个基本的要求。

（2）提高商品服务质量。企业经理层在为客户提供商品及配套服务时，必须时刻注意商品的过硬品质与服务的效果，而不仅仅为完成业务而已，因为商品的质量与服务的完成效果直接决定了企业经理层在投资者、客户和公众中的印象和评价，也就决定了其服务质量。而且，有的效果还反映在企业经理层对投资者、客户利益和社会公众利益的关心之上。

（3）对投资者、客户和公众及时响应。企业经理层虽然是直接为客户提供服务，但其最终的服务对象却是广大的社会公众，因而对投资者、客户和公众等广大服务对象的及时响应也是企业经理层所应具备的基本品质。

（4）保持高效率经营风格。效率是指劳动消耗与劳动产出之间的比率。对企业经理层而言，企业经理层在生产经营管理过程中，保持较高的效率是其工作的基本要求，也是赢得投资者、客户和社会公众等方面良好评价的重要依据。

（5）不断创新。知识经济的本质就是创新，创新是发展的长久基石，不创新就没有前途。企业经理层要树立与时俱进、不断创新的观念，抓住机遇，锐意进取，不断开拓，不断创新，包括产品品种、质量品质、技术含量、服务市场和内部管理。唯有如此，方能保证我们经理层所驾驭的企业这艘航船在市场经济的海洋中乘风破浪、稳健行进。

第五节　企业与员工：同舟共济　风险共担

企业与员工之间是既矛盾又一致的利益共同体的关系，二者之间的关系对企业的生存发展至关重要。企业对员工诚实不欺、恪守信用，严格地按照劳动合同上的规定履行承诺，使为员工提供足额的工资、良好的福利、充足的受教育时间，使员工不仅能获得生存的保障，而且还能有进一步发展的可能。这样一来，员工的积极性和创造性得到极大的发挥，企业的经济效益因此而提高。企业与员工之间诚实不欺、相互尊重、相互信任、恪守合同、履行责任是形成企业和谐有序的劳动关系的基础和前提。

相反，如果企业对员工不诚实、言行不一致，不按照《合同法》中的规定为员工提供当初承诺过的工资、福利及教育上的保障；企业不尊重不信任员工，不把员工当人看，仅仅视员工为赚钱的工具，对员工的身心健康和未来发展不负责任，员工的劳动积极性将会大大降低，创造性也会受到极大的压抑。不仅如此，还将导致企业与员工之间的冲突，造成劳资关系的紧张，直接的后果是企业经济效益的降低。员工是企业之本，企业要想有大的发展，必须把员工的生存和发展当成头等大事来抓。

企业应当本着以诚为本、取信于民的原则，尊重员工，信任员工，激发他们的劳动积极性和创造性，增强员工的荣誉感和自豪感，在企业与员工之间形成同舟共济、风险共担的利益共同体关系，这是企业成功之本。

一、商业伦理是塑造企业员工良好素质的关键

由于科技进步、产品更新快，企业之间的竞争加剧了。使消费者满意将是未来企业成功的关键。商业伦理将“我的工作方便了别人，实现了我的价值”的理念渗透到企业员工的思想中去，使员工在工作中才能发自内心地为顾客着想，提供优质的产品、优质的服务。在“顾客满意”的情况下，商业伦理还提倡崇尚员工的敬业精神。每位职工的岗位可能有所不同，但只要敬业，就可以把工作干得出色。如果企业里的每一位员工都能敬岗爱业、恪尽职守，那么产品的设计、生产、销售、市场调研工作都会精益求精、尽善尽美，企业肯定会立于不败之地。

良好的商业伦理还有助于合理地使用人才、开发人力资本。当今成功的企业都将人力资源的管理和开发作为企业发展战略。20 世纪 60 年代舒尔茨提出了人力资本的理念。随着科技的高速发展，人力资本对劳动生产率的贡献已远远大于物质资本，而形成人力资本的主要方法是教育。不仅固定资产有折旧和设备的更新改造，而且人力资本也需追加投资、更新改造。人力资本的概念大大丰富了资本的概念。重视人力资本，在教育费用上重金投入的企业无不受益。但据调查，我国国有企业人力资本开发状况不容乐观。30%以下的国有企业的教育、培训费年人均在 10 元以下；20%左右的企业教育、培训费年人均在 10～30 元；仅 5%以下的企业加速人力资本投资，大多数亏损企业已基本停止了人力资本投资，部分尚有能力进行人力资本投资的企业，已放弃或准备放弃岗前或中长期的教育培训。企业面临着的国内、国际竞争日益激烈、残酷，产品的技术含量越来越高，面对人力资本的知识含量的要求大大提高的新形势，如果放弃了人力资本的开发，必然影

响企业的经济效益和竞争力,这种状况令人忧虑。

二、企业与员工的权利和责任

在开始讨论之前,有必要厘清员工与企业的权利和责任(如表 5-6 所示)。

表 5-6 员工与企业的权利责任关系

员工的权利责任	企业的权利责任
工作的权利	招聘和解雇的非歧视性
公平报酬的权利	公平报酬的责任
自由集会和罢工的权利	尊重工会的存在和权力
是非感的自由和言论自由	接受员工的批评
诉讼的权利	与员工讨论的责任
健康安全的工作条件权利	承认劳动法庭,按劳动法解决冲突
工作质量的权利	提高工作质量的责任
遵守劳动合同的责任	对员工最小劳动生产率的要求
忠于企业	忠于合作的权利
尊重目前法律的和道德的规范	对工作岗位正确行为要求的权利

从企业与员工的权利和责任关系表中,我们可以得到下列结论。

(1) 员工和企业的权利责任是相互补充的:一方的权利隐含着强加于另一方的责任,反过来也是一样。

(2) 双方之间的权利责任是不完全对称的。一方的某些权利,例如工作的权利,并没有相称的另一方责任与之相配。这种不对称首先表明了,为了完全保证某些权利,需要增加社会整体的努力。这也说明了有大量的权利责任仍然在不断地发展着。

(3) 员工与社会的权利责任也可能发生冲突。例如,员工的隐私权可能会与企业控制员工的行为的权利相冲突;或者,员工要忠于企业的权利责任可能与他们为全体利益或个人利益的责任相矛盾。

对于所有这些问题,没有一种十分合适的方法来处理。在这里。我们将主要讨论工作权利的含义以及从这个基本权利中演绎出来具体的权利和义务。

工作的权利:工作权利中的"工作"可以泛指任何具有目的性、创造性的活动,人们借它满足个人需求(广义上的劳动);以及固定领域中程式化活动,即社会意义、经济意义上的所谓"职业"(狭义的劳动)。这里指后者,因此亦称"就业权利",指一种有保障的方法,用它获得付薪的工作。可以自我雇用,出卖创造权,从自己所生产的商品中获利,也可遵守合同受雇于人。

"权利"的意义模棱两可。我们应该区分法律意义上的权利和道德意义上的权利。没有完全规定于法律中的基本权利,在特定的社会条件下,可能已经具备了道德效力;只有通过完备的立法程序后,道德规范才能确定为法律,具有法律意义上完全的权利。到目前为止,就业的权利基本局限于道德思想规范的领域内。有工作能力并乐意工作的无业人员不能在法律上要求某个国有或私有企业为他们提供满意的工作。只要这一要求没有被接受,那么就业的权利,就不会成为真正意义上的法律权利。

工作权利在劳动契约的开始和终结时有着明显的表现。企业实际上有权力在决定是否雇佣一个人时加入其他因素。例如血缘关系或者应试者的家庭背景。一个企业可能更愿意提供工作给一个养家糊口的人而不是一个单身汉。当在雇佣中有偏袒或专断时,企业应清楚侵犯了求职者要求平等对待的道义上的权利。

这样的例子有:企业仅凭性别把求职者排除或对一项特殊工作不录用具备合格条件的人,而接纳对此工作缺乏必要条件的求职者。一名员工工作时间越长,当他被解雇时找到新工作的平均机会越少。所以,企业在道义责任上应尽力使长期员工在企业中工作到退休,这关系到员工的基本社会保障。大部分员工常常必须依靠稳定的工作来承担社会义务和获得个人成功。对员工的忠实即企业绝不能无故解聘员工。当经济形势使关闭一个工厂或削减员工成为必要时,企业应提供最大限度的社会保障,包括转换一个新环境或再培训等。

接受书面合同的权利:当一个人得到一份工作时,他就成了一些特殊的权利和责任的承担者。其中的某些权利和责任应当在一份劳动合同中以适当的法律形式明确地予以表达。一份劳动合同的草案,就其本身而言,是一份与道德有关的协议。对于草案中包含的部分,它予以法律上的保证,并且在它能达到的范围内对合同的条文做出完整的、明确的、具体的规定,而且它还将为企业和员工在随后的合作期内提供一个相互信赖的基础。由于合同草案具有一定的约束力,所以每个员工都应该把它作为一般原则来接受。各种类型员工,包括临时工和兼职人员,都应当受合法形式下的书面合同的约束。

取得公平报酬的权利:取得公平报酬的权利,是获得合理薪水的权利。从工人运动一开始就已成为一项基本的目标。事实上,薪水首先是作为每个员工所付出的工作绩效的交换条件的价值表现。但对大部分工人来说,它也是收入的主要来源和生活的基本保障。然而,合理薪水的界定是一个复杂的问题,它包含着关于风险与劳动力、劳动力与收入以及责任能力与决定收入的业绩标准之间的关系的详尽分析与企业政策的选择。在没有对这些基础问题做出进一步说明的情况下,我们采用了以下对薪水的公平性做出评价的标准:

(1) 合法保证最低收入;

(2) 工作的困难程度;

(3) 公平对待的原则;

(4) 特定部门的平均薪水;

(5) 企业的能力;

(6) 地区平均的生活消费;

(7) 工作稳定性的保证程度。

健康和安全工作条件的权利,所有员工都拥有在健康和安全的工作条件下工作的权利。一些重要的产品或服务的获得必须要冒一定的风险,下列条件是必须具备的:

(1) 员工们应该在接受一项工作的开始就知道所要承担的健康安全风险;

(2) 员工们应该自主地、自愿地承担风险,而不含任何强制性;

(3) 员工们应该得到足够的补偿,不单是直接薪水的增加,还应当有适当的保险和社会保障;

(4) 除非是具有明确公共利益的生产，否则不能鲁莽接受健康和安全风险；

(5) 企业和员工都应该为了减少现存风险而掌握最有用的知识和技术。

在员工行使自己的权利时，企业也在行使，即权利和责任是相互的。各企业具体情况不同，所表现出来的权利也会有些差异。因此，为了便于更好地处理未来发生的劳动争议，企业必须从自身的实际出发，明确与员工的权利和责任关系。

三、企业与员工之间的道德规范

(一) 企业对员工的伦理道德要求

马克斯·韦伯在其《新教伦理和资本主义精神》中论证了经济发展需要伦理精神的推动。在他看来，伦理道德已不仅是作为人们行为的约束力而存在，而且是作为一种现实的人文动力而发挥着作用。韦伯的基本理论同样适用于微观层次的企业发展。

现代西方管理理论和众多企业的成功实践证明，商业伦理精神是推动企业发展的内在动因。显然，在管理中产生强大的精神力量只能是道德，唯有强调精神力量，强调公正和高标准的道德和行为，才能不断提升企业境界。如世人所熟知的松下企业七精神、IBM服务精神以及我国企业的孟泰精神、铁人精神等，在各自的企业发展中都发挥了不可替代的作用。企业的可持续发展最终动力在于人。当伦理因素注入管理并成为其核心要素时，商业伦理才能真正做到以人为中心，管理伦理的独特功能才得以显现，人的主体性力量才能得到发挥。企业对员工的伦理道德规范应注重几个方面。

1. 企业价值观的重新定位

要使企业价值观建设真正成为商业伦理的重要有效的方式，能激发员工自觉地工作积极性，降低企业的管理控制成本，使企业成为一个既统一又具有创新力和对市场的快速应变力的团队。对企业价值观建设的目标和方向必须要进行重新定位。

首先，企业要突破简单功利主义的"团队精神"的束缚，引入对强调人格独立、尊重和平等的"个体精神"。承认员工个人追求自身利益的合理性和现实性，强调员工通过对自己负责的努力工作和奋斗达到目标的可能性，在企业内形成尊重个人的良好氛围和习惯。

其次，在企业内明确员工作为独立的人的基本权力和利益，将个人的关系与工作关系区分开来，在工作职权上、责任上要明确，减少因个体独立性而形成的性格、爱好等因素对工作的影响，不将员工个体的非工作的生活内容纳入工作的考察范围。尊重员工在工作职能之外的个人空间。

再次，承认员工个性的多样性，不要指望通过企业的培训和价值观的灌输来改变员工的个性和基本人生观、价值观。实际上，在这方面费力是徒劳无益的。商业诚信文化建设和培训的重点应该是在承认和尊重个性多样化的基础上，着眼建立一个有序的秩序来维持企业工作的有序性，发挥员工个性不同而造成的创造能力，也让员工理解和支持企业在某些方面对员工统一性要求的必要性。

最后，正因为承认和尊重员工的人格独立和平等，这要求企业建立现代管理制度，要求管理的规范化和科学化，以制度来保证员工在追求自身利益的同时，不能损害其他员工和企业的利益，强调员工对自己的行为的责任感。

2. 企业为员工提供明确目标

目标管理是伦理渗透于企业内部管理的一种形式。制定合理的目标是调动员工积极性和引导企业良性运行的道德力量。一方面，它能通过具体奋斗目标激励员工自觉和进取的精神，从而实现自身控制机制；另一方面，完整的目标体系可以把大家的力量组织起来，共同朝着企业最高目标努力，使企业从整体到个体处于有序、积极的状态。

企业的最高目标总是和企业价值观、企业作风、人事制度紧密联系的。可以说，它同时是企业的伦理目标，体现出了企业的社会责任和道德追求。美国学者队帕斯卡尔和凡阿索斯概括了以人为本的企业终极目标的基本特征：这种企业要使员工作为企业整体的一员受到社会的颂扬和称赞，强调本企业的产品对于人类的价值；关心员工的需要并视每个员工为有价值的人，尊重社会的要求并为社会造福的管理伦理为实现企业的终极目标提供了有效的途径和方向，将商业伦理理念转化为员工和企业的经常性行为。国外众多企业，正是认识到管理伦理的导向功能，纷纷加强商业伦理机制建设和完善，其主要措施有：制定《商业伦理宪章》、《道德纲要》；建立商业伦理监督委员会；奖赏和支持伦理行为，反复解释伦理政策等。

3. 企业与员工进行有效的沟通

企业与员工的伦理道德规范的核心是“以人为本”，而能否做到“以人为本”的关键在于能否在企业经理层与员工之间产生“互动”。传统人事管理体系中，企业经理层和员工之间的关系是命令式的单向流动，员工是执行企业经理层命令的机器，而在企业与员工的伦理道德规范中，企业经理层和员工的关系则应该是建立在平等基础上的互动关系。要达到平等的互动关系，就需要企业经理层和员工双方改变传统的理念，积极与对方沟通。

企业经理层与员工进行积极沟通时，其双方的价值观都要建立在“相互信任”的基础上。在传统人事体系中，一切管理理念都建立在对员工的不信任上，即首先假设员工是不诚信的，然后通过一系列规章制度进行管理。而在企业与员工的伦理道德规范中，维持团队稳定的纪律依然存在，不同的是企业经理层和员工都首先假设对方是完全理性的个体，即企业经理层相信员工是具有自觉性的，员工也相信企业经理层是公平理性、可以信赖的。纪律的目的从防范员工违规转变为对破坏诚信机制的个体进行惩罚。企业经理层与员工要进行有效的沟通，企业经理层与员工都应具备一些沟通的素质。如果让企业经理层应具备的素质集合与员工应当具备的素质集合相交，这两个集合的交集就是企业经理层和员工在企业对员工的伦理道德规范中应当具备的共同素质——“沟通”，如图 5-5 所示。

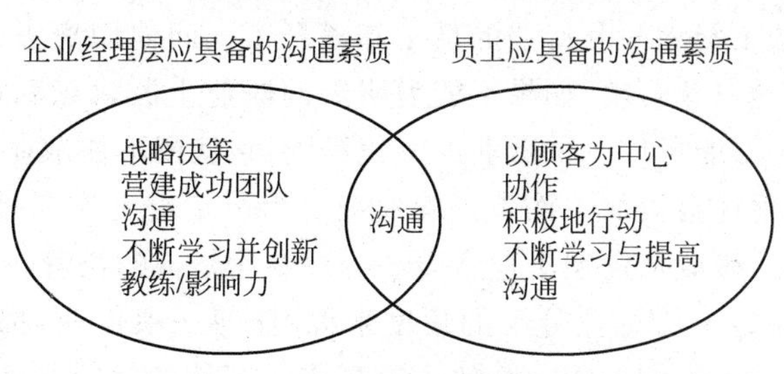

图 5-5　企业经理层与员工沟通素质

4. 企业应重视对员工的培训

"人"是企业最重要的资产，在职培训是人力资源最重要的投资。在竞争空前惨烈的情况下，企业唯有提高管理品质作为应变之道。而在追求管理品质完善的过程中，如何透过培训来增强人的素质，是不容忽视的一环，它可使企业与员工比翼双飞。有效的培训，对个人与企业都会有很大助益：发展了新的来源，可协助该体系进步；强化了企业主体的完整性；加强隶属于该商业诚信文化的骄傲；改进了商业诚信文化与决策。

企业员工对于第一次学东西，记得最清楚。第一次就教导人员如何正确地做，比事后再回来纠正他们更容易。这就是为什么有些成功企业会再三强调职前培训程序的正确性。

企业员工经由各种不同的活动、新的事物，可得到最好的学习效果。在培训过程中，使用感官（视觉、听觉、嗅觉及触觉）的次数愈多，则会愈快获得新的技巧。因此在培训中若能同时使用录影带、资料、示范以及实习的方式，效果会更佳。企业员工在学习新事物时，如果内容和他们已经知道的事有关的话，学习效果较好。因此若使用阶梯式的培训方法，逐渐增加其知识与技巧，效果更扎实。

企业员工对他们所做的事需要回顾。良好的工作表现需要正面认可，而不好的工作表现必须尽快更正。在成功的培训系统中，追踪是非常重要的步骤。企业员工在有趣及刺激多的环境学习效果最好。所以企业可以经常组织一些有意思的团队活动，培训员工团队合作精神，让每个员工都能感受到自己的一份热情。

（二）员工对企业的伦理道德要求

1. 员工的敬业精神

敬业是成功的大前提。敬业是一种人生态度，是一种珍重就业机会，对自己的行为负责、肯定自己的劳动成果的态度。这种态度不仅保证了人们的职业（就业）秩序，也使得社会得以实现专业分工。其结果是意义重大的，因为正是专业和分工促成了社会效率的提高和社会意义上的技术进步。在企业就职的人，如果不敬业，不成为所从事的业务方面的行家里手，就不会有好的绩效，也就得不到升迁和加薪。不可否认，员工有时会由于种种原因对自己岗位的工作产生厌倦或反感，这种情况必须在很短时间内改变，如果长期持续下去，就会演变为没有进取心的混日子行为。这种状态白白消耗着自己的时间和生命。如果有敬业的人生态度就不会允许这种混日子的状态持续下去。我们经常会遇到这样的情况：一个商业伦理问题严重，改变的希望不大，管理层漠然视之，听之任之，这时候在企业中有些享受很好的工资和福利待遇的员工却离开了。问他们离去的缘故，他们会惨然地说，耗不起。即便是白拿薪水，如果不能为明天的职业生涯耕耘和积累，那也是得不偿失的。一个企业如果不能形成一种敬业的文化氛围，它就留不住敬业的员工。

在企业中，敬业往往会被简单而不正确地理解为员工对工作安排的服从。这是非常片面的，也是有害的。敬业从深层上包含着一分对专业精神的执着，这一分执着也包括对作业标准和秩序的肯定。从专业分工的角度来说，任何一项作业，都要求一定的操作技能，操作技能的差异产生不同的作业绩效。提高作业绩效的途径有两个，一个是培训，另一个是专业化分工。敬业肯定在一定时间段里对某种特定的作业专注，从而就支持专业精神。这种专注所伴随的专一和恒久，不是与创新、优化的变化相矛盾，而是互相支撑的。

每件事情都不专注，每件事情都做不到最好，所谓浅尝辄止，见异思迁，百事不成。因此我们说敬业才能成就大事业，才能创恒久的基业，是一个人取得成功的大智慧。

企业中的敬业氛围与激励机制企业中的敬业精神是企业与员工伦理道德规范的一个重要组成部分。企业与员工伦理道德规范的核心是企业和员工的思维和行为习惯。有的企业会把这种不成文的东西规范化、格式化、文字化，变成各种守则和规章，以便对员工起到督促和引导作用。由于员工的敬业与否对于企业的绩效乃至竞争力关系极大，因此每个企业都希望通过各种激励手段和培养教育方法使自己的员工能够敬业。在讨论与敬业相关联的问题时，有人提出一个看法，企业员工的敬业同企业产权结构有关，要想让员工忠诚敬业，就要有员工持股，也就是说，企业的产权员工也要有份，这样员工才有积极性，才能恪尽职守、忠诚敬业。所谓有恒产者才有恒业。实际上这种看法并不正确。古今中外的许多企业实践都证明了这一点。完全由家庭成员组成家庭作坊的失败就是这样的例子，而许多的优秀的家族企业的成功也是例证。

2. 员工忠诚度

一位外国学者早在1908年《忠诚的哲学》一书中指出："忠诚自有一个等级体系，也分档次级别：处于底层的是对个体的忠诚，而后是对团体，而位于顶端的是对一系列价值和原则的全身心奉献。"在此基础上弗雷德里克继承并发展了这一观点。他认为，所谓忠诚，并不仅仅是指经营思想和战略规划，忠诚管理并不仅仅是指面向个人或团体的忠诚，更重要的是忠于某个企业据以长期服务于所有成员的各项原则。因为忠诚管理提出了一整套实用的测量指标，所以它还是战略策略，而且能指导日常工作的操作。

从对忠诚管理的理论划分来看，员工的忠诚可以分为主动忠诚和被动忠诚。前者是指员工主观上有强烈的忠诚于企业的愿望，这种愿望往往是由于组织与雇员目标的高度协调一致，组织帮助雇员发展自我和实现自我等因素造成的。后者是指员工本身并不愿意长期留在该企业，只是由于客观上的约束因素(如与同行业相比具有较高的工资、良好的福利、交通条件、融洽的人际关系等)，而不得不继续待在该企业。一旦约束因素消失，员工就可能不再对企业保持忠诚了。相比较而言，主动忠诚比较稳定。从另一角度看，员工的忠诚有两种：一是员工在职期间勤勤恳恳，兢兢业业，能够为企业的兴旺尽职尽责；二是在企业不适合员工或员工不适合企业而离职后，在一定时期内能保守原企业的商业秘密，不从事有损于原企业利益的行为。员工忠诚度包括以下三个方面。

(1) 积极主动。经济的竞争其实就是人才的竞争。企业的竞争，不单是企业高层决策正确与否的竞争，还有员工素质的竞争。在一项人力资源的调查中，对两家电子设备企业进行了采访，一家是国有企业，另外一家是摩托罗拉企业。这家国有企业的员工在生产线上或聊天，或说笑，全无紧张气氛，并给人一种松松垮垮的感觉。而摩托罗拉的员工，则让人感到青春与活力。每个人都十分年轻，朝气蓬勃。员工代表着企业。积极主动的员工总会构成一个开拓、进取的企业。

从员工的角度来说，每个员工都要积极地为企业出谋划策，对于工作任务应采取主动的态度。尤其是当工作遇到问题时，例如机器出现故障、原材料不合格等，现场的员工如果态度积极，就会主动排除故障，或主动同上级联系，解决问题。在所有的控制活动中，现场的控制是非常重要的，它的时效性最强。而在企业中，现场控制一般是由员工来执行。

因此,控制的效果如何将很大程度上决定于员工的素质。员工应该知道:企业最终提供的产品或服务质量同自己的工作态度是分不开的。在这方面,积极主动的工作态度应该是员工对企业所负的责任。

(2) 危机感。不管什么样的企业,它的规模如何,由于环境的改变和竞争的加剧,总处在危机之中。面对外部的危机,员工会怎么做呢?通常有两种态度:一是置之不理,企业让做什么就做什么;二是与企业共命运,有强烈的危机感。态度产生于对自身角色的认识。更具体地说就是员工有没有主人翁的责任感。以前我们经常说社会主义企业的员工是企业的主人,但并没有让员工深切感受到这一点,还是上级说什么就做什么,不说就不做,而危机感就直接来源于主人翁的责任感。例如,日本的企业和员工结成命运共同体,就好比企业是一艘船,员工是水手,只有水手努力划船,船才能战胜惊涛骇浪。

有了危机感,就有了压力,有了进取心。很多企业都设有意见箱等,其目的就是获得员工好的建议。据统计,日本丰田汽车企业的汽车设计每年要采纳一万多条员工建议。可以说,没有员工的充分合作,日本汽车企业是无论如何也不能与美国汽车厂商相抗衡的。企业把员工的建议当作资源,并且是相当重要的资源。只有员工具备了危机意识,企业才能最大限度地利用这种资源。

(3) 忠诚感。现在经常可以听到所谓培养"顾客忠诚",其目的在于通过稳定的联系来获得收益。同理,在企业提供员工所需各项保障后,忠诚的员工是企业获得发展与成功的内在原动力。相反,不稳定的员工会造成企业的巨大损失。例如,企业总要对新进员工进行培训,以使其将理论知识转化为实际的工作能力。培训有时需要较长的时间,而且要花费许多培训费用。如果一个新员工完成培训后,掌握了一定的实际经验,却转向其他企业,单从费用上说,损失就不小,更不用说那些携带企业机密投入其他企业的"变节者",会给企业造成更大的损失,甚至导致企业可能会为此而丧失竞争优势。另外,不忠诚的员工会造成一个不稳定的员工队伍和组织结构,而不稳定性必将影响到企业的正常运营。尤其在流水线作业中,一旦某个岗位的员工突然辞职,整个流水线可能就无法运作。

【网络链接 5-5】

忠诚管理:提高员工的忠诚度

——企业员工流失率降低 15%意味着利润增加 40%

忠诚是一种觉悟,觉悟有前觉后悟、不觉不悟,因此忠诚也需要一套管理方法,以使员工有所觉悟。中国历代都十分重视培养忠诚意识,从这个角度讲,忠诚管理可以说是一门国学——时至今日中国人依旧抱守着那股强烈的忠诚情结。如今,随着国外一些先进管理方法的不断涌现,如幸福感管理、胜任力管理、价值观管理等,又为有效地提高员工的忠诚度提供了大量方法,这将使中国的管理者如虎添翼。

《财富》杂志评价的世界 500 强企业的平均寿命为 40 到 42 年,其中大部分企业都不如它们的雇员寿命长,并且遗憾的是,这些企业也都没有能够与员工一道成长。当我们发现零库存会为企业带来效益的时候,是否注意到零流失率也会创造价值呢?

美国国家农场保险公司(State Farm lnsurance)承保的家庭总数超过了美国全部家

庭的20%,比美国电话电报公司控制的还要多,并且公司依靠自身积累的资本仍在不断壮大,如此突出的业绩要归功于其设计周详的忠诚管理制度——在保险份额、奖励条款、代理选择、员工培训、升迁降调、客户开发、广告宣传、价格制定、服务水准等方面都考虑到雇员与客户的忠诚度。国家农场保险公司的员工在职时间往往是竞争对手的两倍以上,其客户忠诚度也高达95%。

许多公司都已意识到忠诚可以创造财富,因此它们对客户忠诚度和员工忠诚度都十分重视。凌志公司(Lexus)是丰田公司的豪华车分部,其美国公司的第一位总经理曾说:"在这个行业里,唯一有意义的满意度标准是再次购买所表现出来的忠诚。"他们同时发现,客户的忠诚也有赖于员工的忠诚。贝恩策略顾问公司对不同的行业进行了十几年的研究,发现员工忠诚对企业有着七个方面的突出贡献,包括招聘、培训、效率、选择顾客、留住顾客、向顾客推荐本公司和向公司推荐员工。

(资料来源:魏钧著,《忠诚管理》,北京大学出版社2004年9月第1版,p.3)

既然员工的忠诚如此重要,那么,企业就应努力培养员工的忠诚感。这里,需要说明的是,员工忠诚的培养需要企业做一定的引导工作。企业经理层首先应该明白员工忠诚的重要性,然后再采取措施来建立员工忠诚,使其坚信:企业就是我的家,我要忠于我的家,并努力把自己的家建好,这是我的责任。培养员工的忠诚不能只靠金钱,不要用金钱作为联系员工同企业的纽带,更应该注重道义的教育,晓之以理,动之以情。有管理学者预言,21世纪将是儒学的世纪,这种说法意味着人们将更加注重道义。因此,企业领导人应多从这方面入手。例如,在企业遇到困难时,让员工参与,使员工有一种共患难的感觉。建立了良好的员工忠诚,也就建立了员工对企业的主要责任,建立了成功的基础。

【本章关键术语】

企业社会责任　道德责任　利益相关者　董事会道德义务　独立董事道德责任
监事会道德责任　企业经理层道德人格　员工忠诚度

案例讨论题5

海南航空公司"八正道"理论:以"佛"为法

道家博大精深,佛学义理精微,海南航空公司董事长陈峰在这方面造诣颇深。海航集团的企业标志以"生生不息"为创意理念。"生生"是佛教的本初理念,《萨婆多部·俱舍论》讲"本无今有谓之生,能生此生谓之生生"。同仁堂的名字源于儒,恩威两字源于道家,而海航的标志借用了佛家思想。

佛家主张人要有正见、正志、正语、正业、正命、正精进、正念、正定,即正确的见解、正确的意志、正确的语言、正确的行为、正确的生活、正确的努力、正确的心念、正确的摒定八个方面,这就是"八正道"理论。这些思想在海航的《员工道德守则》中得到了体现,《员工道德守则》中包含《员工共勉十条》、《员工训条》等内容,更有佛学大师南怀谨先生亲自作序,使这个守则更加意味深长。

在《员工共勉十条》里,董事长陈峰提出:"团体以和睦为兴盛;精进以持恒为准则;

健康以慎食为良药；争议以宽恕为旨要；长幼以慈爱为进德；学问以勤习为入门；待人以至诚为基石；处众以谦恭为有理；凡事以预立而不劳；接物以谨慎为根本。”这里的每一句话都有独到之处，拿“健康以慎食为良药”来说，我们不难听到企业常讲“以人为本”，但真正把员工健康问题写在《员工道德守则》中还较为罕见。陈峰一句“健康以慎食为良药”，不仅深得现代医学理论之道，而且道出了海航集团对员工的人文关怀，至情至理，感人肺腑。

在《员工训条》中，陈峰提出：“积厚德，存正心；乐敬业，诚为本；入角色，融团队；坚誓愿，志高远；赢道义，勿自矜；吃些亏，忌怨恨；讲学习，敬师长；不夸能，勤精进。除懒惰，止奢欲；培定力，绝私弊；离恶友，甘淡泊；忍人辱，达道理。”

佛家主张用戒、定、慧的方法来根除世间的贪、嗔、痴，海航《员工训条》中讲的“止奢欲”、“培定力”、“绝私弊”、“达道理”就是“戒、定、慧”的具体应用，而“积厚德”、“存正心”、“勤精进”等语言，基本上是佛家原话，体现一种深厚的伦理文化气息。

讨论问题：

1. 结合海南航空公司成功经营的案例，谈谈你对宗教信仰自由的认识。
2. 到底是什么原因致使中外企业巨子重视关注商业诚信文化呢？

练 习 题

一、判断题

1. 企业股东的主要责任就是及时如数供应所应提供的财务资源。 （　）
2. 股东道德对商业伦理没有什么影响。 （　）
3. 商业伦理的目的就是要适应企业内外部环境变化的要求，公正、合理地处理好各利益相关者之间的复杂关系。 （　）
4. 在管理中产生强大的精神力量的是国家法律。 （　）
5. 企业经理层道德人格表现在他们具备良好的思想、精神和工作作风。 （　）

二、单选题

1. 作为股东应享有的受法律和道德保护的最基本的权利，企业对股东承担的最基本义务是（　）。

   A. 对职员的任免权　　B. 对企业清算时的剩余财产所有权

   C. 对企业资产的拥有权　　D. 以上都不对

2. 道德标准的最低限度是（　）。

   A. 良心　　B. 企业章程　　C. 职业道德　　D. 法律

3. 董事和独立董事的善管守信义务不包括（　）。

   A. 董事和独立董事必须维护企业资产

   B. 董事和独立董事在董事会上有审慎行使决议权的道德义务

   C. 对董事和独立董事竞业禁止的道德义务

   D. 董事和独立董事遵守法律的义务

4. 企业经理层在经商理财过程中，必须把(　　)放在首位。

A. 企业的利益　　B. 社会公众的整体利益

C. 经理层的利益　　D. 董事会的利益

5. 企业与员工伦理道德规范的核心是(　　)。

A. 思维和行为习惯　　B. 国家法律

C. 企业章程　　D. 公民道德

三、多选题

1. 现在经常被称作"两个上帝"的是指(　　)。

A. 顾客　　B. 政府　　C. 企业的管理层　　D. 投资者

2. 由于企业经理层目标和股东目标的不一致性，以及二者之间明显的信息不对称性导致了股东主要面临(　　)。

A. 法律风险　　B. 隐形行为的道德风险

C. 隐形信息的道德风险　　D. "逆向选择与道德风险"

3. 董事会与独立董事保持独立性的含义有(　　)。

A. 权利上的独立　　B. 精神上的独立

C. 义务上的独立　　D. 形式上的独立

4. 为了实施严格监督，监事人员应该做到(　　)。

A. 自觉遵守财经纪律和经济法规，严于律己，大公无私，不谋私利

B. 积极主动宣传解释财经法规和制度，使有关人员了解、掌握并自觉遵守

C. 在工作中严格把守关口，从实际出发，善于区别各种情况，宽严结合。进行严格监督，最后必须落实到实处

D. 积极支持促进生产，搞活流通，开源节流

5. 根据廉洁奉公规范要求，企业经理层怎样才能做到秉公执法？(　　)

A. 熟悉法律，精通政策　　B. 有法必依，执法必严

C. 以身作则，克己奉公　　D. 不顾公众，追求利润

四、问答题

1. 现代企业的组织形式有哪几种？各指什么内容？

2. 商业伦理与股东利益相互影响是怎样的？

3. 支持企业股东与利益相关者之间的伦理道德规范的主要理由是什么？

4. 如何履行监事会的道德责任？

5. 董事会与独立董事的道德义务和道德责任体现在哪些方面？

练习题参考答案

一、判断题

1. 对。

2. 错。股东道德对商业伦理具有举足轻重的影响。

3. 对。

4. 错。在管理中产生强大的精神力量只能是道德，唯有强调精神力量，强调公正和高标准的道德和行为，才能不断提升企业境界。

5. 对。

二、单项选择题

1. C　2. D　3. D　4. B　5. A

三、多项选择题

1. AD　2. BCD　3. BD　4. ABCD　5. ACD

第六章

企业对外经营道德规范

执道者德全，德全者形全，形全者神全。神全者，圣人之道也。

托生与民并行而不知其所之，忙乎淳备哉！功利机巧必忘夫人之心。若夫人者，非其志不之，非其心不为。

虽以天下誉之，得其所谓，敖然不顾；

以天下非之，失其所谓，傥然不受。

天下之非誉，无益损焉，是谓全德之人哉！

——《庄子·天地》

学习目标

1. 了解全球环境的现状以及资源紧缺的严峻形势，理解451份资源环境责任问卷调查的分析情况；

2. 明确企业履行资源环境责任实现可持续发展的政策建议；

3. 了解企业与社区之间相互依存的鱼水关系，掌握社区活动计划的制订步骤；把握企业公民的内涵；

4. 理解“顾客是企业生命之源”和“顾客是企业衣食父母”的真正意义；

5. 明确企业竞争中讲究伦理道德的必要性和重要意义与方法。

导读6

社会责任能够引领企业为国家、民族、社会做出贡献

新浪财经讯 由《经济观察报》社与北京大学管理案例研究中心共同主办的“中国最受尊敬企业十年”颁奖典礼于2011年4月22日在深圳企业大道举行。以下为全国工商联副主席孙晓华致辞：

讲到企业的社会责任，这是伴随着改革开放，中国企业发展到一定规模和水平而对企业行为进行引导、规范的一个重要理念。实际上，讲到企业社会责任，我认为应该是企业出现后所存在的。新中国成立之初，那个时候有很多企业生产高质量的服务，有些企业不讲究质量，不过那个时候没有把它提升到企业社会责任这样一个高度、这样一个范畴来认识。我认为这是一个很庄严、神圣的职责，因为在企业社会责任过程中包含着企业的使命、任务、价值观、竞争力、凝聚力、影响力等。社会责任能够引领企业不断持续发展，能够引领企业为国家、为民族、为社会做出应有的贡献。在我们进行“十二五”规划和加快转变经济发展方式的重大战略调整当中，强调企业社会责任。因为只有众多的企业不断增强社会责任意识，更好地履行社会责任，一方面为促进企业自身的发展，同时能够为我们构建社会和谐社会做出更多实质工作,进一步实现中华民族伟大复兴的重要目标。从这个意义上讲,《经济观察报》和北京大学光华管理学院共同举办的走向伟大企业,"中国最受尊敬企业十年"评选以及颁奖活动很有意义。我也看了一下榜单,可以说评选是对我们在改革开放中成长起来的众多的优秀企业一个评价和肯定,更是对中国企业不断持续发展走向更加辉煌的明天的一个引领。这个活动本身同样值得尊敬。

最后衷心地向获奖企业表示祝贺,对活动本身表示祝贺和美好的祝愿。因为活动在深圳市举行,看到绿景集团提供了这样一个好的场所,我也对绿景集团表示祝贺,祝愿今天的活动取得圆满成功,祝愿深圳的明天更加美好,祝愿我们所有的企业特别是中国民营企业在"十二五"规划期间实现又好又快的发展,能够创造新的辉煌!

(资料来源:孙晓华,新浪财经,http://www.sina.com.cn/,2011-04-23)

企业都希望做大做强,长久地经营下去,可持续发展,那么企业加强资源环境保护,遵守国家法律法规就是一个前提条件。否则,即使企业经营得再出色,一旦有了违法的污点,污染环境浪费资源,也将失去社会的认可,遭到社会舆论的谴责与广大顾客的唾弃,严重的可能会陷于法律诉讼,导致整个企业的灭亡。因此,企业千万不能为了眼前的利益而心存侥幸,以身试法!

第一节 企业资源环境保护与可持续发展

中国三十多年的改革开放取得了重大成就,我国经济多年来以8%~10%的速度迅猛发展,GDP总量已跃然排名世界第二,中国的崛起令世人瞩目,然而支撑起GDP这令人瞩目的高增长是靠以高投入、高消耗、高污染"三高"为特征的传统工业经济发展模式取得的,这就不可避免地造成了日益严重的资源环境问题。而企业作为带动经济增长的主体,企业就应该积极履行自身的资源环境责任、实现可持续发展。同时,资源环境责任的履行也是企业可持续发展的主观能动性要求,积极履行自身的资源环境责任的企业能更好地面对来自内外界的挑战,变挑战为机遇,实现可持续发展,推进和谐社会建设。

环境是一个国家生存、繁衍、发展的基本前提和基础。一旦一个国家的环境遭到破坏,失去生存条件的将是整个国家和民族。一旦环境破坏超过"临界值",大自然往往就不会再给人类机会,以致后来者没有纠正错误、"重新选择"的余地,或者要付出十倍、百倍于当初预防、及时治理的代价。所以,环境保护不能走先污染、后治理的老路,而应该以预防为主,防治结合。

另外,环境问题最容易引发企业与当地公众利益之间的矛盾,也容易引起国际社会的关注。近年来,全球环境的污染和破坏已发展成为威胁人类生活和发展的世界性重大问题,世界各国已经逐渐把保护生态环境、实现可持续发展的问题提上了议事日程。因此,企业在环境问题上的做法将直接影响到企业的形象。企业在经营过程中,必须考虑公司行为对人类命运和生态环境的影响。企业必须遵循环境保护与经济发展同步的原则,不能以牺牲环境换取经济增长,而应当合理、有效地开发资源,开发环保技术,为社会提供绿色产品。企业应该以保护环境为前提来优化经济增长,在保护环境中求发展,实现经济和环境的双赢。

一、威胁人类生存的全球十大环境问题

以下是联合国列出的威胁人类生存的全球十大环境问题。

(1) 全球气候变暖。

(2) 臭氧层的耗损与破坏。

(3) 生物多样性减少。

(4) 酸雨蔓延。

(5) 森林锐减。

(6) 土地荒漠化。

(7) 大气污染。

(8) 水污染。

(9) 海洋污染。

(10) 危险性废物越境转移。

我们只有一个地球。我们虽然拥有比较丰富的自然资源,但它并不是取之不尽、用之不竭的。“坐吃山空”的俗称正在我们身边普遍而悲壮地演绎着。日渐枯竭的资源之手已经向世界敲响了刺耳的警钟,以下这一组数据也许会让我们惊骇不已。人们赖以生存的水,据有关资料报告,将越来越成为制约人类生活的重要问题。到 2025 年,全世界将有 2/3 的人口受到用水短缺的影响。作为具有经济建设和社会生活血液之称的石油,据有关资料显示,可供人类开采的原油储藏量不足 2 万亿桶,开采时间不超过 95 年。而之后全球经济的发展将更多地依赖于煤炭,但十分遗憾的是,具有“黑色钨金”之称的煤炭,也最多到 2500 年左右将消耗殆尽,矿物燃料将出现山穷水尽的可怕情景。与人们生活、生命息息相关的森林,其存量到 20 世纪末已经消耗过半,而今还在以每年 1600 万公顷的速度减少,严重威胁着大量野生动植物的生存,致使 3.4 万种野生植物濒临灭绝,占世界已知各类植物总数的 12.5%。

当人类进入 21 世纪的第二个十年以来,全球气候整体变暖,各种自然灾害频繁,旱涝热浪饥饿贫困交替,因资源引发的地区国家间战事冲突不断,地震海啸飓风台风此起彼伏,特别是 2011 年春天的日本地震海啸导致多个核电站爆炸、瘫痪进而引起大范围核泄漏与核辐射,对人民生活与地球安全产生严重影响。长期以来,人类传统的价值观只强调人类对自然的权利,而忽视对自然的义务,把自然界当作取之不尽并可肆意挥霍的材料库和硕大无比可以乱掷污物的垃圾桶。对自然资源进行疯狂的掠夺和挥霍,加剧了自然资源的危机,致使人类陷入当前的生态困境。身后有余忘缩手,眼前无路想回头。严峻的资源紧缺形势必须引起我们的警惕,妥善处理好资源环境约束与经济发展之间的矛盾。

二、企业应承担保护环境节约资源的责任

企业对环境的污染和消耗起了主要作用,是环境问题的主要责任者。遍布世界各地的大小企业每天都在吞噬着自然资源、排放着有害废弃物。当今世界的大多数环境问题,

如不可再生资源的耗竭、可再生资源的衰减、环境污染加剧、生态平衡的破坏等，都与企业活动有关系。因此，作为环境问题的主要责任者，企业为了与环境和谐发展，更为了自身的可持续发展，应当主动承担生态责任。企业生态责任与企业社会责任紧密相连，前者是后者的组成部分。企业生态责任包括三个方面，即企业对自然的生态责任、对市场的生态责任和对公众的生态责任。对自然的生态责任是指企业应当突破传统价值观，不能只强调人类对自然的权利而忽视对自然的义务，自觉地保护自然，向自然奉献。对市场的生态责任是指企业要以市场为导向，生产绿色产品，严格遵守环保措施和制度，提供满足市场需求的健康产品，走高效能、低污染、低能耗的产品生产之路。对公众的生态责任是指企业要强调机会、利益均等，维护“代际公平”，不能以牺牲后代人的利益来满足当代人的利益。

【网络链接 6-1】

企业社会责任与企业可持续发展取向

尽管在社会责任和经营业绩的度量方面存在着一定的难度，但“大多数研究表明，在公司的社会参与与经营业绩之间有着正的相关关系。[①]”而最有意义的结论是“……没有确凿的证据表明，公司的社会责任行动会显著损害其长期经营业绩。”[②]

尽管在社会责任问题上同时存在两种观点并且每种观点所界定的企业社会责任范围差别很大，但我们的论证表明，利润取向的企业也要承担一些力所能及的社会责任。这种论证分两个方面：(1)在古典观下，企业在实现利润目标的过程中就在承担着社会责任，从而企业的社会责任与利润取向是完全一致的；(2)在社会经济观下，我们有充足的理由表明，与不承担社会责任相比，承担社会责任或许会使企业的短期利益受到损害(承担社会责任通常要付出一定的代价)，但换来的却是比所损害的短期利益多得多的长期利益，从而企业的社会责任行为与其利润取向相容。

(资料来源：周三多主编，《管理学》，高等教育出版社. 2005 年版，pp. 38-39)

从长远来看，保护环境最明智的办法就是减少和阻止环境恶化的发生。事实上，企业在承担保护环境责任方面，应该采取主动寻变的方式，而不是被动反应。比起等到问题已经非常严重时才动手解决的方式来说，主动寻变(预测并着手处理)更具有实际意义，而且代价较小。水污染就是一个典型的例子。好多年来，企业对清理河水、湖泊和其他水道的问题不够重视，现在水污染已经严重危及了人类的健康，企业就不得不花费大量人力、物力和财力去解决这类事情。

---

① Stephen P. Robbins and Mary Coultar："Management". Fifth Edition. Prentice-Hall International, Inc, New Jersey, 1996：151.

② Stephen P. Robbins and Mary Coultar："Management". Fifth Edition. Prentice-Hall International, Inc, New Jersey, 1996：152.

三、全国范围的451份资源环境责任问卷调查分析

20世纪80年代以后，企业履行资源环境责任与可持续发展[①]的关系成为企业战略管理研究中的重要问题。早期一些研究得出的基本结论是，企业履行资源环境责任必然会导致企业成本增加，从而必然会降低企业经济效益，进而削弱到企业的竞争力，不利于企业可持续发展。换句话说，企业履行资源环境责任与可持续发展二者之间是负相关关系。这个观点得到了很多人的认同，包括相当多的中国企业家。这就从很大程度上导致了中国当今的发展局面：一批企业家富了，与此同时的是，过去"山清水秀、蓝天白云"变成现在"山秃水臭、灰天黑云"。

事实上，人们普遍认为的企业履行资源环境责任会加重企业负担、不利于企业可持续发展的这一观点单纯从短期的经济效益来看是有一定道理的。然而，当我们从企业长期的整体效益来综合考量企业履行资源环境责任对企业可持续发展的影响时，我们便能发现企业履行资源环境责任对企业可持续发展能力的积极影响。

本章试图探析企业履行资源环境责任与可持续发展能力提高之间正相关的联系。为了得到社会大众对企业履行资源环境责任与企业可持续发展相关问题的看法，本章笔者采取了问卷调查的方法。问卷由28道选择题及1个收集被调查者相关信息的表格组成。问卷内容主要涉及被调查者对我国资源环境现状的看法和对企业履行资源环境责任现状、问题与未来的反思。

在亲人、老师、朋友及同学的帮助下，本章笔者进行了广泛的问卷调查，在2010年12月到2011年3月的四个月内的时间里通过纸质、网络媒介向外发放调查问卷共计500份，回收有效问卷451份，有效问卷率达90.2%。本人还专程只身前往河北、河南开封、湖北武汉、黄冈、蕲春与福建厦门等地了解企业履行资源环境责任的现状，获得不少感性认识。

本次调查资料具有较强的代表性和广泛性。从被调查者地域分布来看，地域涵盖北京、上海、天津、重庆四大直辖市，香港与澳门特别行政区及深圳、厦门特区和全国各省（除西藏、台湾地区）省会及部分地级市，地域覆盖广；从被调查者的年龄分布来看，年龄区间为18岁以下、18～25岁、26～30岁、31～40岁、41～50岁、51～60岁、60岁以上，各年龄段分布比例分别为2%、34%、22%、22%、14%、4%、2%；从被调查者的学历分布来看，学历从低到高比例分别是高中12%、专科17%、本科47%、研究生22%、博士2%，中高等学历占大多数；从被调查者的社会身份来看，56%的企业人士和44%的非企业人士，在企业人士中董事占6%、总经理占10%、部门经理占31%、普通员工占53%，在非企业人士中学校师生占51%、公务员占32%、农业人员占14%、离退休人士占3%，各社会身份基本都有涵盖，体现了广泛的代表性；从被调查者单位规模看，100人以下占26%、101～500人占28%、501～1000人占14%、1001～3000人占10%、3001以上占22%，较为均匀地

① 可持续发展是指满足当代的需求而不危及后代满足他们自身需求能力的发展。可持续发展是关于高质量的生活和健康、社会公正、繁荣和维持地球生物多样性供给能力的综合目标。社会、经济和环境的这些目标相互联系并相互支持。可持续发展可以视为表达社会整体更为广泛的期望的一种方式。——2010年11月1日，国际标准化组织(ISO)在瑞士日内瓦国际会议中心举办了主题为"共担责任，实现可持续发展"的ISO 26000(社会责任指南标准)：孙继荣，"ISO 26000的形成过程及核心内容"，《WTO经济导刊》2010年第11期(总第88期)。

涵盖了不同规模的单位。

本次问卷具体问题及各问题选项选择百分比如表6-1所示。

表6-1 “企业履行资源环境责任与可持续发展”调查问卷统计

答案 选项 问题	A	B	C	D	E
1. “十二五”提出面对日趋强化的资源环境约束,必须增强危机意识,树立绿色、低碳发展理念,以节能减排为重点,健全激励和约束机制,加快构建资源节约、环境友好的生产方式和消费模式,增强可持续发展能力。您对此的态度是	非常赞同 58%	赞同 26%	比较赞同 11%	没有明确态度 3%	反对 2%
2. 保护环境、节约资源是事关人类长久生存与企业可持续发展的头等大事,您对此	非常赞同 58%	赞同 26%	比较赞同 13%	没有明确态度 2%	反对 1%
3. 1972年《增长的极限》的作者认为由于世界人口增长、粮食生产、工业发展、资源消耗和环境污染等是指数增长而非线性增长,全球增长将会因为粮食短缺和环境破坏于21世纪某个时段内达到极限。要避免人类的“灾难性的崩溃”的最好方法是限制增长,即“零增长”、“低增长”。您对此	非常赞同 20%	赞同 29%	比较赞同 19%	没有明确态度 13%	反对 19%
4. 根据代际公平理论即代内的横向公平与世代的纵向公平,前者应该给世界各国以公平的发展权、公平的资源和环境使用权;后者表明人类赖以生存的自然资源与环境是有限的,当代人不能因为自己发展与需求“竭泽而渔”而损害后代人,要给后代人以公平享用自然资源与清洁环境的权利。您对此	非常赞同 45%	赞同 35%	比较赞同 15%	没有明确态度 4%	反对 1%
5. 现在我国人均耕地面积只有世界人均水平的1/3左右,人均淡水资源不到世界人均水平的1/4,人均原油量只有世界人均水平的8.6%左右,我国是一个资源非常贫乏的国家,节约资源不宜延迟。然而我国单位产值耗能是世界平均水平的4.8倍,而能源利用率只有世界平均水平的30%左右。故而我国企业资源消耗型的粗放经营转向节约型的集约经营是当务之急,您对此	非常赞同 46%	赞同 34%	比较赞同 17%	没有明确态度 2%	反对 1%

续表

问题＼答案＼选项	A	B	C	D	E
6. 全世界钢产量的45%、铜产量的62%、铝产量的22%、铅产量的40%、锌产量的30%、纸制品的35%都来自于再生资源的回收利用，而我国同类资源回收利用的情况则要差得多，故我国应大力发展循环经济(如再生资源回收和垃圾分类回收制度、推进资源再生利用产业化——开发应用源头减量、循环利用、再制造、零排放和产业链接技术等)，您对此	非常赞同 49%	赞同 31%	比较赞同 18%	没有明确态度 2%	反对 0%
7. 与世界的发达及发展中国家和地区相比，我国的水、空气与食品质量，您觉得	好 9%	一样 14%	差 45%	很差但没办法 24%	没有比较 8%
8. 您认为目前我们国家环境污染与资源浪费的问题	非常严重 37%	严重 40%	有一定问题 17%	存在问题，但不大 5%	没有问题 1%
9. 您认为我国当前食品安全(水果蔬菜与鱼肉家畜污染、保健品与饮料奶粉质量)问题	非常严重 37%	严重 41%	一般 14%	有一定问题 7%	没有问题 1%
10. 坚持生态保护与环境保护优先和自然恢复为主，从源头上扭转生态环境恶化趋势。您对此	非常赞同 43%	赞同 39%	比较赞同 13%	没有明确态度 4%	反对 1%
11. 有专家认为，资源粗放使用与环境污染会严重制约经济发展，不能以环境污染与低效使用资源发展经济，况且唯有生存(如淮河污染已经危及沿河1.6亿居民生活)，方谈发展。您对此	非常赞同 38%	赞同 40%	比较赞同 17%	没有明确态度 4%	反对 1%
12. 有人认为，企业要发展难免会造成环境污染，只能边发展边污染边治理，您对此说法	非常赞同 18%	赞同 25%	比较赞同 16%	没有明确态度 12%	反对 29%
13. 您自己的资源环境保护意识如何，比方您在工作和家庭生活中会不会重复利用水与纸张	强，工作和家庭中会多次重复利用 28%	比较强，工作和家庭中会简单重复利用 49%	一般，工作中不重复利用，家庭中重复用 18%	没意识到，都不会 5%	
14. 您在工作和生活中有没有观察到过浪费资源与污染环境的人或事	经常 37%	有 51%	没有注意 10%	基本没有 2%	没有 0%
15. 当您在工作和生活中面临浪费资源与污染环境的人或事的时候，您会	反对，并制止 23%	反对，但不会去制止 65%	无所谓 10%	可以理解 2%	

续表

问题＼答案＼选项	A	B	C	D	E
16. 您认为当前造成环境污染与资源浪费问题首要的原因(　　)与次要原因(　　)是什么	政府监管不力 39%	企业追求经济利益 35%	缺乏先进技术 11%	社会缺乏环保意识 15%	
17. 您认为企业应对环境负多大程度的责任	非常重大 25%	重大 60%	一般 12%	可有可无 2%	无责任 1%
18. 您是否觉得现阶段中国企业只重视经济利益，而忽略了自身的企业环境责任	全部如此 13%	大部分如此 67%	一般如此 17%	小部分如此 3%	不是如此 0%
19. 作为消费者，您在选购商品时，是否会将生产此商品企业的环境责任声誉作为一个选择依据	每次都会 7%	经常会 38%	偶尔会 32%	很少会 20%	从不会 3%
20. 您在选购商品时，有环保产品和非环保产品供您选择，质量一样，但环保产品比非环保产品贵，您会考虑环保产品吗	无论价格贵多少都会 14%	稍微超出可接受范围也会 44%	在可接受范围会 40%	不会 2%	
21. 您对我国企业履行企业环境责任的情况满意吗	非常满意 5%	满意 22%	不满意 57%	非常不满意 14%	无所谓 2%
22. 您觉得跨国公司与国内企业在企业环境责任方面总体来说谁做得好些	跨国公司 40%	国内企业 51%	差不多 5%	都不好 2%	无所谓 2%
23. 您认为积极履行企业环境责任对企业提升企业声誉有没有益处	非常有益 40%	有一定益处 51%	没有益处 5%	没有联系 2%	不知道 2%
24. 您认为积极履行企业环境责任对企业提高企业竞争力有没有益处	非常有益 33%	有一定益处 54%	没有益处 8%	没有联系 4%	不知道 1%
25. 您认为积极履行企业环境责任会使企业增加企业成本吗	严重增加成本，且没什么收益 14%	短期看会增加成本，长期看收益大于成本 76%	企业非但不会增加成本，反而可减少成本 6%	不知道 4%	
26. 企业履行环境责任好坏并由此可能带来对企业声誉的影响是否会影响到您工作的心情与动力	非常有影响 17%	有一定影响 55%	不确定 19%	没有 5%	无所谓 4%
27. 您觉得以下能使企业履行企业环境责任的首要因素(　　)与次要因素(　　)是什么	消费者环境意识的提高和绿色消费需求的扩大 34%	社会公众和投资者对企业环境表现愈益关注 33%	政府的环境法规日臻完善 27%	经济全球化的发展和绿色贸易壁垒的兴起 6%	

续表

问题 \ 答案 选项	A	B	C	D	E
28. "十二五"规划中提到将"建设资源节约型、环境友好型社会，大力发展循环经济"作为工作的重要着力点，您如何看待中国建设资源节约型、环境友好型社会与大力发展循环经济的前景	非常乐观 12%	乐观 31%	谨慎乐观 42%	不乐观 13%	很悲观 2%

四、企业履行资源环境责任实现可持续发展的政策建议

（一）企业：履行资源环境责任的主力军

1. 高度重视资源环境责任履行

企业作为履行资源环境责任义务的主体，在明晰履行资源环境责任的积极意义之后，企业首先应把履行资源环境责任上升到宏观经营管理战略层面的高度。把自身成长与社会、环境的可持续发展联系起来，制定企业宏观经营管理战略，进行长期环境投资。使自身与社会、环境持续健康协调发展。达到天人合一的商业诚信文化新局面。

有了宏观战略层面的重视，需要的是在微观战术层面设置相应的组织体制将其贯彻实施。具体在战术操作层面，可设立环境专职部门。其工作职能主要有负责收集信息、执行环保标准、组织开展环保活动、制订相关环境保护计划并对外披露资源环境责任报告。

从产品的设计、制造、包装、运输、销售一直到售后等各个生产流通环节，才是真正检验企业履行环境责任情况的关键。

2. 在资源节约上下硬功夫，运用低碳技术，大幅提高资源利用效率

从企业资源环境责任的资源节约角度看。首先，在控制资源成本上下功夫：利用技术创新，升级、引入节约资源的生产技术、生产方式和生产工艺，开展资源综合利用，开发可再生资源，建立起低消耗量、高利用率的生产流程。其次，做好资源的循环使用：企业在产品设计生产阶段就应该遵循如何能让资源尽量循环的思路来做，大力开展产品创新以提高旧产品可回收性、资源可重复利用性。

3. 在环境保护上花大力气，生产环保商品，提供环保服务

从企业环境责任的资源环境保护角度看。一个可行的思路是在企业原有管理系统中引入按 ISO 14001 标准建立起来的环境管理体系，同时建立起环境信息披露制度。ISO 14001 系列标准是由国际标准化组织制定的环境管理体系标准，是针对全球性的环境污染和生态破坏越来越严重、臭氧层破坏、全球气候变暖、生物多样性的消失等重大环境问题威胁着人类未来的生存和发展，顺应国际环境保护的发展，依据国际经济贸易发展的需要而制定的。它融合了工业发达国家环境管理的先进经验，可操作性强，可以实现从产品的设计、制造、包装、运输、销售一直到报销处理全过程的环境管理控制。

在企业原有管理系统中引入 ISO 14001 标准可以提高企业的环境管理水平，实现清洁生产（清洁的能源与原材料、清洁的生产过程、清洁的产品），更好地遵守国内及国外的

环境法律、法规，获得进入国际市场的“通行证”，促使企业节约能源，利用再生废弃物，降低经营成本，变事后处理为源头预防，迎合了“绿色消费”观念，有助于树立企业形象，提高企业的知名度，增强利益相关者对企业发展前途的信心及支持力度，最终达到增强企业竞争力、提升盈利能力、增加价值、企业可持续发展的目标。

实施环境信息披露制度：通过施行环境会计与发布环境影响的报告书的方式进行企业环境信息披露。施行环境会计，计量、记录企业经营活动与环境保护的关系，企业的污染指标、环境防治、开发利用成本费用，评估企业的环境绩效及环境经营活动对财务成本的影响等；发布环境影响报告书，对外阐述企业履行环境责任的指导方针、环保目标、措施、取得的成果、作出的努力和企业活动对环境带来负荷等信息，向社会展示企业积极履行环境责任的良好形象。

4. 开展节约资源保护环境公益活动，成为优秀的负责任的“企业公民”

开展有关节约资源保护环境的公益活动也有助于提升企业形象。企业通过和政府、社会的合作开展有关节约资源、保护环境的公益活动，本身就是企业积极履行资源环境责任的一种体现，满足了政府、社会的期望，同时是对企业形象的一种有效宣传，为企业直接或间接地带来了更多的客户和发展机会，为企业自身的发展创造了良好的外部环境。对内，加强了员工节约资源、保护环境的意识，营造了良好的企业氛围，同时企业形象的提升有助于员工产生归属感，能激发员工的工作热情和工作效率。

（二）政府：推动企业履行资源环境责任实现可持续发展的主导力量

企业履行资源环境责任不仅仅能使企业可持续发展，更能极大地促进整个社会可持续发展。从一方面来看，这与政府“十二五”规划提出的“建设资源节约型、环境友好型社会”成为加快转变经济发展方式的“重要着力点”是相符的。从另一方面来看，作为一个社会主义国家，公有制经济在我国所有制结构中占主体，而政府作为公有制经济的管理者，政府应该责无旁贷地成为推动企业履行资源环境责任的主导力量。

作为市场经济政府，政府主导推进企业履行资源环境责任，应当“从主要用行政办法保护环境转变为综合运用法律、经济、技术和必要的行政办法解决环境问题”①，这表明政府部门应将更多的精力投入到运用法律、经济、技术和必要的行政手段建立起长效的、有利于企业积极履行资源环境责任的平台任务当中去。

借鉴发达国家政府的先进经验，我国政府可从以下几个方面入手推进企业履行资源环境责任。

1. 转变发展观念，切实贯彻节约资源、保护环境的基本国策

我们必须改变只重GDP增长而轻视资源节约、环境保护为经济与资源环境协调可持续发展，采取从紧和严厉的资源环境政策：(1)完善各项法律法规和标准体系，提高各种环境准入门槛，采取严格的环境监管措施，加快淘汰落后产能，对排污企业实行严格的达标治理②。(2)运用价格杠杆。建立能够反映资源稀缺程度和环境治理成本的价格形成机制，产品价格中应体现污染治理的成本，使污染治理成本内部化。定价应充分考虑资源

---

① 温家宝. 2006年4月17日—18日第六次全国环境保护大会讲话。

② “十二五”的大幕已开启 环境拐点何时到来？人民日报. 2011年1月6日

的稀缺性和环境治理成本，对市场调节的价格也要进行有利于节约资源保护环境的指导和监管。双管齐下，加强对企业履行环境责任的硬约束。

2. 采取措施对企业履行资源环境责任予以支持

企业履行资源环境责任初期投入往往大于收益，这就需要政府在政策、经济、舆论和影响消费者方面予以大力支持。在政策方面，建立和完善企业履行环境责任激励机制，引入市场机制。例如，美国推行的排污权交易值得借鉴，市场是资源配置的最优方式，将"排污权"变成一种资源，积极履行环境责任的企业可以省下多余的"排污权"出售给"排污权"不够的企业，获得利益，这样不仅激励积极的企业做得更好，也会促使没做好的企业努力改善。如此，企业就会在价值规律的作用下自觉履行环境责任。在经济方面，在企业履行环境责任的初期给予企业融资、税收、土地等经济优惠，帮助企业降低初期成本。在舆论和影响消费者方面，政府应大力倡导公众绿色消费和环境保护理念，引导消费者形成科学的消费观念，为绿色产品开辟市场。对积极履行资源环境责任的企业进行表彰和宣传，并帮助提高此类企业的美誉度，调动企业的积极性。

3. 扶持环保产业，发展循环经济

现阶段对于多数我国的中小企业来说，要求企业靠自身引进昂贵的环保、资源循环的设备来履行资源环境责任既不实际也无必要。不实际指大多数中小企业缺乏引进昂贵的环保、资源循环设备的资金；不必要指每个中小企业都拥有一套自己昂贵的环保、资源循环设备从资源配置角度看是一种浪费。一个更好的方式是由专业化的环境产业公司来为企业履行资源环境责任，提供专业化的服务。一方面中小企业不用占用自有资金引进昂贵的环保、资源循环设备，另一方面也形成了规模效应，避免了重复建设。专业化提供了更好的服务，专业化的环境产业公司提供的服务包括环境保护和资源循环使用。

环境保护一方面包括环保设备的生产与经营，主要有水污染治理设备、大气污染治理设备、固体废弃物处理处置设备、噪声控制设备、放射性与电磁波污染防护设备、环保监测分析仪器、环保药剂等的生产和经营；另一方面包括环境服务，指为环境保护提供技术、管理与工程设计和施工等各种服务。资源循环主要是指资源综合利用，指废弃资源回收的各种产品、废渣、废液、废气、废旧物资等的综合利用。两种服务对应就要求国家在宏观层面上扶持环保产业，发展循环经济，扶持并帮助发展一大批从事专业化环境产业的公司。在政策上，颁布相关的法律政策措施，这方面可以借鉴日本政府出台的《环境基本法》、《推进建立循环型社会基本法》和相关的专项法规，尽快建立和完善我国的相关法律，使得相关产业发展有章可循。在经济上，给予环境产业企业优惠的融资条件，通过财政投入支持环境产业技术研究，鼓励民间资本进入环境产业，完善政府、企业、社会多元化的环境保护投融资机制。

4. 建设引导发挥公民的责任意识和监督作用

通过本章调查问卷的第1题至第12题，我们发现，大部分被调查者对我国严峻的资源环境现状有着清晰的认识并赞成针对此的改进。同时，第13、14题也表明大部分被调查者具有良好的节约资源保护环境的意识。

但在本章调查问卷第15题中，当被调查者被问到"当您在工作和生活中面临浪费资源与污染环境的人或事的时候，您会"，如表6-1所示，仅有23%的被调查者选择"反对，并制止”，有高达65%的被调查者选择“反对，但不会去制止”，这表明社会公众资源节约环境保护的主人公责任意识有待加强。

为了更好地发挥社会公众的主人公意识，政府应支持社会建立起一套有效的资源环境监督体系，充分调动社会的力量。支持建立环境NGO（非政府组织），让公众更广泛地参与到资源环境监督当中；建立起一个有效的资源环境问题举报制度，鼓励和发动民众对有关浪费资源、破坏环境的行为进行举报，支持引导资源环境公益诉讼。对涉及公众资源环境权益的发展规划和建设项目，要利用听证会、论证会或社会公示等各种形式，听取公众意见，强化社会监督。

“十二五”规划中提到将“建设资源节约型、环境友好型社会，大力发展循环经济作为今后工作的重要着力点”。2011年3月5日温家宝总理在第十一届全国人民代表大会第四次会议上所做的《政府工作报告》提出，今后五年，我国经济增长预期目标是在明显提高质量和效益的基础上年均增长7%。并表示我们要扎实推进资源节约和环境保护，积极应对气候变化。

加强资源节约和管理，提高资源保障能力，加大耕地保护、环境保护力度，加强生态建设和防灾减灾体系建设，全面增强可持续发展能力。非化石能源占一次能源消费的比例提高到11.4%，单位国内生产总值能耗和二氧化碳排放分别降低16%和17%，主要污染物排放总量减少8%～10%，森林蓄积量增加6亿立方米，森林覆盖率达到21.66%。切实加强水利基础设施建设，推进大江大河重要支流、湖泊和中小河流治理，明显提高基本农田灌溉、水资源有效利用水平和防洪能力。显然，中央政府希望在明显提高质量和效益的基础上降低增长速度，年均增长7%，从而推进全社会范围的资源节约和环境保护，这一重大决策具有深远意义。

如表6-1所示，43%的被调查者对中国建设资源节约型、环境友好型社会与大力发展循环经济的前景表示非常乐观与乐观（见本章调查问卷统计表第28题），42%的被调查者则谨慎地乐观，不乐观达13%，很悲观达2%。

综上所述，企业履行资源环境责任是国家、社会的客观要求和企业可持续发展的主观能动，可能初期成本会大于收益，然而从长期看企业发展，谁更积极履行资源环境责任，提前采取绿色战略，谁就更能在未来的竞争格局中取得主动、赢得先机。企业与其被动被要求承担资源环境责任，还不如主动履行资源环境责任。

第二节 企业与购销客户：顾客就是上帝

伴随着社会经济的发展和市场的繁荣，生产者与消费者之间的关系发展趋于成熟，但两者之间存在着利益冲突的可能性。要化解企业与消费者之间的利益冲突，调节双方关系，一要靠法律，二要靠道德。企业能否恰当处理与消费者产生的伦理问题已直接影响到企业的生存与发展。事前认识、事中分析、事后处理这些伦理问题对企业的成败越来越重要。

企业一定要树立“顾客就是上帝”、“顾客是企业生命之源”、“顾客是企业衣食父母”的思想。因为企业只要提供优质产品和满意服务，方能赢得广大顾客，像“真诚到永远”的海尔企业那样取得巨大的社会效益和经济效益。企业如果失去顾客就会失去活力，丧失生存机会，终将走向失败。对于企业来说，背离正确的与消费者相处的伦理准则就是自断企业生命之源，自毁企业锦绣前程，无异于“慢性自杀”。

一、企业与购销客户的权利和责任

（一）购销客户的主要权利

企业向购销客户提供产品和服务的同时，有权要求购销客户按交易合同如期如数交付货款及有关费用。购销客户在付出了一定货币或实物代价后，要求获得价值相当的产品和服务，与此同时，购销客户要求享有以下权利。

（1）安全权。购销客户有权要求企业提供安全的、不会对人身造成伤害的产品。

（2）知情权。购销客户有权要求企业对产品的生产日期、保质期、使用注意事项等情况做出明示。

（3）选择权。法律应当保护购销客户自由选择购买产品种类的权利，并通过《反不正当竞争法》等法律法规切实保障购销客户在购买同一种产品时有选择的可能性。

（4）表达意见权。购销客户买到不满意产品时有权向企业（制造商和零售商）投诉，要求退赔。

（5）环境保护的要求。人们意识到，企业生产提供有用物品的同时附带产生的污染极有可能是不可挽回的伤害。这种对环境的破坏直接影响和降低人们的生活质量，例如城市的噪声、废水和废气对日常生活的影响。基于对现在和未来负责的态度，人们已经认识到环境保护要求的重要性，企业在公众压力下开始自觉或被迫做出响应。

（二）企业对购销客户的基本道德责任

相应地，企业有责任努力满足消费者上述五方面的权利和要求。企业应当做到如下几点。

（1）生产、提供能达到安全标准的产品。

（2）向购销客户提供产品信息时不用欺诈手段，对产品可能产生的伤害要明白告知消费者。

（3）在平等互利的基础上交易，不签订显示不公的合同。

（4）倾听购销客户的抱怨和投诉，并积极做出改进。

（5）最大限度地减少污染，在企业内消化因减少污染带来的成本上升。

二、产品中的伦理问题

人们靠产品和服务来满足自己的各种需要和欲望，企业靠提供可以满足目标市场的某种需要和欲望的产品和服务才得以生存和发展。

（一）品种决策中的伦理问题

“顾客是企业的上帝”这一观点是市场营销观念的产物。它的意思是说，顾客永远是对的，企业对顾客的要求应无条件地服从。的确，市场营销观念相对于以自我为中心、忽视消费者需求的生产观念、产品观念和推销观念而言，是观念上的质的飞跃；相对于以假冒伪劣产品欺骗顾客的行径，更有天壤之别。以顾客为上帝的思想对刺激企业不断开发适销对路的新产品、提高质量、降低成本、改进服务有积极意义。但企业真的应该无条件服从顾客的需求吗?

根据合理与否,可以将顾客需求归纳为以下四类。

(1) 不合法的需求,如对毒品、私人枪支,黄色书刊、录像等的需求。

(2) 对顾客本身是有利的,但对他人和社会是有害的需求,如一些一次性消费品导致资源浪费、环境污染。

(3) 对他人和社会无害,但对顾客有潜在的不利影响的需求,如高脂肪食品。

(4) 对顾客有利,且不损害他人及社会利益,或者对他人及社会也是有利需求。

显然,顾客的合理需求应绝对服从;不合法的需求不应该满足;对他人和社会有害的需求,企业也不应满足,因为企业是社会的一分子,社会赋予企业生存的权利,企业就有责任满足社会的需求。同时,企业也要对自己的产品可能对消费者造成的危险或副作用有清醒的认识。

(二) 产品质量决策中的伦理问题

顾客向企业支付购买价格,企业理应向顾客提供与之相当的产品或服务。企业可以根据自己的实际情况对自己的产品做出合适的定位,企业可以是高品质的追求者,也允许是廉价品的制造商。不论身为哪一类企业,它所提供的产品,第一,不可以是“假冒伪劣”品;第二,要满足消费者最基本“安全权”的要求。

1. 假冒伪劣产品

假冒伪劣产品是欺诈消费者的行为。消费者轻则蒙受经济损失,重则危害身心健康。假冒伪劣产品还严重扰乱经济秩序,手段卑劣地剽窃别的企业的成果,损害守法经营企业的利益。甚至还会损害国家声誉,中俄边贸中部分假冒伪劣品使所有的中国货蒙受“劣等品”骂名的教训让人记忆犹新。违背“诚实”这一基本做人准则的行为,根本不是一种理智的公司行为,而是少数企业受利益驱动,完全忽视长期效果片面追求短期利润,做出有悖道德法律的事情,会受到法律的制裁和社会舆论的谴责。

2. 产品的安全性

狭义的安全,是指产品不会给消费者带来身体和心理上的伤害;广义的安全的概念还包含了不会给消费者带来经济受损的内容。

企业产品造成伤害的可能性是否不可避免则是需要企业不加掩饰地明示消费者的,例如某些药物不可避免的副作用。企业通常顾虑“自我揭短”是不是会影响销售,但心存侥幸可能导致更为严重的后果。一旦伤害确实造成,各种赔偿和公众人心向背所影响的将不仅是企业经济收入,更有企业声誉和未来发展。国家技术监督局对食品、药物的标签说明就有明文规定,明确保障消费者有权知晓的事项。以 1995 年 2 月 1 日起实行的《食品标签通用标准》为例,它规定所有食品中预包装都必须使用标准标签,标签上必须标明食品名称、配料表、净含量及固体物含量、制造者、经销者的名称、地址、生产日期、保质期、储藏须知、质量等级等。随着我国法制的完善,对各类产品质量、安全性能的明示性要求也将趋于完善。

三、商品定价中的伦理问题

定价的方法有成本加成、目标利润率、竞争导向及供求曲线等多种，但目的都是为使企业利益最大化。从消费者的角度来讲，一件产品或服务的价格应当与它能为消费者提供的利益或好处相当。否则，除非没有其他替代品，消费者不会购买。

企业利润是总收入减去总成本，可以说利润是社会对企业充分有效利用资源的奖励。对企业家来说，利润是对优质的产品、良好的服务、运作完美的组织、高效的管理、承担的风险以及对变化的需求和环境的适应给予的奖励。这就是说，利润是社会对那些值得获得回报的企业的一种经济上的回报。社会承认并鼓励企业赚取合理的利润。企业是靠资源有效利用、调整定价、控制成本来实现利润的。但公众反对企业获得“非法利润”或“暴利”，也不希望企业通过一些定价欺诈行为获取不该得的利益。

（一）价格垄断

价格垄断使企业谋取高额利润成为可能。一些出于国计民生和投资社会效益的考虑，由国家控制的垄断行业，价格一般由国家权衡成本与效益制定，有时，国家还可以通过补贴等方式保证这些垄断行业的适当利润。企业没有暴利或欺诈的权利。一些乱收费、乱涨价的现象，是企业违背国家及行业定价政策的个别行为，可以较清晰地发现并制止住。

而对于部分生存于接近完全竞争条件下的生产型企业来说，单个企业不易向市场索取高价，因为社会关系曲线为产品定出了买卖双方均认可的价格，任何单独索取高价的企业在竞争中都会失利。为了反垄断，世界各主要国家都相继制定了反托拉斯法、反不正当竞争法来限制这种行为。因为联合垄断可以使企业不是通过提高经营效率而带来超额利润，而消费者和社会却遭到了损失。调查显示，27.8%的被调查者认为价格同盟是联合进行价格垄断，15.2%的被调查者认为这是变相不正当竞争。不过，前车之鉴，后车之鉴，美国企业的教训也许会给中国企业带来启示，告诉我们怎样才是真正合理地提高利润。

（二）价格欺诈

价格似潮水，有涨有落。这种说法不是没有道理，尤其对于生产销售季节性很强的产品的企业来说，在淡季或换季时降价是一种有效的促销措施。于消费者来说得实惠；于企业来说，加速资金流动、减少库存，也是好事。但是，商家标出的折扣是否是真的？如果有假，这就涉及伦理道德问题。即使无假，时起时落的价格是否会让消费者留有“价格骗子”的印象？

打折成了企业吸引消费者的“小花招”。的确，对于需要购买多种商品的消费者来说，无暇也无精力去了解每一所需产品的价格情况，他们不一定知道折扣的内幕和秘密，也不一定知道企业竞争对手的产品价格更低、质量更好，更可能的是消费者无法说出企业定价有什么不合理的地方。但是企业是否有信心肯定消费者永远不会知道这一切？从长远来看，这些价格欺诈带来的利润是有限的，而可能带来的信誉损失是无限的，任何期望与消费者长期相处的企业该怎么做呢？

（三）暴利行为

通过价格欺诈和谋取暴利定价的主要是商业、饮食、娱乐业，这是因为生产型企业高价不易被接受,而服务业的“服务”产品价格难以准确衡量,众多商家又可以宣传自己的特色,同时国内一些法律法规不健全,企业就有可乘之机。

暴利行为是企业通过向消费者索取超过所提供的产品和服务合理价格的货币或实物偿付,获取超额的、不正常的利润。这种行为严重损害消费者的经济利益。而且,非正常的昂贵价格与“极品”现象一样助长了少部分人比阔斗富的奢侈消费。同时也为物价上涨、通货膨胀推波助澜,严重销蚀改革开放与经济发展为人们来的好处。人们已普遍要求有关部门加强价格管理,让价格成为合理的尺度,既保护消费者的利益,也为企业自身的竞争与发展提供一个公平的标尺。1994 年 4 月 1 日上海市率先实施《反价格欺诈和牟取暴利行为暂行规定》,该规定对有关问题作了界定,并明文规定了较为严厉的处罚措施。北京、天津等城市也先后颁布了自己的“反暴利”法规。

四、促销中的伦理问题

营销不仅要求企业开发优良产品,给购买者以有吸引力的定价,使它易于为目标顾客所接受,企业还必须与它们的顾客进行沟通。每个企业都不可避免地担负着信息传播者和促销者的角色。企业要和消费者沟通什么信息、怎样沟通,在很大程度上取决于企业。而这种沟通效果对消费者的最终选择会有很大影响。

企业的促销组合由以下四种主要工具组成。

(1) 广告:由一个特定的主办人,以付款方式进行的构思、商品和服务的非人员展示和促销活动。如电台电视广告、外包装广告、路牌、杂志、宣传小册子等。

(2) 促销:鼓励购买或销售商品和劳务的短期刺激。如彩票、赠券、回扣、折让等。

(3) 公共宣传:在出版媒体上安排商业方面的重要新闻,或在电台、电视或舞台节目中获得有利的展示,以促进对一个产品、服务和企业单位的需求,而无须主办人付款的非人员刺激。如研讨会、捐赠、慈善事业、公共关系等。

(4) 人员推销:在与一个或更多个可能的买主交谈中,以口头陈述促成交易。如推销展示、电话推销、推销人员提供样品等。

(一) 广告中的伦理问题

我们知道,广告可以帮助企业树立形象,也可以帮助建立特定品牌形象,传播有关销售、服务或活动的信息,公布某项专门性推销及提倡某项事业。

调查显示,大部分人认为“大多数广告是必要的,是选购商品的可靠来源”。这可以说是支持企业在广告上支出的有力证据。但绝大多数人并不同意“大多数产品广告是可信的”这一说法,这不能不说是现有广告行为暴露出来的伦理问题的反映。

1995 年 2 月 1 日正式实施的《中华人民共和国广告法》第三条规定:“广告应当真实、合法,符合社会主义精神文明建设的要求”,第四条规定,“广告不得含有虚假的内容,不得欺骗和误导消费者”。可以说,真实性是商业伦理对商业广告最基本的要求,不真实的信息会使消费者做出错误决策,从而蒙受损失。在一定意义上说,广告的真实性不仅反映企业,还反映广告经营者、广告发布者的伦理道德水平。

广告表达的内容应当是真实的。而且在广告的表达形式方面也有道德约束之处。《广告法》第七条规定:“广告内容应当有利于人民的身心健康”,“遵守社会公德和职业道德，维护国家的尊严和利益”，同时，广告不得“妨碍社会公共秩序和违背社会良好风尚”，不得含有“淫秽、迷信、恐怖、暴力、丑恶的内容”，不得“含有民族、种族、宗教、性别歧视的内容”，不得“妨碍环境和自然资源保护”。企业作为一个“社会公民”，从道义上说，应与每一个普通公民一样负有宪法和法律规定的义务，法律要求公民个人都不应做损伤社会、他人合法利益的事情，更何况有比个人影响力更大的企业呢？更何况是在通过大众传媒等中介传播的、可能引起持续、有力的社会效应的广告呢？企业在做出广告决策时是不是想到了社会和他人？

（二）推销人员的伦理问题

推销是世界上最古老的职业之一，而且人员信息沟通一般比大众性信息沟通更为有效。推销人员的影响尤其在下述两种情况下起重大作用。

(1) 产品价格昂贵，有风险或购买不频繁。这里，购买者可能是信息的急切寻找者。他们可能并不满足于一般媒体所提供的信息，而去寻找知识性和值得依赖的信息源所提供的意见。

(2) 产品具有一定社会意义的特征，此类产品，诸如小汽车、服装甚至啤酒和香烟，具有重要的品牌差别。它包含着使用者社会地位和嗜好。消费者常常挑选符合他们的社会身份的品牌。

对顾客来说，企业的销售人员一定程度上代表着企业的形象，销售人员的信誉反映着企业的信誉。销售人员不仅向现有顾客推销既有产品，还要寻找和培养新客户、新产品；他们不仅向顾客传递产品和服务的信息、推销并达成交易，还要负责为顾客提供服务，通常也是由他们为企业收集情报。他们几乎介入企业营销活动的所有环节，真正代表企业与顾客面对面接触的也是他们。消费者希望推销人员“说实话”，“说实话”也应是推销人员的基本职业道德。当道德可能与利益相悖时，企业与推销人员选择什么，反映了企业的道德水平。

推销人员的行为可能使消费者的态度完全改变，他们若有失职或欺骗也是消费者最不能容忍的行为之一。有关市场营销道德的调查表明，80.3%的消费者希望推销员“讲实话”；61.11%的消费者希望推销员“不强迫购买”；77.78%的消费者希望推销员“能提供售后服务”。如果企业派员向消费者做市场调查，81.32%的消费者希望这些调查人员“讲实情”。

（三）销售促进和公共宣传中的伦理问题

消费者欢迎企业的销售促进和公共宣传活动，因为这可以给个体消费者或社会公众带来物质或精神上的好处。相关调查显示，83.33%的消费者不希望企业开展有奖销售是为了销售积压和伪劣产品；88.89%的消费者希望销售促进活动中不能有欺骗和不公正行为；59.60%的消费者希望那些捐助慈善事业的企业是发自内心、不存其他目的的，捐助活动是真实的。可见，消费者对公司行为“真实”的要求最为强烈。这也从一个侧面说明，当前有些企业在销售促进和公共宣传中存在动机不纯、浑水摸鱼的现象。企业目的不同完全可以使原本正常的销售促进、公共宣传行为“变味”。以销售折让为例，有的企业提出让消费者出三块香皂的价钱买到四块香皂，以100克牙膏的价格买到140克的使用量，这都是正常的销售促进措施。但若联系到有些药商为医院医生提供数额可观的“回扣”以取得医院的订货，一度在许多医院中，医生只给病人开那些有"回扣"的药品，这些药品甚至药效不好，而那些药效好但没有可观"回扣"的药品病人却不能得到。这种"回扣"已不是正常的促销措施，它扰乱了正常的市场秩序。

五、服务中的伦理问题

格式合同，又称定型化合同或者标准化合同，指经营者为与消费者订立合同而单方拟定的合同条款。这种条款不论其是否独立于合同之外或成为合同的一部分，也不论其范围、字体或合同的形式如何，均属于格式合同的范畴。格式合同还包括通知、声明、店堂告示等明示的手段。格式合同具备以下几个特征：其一，制定格式合同的主体是企业，其决定合同的内容并预先拟定，占有优势地位；其二，格式合同的对方是消费者，只有接受合同与否的自由，而无参与决定合同内容的机会，处于劣势地位；其三，格式合同是企业出于同消费者达成交易协议的目的而制定的，合同所指向的是不特定的多数的消费者，并非单个的消费者，在适用对象上具有普遍性；其四，格式合同一经制定，可以在相当长的期限内使用，具有固定性和连续性。格式合同如果公平合理，就有利于交易，也有利于保护双方当事人的利益。从本质上来看，格式合同反映了双方当事人经济地位的不平等。企业利用不公平、不合理的格式合同损害消费者权益的问题就屡屡发生。

中国消费者协会在对零售业、洗染业、影相彩扩业中的不公平、不合理格式合同进行调查的基础上，于 1996 午 7 月至 9 月在 22 个城市对电话等 7 个行业不公平、不合理的格式合同指出：不公平、不合理格式合同问题普遍存在。90.9%的企业明确出示了格式合同，消费者对内容表示不满意的占 51.43%（认为明显不公平的占 21.86%，欠公平的占 29.57%），另有 9.1%的企业没有明确地出示规定，消费者无法判断其是否公平、合理。消费者认为存在不公平、不合理格式合同最严重的行业是供水和餐饮（63%）；其次为住房（51%）、维修（49%）、燃气（43%）、供电（39%）。

在实践活动中，不公平、不合理格式合同损害消费者在接受服务和产品时的合法利益的表现形式有很多。从上述分析可以看出，各种不公平、不合理的格式合同，有的是硬性条款，强迫消费者接受；有的以假承诺欺骗消费者；有的增加附加条款或随意规定；还有的减免了经营者所承担的义务，以及不履行应当承担的民事责任。这些不公平、不合理的格式合同都不同程度地损害了消费者的利益：侵犯了消费者公平交易权，因为这使得消费者在不平等的条件下进行交易；有的企业制定的硬性条款，剥夺了消费者的选择权；有的企业许诺不兑现，违约并剥夺了消费者的索赔权；还有的剥夺了消费者的知情权。

【网络链接 6-2】

中国电子商务诚信问题从哪入手？

诚信，从电子商务登陆中国以来，一直都是电子商务在中国快速发展的瓶颈。由于消费者同电子商务企业通过网页交流，双方很难有面对面直接沟通的机会，彼此的信任一般都是通过感受和体验等比较初级的手段，并没有成熟的体制或者适合的载体来支持开放性的真实信息的传递。于是，消费者无法准确地知道经营者的信用状况，只能凭借着自己的经验和判断进行消费；经营者无法完全地了解消费者的真实程度，只能遵循着对方的需要和要求实现销售。在双方互相探索和尝试信用程度的集合之中，中国的电子商务难免有许多尴尬和无奈，千分之一的交易成功率就是一个很好的证明。

诚信消费也是在人们诚实守信的基础上产生的。如果消费者和企业在电子商务交易过程中习惯于使用电子信用支付手段，电子商务的进程会大大加速。千百年来，中国人在消费时，习惯于绝不借钱消费，习惯于用现金支付。如果让人们在网上购买商品并用电子信用卡支付，就等于让国人从用现金消费跨越到了用信用卡消费的阶段，直接进入了电子支付阶段，这未免强人所难。因此，需要积极稳妥地引导消费者采用先进的诚信消费手段。如果更多人接受了这种电子信用支付模式，就会逐渐将这种消费行为演化为习惯，而这种习惯会大大提高人们的诚信意识，推进电子商务诚信机制的日益完善。

（资料来源：夏国洪、刘旭儒，《金融时报》，2007 年 5 月 30 日）

不公平、不合理的格式合同问题是企业在服务中最常遇到的伦理问题。《消费者权益保护法》第 24 条明文规定，“经营者不得以格式合同、通知、声明、店堂告示等方式做出对消费者不公平、不合理的规定，或者减轻、免除其损害消费者合法权益应当承担的民事责任。格式合同、通知、声明、店堂告示等含有前款所列内容的，其内容无效”。一些企业对此规定不了解，坚持沿袭的所谓规定、惯例，违反了本法规定还不自知。其根源还是在于企业“眼光向内”，为保护自己的利益，甚至是不合法的利益，竟然不惜伤害消费者，从而失去消费者，最后受害的必然是企业自身。

第三节　企业与竞争者：互惠互利　实现双赢

一、企业竞争与道德约束

（一）企业竞争的含义及其道德要求

“竞争”一词最早出现于《庄子·齐物论》。在古汉语中，“竞”字是并立的二兄弟，“争”字是两只手同时拉扯着一件东西。因此，按字面解释，竞争就是对立的双方为了获得他们共同需要的对象而展开的一种争夺、较量。竞争一般包括竞争主体、竞争的对象和竞争的场所等三个基本要素。

在现代市场经济条件下，企业是自主经营、自负盈亏、相对独立的商品生产者和经营者，是具有相对独立的经济利益的经济主体。在一定的经济技术关系和条件范围内，不同企业之间为了实现自己的目标、维护和扩大自己利益而展开的争夺顾客、市场和人才、资金、信息、原材料等各项资源的活动，即是企业竞争。

根据美国哈佛大学教授迈克尔·波特(Michael E. Porter)的理论，企业一般面临五种基本的竞争力量：新竞争者的进入、替代品的威胁、买方的讨价还价能力、供方的讨价还价能力和现有竞争者之间的竞争。

一般来讲，企业与其竞争者共同面对一个给定的市场，它们之间存在广泛的竞争关系。企业与其竞争者要在以下四方面展开竞争(如图 6-1 所示)。

市场竞争有广义和狭义之分。在现代市场经济条件下，企业想要以适宜的价格获得

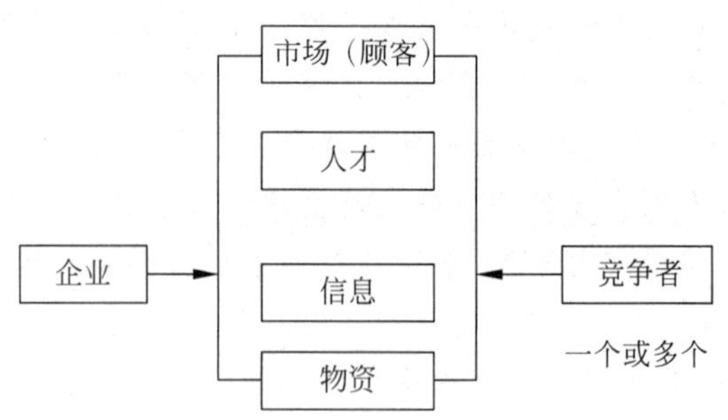

图 6-1 企业竞争的基本内容组成

生产所需的人才、资金、物资和信息，想以适宜的价格把产品销售出去，都必须通过市场，依靠一定的市场机制和规则实现生产经营和流通。因此，广义的市场竞争就是企业之间的竞争。而狭义的市场竞争指的是争夺顾客的竞争。顾客，对于企业来说无疑是至关重要的。如果不能赢得顾客、留住顾客，企业就不能生存；只有不断扩大顾客群，企业才能不断发展壮大。为了赢得顾客，企业必须以适当的价格、恰当的分销渠道向顾客提供能够满足其需要的、适当的产品或服务，并运用公关、广告等多种促销手段。因此，市场竞争的主要内容包括产品竞争、价格竞争、促销竞争和分销渠道竞争等。

"物竞天择，适者生存"是自然界和人类社会竞争的规律，优胜劣汰是竞争的基本机制。企业竞争毫无例外地也要遵循这些法则。企业竞争实际上是企业、竞争者、顾客之间的"三角之争"。这一点决定了企业在竞争中必须注意赢得顾客。而不只是赢得与竞争者之间的对抗。在遵守基本竞争规则之外，还必须讲究一定的伦理道德规范。

（二）企业竞争中讲究伦理道德的必要性和重要意义

1. 企业竞争中讲究伦理道德和诚实守信是市场经济的必然要求

市场经济既体现在以法律为手段的制度约束性上，还体现在以信誉为基础的道德约束性上。随着我国市场经济体制的不断完善，道德与诚信对企业发展的影响越来越大。企业经营者应把道德与诚信经营理念提高到一个崭新的高度，应当树立道德与诚信就是企业竞争力的观念。明确道德与诚信是内强企业素质、外树企业形象的基石。

市场竞争既是一种激励机制，又是一种淘汰机制：获胜者达到自己的目标，满足自己的需要，失败者就会被淘汰出局。正是这种巨大的激励和压力的双重作用，才使得参与竞争的各方不断进取、奋力向前，最终推动整个社会、经济、文化的发展与进步。

让道德与诚信成为竞争力，就要让道德与诚信无处不在。一是企业无论对社会、对各阶层、对银行、对税务部门，还是对企业员工，都必须讲道德与诚信；二是企业中每一位个体都要讲道德与诚信，领导与员工间、上级与下级间、员工与员工间，都必须讲道德与诚信，这样才能有效地提高企业的道德与诚信形象。

建立商业道德与诚信文化，需要把诚实经营的理念，由表面的感性、知性，变成深层的理性思维，融入员工的潜意识中，要从细微之处着手，虽则微隐之物，信皆及之。我们设想，企业是一棵树，道德与诚信则是树之根。我们要把"一切从道德与诚信做起"，作为全体员工的准则，作为企业的宣传用语。

另外，也要明白，无序竞争和恶性竞争也会断送市场经济。自然界的竞争是残酷的，有时甚至是血淋淋的，企业竞争也绝不是“和风细雨”的。如果没有一定的规则，在经济利益的巨大推动力和对失败的恐惧之下，竞争者会铤而走险、不择手段，从而给社会造成极大的危害。首先，不正当竞争使守法之人吃亏、正直之士遭损、阴险狡诈之辈得利、凶狠歹毒之徒获胜。其次，无序和不正当竞争扰乱社会经济秩序，使社会陷入无序和混乱。在社会经济交往中，人们必须依靠基本的规则，才能使社会经济正常运转。不正当竞争、藐视这些基本规则，会严重扰乱社会经济。

2. 竞争规则是以个人自律为基础，道德约束是维护有序竞争的重要工具

市场经济是法制经济，法律无疑是维护正常经济秩序的重要工具和手段。但市场经济却是以个人自律为基础的，它离不开伦理道德规范的约束。从历史上看，在西方市场经济形成的早期，法制、规则极不健全，人们相互之间的交往完全依靠个人自律，如在经济往来中坚持诚信、公正平等、人道礼让等基本准则。随着经济的发展，仅依靠个人自律就愈发显得苍白无力，出现了大量不正当竞争行为，造成社会经济的混乱。

3. 企业竞争中讲究道德是企业追求长远利益和兴旺发达的根本要求

坚持竞争道德，坚持用道德高标准要求自己，企业才能获得长久的发展和雄厚的竞争优势。首先，竞争是参与各方相互依存、相互制约、相互作用的过程，是自利和他利的结合。企业只有在自利和他利的平衡中，讲究竞争道德、实现有序竞争，从而保持生机与活力。没有竞争的企业不可避免地会停滞、没落。其次，讲究竞争道德有利于在企业内部形成良好的风气，使企业更具战斗力。如果不讲竞争道德，会对良好的商业诚信文化造成重大冲击，甚至会使健康向上的文化氛围荡然无存。剩下的只是一些“乌合之众”，毫无战斗力。再次，讲究竞争道德也有利于企业树立良好的形象，建立良好的商誉，不仅会给企业带来巨大的、持久的经济效益，而且有助于企业建立起良好的内外关系。而良好的内外环境对于企业的生存和发展至关重要。

早在2500多年前，老子就提出了“道者，路也；德者，得也”的精妙论断，说明“德”与“得”在本质上是相通的。在竞争中讲究伦理道德，最终会使企业的经济利益目标和发展目标得以实现；而如果不顾竞争道德，即使在短时期内飞黄腾达，也必不长远。因此，从长远利益出发，企业也应讲究竞争道德。

（三）不正当竞争含义与形式

世界各国对不正当竞争行为的界定可分为狭义和广义两类。狭义的是指以欺诈、虚伪表示、诋毁竞争对手、侵犯商业秘密等不正当手段进行竞争，损害其他经营者合法权益的行为。广义的不正当竞争行为除了包括狭义的内容之外，还包括限制竞争行为，即经营者滥用经济优势或者政府及其所属部门滥用行政权力，排挤或者限制其他经营者公平竞争，包括垄断和以限制竞争为目的的联合行为。

我国《反不正当竞争法》对不正当竞争行为给出了明确定义：“本法所称的不正当竞争，是指经营者违反本法规定，损害其他经营者的合法权益，扰乱社会经济秩序的行为。”这就明确地规定了，所谓不正当竞争是一种市场竞争行为，它具有违法的性质和具有两方面的危害。判断不正当竞争的标准即在于此。我国《反不正当竞争法》列举了11种不正当竞争行为，并给出了市场竞争中应当遵循的一般原则，即自愿、平等、公平、诚实信用的原则和公认的商业道德，这有助于我们识别不正当竞争行为。

二、市场竞争中的伦理问题

市场，是买卖双方交换的场所，是企业取得各项资源（人、财、物等）并把产品或服务推销出去、实现企业利润的场所，也是企业与其竞争对手角逐的竞技场。为了实现企业目标，企业必须通过产品或服务、价格、促销手段、分销渠道、售后服务等诸方面与其竞争对手周旋，争取赢得消费者。因此，以上的方方面面都是我们在讨论市场竞争中的伦理问题所要分析的问题。

（一）产品竞争

广义的产品是企业向市场提供的、能满足人们某种需要和利益的物质产品和非物质形态的服务。物质产品主要包括产品的实体及其品质、特色、品牌和包装装潢等，它们能满足顾客对使用价值的需要。非物质形态的服务主要包括售后服务和保证、产品形象等，能给顾客带来利益和心理上的满足。产品竞争中的主要伦理道德问题有如下几种。

1. “见贤思齐”与“压低别人，抬高自己”

《论语》中有“吾日三省吾身”和“见贤思齐”之语，说的是一个人要经常审视自己，见到比自己高明的人，要努力充实、提高自身水平、向他看齐，这样才能进步。然而，我们在现实生活中经常会发现，一个人看到比自己高明的人，不是想办法提高自身，而是千方百计压低、贬损别人，试图以此来抬高自己，但实际上自己并没有高起来。这样做，也许一时可以“蒙”住不少人，但并不能长时间地混淆视听，也不能把所有人都“蒙”住。一旦暴露，自己还会“碰一鼻子灰”。做人如此，企业竞争也如此。

2. 顺风搭车走捷径——仿冒

一个企业、一项产品，要想赢得消费者的信赖和偏爱，在市场上站稳脚跟、建立信誉，必须花费企业很多的心力，不仅靠过硬的产品质量、合理的价格、齐全的品种、良好的服务，而且靠企业遵守法律、法规和商业道德，以公平、正当的竞争方法，通过长期的诚实劳动才能实现。但很多企业却耐不住这份“寂寞”，它们不仅想“一炮而红”，而且也找到了顺风搭车的捷径——仿冒。主要形式有：假冒他人的注册商标；仿冒知名商品特有的名称、包装、装潢；仿冒他人的企业名称。

（二）价格竞争

价格是企业参与市场竞争的重要手段，它与企业的生存和发展休戚相关。企业在制定价格时，除了考虑产品本身的成本外，还要综合考虑市场特性、供求状况、消费者的需求状况和竞争对手的情况以及国家或行业的政策法规等因素，不仅要考虑企业自身利益，而且要遵守基本的价格竞争道德，考虑到消费者和竞争对手的利益。

总的说来，价格竞争道德也要讲究公平、公正、诚实信用的基本原则，一方面要求企业不能任意定价，哄抬物价，牟取暴利，要制定与市场需求和产品质量相符的价格，尽量为顾客提供物美价廉的产品；另一方面要求企业不能故意以低价倾销，排挤竞争对手，大打“价格战”。在价格竞争中存在以下几个问题。

1. 压价排挤竞争对手

压价排挤竞争对手是指经营者为了排挤竞争对手，在一定的市场上和一定时期内，以低于成本的价格销售商品的行为。国外也称之为“掠夺性定价”。实施这种行为的企业通常是具有市场竞争优势的企业，它们具有资金雄厚、品种繁多、产量规模大、市场占有率高和经营风险小等优越的竞争实力。而中小企业往往势单力薄，无力承担这种亏损的风险，所以实施这种不正当竞争行为的可能性不大。

在跨国经营中，有的企业为了打入外国市场或者挤占部分市场份额，也往往用低价倾销的策略。这一现象已受到世界各国的广泛重视，不少国家还制定了“反倾销法”加以惩治。在我国改革开放和进行社会主义市场经济建设的今天，这类事件也多有发生。如韩国三星企业收购苏州“香雪海”冰箱后，为了扩大在华市场份额，声言准许 3 年亏损 2.5 亿元。一家彩电合资企业更是制定了“亏损几亿元，也要挤垮长虹”的战略目标。面对跨国企业咄咄逼人的态势，专家呼吁，除了我国企业要自强之外，国家也要加强对倾销的查处，制止不正当竞争，创造健康的竞争秩序。

2. 限制价格的落后行为

价格竞争作为一种有力的竞争手段，在生活中随处可见。例如，我们常常会看到这样一幅景象：即使只有几步之遥的两家商店，同一规格商品的价格却相去较远。这是正常的经营行为，应该受到认可和保护。正是由于这种价格的差异，才使一家商店门庭若市，另一家却门可罗雀。也正是这种压力和反差，促使企业加强管理、改善服务、树立特色、千方百计改善经营、形成向上的动力。反观限制市场价格的行为，不仅起着保护落后的作用，而且让消费者去承担由于商业伦理低水平而造成的额外开销，也是不公平的。因此，这种联合限制价格的行为也是一种不正当竞争行为。虽然它现在并未在法律上被明文禁止，但在某些行业规定或约定俗成的基本规则中是不容许的。

（三）销售渠道竞争

在销售渠道竞争中也存在着很多问题。主要有以下几种。

1. 回扣的危害与禁止

回扣作为商品流通的伴随物，客观存在于经济生活的各个角落。人们对于回扣的利与弊、是与非，以及它是商品经济的“润滑剂”还是破坏公平竞争的“腐蚀剂”，长期以来争论不休。终于，法律给了一个权威的结论。我国《反不正当竞争法》第八条规定：“经营者不得采用财物或者其他手段进行贿赂以销售或者购买商品。在账外暗中给予对方单位或者个人回扣的，以行贿论处；对方单位或者个人在账外暗中收受回扣的，以受贿论处”。由以上规定我们可以看出，回扣是市场交易一方当事人为争取交易机会和交易条件，在账外暗中向交易对方及其雇员等有关人员支付的金钱、有价证券或其他形式的财物。它属于商业贿赂的一种，在世界上大多数国家都被禁止。

【网络链接 6-3】

可口可乐公司因高额回扣在法国被课以大额罚款

早在 1991 年，法国可乐饮料生产厂家——奥朗吉那企业向法国竞争理事会提出起诉，指控美国可口可乐公司自 1989 年年底开始，采取赔本倾销、给予高额回扣等方法将产品打入法国市场，从而占据了法国软饮料市场 75%～80%的份额。

这场官司前后打了 6 年，1997 年 1 月底终见分晓。法国竞争理事会最终认定可口可乐企业通过给批发商、中间商和销售商以及餐馆、酒吧等以4%的补充回扣和向军队、医院、餐馆等各种集体单位免费提供应由客户自己租用或购买的饮料沉淀处理仪器等方式，吸引拉拢顾客，大量推销产品，违反了法国《竞争法》，因而对其课以1000万法郎的罚款。欧盟委员会也收到了对可口可乐企业的类似指控。

（资料来源：作者根据有关文献整理而成）

显然，回扣是公平竞争的"腐蚀剂"，它能侵蚀人的心灵，败坏社会风气，所以应对它说"不"。只有这样，才能有助于形成健康正常的竞争秩序和社会环境。

2. 滥用行政权力限制竞争

滥用行政权力限制竞争行为会阻碍全国统一市场的形成，使市场自身的运行规则屈从于行政干预，并使消费者的正当权益受到侵害，妨碍了正常竞争，其危害甚大。

三、信息竞争中的伦理问题

作为一种重要资源，信息已成为现代经济社会竞争的焦点。由于信息关系着企业的成败盛衰，所以各企业对于信息的争夺也日益激烈。这一方面要求企业的信息工作人员有高度的责任心和灵活的头脑，积极主动地开展工作；另一方面又不能使用偷盗或采用欺骗、胁迫以及暴力等不正当手段获取信息，侵犯竞争对手的商业秘密。

事实上，企业获取信息有多种渠道和方法。如通过企业年鉴、报纸剪报、杂志、产品介绍、咨询研究、专利档案、供应商报告、顾客报告等公开方法。

（一）禁止侵犯商业秘密

所谓商业秘密，是指不为公众所知悉、能为权利人带来经济效益、具有实用性并经权利人采取保密措施的技术信息和经营信息。如生产配方、工艺流程、技术诀窍、设计图纸、管理方法、营销策略、客户名单、货源情况等，它们都是其权利人投入一定的时间、精力和资金而开发出来的，对权利人具有实际的或潜在的经济价值。

侵犯商业秘密，是指不正当地获取、披露、使用或允许他人使用权利人的商业秘密的行为。根据我国《反不正当竞争法》的规定，侵犯商业秘密行为的主要表现形式有以下四种：(1)以盗窃、利诱、胁迫或其他不正当手段获取权利人的商业秘密；(2)披露、使用或者允许他人使用以前项手段获取的权利人的商业秘密；(3)违反约定或者违反权利人有关保守商业秘密的要求，披露、使用或者允许他人使用其所掌握的商业秘密；(4)第三人明知或应知前三种侵犯商业秘密的违法行为，在这种情况下仍从违法行为人那里获取违法得来的商业秘密，使用或者披露这些商业秘密。

在现实中，大到跨国企业，小到我们身边的小厂，甚至小商贩，都存在着侵犯竞争对手商业秘密的行为，并且在判定合法与非法之间也并不是十分清楚。因此除了加深对法律的理解，明确司法解释、依法办事以外，还要求企业自觉遵循信息竞争道德。

（二）散布虚假信息的危害

"兵不厌诈"是兵家名言，而对于企业竞争来说，用散布虚假信息的方式来诱惑乃至坑害竞争对手，是不道德的。

在"市场学"课堂上，老师一般都会津津有味地讲述一个真实的故事：美国一家小企业生产的一种新型肥皂在费城卖得很好。此时，洗涤业巨头宝洁企业(P&C)也生产出了这种产品，并决定在费城试销。该企业知悉后不动声色，就在宝洁企业将产品投放市场的头一天，将其产品悄悄从货架上撤下。宝洁并未发觉。于是宝洁试销"大获成功"。试销的成功促使宝洁制订了庞大的推广计划，大张旗鼓地展开了促销、销售活动。而该家小企业却"回马一枪"，不仅抢回了费城大部分市场，也使宝洁的很多努力无功而返，损失惨重。在这一则以弱胜强的案例中，我们能说它道德或不道德吗？

我国传统的商业道德规范流传了千百年，可以概括为：买卖公平、诚信无欺；信誉第一、守义谋利；礼貌待客、和气生财。其核心是诚信。因此，在市场交易中，人们推崇诚信，反对欺诈。在信息竞争中，散布虚假信息，搞"小动作"，有悖于公认的商业道德，是一种不道德行为，为真正的商人所不齿。因为如果此风盛行，商场上必然充满尔虞我诈之风，会破坏良好的经济秩序。

（三）查封盗版现象

软件是一种特殊商品，它以电子数据的方式存在于磁介质或塑基介质上。它的价值绝不仅仅是其生产成本。在现代电子信息业中，生产制造成本仅占其总成本的很小一部分。凝结在软件中的资金、劳动与知识是庞大的，必须靠出售大批量的正版软件才能回收。而盗版行为却使企业辛辛苦苦开发出来的知识成果"血本无回"，这不仅大大挫伤了软件开发者的积极性，不利于信息产业的发展，而且使很多人短期内就能"暴富"，破坏了公平、公正的竞争秩序。

【网络链接 6-4】

知识产权制度的伦理合理性

尽管知识产权制度在几乎所有国家里都被建立起来，但还是有人对其合理性有所质疑。知识产权保护在具体运作中遭到一些疑难困惑，而这些疑难困惑归根结底源于对伦理原则的不同选择。

1. 知识产权是一种受法律保护的财产制度的伦理基础

(1) 保障智能成果创造者的劳动效益权。

(2) 尊重知识和知识分子。

2. 知识产权制度体现了社会分配的公正

知识产权制度是社会分配领域中的公正原则的内在要求和重要体现，同时公平原则的真正实现呼唤知识产权制度的建立。

(1) 知识产权制度是公正原则的内在要求和重要体现。

(2) 知识产权制度不仅不会带来不公正，而且有助于社会公正的实现。

3. 知识产权制度促进科技文化的进步和法律制度的完善

(1) 知识产权制度有益于科技进步和文化繁荣。

(2) 知识产权制度有助于法律制度的完善。

总而言之，一方面，知识产权尊重人的主体创造性，为知识的再生产提供充分的激励机制，促进了知识生产，推动科技文化的进步。另一方面，科技文化的进步又有助于社会共同目标的实现。知识产权制度本身是社会发展和文明进步的产物，反过来，它又成为促进社会发展和文明进步的手段。

(资料来源:木飏,http://hi.baidu.com/yxyjay/blog/item/d3de9c1863c1a7b44bedbce7.html,2007-06-10)

因此,每个国家都在加大打击盗版行为的力度,国际间也加强了打击走私盗版活动的合作。我国相继制定、颁布了多项知识产权保护法律、法规,并加大执法力度。为促进我国电子信息产业的健康发展创造良好的投资环境,维护我国的国家形象,保护版权人的合法权益,打击盗版行为势在必行。

第四节 企业对国家:遵纪守法,及时足额纳税

从企业的角度,社会准许企业负起生产的职责,并履行有关的社会契约,那么,社会就会相应制定一些基本规则,即法律,同时希望企业在法律的框架内开展活动。遵从这些法律是企业社会责任不可缺少的一部分。

一、企业对国家与政府:遵纪守法涉及的内容与要求

企业社会责任不是独立责任,而是一个体系,是社会在一定时期对企业提出的经济、法律、道德和慈善四种期望 ,其中经济责任和法律责任是社会要求的(required);道德责任是社会期望的(expected);慈善责任是社会愿望的(desired) 。在卡罗尔的四层次金字塔模型对企业社会责任进行的分类中,经济责任是最基本责任,处于金字塔的底部;其次就是法律责任。

社会责任作为一种对公司行为的约束机制,它是一种制度安排。从社会学的角度分析,一个社会的制度大致可以分为两种,即软制度与硬制度。硬制度中最核心的部分不外于政治制度、经济制度和法律制度,而软制度主要包括社会文化、社会习俗和道德规范等。从理论角度来说,这些软制度的构成要素均应为企业社会责任的内容,应形成企业社会责任的边界。但是,政治制度往往内化于法律制度,而文化和习俗也往往内化于道德规范,经济、法律和道德构成了一个社会最基本的制度环境体系,排除经济责任,企业的社会责任边界应归于法律责任和道德责任之内。

经济学家魏杰曾经在《光明日报》上发表观点,认为企业的社会责任是法定的、必须承担的责任,其特点是具有法定性和强制性,这种责任是否直接履行,直接涉及法律问题,所以它属于法律性质责任。法律的要求,应该是企业社会责任重要的标尺,但并不是唯一的标尺。企业社会责任有必然性的义务。但是社会的期许、涉及社会公众的福祉和利益的道德约束也纳入企业社会责任的范畴之中,企业在经营中的自身状况和偏好有所选择和侧重。魏杰先生的观点符合我国目前从法律上强化社会责任的初衷,但是将企业社会责任等同于法律责任,反而淡化了企业社会责任的"社会性",造成了逻辑的混淆。所以说,企业社会责任既不等同于法律责任或者道德责任的唯一,也不是其他属性的责任,其应当是法律责任与道德责任的统一体。

所谓企业的法律责任,就是指企业应该在法律允许的范围内经营,企业有遵守和维护法律的责任,包括"合法经营"、"依法纳税"两大方面。企业社会责任的实行必须有多方法律机制的配合,企业社会责任与利润最大化可以通过制度安排寻找均衡而实现二者

的良性互动状态。

分析企业应当承担的社会法律责任对于我国企业社会责任的落实和文明程度的提高具有重要的意义。对于社会法律责任内容的概括从不同角度有不同的分类结果。如从利益相关者角度可以分为对消费者的责任、对劳动者的责任、对社区的责任、对环境保护的责任等。也有从社会需求角度分析的,如北京大学经济研究院、民营经济研究院、《环球企业家》杂志和零点调查公司联合对中国企业家社会责任感进行过一项调查,一共有 980 家企业以及 3201 名公众参与了问卷调查,最后根据社会公众对其重要性的评判所作的分析为产品安全责任、环境保护责任、公众安全责任、依法纳税责任、公益事业责任等。

当然,法律责任涵盖不了社会对企业的所有期望行为。其主要原因是:第一,法律应付不了企业可能面对的所有话题、情况或问题;第二,法律常常滞后于被认为是合适的新行为或新观念;第三,法律是由立法者制定的,可能体现了立法者的个人利益和政治动机。

二、我国企业承担法律责任的现状

随着中国社会的发展进步,企业社会责任逐渐受到全社会的关注,企业被认为应该在更广的范围内承担对各利益相关者的责任。

首先,从公众对企业法律责任的感知角度来看,根据北京大学民营经济研究院的调查(2006)发现,企业与公众对社会责任的理解存在显著偏差。当前中国企业对社会公益责任(包括慈善捐助、热心公益事业等考量指标)的认知度最高;其次是对经济责任(包括对股东负责、为股东创造价值、依法纳税等)的认知,而对于法律责任、环境责任以及商业诚信文化责任的认知度偏低。普通公众对企业社会责任的理解则集中在环保、员工权益保护、产品质量和售后服务方面(这主要是企业的法律责任、环境责任等)。中国法律环境显示出社会转型时期制度空隙带给企业较弱的法律责任意识。弱法律制度环境下,企业法律责任也很可能较弱。

其次,因为企业法律责任的内容围绕与企业日常经营和承担社会责任相关的各项法律法规而展开,所以企业社会责任立法的完善直接反映出一个社会对企业社会责任普遍的关注程度。企业社会责任的立法模式主要有三种:一般条款模式、义务列举模式和一般条款加义务列举模式。一般条款模式,即在原则上对企业社会责任作一般性的、宣示性的规定,没有具体义务的描述和列举。义务列举模式,即企业社会责任被具体化为企业对社会负责的一系列行为或任务。一般条款加义务列举模式,即在规定企业社会责任一般行为准则的基础上,进一步提供更加特定和具体的行为规则。

目前,在我国现行的法律规范中尚没有对企业社会责任起一般性宣示作用的条款。虽然《公司法》第五条和《合伙企业法》第七条分别规定了“公司”和“合伙企业”这两种特殊法律形态的企业应当“承担社会责任”,其他类型的企业是否承担法律责任却无法可依。2008 年年初,国务院国资委发布了《关于中央企业履行社会责任的指导意见》,仅涉及中央企业的社会责任。而且该指导意见属于部门规章,法律层次较低。综观我国现行有关企业社会责任的立法,主要分散在企业法、产品质量法、消费者权益保护法、劳动法、环境保护法等诸多法律、法规中,很多规范过于原则化、缺乏可操作性和强制执行力。

当然，我国企业社会责任立法的步伐在逐步跟进，尤其在明确公司（企业）责任和义务方面，不断完善。为适应社会发展的要求，新《公司法》独立于其他法律之外，颁布后经过实践又进行了修订，与之配套的公司法规文件则更多。这些法律、法规明确规定了与公司相关的单位、部门、个人在公司行为履行中的权利、责任；强调加强各单位内部监督及单位负责人、公司机构、公司员工的公司监督的法定职责；对违反新《公司法》的法律责任，特别是对单位负责人法律责任的规定是前所未有的。

三、我国企业社会责任法制化建设的里程碑

实践中，企业社会责任也多游走于道德责任与法律责任的边缘。我国《公司法》第五条规定公司承担社会责任开启了企业社会责任制度化的里程碑。学者、社会公众呼唤强化责任，社会责任的强化必将是一个法律的过程。

随着 2006 年 1 月 1 日我国新《公司法》的实施，企业是否要承担社会责任的争议终于宣告结束。新《公司法》第五条规定："企业从事经营活动，必须遵守法律、行政法规，遵守社会公德、商业道德，诚实守信，接受政府和社会公众的监督，承担社会责任。"第五条首次在法律中明确了企业的社会责任主体地位，意味着对传统企业的角色或目标定位的突破，无疑是我国企业社会责任法制化建设中具有里程碑意义的重大成果。但在实际中，如何运用新《公司法》使企业有效地承担起社会责任，尚有许多难点。因为新《公司法》第五条毕竟只是一个原则性条款，旨在宣示一种价值取向和行为标准。有关企业社会责任的概念、性质、内容，以及企业不履行其社会责任或义务所要承担的法律后果等并没有明确地予以规定。

如何将新《公司法》第五条的立法精神具体化，赋予其确切的、可操作的内容，如何通过一系列具体法律制度的设计，构建和完善企业社会责任法律体系，从而使企业社会责任在实践中得以贯彻和落实，仍然是企业社会责任法制建设需要解决的重大课题。鉴于此，必须充分理解、领会和贯彻新《公司法》第五条的精神，挖掘现行法律体系中的企业社会责任的法律资源，对现行法律中体现有关企业社会责任的其他法律规范（企业社会责任有关的内容分散在诸多法律法规之中，包括产品质量法、消费者权益保护法、反不正当竞争法、自然资源法、税法等）进行以社会责任为导向的解释，进而从执法和司法等多个方面建立企业社会责任的落实机制和监督机制；在非常必要的领域继续进行个别法律条款的修改和完善；从企业组织结构、企业经营决策程序、企业经营者资格、法律责任等方面将企业社会责任的理念和要求纳入具体的规范之中，并使规范具有制度设计所必需的统一性；同时，结合我国国情和企业的具体情况，大胆吸收和借鉴外国企业社会责任立法的成果和经验。

当然，我国社会责任立法的其他领域还有待完善。例如，企业并购过程中对企业并购前后行为的社会监督体系和企业的非法行为的社会反应揭示出我国企业对投资者的社会责任严重缺失，法律制度监管和执行环节的薄弱形成企业间的兼并演化为掏空上市公司的工具。

我国企业社会责任立法的步伐在稳中前进，并且企业法律责任的承担具有一定强制性，但是我国企业履行法律责任的主观意愿以及承担责任的现状并不容乐观。根据一项

关于我国12个省1268家企业高层管理者的实地调研结果表明，我国企业在顾客导向及经济责任上表现相对较好，而在环境保护及员工发展方面还处在较低的水平，在公益慈善和法律责任的履行方面表现出了高低交错的现象。具体在法律责任履行方面，七成左右的企业表示它们严格遵守国家各项法律合法经营并依法纳税，但还有不少企业存在违规经营（24％～28％）及各种漏税行为（30％～63％）；特别是有43％～48％的企业表示它们从事过商业贿赂或腐败行为，48％～65％的企业采取过不正当的竞争方式。

在公司法律执行中尚存在的问题，可以简单归纳为：一是公司法规的社会认知度不高；二是“有法不依，执法不严，违法不究”的问题普遍存在。在公司领域，人超越法律控制公司的现象也比比皆是。因此，加大对违反公司法规的惩治与处理力度是根治公司造假的良药，是促使公司自律的最强有力的外力。

最后，关于企业社会责任中法律责任分支的研究也成为学术界研究的热点。例如，由于转型时期市场经济制度不完善，以经济建设为中心的企业社会绩效较低，社会期望具有法律权威的管制性工具以较强的威慑和奖惩机制来约束参与人的行为，增强企业的法律责任意识，以建立公平、诚信和有序的市场经济秩序。如何建构制度管制支柱作用，发挥其平衡企业与利益相关者的关系，由此就成为学者们研究的一个新问题。

四、企业必须对国家与政府负责，建立和谐的政企关系

企业遵守国家的法律法规，尤其重要的一点就是要依法诚信纳税。我们之所以把遵守税法单列出来，是因为马克思曾经说过：“赋税是喂养政府的奶娘。”税收是财政收入的主要来源，是国家的经济命脉，也是国家宏观调控的重要手段。国家利用税收的形式参与国民收入分配，筹集资金，有计划地用于发展国民经济，发展科技、教育、文化、卫生等各项社会事业，满足人民的物质文化生活需要，提高人民的生活水平。这也正是税收取之于民、用之于民的本质所在。

依法诚信纳税是现代文明的重要标志。依法诚信纳税既是企业履行法律责任的要求，也是其最好的信用证明，是对公司法律义务与道德要求的有机统一。依法诚信纳税有利于健全市场信用体系，营造和维护正常的税收秩序，促进公平竞争，为经济健康发展提供良好的环境。“商无信不兴”，失去了信用就难以在激烈的市场竞争中立足。商业信誉是企业宝贵的无形资产，能帮助企业更好地开拓市场，能为企业创造更多的经济效益和社会效益。依法诚信纳税是衡量企业对国家和对人民贡献的重要标尺，是遵守市场竞争规则、维护商业道德的具体体现，是最好的形象宣传。

因此，企业都应该把诚信纳税作为生存发展的前提条件，立足于自身的长远发展，明礼诚信，依法纳税，树立良好的商业信誉和企业形象，实现自身的持续、健康发展。

实践证明，遵守政府法律法规的企业常常能被国家或当地政府给予更多的自由甚至一定的认可和奖励，从而保证企业持续稳定的发展。

第五节　企业热心慈善与公益活动，做优秀企业公民

随着全球化时代的到来，通信的即时性和旅行速度的加快使得一个地区、一个国家甚至整个世界都变成了相联系的一个社区。传统的地域变得越来越模糊，如今的企业社区包含了整个世界。

一、对企业所在社区负责，建立和谐的社会关系

企业与社区的关系就好像鱼和水的关系一样，鱼离不开水，只有水才能给鱼提供生存发展的机会和空间。只有社区支持企业的发展，企业才能如鱼得水、畅游自如。

通常，当一家企业积极参与社区活动时，它就能够在社区获得很高的声望并且能被社会更好地接受。社区中的企业活动能为其企业自身带来很多好处，在帮助别人的过程中，企业也处在帮助自己的位置上。

一项对在美国经营的外资企业的调查显示：有81%的企业拥有社区活动政策；有71%的企业认为社区的期望是其企业计划中非常重要或中等重要的一部分。这些被调查企业的高级管理人员认为，如果社区活动做得好，企业就会被社会接受并成为有价值的社会成员，这将有利于它在顾客、员工、政府和更广泛的社区中树立企业的良好形象。

因此，企业不仅应该关注其自身的发展，更要关注整个社区的发展，只有在社区发展的大环境下才有可能实现自己的目标。

但是，企业参与社区活动并不是突发奇想的，需要事先经过认真的考虑和安排，从而制定出社区活动计划。制订社区活动计划包括以下四个步骤。

(1) 了解社区。制定活动计划的首要关键问题就是了解企业所在的社区，这就要求企业应该对本地区的特征进行深入的调查研究。每个地区都具备帮助制定社区活动的特殊特征。例如，社区中生活着哪些人群？他们的宗教信仰是什么？社区的失业状况怎么样？是否存在旧城区和贫困问题？其他的企业正在从事哪些社区活动？社区真正具有压力的社会需求是什么？

(2) 了解企业的资源。在了解了社区的真正需求后，就需要考虑企业自身拥有哪些资源可以满足这些需求。每个企业拥有的资源都是不完全一样的，为了能使这些资源最大限度地发挥作用，企业有必要了解什么是可获得的资源、在什么程度上是可获得的、可获得是哪些方面以及在哪个时期是可获得的等一系列问题。

(3) 选择项目。企业社区活动项目的选择应该使得社区的需求与企业拥有的资源相匹配，两者的匹配程度决定了资源发挥作用的大小。因此，企业在选择项目时必须非常谨慎，社区活动项目的选择应该和企业用于调研、营销、生产和管理上的投资一样满足成本有效性的标准。

(4) 监管项目。监管社区活动项目包括检查和控制。追踪是保证项目能够依据计划和日程安排实施所必需的。来自于监管过程中不同步骤的反馈给商业伦理层提供了需要监管进度的信息。如同其他三个步骤一样，这个步骤也需要企业进行谨慎的管理。

二、企业慈善公益责任的由来与功能

慈善与公益活动是企业履行社会责任的一种重要的途径和方式。企业的社会责任不仅包括对内部员工的责任，即为职工的生存、就业、社会保障等提供良好的环境和条件，还应对整个社会的发展贡献应有的力量，特别是对社会的弱势群体应该给予必要的关注和帮助。通过慈善捐助、参加各种类型的公益活动或创办基金会都可以实现作为企业公民的社会责任。从事各种慈善活动是企业社会责任的一个重要组成部分，是企业的一种崇高的社会责任。

1970 年 9 月 13 日，诺贝尔奖获得者、美国经济学家米尔顿・弗里德曼在《纽约时报》刊登题为《企业的社会责任是增加利润》的文章，指出"企业的一项也是唯一的社会责任是在比赛规则范围内增加利润"。与此相反，利益相关者(Stakeholder) 理论在企业社会责任问题上则明确指出，企业的责任除了为股东追求利润外，还应该考虑利益相关者，即影响和受影响于公司行为的各方的利益。著名管理学大师彼德・F. 德鲁克在其《管理——任务、责任、实践》一书中，把企业对社会的影响和对社会的责任作为管理的第三项任务，把其视为与"取得经济上的成就"、"使工作富有活力并使职工有成就"具有同等重要地位，应在同一时间和同一管理行为中去执行。美国哈佛大学迈克尔・波特教授将其竞争优势理论运用于企业慈善行为的分析，最终形成独树一帜的战略性企业慈善行为理论，强调企业慈善行为对企业竞争环境可能产生积极影响，并将这种企业慈善行为定义为战略性慈善行为(Strategic Philanthropy)。

1979 年美国著名管理者卡罗尔提出的"企业社会责任金字塔模型"，涵盖了企业社会责任的各方利益相关者，并将其分为以下四个层次。

第一层次是经济责任，指企业的赢利，是其他更高层次社会责任实现的基础。

第二层次是法律责任，指企业的一切活动都必须遵守法律的条款，企业依法经营。

第三层次是伦理责任，指企业的各项工作必须符合公平、公正的社会基本伦理道德，不能做违反社会公德的事。

第四层次是慈善责任，指企业作为社会的组成成员，必须为社会的繁荣、进步和人类生活水平的提高做出自己应有的贡献。

利益相关者理论与主流企业理论在企业社会责任问题上的根本分歧在于：前者认为企业应该对其利益相关者负起包括经济责任、法律责任和慈善责任在内的多项社会责任，而后者则强调企业经营唯一的任务就是在法律许可的范围内追求利润最大化。随着经济和社会的进步，特别是 20 世纪 70 年代以来，消费者维权运动、劳工运动的不断兴起以及能源危机和环境污染带来的灾难不断出现，使人们在管理理论上开始关注企业社会责任问题，要求"赋予市场经济以人道主义"，确保生产商及供应商所提供的产品符合社会责任的需要，提倡企业要承担相应的社会责任，作对员工、对社会负责的企业。

近些年来，企业社会责任的思想受到了全世界的普遍关注。《财富》和《福布斯》等商业杂志在企业评比时都增加了企业社会责任的标准。国外有一些大学的商学院也已经专门开设了企业社会责任相关课程。企业社会责任是对企业的一种全新认识，是对将追求利润作为企业唯一宗旨的界定的修正和发展。企业作为社会组织也是社会的成员，除了要实现自己的经济目标外，还应该关注社会及其他的社会成员的利益，为全社会的发展承担起应有的责任，也就是企业的社会责任。卡罗尔提出的社会责任有四个层次的含义：经济、法律、伦理和慈善。从事各种类型的慈善活动是企业参与社会生活、承担社会责任的一种重要的表现形式。

（一）慈善与公益活动是企业社会责任的载体

在中国传统文化中，慈善是仁慈、善良、富有同情心的意思。许慎的《说文解字》中对慈的解释为“慈，爱也”，对善的解释为“善，吉”，引申为友好之意。老子云：“上善若水，水利万物而不争。”儒家文化中也包含了对“慈善”思想的理解，“老吾老以及人之老，幼吾幼以及人之幼”。几千年来，中国传统文化一直提倡“与人为善”、“天人合一”、“扶危济贫”，这里面实际上蕴含着深厚的传统美德和人道主义精神。闻名于中国商业史的晋商、徽商等，救百姓于水火之中，捐巨款购买粮食赈济灾民，就折射出朴素的企业慈善情怀。在现代社会中，慈善的表现形式丰富多彩，企业从事慈善活动的途径也是多种多样的，不仅包括捐款、资助，还包括创办基金会、参加各种公益活动等，不仅指财物上的给予，也指理念、智慧、信息等方面的支持。

（二）慈善与公益活动是和谐社会的内在稳定器

亚当·斯密是西方经济学的鼻祖。他在《道德情操论》中讲的一个观点是，社会的财富如果不被全社会所共享，那么这个社会就不稳定。我们今天在讲和谐社会建设的时候，应当从中有所感悟。构建社会主义和谐社会必须关注社会的弱势群体，弱势群体主要表现在应对社会风险能力的脆弱，因此建立完善的社会保障体系是维护弱势群体利益的有效之法。慈善事业是健全社会保障体系的一个不可缺少的方面，是对以政府为主体的社会保障体系的重要补充，它在促进社会公平、维护社会稳定、实现共同富裕方面均有着重要的作用。社会的第一次分配是按照市场经济体制的规律，以效率优先，兼顾公平。社会第二次分配，则以政府行为为主，以公平为主，兼顾效率。而社会的第三次分配，就要体现企业的社会责任，积极发挥慈善作为和谐社会建设中的减震器作用。发展慈善事业，对于提高构建社会主义和谐社会的能力，具有重要意义和作用。

（三）企业是现代慈善与公益事业发展的最重要的主体

现代慈善事业应该由现代企业来主导，企业是现代慈善事业发展的最重要的主体。企业作为社会主义市场经济的主体，比个体公民在慈善活动中所起到的作用更大。无论是捐款还是组织公益活动，企业的能量更大，更有能力来投入，更有条件组织人力、物力和财力保证慈善活动的成功举办，因此企业主导的慈善活动的影响作用也相对较大。企业在进行慈善活动的过程中，不仅推广了一种慈善理念，教育了本企业的员工，也树立了良好企业公民的形象，对同行也有示范带动作用。更为重要的是，企业作为社会利益和发展的受益者，所获取的利益远远多于个人，因此相对个体公民而言，企业更应该有责任“取之于民，用之于民”。因此，现代慈善事业的发展和成熟更主要的还是要依靠以企业为主体的广大社会团体的推动和支持。企业是一个“多面体”。作为经济范畴的企业，它追求最大利润；作为法律范畴的企业，它要做好“企业公民”；作为道德范畴的企业，它要承担社会责任。

（四）企业承担慈善公益责任有助于提升企业竞争力

社会认同也是一种竞争力。企业承担慈善责任能够提高企业的市场认同度，从而有利于提高企业的市场竞争力。当今国际市场竞争中，企业的经营理念已逐渐发生变化，传统的成本、质量、供货期只是最基本的要求。承担包括慈善责任在内的社会责任不仅能为企业赢得更好的声誉、得到人民大众及全社会的认可，而且也可以在市场中更好地体现企业的文化取向和价值观念，从而为企业的长期稳定发展营造更好的社会氛围。在经济全球化时代，企业之间的竞争核心已经从过去的设备、厂房以及制度等“硬件”，发展为商业诚信文化、社会责任等“软件”。长期以来，我国企业普遍存在重“硬”轻“软”的倾向，过分偏重制度建设，轻视道德责任培养，这已经影响了企业的可持续发展。因此，企业要想获得持续发展和基业常青，就不仅应该关心产品的质量和价格，关心企业内部的和谐，也应该关心商业道德，关心企业与社会的和谐以及对社会应尽的慈善责任，积极发挥慈善作为和谐社会内在稳定器的作用，积极提升自身的“软”竞争力。总之，衡量一个企业是否优秀，除了它的利润、规模这些因素外，企业的慈善责任将占据越来越重要的位置。事实上，越来越多的企业实践充分说明，在慈善责任和企业绩效之间存在正向关联度，企业完全可以将社会慈善责任转化为实实在在的竞争力。当然，一个企业和企业家的慈善责任，并不是简单地、一次性地为慈善机构和希望工程捐了多少钱，而是与他对于社会、环境、资源、股东、员工等有一种整体的考虑和持续的责任感密切相关的。[①]

三、我国企业慈善公益责任的特点

企业慈善捐赠是企业为了社会慈善公益事业或公共目的，自愿将人、财、物赠送给予企业没有直接利益关系的受赠者的行为。

1911 年，美国钢铁大王安德鲁·卡耐基建立了全球第一个慈善基金会——“纽约卡耐基基金会”，开创了企业慈善事业的先河，奠定了现代企业慈善事业的基础。从 20 世纪 20 年代起，很多美国知名企业家如洛克菲勒、亨利·福特都纷纷效仿卡耐基，在各自的企业内建立了慈善基金会，开始积极投身于社会慈善事业。也正是在这一时期，作为指导美国慈善事业发展的重要理论基石——“企业社会责任”理论应运而生。20 世纪 80 年代，美国的慈善事业加速发展，“利益相关者理论”及“企业公民”理论等一些与慈善相关的理论相继出现，推动企业慈善捐赠事业走上了健康可持续发展的道路。

但是 20 世纪 80 年代国有企业改革开始之前，我国的企业慈善捐赠还几乎是一片空白，真正意义上的企业慈善捐赠是在 1984 年国有企业改革开始之后才逐渐发展起来的。20 世纪 90 年代之前，我国的企业慈善事业一直发展比较缓慢。但是，从 20 世纪 90 年代起，随着我国企业经济的不断发展壮大以及“企业社会责任”理论、“企业公民”理论等在我国的广泛传播，我国企业慈善事业开始进入快速发展的时期，企业参与慈善捐赠的次数越来越多，捐赠规模也越来越大，企业慈善基金会也越来越多，我国企业慈善事业开始进入快速发展的时期。

我国慈善事业起步较晚，长久以来，我国都没有建立起完整的慈善事业信息统计制

---

① 赵曙明. 和谐社会构建中的企业慈善责任研究[J]. 江海学刊，2007(1).

度，导致分析决策缺乏依据。2004 年，我国第一张慈善排行榜榜单发布，之后每年都会根据上一年度中国慈善捐赠情况编制慈善排行榜榜单，完善了中国的慈善事业信息的统计制度，为了解中国慈善事业的发展情况提供了依据。每年的慈善排行榜均有以下两个榜单：一个是针对个人捐赠的中国慈善家排行榜；另一个是针对企业捐赠的企业捐赠排行榜。入榜条件均是年度捐赠 100 万元(含 100 万元)以上。根据民政部发布的年度慈善排行榜，总结各年数据，得出以下两个表格，如表 6-2 与表 6-3 所示。

表 6-2　2008—2011 年度慈善家与捐赠金额

年份	入榜慈善家数量	合计捐赠额(亿元)，不含物品捐赠
2008	149	16.5
2009	121	18.84
2010	133	34.38
2011	173	74.28

表 6-3　2008—2011 年度慈善企业与捐赠金额

年份	入榜慈善企业数量	合计捐赠额(亿元)不含物品捐赠
2008	325	54.9
2009	899	117.95
2010	448	52.95
2011	707	116.07

从以上表格中可以看出，我国的慈善家数量呈逐步上升趋势，捐赠额也大幅提高；入榜的企业家的数量在 2009 年和 2011 年较上年均有大幅度的上升，捐赠额也相应提升了很大的幅度，企业及企业家的慈善之心在慢慢被唤起。2008 年是中国慈善捐赠史上的一座里程碑。在这年，年初的低温雨雪、冰冻灾害、“5·12”大地震、8 月份的奥运会，大大激发了我国财富人群的捐赠热情。但是由于企业常规慈善不力，2009 年大幅回落，甚至低于此前 2007 年的水平。2010 年是近 20 年来仅次于 2008 年的第二个重灾年份，2010 年度的慈善捐赠又有了让人喜悦的丰收年景。根据民政部发布的年度慈善排行榜，可以看出我国企业慈善有以下几个特点。

（一）国有企业履行慈善责任整体表现一般

国有企业作为社会主义市场经济的重要组成部分，在整个体系中发挥着举足轻重的作用，而从数据显示，少数国有企业每年都有巨额捐赠，但是大多数国有企业表现较差，导致国有企业整体表现一般。

国有企业有大额捐赠的传统，比如 2008 年榜单前 10 强中有 4 席是国有企业占据，3 家过亿，中石油更是拿 10 亿元用于慈善公益；2009 年榜单更是占据了前 10 强中的 7 位，农业银行以 3.6 亿元占据榜首。但总体的表现有待进一步挖掘，2008 年、2009 年榜单中，过千万的国有企业数目均比民企少得多，而全国 100 强企业前 20 名全部为国有企业，除了经常登榜的中石油、中石化、国家电网、建设银行、农业银行、平安保险等企业外，其他国有企业排名靠后，甚至在榜单上看不到。据 2009 中国慈善排行榜企业榜单显示，其中有 259 家企业是国有企业，占总数的 28.8%，落后于民营企业。

虽然每年国有企业都有大额捐赠，着实让公众感受到了责任心，但多年来，国有企业整体在慈善公益方面的表现却不尽如人意。这一方面由于一些国有企业捐赠方针不清晰，决策过程不透明，随意性强、连续性差，易使公众产生误解。另一方面，国有企业捐赠领域过于传统集中、捐赠形式单一也造成了不为社会所知的现象。

2010年是国有企业捐赠走上制度化尝试的一年，国资委规范了央企的捐赠制度，在很大程度上推动了我国大型国有企业开展慈善事业。据2011中国慈善排行榜企业榜显示，在上榜的707企业中，有231个是国有企业，捐赠总额为39.6亿元，占总数的32.7%，国有企业进行的一次次大数额捐赠，彰显了企业大腕们的责任心，希望国有企业真的能在慈善这条道路上越走越好。

（二）民营企业仍是我国企业履行慈善责任的主力军

根据国家统计局数字显示，中国民营企业已成为我国最大的企业群体，占全国企业总数量的比例超过60%，占全国GDP的份额超过50%。

经历三十多年的改革开放，民营企业取得了巨大发展，积累了巨额的财富，这就使得民营企业更有能力履行慈善责任。数据统计，民营企业捐赠的数额占利润的比例最高，捐赠数量及上榜企业均大幅度增加。而中国慈善排行榜连续七年的数据也显示，中国民营企业已成为推动国内慈善事业发展的重要力量。

据2011中国慈善排行榜捐赠数据显示，在上榜的707个企业中，民营企业数量为374个，占总数的52.8%，捐赠总额约为65.3亿元，占全部捐赠总额的56.3%，远远高于国有企业及外资企业，民营企业的发展势头强劲，大有压倒国有企业之势。

（三）外资企业慈善责任发展略好

根据民政部的榜单，单纯地从财物捐赠数额计算，在华外企表现稳步上升，2008年赈灾捐赠大幅增加，上榜的企业达到207家，占总数的23%，创历史新高，之后有所回落，2010年在慈善领域表现仍然平平，但是总体来说还是有所进步。

从捐赠形式来看，大多外资企业已经从单纯的资金捐赠，转向产品捐赠、服务捐赠和员工志愿者行为，形式更加多样化。外资企业将慈善捐赠看成企业的社会投资，是企业与社会积极互动、互利的一种行为。它们通常选择社会广泛关注的或者与自己产品紧密相关的领域作为公司慈善的核心项目，通过一整套规范化、制度化的持续性运作机制而取得成功，这被视为企业可持续发展最有效的方式。比如以婴幼儿产品为主的强生把慈善公益的目标集中于儿童安全；生产化工用品的杜邦则注重环保方面的慈善活动。

虽然我国自古以来就有“乐善好施”的文化传统，以民间或者官方形式存在的慈善捐赠活动由来已久，但是与美国相比，我国的慈善捐赠事业由于起步晚，基础比较薄弱，目前仍显得较为滞后。相关统计数字表明，截至2010年年底，在民政部门依法登记的各类社会组织数量由2005年年底的31万个增加到44万个，其中基金会数量从975个增加到2200个。这些慈善基金会在组织企业捐赠、传播慈善理念等方面发挥了巨大的作用。与20世纪末我国企业慈善事业严重落后的局面相比，现在我国企业慈善事业的确取得了较大的发展。但是，相对于拥有1000多万家企业的国家来说，企业慈善基金会的数量少得可怜，企业捐赠额更是微不足道。

【网络链接 6-5】

万科“捐款门”事件

2008年5月12日汶川大地震当天，万科集团决定向灾区捐款220万元。应该说汶川大地震后，万科响应捐款是积极、迅速的。5月13日、14日，外界并未对万科捐款出现多大的争议，这一点也反映在王石的博客上。王石的博客是维系王石作为一个知名的公众人物以及宣传万科的重要阵地，一直以来发挥了相当积极、正向的作用。而这一次，万科的“捐款门”却由王石的博客引发，并迅速发酵、蔓延。

5月12日，王石的博客著文题为“密切关注、冷静应对”，随后两天，关于万科的捐款并未引起争议，对万科捐款赞成的声音更多，只有少数几个回帖认为，以万科的实力、行业地位，与其他企业、与房地产同行相比，万科捐款偏少。万科“捐款门”的引爆点是5月15日王石的博客文章“毕竟，生命是第一位的”。王石写道：“我认为，万科捐出的200万是合适的。这不仅是董事会授权的最大单项捐款数额，即使授权大过这个金额，我仍认为200万是个适当的数额。”在上述博文中还写道：“中国是个灾害频发的国家，赈灾慈善活动是个常态，企业的捐赠活动应该可持续，而不成为负担。万科对集团内部慈善的募捐活动中，有条提示：每次募捐，普通员工的捐款以10元为限。其意就是不要慈善成为负担。”

上述两段话随即开始在网络上发酵。针对“万科捐200万元合适”，有网友将万科与同行相比较回帖“同为房地产企业碧桂园，除公司捐款300万元外，大股东杨惠妍并出资1000万元；合生创展捐资1000万元，合生创展董事长朱孟依个人捐款500万元；珠江以及国企华侨城集团，均捐资1100万元。总资产不及万科十分之一的世茂股份、泛海建设、中型房企四川蓝光，捐款也为1000万元”。

有网友认为，万科既不想多掏钱，又想摆姿态。有网友认为不宜让赈灾成为企业负担在此空前国难之下显得冷血。针对“员工捐款以10元为限”，有网友回帖“当你登山快要掉下悬崖需要拉一把的时候，你希望别人伸过来一只手臂还是一个手指头？”

自5月15日后，各种指责万科、王石的言论在网络上铺天盖地，并成为期间网络热门话题之一。万科感受到空前的压力，公司的市场形象遭到空前质疑，万科公司被迫做出调整，5月21日万科公司发布公告称经公司董事会同意，批准公司参与四川地震灾区的临时安置、灾后恢复与重建工作，并以绵竹市遵道镇为重点；该项工作为纯公益性质，不涉及任何商业性(包括微利项目)的开发；批准公司在净支出额度人民币1亿元以内参与上述工作；上述费用将在未来3到5年内，根据实际需要逐年支出。公司将在每年的年度报告中披露具体的支出情况。公司董事长也在不同场合表示道歉，为不当言论伤害民众感情感到愧疚。

中华慈善总会会长范宝俊在中国人民大学举行的首届中国社会保障论坛上用“十分落后而不是一般的落后”来描述中国的慈善公益事业。从企业慈善角度来看，虽然近几年来国内的一部分企业和大公司集聚财富成功之后，越发自觉、频繁地参与社会慈善公益事业，它们以“取之于社会，回报于社会”的积极心态与社会大众分享。无论是赈灾救助、教育、卫生、环保捐赠，无论是为家乡建设捐赠还是为弱势群体提供帮助，乃至大型慈善公益活动，它们都以实际行动体现出企业较强的社会责任感。但是，有的企业宁可花大把的钱做广告，却对慈善公益事业捐赠不屑一顾；有的企业一次宴请花去数十万元，而对捐赠社会弱势群体却无动于衷，还有许多企业曾经鼓吹的善举最后都以拖欠善款而告终。一份来自慈善组织的调查更令人震惊：在国内工商注册登记的有1000多万家企业，而有过捐赠记录的不超过10万家，意味着99%的企业从来没有参与过捐赠。另外一项统计数字表明，中国内地企业家每年用于慈善事业的资金占当年GDP总值的0.05%，而在美国这个数字是2.77%左右；在欧洲和日本，这个数字在0.7%和0.8%左右。这些数字足以说明在我国，企业在公益慈善领域做得远远不够，中国的企业缺少“企业公民”的社会责任感，中国企业家缺位慈善事业已经是一个不争的事实，企业在履行慈善责任方面仍存在很多问题。

四、发展我国慈善事业的建议与出路

（一）强化责任意识，树立慈善公益观念

企业作为社会经济的主体，在经济发展中的作用增大，就意味着企业和企业家地位的上升，同时也意味着社会责任的加大。企业以社会的存在而存在，企业应该建立在企业家的社会责任观之上，而不是建立在企业家的权利观之上。企业不是“赚钱机器”，企业的成功归根到底不在于赚钱的多少，而在于对社会的回报。这种沉甸甸的责任不仅是企业的永续经营，而且是要企业投身慈善事业、回馈社会。创造社会财富的众多企业，是发展慈善事业的重要源头活水，它们的慈善意识强不强、支持慈善事业的力度大不大，是决定慈善事业规模的重要因素。这就要求企业经营者在做出决策的时候，不仅需要考虑企业对员工的法定义务，促进企业内部的和谐，而且还必须考虑公司行为是否有利于公众利益、社会进步和社会和谐。企业应树立社会慈善意识，正确认识慈善责任，将慈善责任由一种外在的约束内化为企业的内在需要，主动承担慈善责任，树立起良好的公众形象，成为获得广泛认同的、可信赖的企业，从而大大增加企业社会资本，提高自身的市场竞争力。

（二）突出企业主体，弘扬慈善公益文化

我国的慈善事业长期以来都是由政府主导，政府自己搭台唱戏。在人们的思想里，认为慈善是政府的事情。但慈善是应该由整个社会共同参与的一项事业，并不能由政府来唱独角戏，企业作为特殊的公民，应该承担更大更多的慈善责任。商业伦理文化对实现商业伦理的最佳境界和企业履行慈善责任有导向和支持作用。用辛苦的收益报效国家、社会，不是经济学规律的规定，也不是传统管理学的原则，而是一种商业伦理问题。企业的慈善责任是一种新兴的商业伦理，是一种旨在追求“共同福祉”的企业社会实践。企业在培育和弘扬慈善文化时，应该紧密结合自身实际，寻求与其产品相关的慈善项目进行有规划的、长久的慈善活动，从而形成特色鲜明的慈善文化。这里可以借鉴许多国外跨国企业的经验，通过相关的慈善公益活动在自己的商业诚信文化中深深地打上慈善的烙印，如生产化妆品的企业会通过慈善公益活动把关爱妇女作为其商业诚信文化的一部分，以婴幼儿产品为主的强生等企业则把慈善公益活动的目标集中于儿童安全方面，生产化学用品的杜邦等企业更侧重于对公益环保方面的投入。总之，我们每一个企业和每一个公民都

要有爱心，关爱弱势群体，关心残疾儿童，培养慈善意识，投身慈善事业。

（三）健全慈善公益法制与组织，规范慈善公益行为

制定专门的慈善事业法，立法中应当突出慈善机构；应当取消慈善机构须有主管单位之陈规；确立完善、统一的慈善财税制度；调整政府与慈善机构的关系；强化处罚机制。

非政府的慈善组织应该在现代慈善事业中承担重要的任务，是现代慈善事业发展必不可少的重要角色。目前，在国家民政部门注册的中国公益慈善组织约有 30 万个，而没有经过注册登记的有 300 万个。这些组织良莠不齐，有不少组织没有规范的规章制度，没有规范的管理，也没有严格的监督机制，影响了慈善事业的公信力。培育一批信誉度较高、操作规范的非政府慈善组织是我国目前慈善事业发展过程中必须要解决的问题。很多企业和个人不愿参与慈善捐赠的一个重要原因就在于我国目前的慈善活动的操作上存在一些不透明的因素。缺少一个捐赠项目信息共享平台，对于捐赠的去向和效果也缺乏清楚的了解，这就制约了企业的积极性。公信力的缺乏带来了中国慈善事业的相对落后。就目前来说，中国的慈善事业距发达国家还有很大的距离，以美国为例，中华慈善总会副会长徐永光 2005 年 11 月 22 日介绍说，他算了一笔账，中国和美国人均收入相差 38 倍，而人均慈善捐款相差了 7300 多倍①，这的确是个惊人的差距。

（四）完善激励体制，优化慈善公益环境

政府应进一步为发展慈善事业创造良好的社会环境和条件。

首先，政府要加强对发展慈善事业的舆论宣传，进一步增强企业经营者的慈善意识。电视、广播、报刊、网络等多种媒体都要把推动慈善事业的发展当成自己义不容辞的社会责任，要运用灵活多样的形式，吸引更多的企业经营者参与慈善事业、奉献慈善事业。

其次，进一步推进全方位的体制改革，继续培育和完善市场经济环境，祛除富裕阶层所拥有财富的"原罪"色彩，同时在全社会培养健康的财富文化和慈善文化，使富人以创造财富为荣，并大大方方地乐善好施。

同时，要加快有关慈善公益事业的法律法规建设步伐，通过制定强化企业社会责任的各项法律制度，进一步引导企业强化社会慈善责任意识。"道德"固然是慈善的决定因素，但制度同样也能引导慈善。在发达国家，与税收相关的捐赠制度，可以归纳为"一疏二堵"。一疏，是企业和个人捐助慈善和公益事业可以获得免税的待遇；二堵，是用高额的遗产税和赠与税，对资产由"私"到"私"的转移进行限制，以促进企业家更好地履行慈善责任。

要切实落实新的《企业所得税法》中关于企业慈善免税的规定。根据从 2008 年开始实行的新的《企业所得税法》的相关条款，企业用于慈善目的的捐款免税额已经由原来的 3%提高到了现在的 12%，这对于企业参与慈善捐赠的积极性来说，无疑是一个极大的激励措施。但令人遗憾的是，在全国很多地方，办理免税的手续还比较复杂，设置的程序太多，加上一些地方政府对企业免税的热情不高，导致税法规定企业可以享受的税收优惠政策并不能落实。由此可见，我国企业慈善事业的发展还有很长的一段路要走。

---

① 蒋彦鑫. 中国和美国人均慈善捐款相差 7300 倍. 新京报，2005-11-22.

总之，慈善事业作为爱心事业，它在现代社会中的作用越来越大，也受到了越来越多的企业家的关注，并在构建和谐社会、促进社会全面发展的过程中发挥积极的作用。发展现代慈善事业是一个系统的工程。承担起相应的慈善责任，用科学发展观指导企业的经营行为，维护社会的整体利益，已经成为社会主义市场条件下的现代企业义不容辞的责任。

五、优秀企业公民的培育

（一）企业公民的定义与要求

C. 马斯登和 J. 安德罗夫指出：企业公民涉及组织与社会关系的管理，使组织对社会的负面影响最小化，正面影响最大化。

D. 洛甘等人认为，企业公民是满足企业对包括员工、股东、消费者、供应商以及社区在内的利益相关者的责任的活动。他们列举了以下四个层次的活动：

（1）遵守所有法律法规，选择能直接增加企业利润和提高市场竞争力并对利益相关者有益的活动；

（2）从事正常业务以外的、对利益相关者有益的活动，并且以一种可以衡量的、有利于企业取得短期和长期利益的方式开展这些活动；

（3）支持社区的活动，如教育、培训等，这些活动对企业的长期成功有着重要影响；

（4）支持或参与改善社区条件或有利于利益相关者的活动，企业不期望从这些活动中得到直接的、可见的好处[①]。

2003 年世界经济论坛指出，企业公民包括以下四个方面要求：

（1）好的公司治理和道德价值，主要包括遵守法律、现存规则以及国际标准，防范腐败贿赂，包括道德行为准则问题以及商业原则问题；

（2）对人的责任，主要包括员工安全计划、就业机会均等、反对歧视、薪酬公平等；

（3）对环境的责任，主要包括维护环境质量、使用清洁能源、共同应对气候变化和保护生物多样性等；

（4）对社会发展的广义贡献，如传播国际标准、向贫困社区提供要素产品和服务，例如水、能源、医药、教育和信息技术等。

（二）企业公民与企业社会责任、企业社会回应、企业社会表现的关系

企业社会责任回答“应该是什么”的问题，企业社会回应回答“如何做”的问题，企业社会表现回答“做得怎么样”的问题。企业公民是这三者的结合，不知道社会对企业的期望，不可能做一个好公民；知道了社会的期望，但采取的对策不恰当，也不可能做一个好公民；是不是一个好公民，最后还要看公司行为的结果[②]。

2001 年，“中国最受尊敬企业”评选活动也应运而生。这些评选活动不仅受到了企业界的广泛支持和欢迎，也受到了政府和公民一致的赞扬，2011 年 3 月作为阶段性总结，“中国最受尊敬企业十年”评选活动揭晓。

---

① D. logan, D. Roy and L. Regelbrugge. Global Corporate Citizenship: Rationale and Strategies. The Hitachi Foundation, Washington DC, 1997.

② 周祖城. 企业伦理学. 北京：清华大学出版社，2005：62.

国内25家企业获评“中国最受尊敬企业十年成就奖”，其中深圳企业约占1/3，中国平安、华为、招商银行、万科、腾讯、比亚迪等深圳名企上榜。在过去十年的评比中，中国平安、招商银行8次当选“中国最受尊敬企业”。华为亦荣获“中国最受尊敬企业十年贡献奖”，中国平安亦当选“中国最受尊敬企业十年公益成就奖”。深圳作为改革开放的窗口，多年来涌现出一批优秀的企业和企业家，他们通过优秀产品服务和理念，为整个中国经济的繁荣、人类社会进步作出了积极贡献。

随着“企业社会责任”这一名词逐渐被大家所接受，为了与国际接轨，“中国最佳企业公民”2004年开始评选，我们发现有些“中国最受尊敬企业”也 再次当选为“中国最佳企业公民”。

“最佳企业公民”的评选活动的参选范畴主要有以下九个方面。

（1）公司治理：有健全的现代商业伦理制度及良好的法人治理结构，有严格的内部监控制度及危机预警体系，公司决策透明公开，规范经营并有严格的行业自律意识，遵守各种法律规章制度，信守商业道德，主要领导人无职务违纪或者犯罪记录。

（2）盈利能力：在所处行业处于领先竞争优势，产品市场竞争力强，有持续利润支撑，技术储备、产品研发、市场战略能保障企业有持续竞争力；现金流充足，偿债能力、资产运用能力强，无不良财务记录，银行信用良好，至少连续三年未因财务状况与资金问题而使企业陷入经营困境。

（3）员工关系：员工薪酬高于行业平均水平，有健全的员工福利、社会保障计划及工会组织；有严格的劳动保护、安全生产规范；公司内部就业机会均等、无歧视，员工沟通渠道通畅，体现人文关怀；两年内无超大规模裁员，无集体性劳资纠纷及涉诉事件，员工满意度高。

（4）投资者关系：以实现公司整体利益最大化和保护股东权益为大局，尊重股东权益，决策透明公开，信息披露充分，投资者利益保护完善，机会均等，投资者回报稳定，沟通机制畅通，上市公司中小投资者满意度较高，无大规模团体诉讼。

（5）消费者关系：提供安全的产品和诚信的服务，企业内部执行较外部标准更为严格的质量控制与服务标准规范；售后服务体系完备，顾客投诉及帮助请求反馈及时，隐患产品信息公示，缺陷及安全问题产品应主动召回并建立顾客补偿机制；无虚假宣传、欺诈消费，无重大消费投诉及危及公众安全的质量事故。

（6）品牌传播：拥有知名产品或服务品牌并且市场占有率较高，有规范持续的品牌培育、市场推广、消费者沟通的策略与资金支持；品牌定位清晰、富有亲和力，传播方式有创新精神，无战略失误，拥有相对稳定忠诚的消费者群体。

（7）危机管理：有严格的内部管理、监控制度及管理危机、法律风险预警体系，重大危机隐患能自我发现并及时消除；在重大企业危机管理事件发生时，能直面股东、投资者及媒体与公众，并在第一时间做出适当应对；能在较短时间内针对危机事件提出系统的解决方案，在最短的时间内彻底消除隐患与负面影响。

（8）企业社会责任：尊重所有与企业发展利益相关者的权益，提供安全的产品和诚信的服务，尊重员工权益，保障生产安全，富有人文关怀。有良好的可持续发展战略，使用清洁能源、减少资源消耗与污染物排放，最大限度地降低自身生产对自然环境与社会公众造成的负面影响；热心公益事业，在企业良性发展的前提之下，持续回报社会。

(9) 商务关系：原料采购与产品销售体制透明可控，无原料安全风险，无商业贿赂与不正当竞争手段，供应链上下游企业交易公平、品质可控，与重要商务合作伙伴无不当关联交易与违法经营或者“暗箱操作”。

说明：评选总分 100 分。其中，“公司治理”、“盈利能力”、“投资者关系”、“品牌传播”、“危机管理”、“商务关系”六项评选指标每一项最高分为 10 分，另外，“消费者关系”最高分 14 分，“员工关系”最高分 14 分，“企业社会责任”最高分 12 分。

通过评选及其系列活动，我们可以动员媒体的力量广泛而深入地传播企业社会责任的基本理念，促进企业和公众提升对企业社会责任的重视和思考；通过对参评企业的调研和对获奖企业的宣传及案例研究，较为全面和深入地剖析和总结履行企业社会责任取得的成就和问题；通过对优秀企业的宣传推广，为其他企业提供范式和榜样；通过评选活动，使企业界以全新的视野认识企业社会责任的内涵，并通过各种方式履行企业社会责任与公众义务，促进企业健康良性的发展。

【网络链接 6-6】

2010 年第七届中国最佳企业公民获奖企业及组织

2010 年 12 月 3 日，由《21 世纪商业评论》、《21 世纪经济报道》联合主办，21 世纪企业公民研究中心承办的“2010 年中国企业公民论坛暨第七届中国最佳企业公民(30 家获奖企业)颁奖盛典”，在北京光华路 5 号国际会展中心举行。作为《21 世纪经济报道》十周年盛典系列活动重要组成部分的第七届中国企业公民论坛的主题为“共享增长”。随着社会经济的发展，公平合理地分享经济增长，不但是下一个十年乃至更长时期的国家战略与社会诉求，也是企业与利益相关者之间的利益分配机制。六年前，《21 世纪商业评论》、《21 世纪经济报道》提出“平衡，可持续”的企业公民发展理念，旨在求索中国本土化的企业公民进化路径，以中国企业的集体智慧和勇气改善商业环境；而共享式增长或包容性增长，就是在各利益相关方之间达成利益平衡，可谓是对“平衡，可持续”理念的持续与延伸。

中国最佳企业公民评选由《21 世纪商业评论》和《21 世纪经济报道》主办，至今已举办七届，是国内最早、最权威的企业公民评选之一。中国最佳企业公民评选从创始至今，已经形成了一整套理论体系和严密的评选标准。

2010 年第七届中国最佳企业公民获奖企业及组织名单如下。

2010 年第七届中国最佳企业公民大奖(按拼音首字字母排序)：爱普生(中国)有限公司、巴斯夫(中国)有限公司、拜耳(中国)有限公司、宝马中国及华晨宝马、宝钢集团有限公司、大众汽车集团(中国)、广汽本田汽车有限公司、国际商业机器(中国)有限公司、华润(集团)有限公司 、联想集团、欧莱雅(中国)有限公司、青岛啤酒(600600)股份有限公司、日立(中国)有限公司、上海通用汽车有限公司、苏宁电器(002024)股份有限公司、微软(中国)有限公司、万科企业股份有限公司、兴业银行(601166)股份有限公司、夏普商贸(中国)有限公司、新世界(600628)中国地产有限公司、英特尔(中国)有限公司、招商局地产控股股份有限公司、中国工商银行(601398)股份有限公司、中国银行(601988)股份有限公司、中国人寿(601628)保险股份有限公司、中国农业银行(601288)股份有限公司、中国平安(601318)保险(集团)股份有限公司、中国太平洋(601099)保险(集团)股份有限公司、中兴通讯股份有限公司、中英人寿保险有限公司。

2010年度第七届中国最佳NGO大奖：友成企业家扶贫基金会。

(资料来源：金融界网站,2010-12-06 11:48)

通过评选的方式广泛地宣扬承担社会责任的优秀企业,这对于它们来说是一种奖励,也是一种无形资产,能够提高它们的知名度和美誉度,从而促使它们更加积极地投身到企业社会责任中去。相反,对于缺失社会责任的企业来说,这是一种强烈的谴责,将导致它们失去社会的认可,从而迫使其不得不积极履行企业社会责任。

【本章关键术语】

企业资源环境责任　购销客户　公司公民　互惠互利　慈善公益

案例讨论题 6-1

巴菲特和比尔·盖茨夫妇带头捐款专注慈善

2010年8月美国《华尔街日报》报道,在股神巴菲特和微软创始人盖茨的带头下,已有40位美国亿万富翁承诺将至少一半的财产捐献出来,用于慈善事业。美国钢铁大王卡耐基有句名言:“一个人到死的时候还是家财万贯,这是一种可耻。”显然,这种慈善精神在比尔·盖茨身上有所体现。

一、至少捐一半,为社会做典范

巴菲特和盖茨夫妇在2009年进行了多次会晤,讨论经济衰退对于慈善事业的影响。自从2008年金融危机以来,美国慈善捐款数额连年下降,富翁在公众中形象严重不佳,通过捐款或许会改善形象。

三人自6月份以来,陆续接触了美国七八十名亿万富翁,说服他们为慈善事业捐款。巴菲特说自己并没有做好准备,发出公开倡议书后,慈善捐款就会马上大幅增加,倡议书的目的是希望其他人能够跟进,同样慷慨捐赠。

截至2010年8月4日,已有花旗集团创始人韦尔、酒店业大亨希尔顿等40位慷慨的美国亿万富翁签署了“捐赠宣言”。

二、捐款总额至少1500亿美元

根据《福布斯》杂志对这些亿万富翁财产的统计,他们可以捐献的善款至少有1500亿美元。这些富翁包括鼎鼎大名的软件业大亨、甲骨文公司创办人艾利森,以及“星球大战”之父、好莱坞导演卢卡斯等。

据悉,美国社会一直鼓励捐款,美国民众的年平均捐款超过5000美元/人,但捐款长期以来一直是在私下默默进行,而此次巴菲特和盖茨的倡议是富翁们首次公开化的大规模捐款。

三、捐款人包括华裔夫妇,未来将鼓励中国人捐款

在巴菲特公布的40位富翁名单中,许多人都一直在私底下慷慨捐赠,很少公开表示他们的意图。

好莱坞大导演卢卡斯就承诺，将奉献大部分财富，用于改善教育。因为他认为，教育是人类生存的关键。其他出现在名单上的亿万富翁还包括纽约市长彭博、美国有线电视新闻网创办人特纳和华裔生物制药大亨陈颂雄夫妇等。他们先前也曾表示将捐赠大部分财产给慈善机构，并希望其他人能够效仿。

中国人自古以来就有乐善好施、扶危助困的慈善传统，“达则兼济天下”、“一方有难，八方支援”即是明证。事实上，透过“慈”、“善”二字，我们更可领悟国人“慈善精神”的流变。“慈”侧重于纵向伦理，如“父慈”、“慈爱”，而“善”则侧重一种横向关系，如“友善”。前者面向家族或宗族，而后者则面向整个社会。应该说，由“慈”而“善”，由“家族”而“社会”，其所要见证的正是中国社会的开放史与中国“慈善精神”的成长史。如盖茨所说，富人不过是“这笔财富的看管人”，他需要找到最好的方式使用它，而不应局限于自己的骨肉至亲。

2006 年胡润中国慈善榜上，余彭年、李嘉诚等企业家的慷慨捐赠令人感动。但不可否认的是，从整体上看，无论是对商界领袖，还是对普通民众，慈善精神的培育尚有很大提升空间。为此，我们既要加强传统的继承、慈善文化的熏陶，更要加强慈善运行机制的建设。

毋庸讳言，在转型期的中国，财富的分配已经发生了某种程度的倾斜，这已经引起有识之士的关注。在此基础上，富人有责任以慈善的方式，为缩减贫富差距有所作为。任何人，作为一个命运共同体中的一员，无论拥有多少财富，都不可逃避化解社会矛盾、促进社会融合的责任。而慈善与捐赠既是均衡财富分配、弱化收入两极分化的有效途径，也是抚慰时代心灵、弥合族群伤痕、促进社会进步的良药。

巴菲特 2010 年 8 月 4 日说，他和盖茨在未来几个月内，将与富裕的中国人以及印度人洽谈捐款事项，鼓励他们捐赠，希望能够把美国的捐款趋势扩展到国际社会。如盖茨在声明中所表示，伴随巨大财富而来的是巨大责任。“现在是把这些资源回报社会的时候了，而帮助困境中的人们是回报社会的最好方式”。应当说，所有受益于时代者，都有义务回报社会。

（资料来源：作者根据有关资料整理而成）

讨论问题：

1. 如何理解比尔·盖茨所说“伴随巨大财富而来的是巨大责任”？
2. 现代公司与企业家应该怎样履行他们的社会责任？

案例讨论题 6-2

本田启动绿色革命

案例背景：1999 年岁末，京城同时举办的“’99 北京国际摩托车展”和“’99 北京国际汽车环保技术与产品研讨、交流暨展览会”，给人们一个突出的印象就是绿色环保技术的创新与发展，正在成为企业赢得市场的新法宝。仿佛推倒了一块多米诺骨牌，汽车、摩托车的绿色概念，以牵一发而动全身之势，引发了一场新的环境保护技术革命。在精品荟萃的摩托车展会上,各种特色的摩托车、脚踏车、电动自行车争奇斗艳,令人耳目一新。而节能、降噪声、低排放的环保摩托车,成为展会上的明星。本田公司推出的产品的一个突出特点就是清一色的环保型机动车。本田公司的前身是1946年设立于滨松的本田研究所,1947年开始生产本田A型马达,1952年迁至东京1971年推出CVCC引擎,其低公害环保型技术受到世界各国的高度评价。1991年开始进行绿色电动机车的实用化推广。

1. 为保护地球,本田新世纪实施绿色工程

本田公司在十几年的产品开发中意识到,使用天然气作燃料,可以大大降低机动车的废气排放。本田在'99北京国际摩托车展上向观众展示介绍的绿色环保摩托车:四冲程风冷发动机,低油耗、低噪声,不仅配有尾气净化装置,而且还配置了燃气装置。过去只听说过既可用汽油又可用液化气的双燃料汽车,而展现在眼前的这辆双燃料摩托车,从外形上看与市场上普通的摩托车没什么两样,但各种性能却高于一般的摩托车。

日本本田公司与国内三家合资企业——五羊本田、嘉陵本田、天津本田,共同推出了已通过中国商检标准、准备投放市场的豪华女装踏板车、都市型踏板车、轻便及多用途摩托车、双动力摩托车、电动助力自行车。这些车不仅造型新颖、功能多样,而且都具有绿色概念。因而引来了众多的参观者。

以保护地球自然环境为目标,HONDA最新开发出的混合动力调制系统M.H.S摩托车,是一种燃油驱动和电池电力驱动的双动力摩托车,由微电脑控制的高能轻巧型发动机与安静环保型电动机交替驱动;在发动机工作时,通过电子控制无级变速CV2'装置,不仅高效提供动力,而且还可为电池充电,供电动驱动使用。HONDA带给本次展会的又一项新技术,也引起了业内人士的关注。以清洁、经济、安静和耐力著称的GIORNOCREA摩托车,配置了50CC水冷四冲程发动机,与传统二冲程发动机相比,降低了30%的油耗。这种摩托车配置的"怠速自控停止系统",在停车等待信号时会自动关闭发动机,完全消除尾气排放和噪声,而只要再轻给油门,发动机便会点火运转。据介绍,这项技术还准备推广到汽车上。这项技术将有效地降低机动车聚集在交叉路口等信号时,在相对时间段排放出相当集中的尾气和形成的机动车群体噪声。其他的"具有"王者风范的跨世纪系列新产品尽管排量不一、色彩各异、造型有别,但都是紧紧围绕环保这个中心,具有污染小、噪声低、油耗低的特点,符合国际潮流,在国内外市场有较强的竞争力。国际汽车环保技术与产品研讨、交流展览会给观众留下的一个突出的印象就是高科技含量和环保型发动机及其他零部件展品,远远多于整车展品。

2. 环境保护意识在企业界开始生根

通过开发汽车内部构造和技术改造提高产品的环境保护适应性成为厂家的首选。许多厂家推出了双燃料新型环保汽车,汽车出厂时就已装配了燃气系统。无论是燃油系统或燃气系统,其尾气排放达到了国际现行排放标准,有的已达到欧洲1号排放标准,有的则达到欧洲2号排放标准。各厂家的发动机已广泛使用电喷电子控制技术、三元催化器尾气净化装置,有效地杜绝了先天不足的产品走向市场后,再采取办法补救的不良现象。目前对于在汽车上装配燃气装置的技术已经成熟,对大气污染的治理和保护环境,生产企业责无旁贷。

适应新世纪保护环境的需求,一个环保话题引出了汽车行业一系列的技术革命和技术更新，带动着与汽车相关的企业也在发生着变化，诸如废机油的回收再利用技术、废旧轮胎的回收利用技术、轻型材料的使用、电子控制技术的应用等，有趣的多米诺现象正在引发一连串的绿色革命连锁反应。

（资料来源：刘光明，《商业诚信文化案例》，经济管理出版社，2003 年版）

讨论问题：

1. 本田推出 CVCC 引擎，1991 年开始进行绿色电动机车的实用化推广。这对我国的汽车行业有哪些启示？

2. 为保护地球环境，本田是如何实施绿色工程的？

3. 如果说本田的绿色环保摩托车代表了新世纪产业的发展方向，我国企业应当如何适应这种新变化？

练　习　题

一、判断题

1. 企业对市场的生态责任是指企业要以市场为导向，生产绿色产品，严格遵守环保措施和制度，提供满足市场需求的健康产品，走高效能、低污染、低能耗的产品生产之路。（　　）

2. 企业在承担保护环境责任方面，主要是一种被动反应。（　　）

3. 企业履行资源环境责任会加重企业负担，不利于企业可持续发展。（　　）

4. 企业应该以保护环境优化经济增长，在保护环境中求发展，实现经济和环境的双赢。（　　）

5. 依法诚信纳税既是企业履行法律责任的要求，也是其最好的信用证明，是对企业法律义务与道德要求的有机统一。（　　）

6. 企业应以营利为目的，尽量不参与社区活动以降低企业成本。（　　）

7. 股东是企业的衣食父母，是企业的生命之源。（　　）

8. 在竞争中讲究伦理道德，最终会使企业的经济利益目标和发展目标得以实现；而如果不顾竞争道德，即使在短时期内飞黄腾达，也必不长远。（　　）

二、单选题

1. 下列不属于循环经济原则的是（　　）。

A. 减量化　　B. 经济化　　C. 再使用　　D. 再循环

2. 与环境保护相关的“隐性关税”是指（　　）。

A. 关税协定　　B. 绿色贸易壁垒

C. 反倾销条款　　D. 货币汇率

3. 我国资源方面的问题是（　　）。

A. 资源丰富，后天开发不足　　B. 先天不足，后天浪费严重

C. 资源丰富，后天浪费严重　　D. 先天不足，后天开发不足

4. 履行资源环境责任的主力军是（　　）。

A. 政府　　B. 公民　　C. 企业　　D. NGO

5. 保护环境应该(　　)。
A. 允许先污染、后治理　B. 预防为主,防治结合
6. 循环经济本质上是一种(　　)。
A. 生态经济　B. 自然经济　C. 创新经济　D. 计算经济
7. 随着全球化时代的到来,如今的企业社区是指(　　)。
A. 城市　B. 国家　C. 行政区　D. 整个世界
8. 制订社区活动计划的首要关键问题就是(　　)。
A. 了解社区　B. 了解企业的资源　C. 选择项目　D. 监管项目
9. 企业对待竞争者应当(　　)。
A. 想方设法搞垮对手　B. 互惠互利,实现双赢
C. 与对手全面竞争　D. 对竞争者不予关注

三、多选题

1. 绿色壁垒的主要形式有(　　)。
A. 绿色包装制度　B. 绿色关税
C. 市场准入　D. 绿色卫生检疫制度
2. 企业履行资源环境责任可以取得众多相关方的支持,形成多赢局面可以(　　)。
A. 降低融资成本,繁荣资本证券市场
B. 以人为本,提高人力资源效率
C. 更好融入产业链,优化生产结构,实现绿色生产
D. 提高企业生产成本
3. 企业作为履行资源环境责任的主力军,应该(　　)。
A. 高度重视资源环境责任履行
B. 在资源节约上下硬功夫,运用低碳技术,大幅提高资源利用效率
C. 在环境保护上花大力气,生产环保商品,提供环保服务
D. 开展节约资源保护环境公益活动,成为优秀负责任的"企业公民"
4. 企业生态责任包括企业对(　　)三个方面的生态责任。
A. 自然　B. 市场　C. 公众　D. 社会
5. 循环经济遵循的基本原则是3R原则,即(　　)。
A. 减量化　B. 多产出　C. 再使用　D. 再循环
6. 购销客户的主要权利包括(　　)。
A. 安全权　B. 知情权
C. 选择权　D. 环境保护的要求
E. 表达意见权
7. 2003年世界经济论坛指出,企业公民包括(　　)。
A. 好的公司治理和道德价值　B. 对人的责任
C. 对环境的责任　D. 对社会发展的广义贡献
8. 商品定价中涉及的伦理问题包括(　　)。
A. 价格垄断　B. 价格欺诈　C. 价格扭曲　D. 暴利行为

四、问答题

1. 企业应该怎样处理发展经济与保护环境的关系?

2. 企业履行资源环境责任实现可持续发展有何政策建议?

3. 为什么说政府是推动企业履行资源环境责任实现可持续发展的主导力量?

4. 如何理解企业与社区的关系?

5. 企业应当怎样制订社区活动计划?

6. 什么是企业公民? 它与企业社会责任、企业社会回应、企业社会表现关系如何?

7. 如何理解企业对购销客户的责任?

8. 怎样看待企业与竞争者的关系?

练习题参考答案

一、判断题

1. 对

2. 错,也应该是主观行动。

3. 错,虽然会加重企业负担、但利于企业可持续发展。

4. 对。

5. 对。

6. 错。通常,当一家企业积极参与社区活动时,它就能够在社区获得很高的声望并且能被社会更好地接受。

7. 错。顾客是企业的衣食父母,顾客是企业的生命之源。

8. 对。

二、单选题

1. B	2. B	3. B	4. C	5. B
6. A	7. D	8. A	9. B	

三、多选题

1. ABCD	2. ABC	3. ABCD	4. ABC	5. ACD
6. ABCDE	7. ABCD	8. ABD		

第七章 会计与审计职业道德规范

孔子尝为委吏矣，曰："会计当而已矣。"

——孟子《万章下》

诚信为本，操守为重，坚持准则，不做假账。

要把诚信教育放在首位，培养出来的人才不仅要有一流的专业知识水平，更要有一流的职业道德水平，绝对不做假账。

——朱镕基

学习目的

1. 了解市场经济对会计与审计职业道德的影响及社会环境。

2. 把握企业会计职业道德规范八大要求：恪尽职守，爱岗敬业；当好参谋，参与管理；如实反映，正确核算；遵纪守法，严格监督；坚持准则，不做假账；公私分明，勤俭理财；保守秘密，内外协调；大胆改革，讲究效益。

3. 理解注册会计师审计职业道德规范七大要求：超然独立，客观求是；公正审计，廉洁守法；诚信为本，操守为重；严谨执业，踏实进取；保密守时，收费合理；公平竞争，协同发展；服务社会，追求卓越。

4. 企业内部审计职业道德规范要求企业内部审计人员做到独立、客观；保持谨慎、保守秘密；提高胜任能力、保持后续教育。

导读 7

诚信真实——会计管理的重要目标

2001 年，朱镕基总理在北京国家会计学院向全国会计人员发出了"诚信为本、操守为重、坚持准则、不做假账"的指示。据财政部会计司司长刘玉廷介绍，为深入贯彻落实朱总理的指示，财政部在 2002 年进一步采取积极有效的措施，从企业内外的监管、制度和准则体系的完善，从业人员职业道德水平和专业能力的提高等方面开展诚信教育，并作为会计管理的重要目标。

刘玉廷说，2000 年开展的《中华人民共和国会计法》(以下简称《会计法》)执法检查已取得阶段性成果。据初步统计，全国共有近 300 万个单位进行了自查自纠。在单位自查的基础上，各级财政部门共抽调 3.6 万名检查人员对 2.3 万个单位进行了重点检查。截至目前，已对 1647 个单位、213 名会计机构负责人和会计人员给予了通报处罚；对 3465 个单位、306 名会计机构负责人和会计人员予以罚款；依法吊销了 186 名会计人员从业资格证书；会同有关部门对336人给予了行政处分，移送司法机关等处理案件37件。

他明确指出，今年还要深入贯彻实施《会计法》，整顿会计秩序，加强会计监管，健全单位内部控制，夯实会计基础工作，对有关行业执行会计制度和会计准则的情况进行检查，打击造假账、账外设账、提供虚假会计信息等行为。并认真研究强化外部监管的机制，通过对典型案例的剖析，探索对会计做假账的治根、治本措施。

他说，深化会计改革、完善会计制度和会计准则体系，进一步提高会计信息质量是落实"不做假账"的基础，也是配合我国经济体制改革、促进资本市场发展、适应加入WTO和会计国际化的必然要求。2002年，在总结股份有限公司执行《企业会计制度》情况的基础上，在外商投资企业全面执行《企业会计制度》；同时，要扩大对有条件的国有企业执行《企业会计制度》的试点工作。

为了在行业内树立"诚信"的正气，2002年起将在全面提高会计人员职业道德和专业能力方面采取多种办法。经部领导同意，财政部会计司在去年组织力量进行了会计人员职业道德建设的研究，目前，有关教材的编审工作正在抓紧进行。同时，我们也在积极研究和探讨对会计人员进行职业道德教育的有效途径。比如，通过收集典型会计案例，用事实对广大会计人员进行正反两方面的教育。

（资料来源：陈清清.诚信真实——会计管理的重要目标[N].中国财经报，2002-04-18）

经济越发达，会计越重要，审计更重要。要实现市场和企业的健康快速发展，必须注重企业会计职业道德、注册会计师审计职业道德和内部审计职业道德建设。

第一节　会计与审计职业道德社会环境

市场经济是一把"双刃之剑"。市场经济在发挥巨大效应的同时，也有其天然的负效应。市场经济的竞争原则会刺激一些人的投机心理，出现商业贿赂、胁迫、欺骗、偷窃、不公平歧视和不正当竞争行为；市场经济的等价交换原则会自觉不自觉地渗透到人际关系之中，诱发新形式的权钱交易和以权谋私行为；市场经济中适度投机行为的合法性导致某些人的投机诈骗行为；市场经济的价值取向在讲效益、讲盈利、激励人们的时候，也很容易使人滋生极端利己主义思想和个人自私行为，对爱国主义、社会主义和集体主义思想产生强大冲击。尤其是当前我国经济体制正处于转轨变型时期，某些方面还存在不平衡，甚至不衔接。在新旧体制交替、胶着的状态下，容易出现大量的漏洞、摩擦和冲突。

经济体制改革以前，我国采用行政命令直接管理经济。但由于我国封建社会长达几千年，封建道德中的消极、保守、落后的东西还有一定的市场。虽然其赖以存在的经济基础早已消失，但仍旧影响着人们的社会生活和心理习惯。我国的传统会计职业道德不免带有封建落后的东西。社会主义市场经济的运行和发展，必然会对我国的会计职业道德产生影响。其影响主要表现在以下几个方面。

一、提高会计人员主人翁意识，激发奋发向上的工作作风

我国封建社会做人的标准是循规蹈矩、安分守己，这种思想仍然影响着我国的会计人员。它在会计人员中主要表现为两个方面：一是有些会计人员在会计活动中发现了某些

制度有漏洞,不向上反映,而是继续按老规矩办事;二是一切唯上。

市场经济的发展必然会在各个领域、各个部门、各个行业形成广泛而激烈的竞争,包括在会计领域的竞争。市场经济不仅要求经营单位的财权工作人员(包括金融系统工作人员)和财经主管部门的会计工作人员完成本职工作,而且还要求他们行为的结果取得好的社会效益,特别对企业单位会计人员的要求更是如此。如果达不到社会的要求,在众多求职人员的压力下,在职会计人员随时可能被解雇。社会的激烈竞争,必然要求会计人员增强竞争意识、拼搏精神和创造能力。

二、促进会计人员自由平等发展,消除行业不正之风

在市场经济中,商品生产者用自己生产的产品交换其他商品生产者生产的商品(即易货贸易)。商品交换的等级原则反映了商品生产者之间的社会关系是平等的。它上升到人的价值观念就形成了自由、平等的观念。所以,市场经济的发展有助于消除会计行业的以权谋私、家长作风和行业不正之风,有助于树立会计人员平等互助,以及会计部门与其他行业的平等互助关系。

三、打破会计行业任人唯亲观念,形成举贤尚能新风尚

我国封建社会农村居民一般是以自然村落为单位而聚居。在这个自给自足的村落中,人们缺乏与外界进行交往的愿望,形成内部交往的自我循环机制。它主要表现在以下两个方面。

(1) 有些会计人员主要是由部门推荐、上级领导批准而产生的。在因血缘、姻亲关系而提的干部中,有一部分相当无能。事实上会计是一个非常依赖个人专业技能和职业素质的行业,无德无才无能之辈混作会计人员是对会计行业的损害,使人们对会计行业的信任大打折扣。

(2) 有些地方的会计部门,特别是财税和银行系统中,裙带关系很明显。以前的任人唯亲的做法随着市场经济的发展而最终必然会失去市场。

市场经济发展引起会计工作生活发生变化,主要表现在以下两方面。

(1) 会计工作由单一格局向多样格局发展。在高度集中的计划管理体制下,国家对职员的要求是完成本职工作,实际上是要求完成国家计划任务。社会舆论称赞那些所谓的“安分守己”的会计人员,谴责为个人谋取私利的行为。因此,人们的职业生活是比较单一的,根本不可能存在什么兼职行为。国家对社会劳动力资源实行统一安排,一旦分配到某单位、部门,也就同时指定了工作岗位,如果情况不发生大的变化,这种分工将是终身的。其职业生活范围是狭窄的,只限定在本单位,甚至本车间的范围内。随着市场经济的发展,人与人之间的依赖性越来越大,人的需求大部分甚至全部要靠他人来满足,人们的视野范围大大拓宽了其职业生活,随之走向多样化。人们不再以终身从事某项工作为满足,而是在社会生活的各方面表现出了兴趣和爱好。市场经济发展程度越高,人们职业生活多样化的比例就越大。

(2) 选择会计职业的标准由重名向重实转化。前面我们曾经提到,在高度集中的管理体制下社会否认个人利益,单位利益与个人没有多大的关系。人们在选择职业时,往往

注意只能带来心理满足的名誉。大学毕业生或社会待业青年在求职时,首先考虑到求职单位是否在大城市;其次是单位的性质和单位规模的大小;最后是比较满意的工种。三者若能结合在一起,便认为那是最好的职业。如有取舍问题,则按照顺序考虑。如果供职达不到上述要求,则会感到脸上无光,在众人面前抬不起头来。而随着市场经济的发展,人们的思想意识发生了根本性的转变,人们开始注重实际利益和能否发挥自己的才能。

【网络链接 7-1】

缺乏会计职业道德的 10 种表现

第一种:在会计业务中,不敢坚持原则、政策和法制,怕得罪人,当老好人。

第二种:唯领导意图是从,怕穿小鞋,明知不对,少说为佳,既不抵制,也不解释,照抄照办,放弃原则。

第三种:事不关己,高高挂起,有法不依,执法不严,违法不究。

第四种:办事圆滑,讨好群众。慷公家之慨,不执行费用开支标准,扩大成本开支范围,乱挤成本。

第五种:对违反财经纪律的人和事,采取睁只眼、闭只眼的办法,助长了不正之风的滋长和蔓延。

第六种:财权在手,搞亲疏关系。对至亲好友、同乡和同学高抬贵手;对一般工人群众有意刁难。

第七种:不热爱本职工作,做一天和尚撞一天钟,账目混乱,家底不清,情况不明,心中无数。

第八种:无视法纪,挖国家,肥集体,化大公为小公,实际上也是一种损公肥私的行为。

第九种:想歪点子,出馊主意,弄虚作假,瞒天过海。认为不装腰包,泰然处之。

第十种:从小团体利益出发,逃税截利。搞突击花钱,滥发钱物。

(资料来源:俞安畅.缺乏会计职业道德的 10 种表现[J].财务与会计,1987(9))

第二节 企业会计职业道德规范

会计职业道德规范明确了会计职业的内在义务和会计职业的社会责任,其表达形式比较具体、灵活、多样、独特。会计职业道德规范主要是用来约束从事会计职业的人员,以调整从事会计职业人员的内部关系和他们所接触对象之间的关系。会计职业道德规范是财经法律、法规和制度所不能代替的。一般来说,非法行为是不道德的,但是合法行为也可能存在道德与否的问题。

一、恪尽职守,爱岗敬业

恪尽职守,即通过自己的工作把会计管理职能作用充分发挥出来,也就是要在会计人员充分认识自己应负会计责任的前提下最大限度地将应负的会计责任担当起来。爱岗敬业,则是要求会计人员以极大的热忱投身会计本职工作之中,做好工作,干出成绩。这一规范反映了会计人员对社会劳动的态度,体现了诚实劳动,树立共产主义劳动态度的共产主义道德规范的精神。

“恪尽职守,爱岗敬业”规范,对会计人员的要求包括以下几种。

(1) 自觉把从事的会计工作同祖国的命运紧密联系在一起。顺应改革的发展,建立古今结合、中外结合的中国式的现代会计管理理论和方法体系,使我国的会计事业适应祖国日新月异的伟大变革。尤其是面对世界范围内兴起的新技术革命浪潮,我们必须从全新的角度开展会计理论和方法的研究。因此,会计人员要立足本职工作适时地研究新问题,钻研会计业务,更新会计知识,这样不仅具有理论上的意义,而且还具有重大的实践意义。

(2) 以饱满的工作热忱、一丝不苟的工作态度对待会计工作。会计人员要自觉形成任劳任怨、一丝不苟的工作态度和工作作风。会计工作是一项政策性和技术性很强的工作,也是很重要的工作。从宏观角度看,它关系到单位、部门的财务状况和经济效益。与此同时,会计工作又是很具体、复杂的实务性劳动,有较强的技术性要求。这就需要会计人员有认真踏实、一丝不苟的工作态度,刻苦钻研技术,这样才能做好会计工作。

(3) 爱岗敬业是会计工作的内在要求。爱岗敬业,就是要求会计人员充分认识本职工作在整个经济和社会事业发展过程中的地位和作用,珍惜自己的工作岗位,做到干一行爱一行,一丝不苟,兢兢业业,争当会计工作的行家里手。同时,还要求会计人员在工作中自觉主动地履行岗位职责,以积极、健康、求实、高效的态度对待会计工作,做到认真负责,尽职尽责。

(4) 加强会计基础工作,增强会计从业人员的敬业意识。会计基础工作是会计工作的基本环节,也是经济管理工作的重要基础。会计基础工作的好坏,直接关系到财务信息的真实性、合法性。为了增强会计人员的敬业意识,首先要加强会计基础工作,建立规范的会计工作程序,保障会计人员依法行事。

二、当好参谋,参与管理

“当好参谋,参与管理”这一规范就是要求会计人员不能只是消极被动地记账、算账、报账,而是要积极主动地经常向上级领导者反映经营活动情况和存在的问题,提出合理化建议,协助领导决策,参与经营管理活动。而且在现代商品经济社会中,会计管理的工作范围逐渐扩大,遍及整个社会经济领域,会计工作的这种广泛性决定了会计人员应做好参谋,参与管理,这一规范的具体内容如下。

(1) 会计职能由“报账型”转为“管理型”。传统会计的职能以记账、算账和报账为主,主要任务是核算。随着现代企业制度的建立,会计的本质,即会计参与管理和会计核算为商业伦理奠定基础更加被着重,目的是通过会计更有效地管理企业和提高企业效益。会计人员除了进行传统的企业核算外,还要重点进行财务管理,制订经营计划,进行财务控制系统设计和投资决策。

(2) 积极参与企业经营管理的全过程,做好参谋工作。为了积极参与企业经营管理的全过程,这就要求会计人员做到参与预测、参与决策、参与制订计划、参与执行、参与效果评估。作为商业伦理者的角色，会计人员应该参与到企业经营的每一个过程，除了核算外，还要提出管理建议，行使参谋、决策的角色。

(3) 以经济效益为中心，提出改善会计管理的各项措施和建议。经济效益是企业一切工作的核心，会计管理工作必须围绕这一中心来展开。一方面要通过对各项资金的管理和监督来保护财产安全，挖掘增产潜力，少花钱多办事，加速资金周转；另一方面就是要通过收支管理来合理组织收入，节约费用支出，少投入多产出，增加财富收益。

三、如实反映，正确核算

反映经济活动，是会计的基本职能。进行会计核算，是会计机构和会计人员的主要职责。通过如实反映、正确核算来提供真实可靠的数据和信息，就能协助企业做好经营决策，有效加强商业伦理与经营，提高经济效益，反之，失真的数据和信息将会导致决策失误，给国家和人民财产带来极大的损失。那么怎样做到如实反映、正确核算呢？一般来说，有以下几点要求。

(1) 明确会计的核算职能。会计核算反映经济活动的全过程并贯穿于其中，也称反映职能。它是指会计以货币为主要计量单位，通过确认、计量、记录、计算和报告等环节，对特定对象(或称特定主体)的经济活动进行记账、算账、报账，为各有关方面提供会计信息的功能。

(2) 适应现代企业制度的要求，做好会计核算工作。一是明确产权关系，建立产权明晰的会计核算体系。现代企业制度的特征之一是产权关系明晰。国有企业财产属国家所有，企业具有法人财产权。二是正确核算劳动者在企业中所拥有的各项权益。在企业中，劳动者在完成生产经营任务的同时也获得了合法报酬和权益。三是改革会计核算体制，完善会计报告体系。

(3) 会计人员应具备诚实可靠的品质，客观反映经济活动过程。诚实，就是要讲真话，做真事，不欺骗，不说慌，对己、对人、对上、对下都不掩盖事实真相；可靠，就是要始终把握好自己，保持客观公正立场，不为任何利诱所动。这包括三个方面的内容：①反映实际，核算实绩。②分析现象，抓住规律。③揭示未来，明确方向。

(4) 会计人员应正确核算经济业务，提高会计信息质量。在实际工作中，会计人员要实事求是地做好本职工作，提供真实可靠的会计资料，切不可“掺水分”、“添油加醋”、“偷工减料”。现实中存在的“书记成本、厂长利润”与这一要求相违背。

四、遵纪守法，严格监督

会计活动在我国是与财务工作结合在一起开展的。所谓严格监督，是指会计人员不屈服于任何人的意志，严格按照国家有关法律法规、财经政策、制度的制定，通过审核凭证、账簿、控制预算或计划的执行，对本单位的每项经济活动的合理性、有效性进行监督，制止损失浪费，维护财经法纪，提高经济效益。一般来说，要做到以下几点。

(1) 明确会计的监督职能。会计监督职能也称控制职能，是指会计人员在进行会计核算的同时对特定对象经济业务的合法性和合理性进行审查。加强会计监督，必须以财政经济法律、法规为依据。开展经济工作必须依据财政经济法律、法规为规范，这是经济工作顺利进行的重要保证。会计人员和单位负责人应当明确地辨别经济业务是否合法的界限，要以财政经济法律、法规、规章为依据做出准确的判断，并以此做出恰当的处理，对不认真履行会计监督职责，干扰、阻挠会计人员履行会计监督的行为，要坚决依法予以追究，扭转会计监督弱化的现象。

(2) 会计人员应以身作则，模范遵守财经法规。会计人员必须培养自己具有公正、客观的品质和忠于职守的精神，从国家和人民的利益出发，以有关政策和法规为标准，实施严格监督，更为重要的是，会计人员必须从自己做起。具体要求是：①自觉遵守财经纪律和经济法规，严于律己，大公无私，不谋私利。②积极主动宣传解释财经法规和制度，使有关会计人员了解、掌握并自觉遵守。③在工作中严格把守关口，从实际出发，善于区别各种情况，宽严结合。④积极支持促进生产，搞活流通，开发财源的一切合理、合法开支，坚持抵制揭发违反财经纪律、偷税漏税、铺张浪费等不道德的行为，维持会计人员的尊严，忠实地执行法律所赋予的权利和义务，以促进社会主义建设的发展。

(3) 对经济活动实施严格的事前监督、事中监督和事后监督。会计监督工作要始终贯穿于经济活动的全过程，要把会计监督寓于决策管理和日常的财务业务之中，这样，既可以防患于未然，又能及时解决出现的各种问题，避免造成大的损失。具体来说，这一规定就是要会计人员运用会计方法、会计手段和会计资料对本单位的经济活动进行严格的事前、事中和事后的监督。

事前监督是指在企业各项经济业务活动的准备阶段，以财经政策、制度和企业计划为准绳，对企业经济合同、经营计划等所做的合法、合理、合规和经济性审查，使之符合规定要求。事中监督是在企业生产经营过程中以计划、定额、预算等为标准，对生产消耗、成本升降、资金使用、收益大小加以控制，及时发现并校正执行中的偏差，促使预定目标的实现。事后监督则是指在一个生产经营过程完结之后运用会计资料进行检查，对经营全过程做出评价，并检查会计工作的质量，为下一个生产经营过程做全面的准备。

(4) 把握会计监督工作的重点，增强监督工作的有效性。会计监督工作的重点应该根据党和国家对经济工作的要求来保证经济工作沿着正确的轨道运行，不断提高经济效益，因此，会计监督工作者要围绕这个重点，抓住经济活动中的重要环节，开展监督工作。会计监督工作者要积极参与经营决策的研究和制定工作，积极参与经营管理，发挥把关作用。

五、坚持准则，不做假账

“没有规矩，不成方圆。”干会计这一行也是如此。“规矩”是什么？

“规矩”就是会计人员从事会计工作所遵守的行为规范或具体要求，包括一系列的会计法律、法规和政府规章。遵纪守法是会计职业道德规范中的重中之重。会计工作涉及社会经济生活的方方面面，必须以会计法律、法规和规章为准绳，正确处理国家、集体和个人三者之间的利益关系，把好财务收支合法性和合规性的关口，依法理财；必须具备高度的政治责任感，时刻保持清醒的头脑，既不助纣为虐，也不监守自盗，做到立于潮头而不倒。

【网络链接 7-2】

深圳市推出会计人员诚信档案管理办法

目前，深圳市有会计从业资格持证人员 242 977 人。1997 年，深圳市率先在全国实行高级会计师考评结合制度，已评定高级会计师 978 人。执业注册会计师达到 2498 人，会计师事务所 253 家。深圳市会计工作走在全国前列，发挥了“示范窗口”和“试验田”作用。

深圳市会计管理工作中还存在一定的薄弱环节。如，有些单位设“账外账”，私设“小金库”，公款私存；有些单位负责人授意、指使会计人员随意调整会计账目，做假账；少数会计师事务所和注册会计师出具虚假审计报告。财政部门在前不久的检查中发现，一家会计师事务所一个晚上就炮制出一份十几亿元的验资报告，收取委托单位几万元，而报告内容严重造假。

针对这些问题，深圳市财政局将在年内尽快出台会计人员诚信档案管理办法。通过建立健全会计人员诚信档案管理系统，记载会计人员的基本情况、守信和失信、提示和警示等信息，违规失信会计人员将被推上“黑名单”。并实行动态管理和网上查询，为用人单位聘用、政府考核奖励、人才交流提供信息平台。同时，建立会计人员奖惩制度，对诚实守信、按章办事的会计人员给予表彰；对弄虚作假并因此产生严重后果的会计人员给予严厉处罚。建立会计人员正当权益保障机制，保护守法的会计人员不受打击报复。

（资料来源：深圳新闻网，http://www.sznews.com/tqb/index.htm，2011-11-20）

(1) 坚持准则，依法理财。依法理财作为会计职业道德的基本原则，其主要内容可归纳为：①会计人员在工作中，要把国家的整体利益放在首位。②依法理财，就是要处理好为国家利益服务和为单位利益服务之间的关系。会计人员应在严守法律、法规的前提下维护单位的利益，不能为了单位的利益而损害国家的利益，也不能因此而忽视了单位的合法利益。③在为单位理财的过程中，要正确处理单位整体利益与个人利益之间的关系。会计人员在理财工作中，不允许任何人因个人利益损害单位的整体利益，应按照有关政策来合理协调两者之间的关系，使之达到和谐统一。

(2) 用法律维护自身的正当权利。随着会计法律、法规的健全，我们已经有法可依，而现在的一个关键问题是能不能做到“有法必依”。我国用人制度的缺陷以及渗透到各行各业甚至司法部门的腐败等，都会使法律在具体实施过程中遭遇阻力而不能充分发挥其效力。这更加说明外部环境的净化对于会计职业道德建设的必要性。为此，我们应当打破会计行业中任人唯亲的传统观念，加强廉政建设，尤其是司法部门的廉政建设，加大对违法违纪行为的惩治力度，真正做到“有法必依，违法必究，执法必严”。

(3) 会计人员应全面理解“不做假账”的现实意义。做假账行为不仅仅是违反《会计法》，而且会直接导致会计信息失真。而会计信息是经济决策的基础，更是财政管理的基础，会计信息的虚假必然导致经济秩序混乱，财政管理弱化，宏观决策失误。会计人员应深刻理解“不做假账”的现实意义。

(4) 坚持客观公正，坚决不做假账。客观公正是会计职业意志的具体表现。有了这种职业意志，有了这种崇高的职业精神，在会计工作中，会计人员才能做到坚持原则，照章办事。

六、公私分明，勤俭理财

所谓公私分明，就是会计人员要做到公私有别，泾渭分明，守正尚廉、洁身自好、严于律己，不以权谋私，不贪赃枉法，不见利忘义，在经济上滴水不沾。要知道会计是因管理公共物品的需要而产生的集体性经济行为，不应成为满足私欲的行为。

(1) 公私分明是会计从业人员职业道德的基本品质。公私分明一般要求洁身自好，为公众谋事。会计职业道德把公私分明作为道德规范，是由会计工作的特殊职能所决定的，会计人员的职业工作说到底就是理财，就是对金钱和物资的管理，正是这种时时与钱物相联系的职业工作决定了会计人员必须是一个在经济上廉洁奉公、公私分明的人。会计人员在社会中职业威信和荣誉的取得，在很大程度上也依赖于这种道德品质。公私分明的主要内容包括：①正确认识会计人员手中的管理权是职业神圣权力的一种表现。会计人员绝不能把这种职业权力作为谋取私利的特权，不能挪用、侵吞单位的一分钱，一针线。②会计人员应深刻认识自己管理的钱财是单位的财产，绝不允许任何人以任何方式浪费、侵吞单位财产。

(2) 严明自律是会计从业人员职业道德的更高层次。自律是会计职业道德的最高阶段，也是职业道德建设的最高目标。会计职业道德正处于他律与自律相结合的阶段，我们盼望着它的发展会迎来第二次飞跃，即发展到完全的会计自律阶段。自律的基本形式又可分为会计行业自律和会计个人自律。会计个人自律，是指会计人员靠内心道德感和职业良心来实现会计道德上自我完善的追求。它是一种自愿、自觉和自发的内心追求行为。会计人员的个人自律是会计职业道德的最高境界。完全的会计个人自律这种职业道德境界，只有在具有高度责任感、集体荣誉感和崇高共产主义理想追求的会计人员身上才会实现。会计人员应当不断完善自我，不断提升自己的职业道德，实现自己从他律向自律阶段的转变。

(3) 发挥厉行节约的优良传统，坚决反对铺张浪费。在我国社会主义初级阶段，由于经济比较落后，管理水平差，经济效益低，浪费现象严重，节约的潜力很大，节约方面还有很多工作要做。近几年广泛开展的“增产节约、增收节支”运动，其核心就是节约。可以说，在改革和开放的今天，厉行节约仍然具有十分重大的现实意义。

为了做到厉行节约，要求会计人员以主人公的态度处处精打细算，监督人力、物力、财力的使用和财经管理制度的执行，保证岗位、承包责任制和部门独立核算制的推行，从各方面、各环节杜绝浪费，尽可能压缩不必要的开支，降低和控制成本，加速资金周转，节约资金使用。

(4) 发挥勤俭理财的优良作风，管好财、聚好财和用好财。勤俭理财是国家和人民赋予会计人员的重要职责。勤俭理财，要求手勤，即对账目随时准确记载，不疏漏、不遗漏；要求腿勤，即经常到各有关部门，到下面实际单位了解情况，进行调查研究；要求脑勤，即经常盘算怎样管好财、聚好财和用好财，多出主意，出好主意，使资金流通加速进行。

节俭，是聚财之道，是保存财富的途径，它要求会计人员协助领导和部门将国家财富用在该用的地方，用作生产财富和创造财富，把“钢”用在刀刃上，防止盲目消耗。会计人员要做到勤俭理财，要求：第一，培养自己节俭的品质；第二，应摒弃在勤俭理财上的旧观念；第三，会计人员在财务管理上要正确对待挣钱、花钱问题。总之，公私分明、勤俭理财的目的是促使会计工作更好地为经济建设服务，促进社会生产力的迅速发展。

七、保守秘密，内外协调

会计人员应保守本单位的秘密，不能私自向外界提供或泄露单位的会计信息。会计工作是一项综合性很强的经济工作，它涵盖了一个单位整个生产经营的各个环节，所掌握的会计信息也涉及企业的方方面面，其中有些属于商业秘密，除非获得授权，这些秘密是不可以外泄的，否则会给企业造成重大损失，甚至造成企业经营上的混乱。

(1) 会计人员应保守秘密。保守秘密是会计职业道德规范的基本要求，是指会计人员应当保守本单位的商业秘密，不能将在从业过程中所获得的信息为己所用，或者泄露给第三者以牟取私利。

保守秘密一方面是指会计人员要保守企业自身秘密；另一方面也包括会计人员不得以不道德的手段去获取他人的秘密，这种手段包括会计人员直接获取和通过他人去获取。这也是市场经济条件下公平竞争的内在要求。即使其行为是为了公司的利益，但其结果则是导致不道德的竞争，不利于市场经济的良性循环，也会给整个会计行业造成恶劣影响。

(2) 会计人员应协调各方关系。会计作为反映和监督经济活动的一种手段，其职业特点包括以下三个方面。①协调组织内部管理者与被管理者之间的关系。②协调组织与外部当事人之间的关系。会计所提供的信息对组织外部的当事人至关重要。③协调会计职业技术性与职业社会性之间的关系。

另外，会计工作也有一定的灵活性。针对同一经济事项，会计人员可能有若干种可供选择的方法，做出不同的估计。这不仅仅是针对企业对外提供的会计信息而言的，对于企业内部的信息提供来说，这种问题也存在，例如为了企业内部一部分人的利益而更改自己的产品成本核算方法、责任中心的考核办法等。这样做必然会使会计信息丧失其中立性，将直接损害会计信息的可靠性。

八、大胆改革，讲究效益

“大胆改革，讲究效益”是我国会计职业道德的重要规范。这一规范要求会计制度和传统的会计模式，努力提高会计工作自身的效益，促使企业与社会经济效益的提高。随着经济体制改革的深入发展，会计工作不讲效益的观念将为人们所抛弃。

(1) 解放思想，理顺会计改革的思路。解放思想，这是进行会计改革的前提。改革需要勇气，而勇气来自思想的解放。会计人员要冲破“左”的思想和“平均主义”思想的束缚，一切从实际出发，理论联系实际，不“唯上”，不“唯书”，在实践中探索中国会计改革的道路。

(2) 关注会计改革，促进会计发展。在大力发展会计学历教育的同时，应组织好大规模的会计在职教育，要不断改进培训渠道、组织形式和教材体系，提高培训工作的适应性和超前性。同时，要改革和完善相应的会计人员管理制度，形成科学的会计人才选拔和评价机制，以激励会计人员通过多种途径学习业务，提高自身素质。

(3) 树立效益第一的思想，讲究“时间”、“效率”战略。“效率”战略是以最低的劳动消耗创造尽可能多的物质财富；“时间”战略是要求在保证效益的前提下以最短的时间、最快的速度去创造最高价值。效率与时间相辅相成，效率中本身就有时间的规定性，时间是检验效率的标准之一。会计人员必须有强烈的时间和效率观念，不仅要科学地支配时间，还要考核其他人员对时间的合理利用情况，力争高效率地做好会计工作。在主张效率第一时，我们还要坚持道义的原则，体现两个文明建设一起抓的精神。

会计改革的目的就是要在道义与效益相统一的原则下，促进社会物质文明和精神文明建设的同步发展。

第三节　注册会计师审计职业道德规范

中国注册会计师(Certified Public Accountant，CPA)是依法取得注册会计师证书并接受委托从事审计和会计咨询、会计服务业务的执业人员。注册会计师在市场恢复建设至今的30年里已取得了迅速的发展，在我国的改革开放和社会主义市场经济体制的建设中发挥了积极的作用，扮演着十分重要的角色。然而，从外部环境来看，人们对注册会计师职业在市场经济中的作用和责任的认识还处于较朦胧的阶段；从职业界内部的情况来看，也还未建立起一个有序的职业发展机制。中国注册会计师道德建设存在的问题有：中国注册会计师职业道德状况令人担忧；中国注册会计师的执业行为偏差；中国注册会计师队伍人员老化，专业素质不高；中国注册会计师审计质量较低。

所谓注册会计师审计职业道德规范，是指注册会计师审计人员在执业时所应遵循的行为规范，包括在职业品德、职业纪律、专业胜任能力及职业责任等方面所应达到的行为标准。以上内容是注册会计师审计人员职业道德行为可以接受的最基本要求，注册会计师审计人员职业道德行为应该高于该水准。

一、超然独立，客观求是

该原则要求注册会计师做到以下几点。

(1) 超然独立，取信于各方利益相关者。独立性是注册会计师审计人员执业的灵魂与关键。所谓超然独立，是指注册会计师审计人员在执行审计业务、出具审计报告时应当在实质上和形式上超出一切界限，独立于委托单位和其他机构，其目的是取信于各种利益相关者。这种独立性的需要有两层含义，即实质上的独立与形式上的独立。无论是业务的承接、执行，还是报告的形式与提交，注册会计师均应依法办事，独立自主，不依附于其他机构和组织，也不受其干扰和影响，注册会计师审计人员的审计报告无须经过任何部门审定和批准。

(2) 从实际出发，客观求是地执业。客观求是就是指注册会计师审计人员对有关事项的调查、判断和意见的表述，应当基于客观中立的立场，以客观存在的事实为依据，实事求是，不掺杂个人的主观意愿，也不为委托单位或第三者的意见所左右，在分析问题、处理问题时，决不能以个人的好恶或成见、偏见行事。

注册会计师审计人员要做到客观求是的要求，在执业中必须一切从实际出发，注重调查研究、分析，只有深入了解实际情况，才能取得主观与客观的一致，做到审计结论有理有据。

二、公正审计，廉洁守法

该原则要求注册会计师做到以下几点。

(1) 公正审计，正确处理各种不同类型的经济利益关系。公正审计是指注册会计师应当具备正直、诚实的品质，公平正直、不偏不倚地对待有关利益各方，不以牺牲一方利益为条件而使另一方受益。注册会计师在处理审计业务的过程中，要正确对待与被审计单位有利害影响的各方面关系人。

(2) 廉洁守法，依法执业，避免法律诉讼。廉洁守法是指注册会计师审计人员在执业中必须保持清廉洁净的情操，在独立、客观公正的基础上，恪守国家任何有关法律、法规及制度的规定，依法进行合理、合法的审计业务，不得利用自己的身份、地位和执业中所掌握的委托单位的资料和情况，为自己或所在的会计师事务所谋取私利，不得向委托单位索贿受贿，不得以任何方式接受委托单位馈赠的礼品和其他好处，也不得向委托单位提出超越工作正常需要之外的个人要求。

三、诚信为本，操守为重

该原则包括以下几点含义。

(1) 诚信是注册会计师职业的灵魂。注册会计师行业，其诚信文化的核心是操守为重，恪守职业道德。为此，注册会计师在执业过程中，应注重培育民族传统文化和时代精神相结合的行业诚信文化，使社会诚信与行业诚信有机地结合起来。

注册会计师讲诚信，就要自重自律，努力从提高自身职业道德素质和专业胜任能力做起。每一位从业人员要充分认识到，诚信不仅是保证执业质量的重要前提，也是注册会计师的立身之本。人无信而不立，离开了诚信，注册会计师必将失去生存空间。因此，注册会计师要端正认识，树立正确的人生观、价值观和道德观，不断提高道德修养，面对困难不要怨天尤人，把诚信意识根植于心，以诚实守信的形象立身于世。只有每一个人都讲诚信，才能筑起中国注册会计师的诚信大厦。

(2) 注册会计师应有属于自己的个人诚信档案。会计服务市场规范的信用体系就是建立在制度的基础上，亦即从制度上保证"诚信"的注册会计师能够得到应有的回报，"失信"的注册会计师必须承担其行为造成的成本，不仅要受到舆论的谴责，更要付出经济上的代价。这就为会计服务市场信用水平的提高提供了制度上的保障。为此，当务之急是尽快建立注册会计师"个人信用制度"，即注册会计师应有属于自己的诚信档案。只有建立起完备的个人信用制度，才能在此基础上完善会计师事务所市场信用体系，以制度约束注册会计师的失信行为。

(3) 打造"诚信为本"的注册会计师事务所文化。会计师事务所文化通过树立正确的经营理念、良好的精神风貌、高尚的伦理道德和明确的发展目标，以统一和规范事务所员工的价值观念，形成事务所巨大的凝聚力；通过建立和完善事务所的各种规章、制度、操作规程及工作标准，以统一和规范企业员工的行为，确保事务所经营目标和发展计划的实现。现阶段我国会计师事务所在完成一系列改革、在体制上基本与国际惯例接轨的背景下，打造会计师事务所的“诚信为本”的商业诚信文化已是进一步提高注册会计师及事务所整体素质和质量、全面提升行业整体素质和社会形象的必由之路。

四、严谨执业，踏实进取

该原则要求注册会计师做到以下几点。

(1) 严谨执业，提供优质高效的专业审计服务。所谓严谨执业，是指注册会计师审计人员必须具有较高的业务能力，达到一定的技术标准，在执业过程中注册会计师审计人员必须树立和加强风险意识，保持较高的职业道德水平。

注册会计师必须加强职业继续教育和终身学习，以保持和提高其执业的胜任能力，包括知识判断能力、理解分析能力、综合应用能力及实践经验等。注册会计师应具备扎实的理论和专业技术基础，包括对各国不同文化的理解并具有国际视野；具备进行调查、抽象思维和批判思维的能力；进行演讲及书面辩论和口头交流表达意见的技巧。注册会计师还应掌握大量其他专业的知识，包括经济学、数学和统计方法、组织行为、经营管理、市场营销、国际商务知识以及有关信息技术的知识等。如果缺乏专业胜任能力，必将导致事务所风险的增加和审计失败。因此，对于合格的注册会计师而言，专业胜任能力是保证其赢得社会尊重和市场竞争的重要条件。

(2) 注册会计师审计人员应保持专业胜任能力。注册会计师审计人员应该具备下述业务能力才有可能胜任所从事的审计业务工作。①在专业知识水平方面的要求。注册会计师审计人员所从事的工作是一项知识性和技术性较强的专业工作，因此注册会计师审计人员应具备一定的专业知识水平。②注册会计师审计人员对助理人员和其他专业人员的责任。在执行业务之前，注册会计师审计人员需就项目的性质、时间、范围和方法等对助理人员和其他专业人员进行必要的培训；在执行业务过程中应对助理人员和其他专业人员予以切实的指导、监督、检查，包括复核其审计工作底稿。③在接受后续教育方面的要求。按照注册会计师协会的规定，注册会计师应不断地接受后续教育，更新和提高专业知识，保持和发展专业技能，熟悉并掌握现行各种有关规定和实务标准，不断提高业务能力。

(3) 注册会计师审计人员在执业过程中应沉思谨慎。注册会计师执行各类业务或在业务的各个环节所应实施的程序和方法都已在有关的专业标准中予以明确，其中《注册会计师职业道德准则》在强调注册会计师应当严格遵循这些专业标准要求的同时，也对一些需要注册会计师审计人员重视的执业问题做了专门的规定，需要注册会计师审计人员在执业过程中“三思而后行”。

(4) 踏实进取，认真承担审计责任和义务。踏实进取是指注册会计师审计人员在承接业务时必须讲究职业道德，诚实勤勉、积极进取，履行好应尽的责任和义务。

五、保密守时，收费合理

该原则要求注册会计师做到以下几点。

（一）保守商业秘密，如期保质保量完成审计任务

保密守时是指注册会计师审计人员在执行审计业务过程中要严格保守被审计单位的商业秘密或财务信息，并按被审计单位要求的时间界限保质保量地完成审计任务。这就要求审计人员必须为委托人严守机密，如果没有征得委托人的明确许可，不得将审计客户提供的资料泄露出去。

【网络链接 7-3】

国际四大会计公司的危机与“救赎”

1. 德勤逐利导致丑闻不断

近两年，德勤所经之处，留下一路废墟，2005 年德勤因为主动配合上市造假，为古井贡逃税达 5910 万元人民币，而被国家审计署点名。在中国香港的德勤也卷入多家公司丑闻。创维公司就是在德勤的帮助下伪造会计记录而上市，中国香港廉政公署和中国香港会计师公会均表示德勤负有直接责任。尽管德勤全球 CEO 白礼德在接受媒体采访时摆出一副无辜的样子，认为德勤也是科龙事件的受害者，但德勤因为“科龙事件”而信誉扫地已是不争的事实。

2. 普华永道职业操守存耶？

2006 年 5 月 10 日，日本监管部门勒令普华永道(PwC)的日本公司中央青山停止为大型企业客户审计服务两个月，起因在于，其在为化妆品公司嘉娜宝(Kanebo)的审计中存在欺诈行为。嘉娜宝去年 3 月表示，在截至 2004 年 3 月前的 5 年中，其中 4 年的盈利将改为亏损，在此期间，公司前经理人员夸大销售收入，隐藏费用支出，多报了大约 2100 亿日元的盈利。而普华永道已被逮捕的 3 名前员工也承认，在这 5 年时间内为嘉娜宝做假账。

普华永道在中国也同样遭遇了麻烦，由于在审计时为了图省事，而没有亲自进行“函证”这一道对于注册会计师来说最简单也是最基本的程序，普华永道未能发现 G 外高桥 2 亿元资金被其公司内部员工挪用。试问“函证”这一道审计过程中最基本的程序都不能尽责，又谈何“职业操守”呢？

3. 安永不实报告别有用心

安永本月初在其美国总部发布的不良资产报告也为其带来了不小的麻烦，该报告称中国目前的不良资产达到了 9000 亿美元，并有进一步上升的趋势，参与该报告中国部分写作的北京分公司合伙人罗德曼在没有亲自调研的情况下，引用了瑞银集团对中国不良资产的估计数字，该数字与中国官方公布的统计数字相差甚远，由此引发了政府部门的极度不满。

尽管安永及时做出道歉并撤回了报告，但有一点可以肯定，在国内，安永不仅是工商银行的审计师，同时在中国不良资产市场上也在为各大投资公司提供尽职调查服务，安永这份报告的用意是希望以发布报告的形式吸引更多的潜在客户。

4. “自我救赎”

就在普华永道因嘉娜宝事件受到日本监管部门惩罚不久，日本注册会计师协会就号

召旗下成员向中央青山 PwC(普华永道日本分公司)伸出援助之手,并警告称,如果有哪家公司试图从这家身陷困境的公司挖走客户或员工,该协会将采取严厉措施。

日本注册会计师协会的表态凸显出这样一种担忧:倘若人们对中央青山 PwC 失去信心,那么安达信垮台的悲剧就有可能重演。

事实上,"四大"之间尽管在业务上存在竞争关系,但是在行业内部已经形成了非常稳定的相互支撑关系,一荣俱荣、一损俱损。美国的一项调查显示,2004 年发生的 396 起更换会计师事务所的案例中有 2/3 的情况是放弃"四大"而改聘中小事务所。如果再出现一个"安然",必将打破现有的平衡,将成为"四大"不能承受之重。《鲍曼会计报告》曾经预测,由于无休止地追求业绩增长和规模扩张,这些巨型会计师事务所的内部协调能力已经到了极限,国际巨型会计师事务所在 20 年后将不复存在。

反观国内,"四大"在中国的崛起虽然不过是 20 世纪 90 年代初刚刚开始的事情,但是它们已经远远超越了比它们更熟悉本地环境的国内会计师事务所,席卷了全国几乎所有大型金融机构和企业集团的会计业务。尽管丑闻不断,但无论是政府还是企业,仍然津津乐道于"四大"的权威、专业和国际化背景,本土会计师均以被"四大""收编"作为最终极的渴望,大华、天健的易帜无不流露出国内会计行业面对这场实力极不对称的国际竞争的无奈和悲凉。

(资料来源:陈光.国际四大会计公司的危机与"救赎"[N].新京报,2006-05-30)

(二)提供优质审计服务,按规定的标准合理收费

注册会计师审计人员的服务是一种有偿服务,但收费的多少应当以服务性质、工作量大小、参加人员层次高低等为主要依据,按规定的标准收费。会计师事务所在从事审计业务时不得以服务成果大小为条件来决定收费标准的高低,否则将会削弱注册会计师审计人员应有的独立性和客观性。

六、公平竞争,协同发展

这一职业道德规范是针对会计师事务所在争取客户及执业过程中的平等竞争,要求会计师事务所对同行负责,讲究信用,信守对客户的承诺,做好各自的审计执业工作,促进注册会计师审计事业的协同发展与进步。对同行负责是指会计师事务所、注册会计师审计人员在处理与其他会计师事务所、注册会计师审计人员相互关系中所应遵循的道德标准。

(1)会计师事务所受理业务,CPA 跨地区、跨行业执业。《中华人民共和国注册会计师法》(以下简称《注册会计师法》)规定会计师事务所受理业务,不受行政区域、行业的限制,也就是说可以跨地区、跨行业执业。因此,《注册会计师职业道德准则》禁止会计师事务所搞地区封锁和行业垄断,通过任何方式或以任何理由对到本地区、本行业执业的会计师事务所进行阻挠和排斥。

(2)前任与后任注册会计师审计人员相互支持和合作。委托单位出于种种原因,可能会辞去一家过去为其提供过审计服务的会计师事务所转而委托另一家会计师事务所,或在某项业务尚未完成之前对会计师事务所进行变更。《注册会计师职业道德准则》要求委托单位在变更委托的情况下,后任注册会计师审计人员应与前任注册会计师审计人员取得联系，相互了解和介绍变更委托的情况和原因，委托单位变更委托后，前任注册会计师审计人员应该对后任注册会计师审计人员的工作予以支持和合作，包括必要时提供以前年度的工作底稿等资料。

(3) 与同行保持良好的工作关系，加强相互协调与配合。《注册会计师职业道德准则》规定了注册会计师审计人员对其同行的其他责任，包括应当与同行保持良好的工作关系，相互协调，配合同行工作；不攻击、不诋毁同行，不损害同行的利益；注册会计师审计人员不得雇佣正在其他会计师事务所执业的注册会计师审计人员及其助理人员；注册会计师审计人员不得以个人名义同时在两家或两家以上的会计师事务所执业；以及会计师事务所不得以不正当手段与同行争揽业务等。

七、服务社会，追求卓越

该原则要求注册会计师做到以下几点。

(1) 注册会计师应关注公众利益，服务社会。注册会计师的职业性质决定了他所担负的是对社会公众的责任。所谓会计信息外部使用人，既包括企业现有的，又包括潜在的投资人、债权人以及政府有关部门等所有与企业财务信息相关的人士，可泛指社会公众。社会公众在很大程度上依赖商业伦理当局编制的会计报表和注册会计师对会计报表出具的审计意见，并以此作为决策的基础。注册会计师尽管接受被审计单位的委托并向被审计单位收取费用，但他服务的对象从本质上讲却是社会公众，这就决定了从成为注册会计师的那一天起，他所担负的就是面对社会公众的责任。

(2) 注册会计师在执业过程中应不断追求卓越。注册会计师行业作为一个中介行业，是服务于广大社会公众的，其生存与发展依赖于公众对它的评价和信任，因此，注册会计师作为专业人士，保持良好的职业风范是相当重要的。追求卓越也就成为注册会计师职业道德规范的一个重要组成部分，具体有以下几个方面的要求：保持礼貌态度、主动性审计、提高服务效果、对服务对象的及时响应、保持高效率执业和不断创新。

第四节　企业内部审计职业道德规范

企业内部审计人员职业道德规范是指内部审计人员的职业品德、职业纪律、职业胜任能力和职业责任等方面的要求。内部审计人员应当依照法律法规规定的职责、权限和程序开展审计工作，并遵守内部审计准则。

一、内部审计人员做到独立、客观

(一) 保持独立性

独立性是指内部审计人员只有独立于他们所审查的活动之外，才能客观地评价自己的工作。独立性是内部审计工作的必要条件。内部审计人员只有具备应有的独立性，才能正确地实施审计。内部审计的独立性是一种相对的独立，因为内部审计机构作为单位的一个职能部门，其工作范围是由单位领导决定的。工作范围是否足够广泛，在很大程度上会影响到内审部门能否独立于业务经营活动，内部审计人员的工作应该是自由和客观的。自由意味着可以自主判断，自主抉择，不受其他部门、个人或外来因素的制约。客观意味着实事求是，保持公正、不偏不倚的职业态度和操守。

实现内部审计的独立性包括实现组织上的独立和精神上的独立两个方面：组织上的独立是指在组织机构中要给内部审计工作提供一个良好的工作环境，精神上的独立是指使内部审计人员保持客观性。

1. 组织上的独立

保持内部审计的独立性必须取得领导的支持，拥有良好的组织条件，这样内部审计人员才能独立地开展工作。

(1) 内部审计部门应该由单位的主要领导人负责管理，确保内审部门的工作范围足够广泛，增强其独立性。同时，也能使单位对审计报告做出迅速反应，根据内部审计部门的建议及时采取措施，充分发挥内部审计的职能作用。

(2) 内部审计部门经理应有权出席、参加由高级管理或董事会举行的与内审职责有关的会议，如有关审计、财务报告、管理控制系统等会议，通报有关审计工作计划和实际审计工作的信息，与董事会直接交流，使审计信息能迅速地以本来面貌到达董事会，避开来自其他方面的干扰。

(3) 内审部门经理的任免由董事会确定。由谁来决定内审部门经理的任免，对于保证内部审计的独立性极其重要。董事会作为最高决策机构，不参与日常经营管理，但又需要了解管理人员的工作业绩和单位目标的实现。因此，需要有一个独立的部门和一批专业人员对生产经营活动进行客观公正的检查和评价，并将评价结果直接向董事会报告。

2. 精神上的独立

保证内部审计的独立性，还要求内审人员在执行审计工作时必须在精神上是独立的，在道德上是正直的，对有关审计事项的判断和决定不屈从于他人的意志，不受他人的干扰，保持客观性和职业操守。为此，单位要做好以下工作。

(1) 在分配工作任务和指派审计人员时，应避免实际的和可能出现的利益冲突和偏见。在实际工作中，内审人员与被审计事项的责任人互不友好或过于亲密都会妨碍内审人员专业判断的公正性，造成偏见。因此，内审部门经理需定期向内审人员了解关于潜在的利益冲突和偏见，以做到心中有数。

(2) 在条件允许的情况下，内审人员应定期轮换，即使开始不存在利益冲突和偏见，长期负责对某一部门的审计工作也会使审计双方由陌生到熟悉，或因为过于熟悉业务而导致疏忽，这都会影响审计人员的客观性。因此，定期轮换对于保持审计人员精神上的独立是必要的。

(3) 内部审计人员不得承担经营管理责任，不能参与内部控制系统的设计、安装和执行工作，而只应承担与检查、评价和建议相关的审计责任。在实际经营中，由于专业人员紧缺或时限要求等其他原因，内部控制人员会被抽调完成一些非审计工作任务，这时单位内审部门应明确该内审人员执行的不是内审职能，以后他们不应该审查该项自己曾负责的活动，以免其客观性受到损害。

(二) 保持客观性

所称客观性是指内部审计人员在进行内部审计活动时，应以事实为依据，保持公正、不偏不倚的精神状态。

内部审计机构负责人应采取以下主要措施保证客观性。

(1) 加强人力资源管理,提高内部审计人员的职业道德素质及专业胜任能力。

(2) 增派内部审计人员参加审计项目,并进行适当分工。

(3) 采用工作轮换的方式安排审计项目及审计小组。

(4) 建立适当、有效的激励机制。

(5) 制定并实施系统、有效的内部审计质量控制政策和程序。

(6) 停止执行有关业务并及时向董事会或最高管理层报告。

客观性与独立性是密切相关、相辅相成的概念。例如,国际内部审计师协会就将客观性定义为"内部审计人员在执行审计工作时必须保持的一种独立的精神状态"。一般认为,独立性是客观性的基础与保障,是指一种不存在威胁客观性的重大利益冲突的环境状态;而客观性则是独立性的目标和结果,表现为内部审计人员在不存在重大利益冲突时所能保持的不受外部环境和个人偏见影响的精神状态,决定着确认与咨询服务的质量。

二、内部审计人员保持谨慎,保守秘密

(一) 保持职业谨慎

职业谨慎态度是指内部审计人员在进行审计业务时应具备一丝不苟的责任感并保持应有的慎重态度。

依据《内部审计道德规范》的要求,企业内部审计人员在执行公司相关审计业务时,应秉承应有的职业谨慎态度:内部审计人员应当运用人们所期望的优秀的内部审计人员在相同或类似情况下应当具备的谨慎态度和技能。根据所审查项目的复杂程度,合理使用职业判断,运用必备的审计程序,警惕可能出现的错误、遗漏、消极怠工、浪费、效率低下和利益冲突等情况,还应小心避免可能发生的违法乱纪等情形。对于审查中发现的控制不够充分的环节,应提出合理可行的改进措施。

应有的职业谨慎意味着合理的谨慎和能力,但是并非意味着永远正确、永不出错。内部审计人员只能是在合理的程度上开展检查和核实工作,而不可能进行详细的检查,内部审计工作并不能保证发现所有存在的问题。

(二) 遵守保密原则

由于内部审计是审计人员在公司内部进行的一项自我监督、自我控制、向管理层负责的重要的管理活动,具有相对独立、专业、鉴证和权威的工作特征,能够接触到大量的公司生产、财务、质量信息等商业秘密,如果不加注意,随意处理工作底稿和审计材料,就有可能造成公司商业秘密外泄,甚至造成重大损失,最终失去内部审计提高管理质量的根本目的,也会使内部审计失去管理者和员工的信任支持。因此,内部审计工作同样需要严格的保密。

在公司的内部审计工作中,内部审计人员应当认真遵守保密性原则,按规定使用他们在履行职责时所接触和获取的这些信息及资料,并予以严格保密,除非法律规定,否则不得随意因为任何个人或其他组织的利益而滥用和泄露这些机密的资料,要防止因为这些

信息与资料的泄露给组织带来各种损失。

三、内部审计人员提高胜任能力，保持后续教育

（一）提高胜任能力

随着审计领域的不断拓展，内部审计必须提高队伍素质，突出多学科、高智能的特点。优化内部审计机构的专业配置，提高内部审计人员素质势在必行。这既是保证审计质量、提高工作效率的基础，也是内部审计队伍适应形势发展的结果。内部审计参与企业风险管理，内部审计人员必须增强风险管理意识、全局意识，充分认识现代企业的风险特点，提高对企业风险的识别能力，这是内部审计参与现代企业风险管理的基础和前提，也是内部审计能否开展风险审计的关键所在。因此，在内部审计人员的队伍建设上，应做好以下几项工作。

(1) 构建学习型组织，全面提升内部审计人员的综合素质。内部审计部门是典型的智力型部门，它需要充分发挥每一个员工的创造性思维能力，建立一种高度柔性的、符合人性的、能持续发展的组织。通过构建学习型组织，使每一个审计人员的能力得到全面提升。

(2) 改善企业内部审计人员的结构。我国企业的内部审计人员大多来自财务会计岗位，因此在经营管理等业务方面的能力有所欠缺，知识结构也不很合理，应该逐步在内部审计机构中配备工程技术、风险管理、法律以及计算机等方面的专业技术人员，内部审计队伍应从由单纯的财务人员构成向具有综合知识和能力的多元化高素质人才的结构转换。这包括两点：一是内部审计人员应具备良好的政治素质、优良的职业道德、扎实的政策水平、熟练的现代计算工具操作技术及敏锐的观察和解决问题的能力。二是随着内部审计由财务领域向经营和管理领域扩展，内部审计人员在知识构成上也应该是多元化的，不仅要熟悉会计、审计、法律、税务、外贸、金融、基建、商业伦理等方面的知识，还应非常熟悉风险管理、IT、工程技术、工艺流程、经济法律等方面的知识；不仅要了解本企业的微观运行情况，还要了解社会的经济周期、行业所处的地位、国家的政治和政策以及重大事件等宏观因素对本行业和本企业经济活动的影响。

(3) 加强内部审计人员的培训，提高其风险管理意识。市场经济中企业竞争的加剧和复杂多变的经营环境使各种风险蜂拥而入，要顺应市场就不能逃避风险，而必须正视它，应实施风险管理审计，界定企业的风险范围，理顺风险责任，建立风险模型和风险防范机制。为此，要求企业内部审计人员必须树立风险意识，掌握风险管理的技能，提高其对风险的敏感性，这可以通过两种途径来实现：一方面，对现有的风险管理审计人员进行定期的培训和后续教育，让他们不断更新专业知识，掌握新的技术和方法，不断提高自身的专业水平和职业判断能力；另一方面，可以选拔优秀的审计人才出国进修现代风险管理审计技术，将国外优良的审计技术和经验引入我国风险管理审计的实践应用中。同时，也要注意提高他们的计算机操作水平，以适应时代的发展。

(4) 创新工作能力，发挥内部审计人员的能动性和积极性。在任何工作中，人是最具有影响和决定性作用的因素，只要能够发挥人的积极性和能动性，任何难事都会迎刃而解。在中国和世界其他国家企业界中，由于风险管理审计刚刚起步，相关的政策法律法规

还没有完善，大家的风险管理审计都还在探悉摸索当中，还没有什么范本供大家遵循。在这种情况下，内审人员应该不断创新自身工作能力，发挥人的积极性和能动性，从而开拓企业风险管理审计的新局面。

（二）保持后续教育

后续教育，又叫“继续教育”，是对专业技术人员不断进行知识、技能的更新和补充，以拓展和提高其创造、创新能力和专业技术、职业道德水平，完善其知识结构的教育。审计署《关于内部审计工作的规定》第五条指出：“内部审计人员实施后续教育制度。”这无疑将会促进内审人员素质和内审工作质量的进一步提高，但要实现这一目标，需要解决好以下几个问题。

内审人员后续教育的内容是内审人员进行学习的客体，是其丰富新知识、提高业务能力的主要信息来源和实现学习目标的基本保证，其安排是否科学、合理，直接关系到教育效果的好坏。在确定内审人员后续教育内容时，首先要考虑内审人员的职业特性，通过广泛征求意见，明确内审人员需要学习什么。其次要考虑内容的实用性，保证学有所用，学能以用。再次要考虑不同内审人员的理论和业务水平、工作经验、所在行业或单位的特点等，针对不同层次、不同阅历、不同行业的内审人员安排不同的教学内容，采用不同的后续教育方式。只有这样，才能使后续教育产生广泛的认同感和强烈的号召力，才能保证后续教育真正落到实处，取得良好的教育效果。从总体上来说，后续教育内容应主要包括以下几个方面。

1. 计算机知识的教育

在国际内部审计工作的各个环节已经普遍运用了计算机审计手段，并将一些审计软件、计算机测试技术运用到审计实务中。但在我国仍有很多内审人员不熟悉计算机的应用，能利用审计软件开展审计工作的人则更少。因此，应加强对内审人员进行计算机知识的培训，让他们熟练掌握计算机的一般知识和会计电算化软件的操作，掌握利用计算机进行辅助审计和借助计算机审计软件来开展内审工作。通过培训造就一批能运用计算机审计的高水平专业技术人才，使内审工作跟上时代步伐，以提高内审工作的效率和质量。

【网络链接 7-4】

会计电算化舞弊

会计电算化舞弊的手法和方法主要有以下几项。

(1) 篡改输入。这是最简单也是最常用的计算机舞弊手法，该方法通过在经济数据录入前或加入期间对数据做手脚来达到个人目的。

(2) 篡改文件。是指通过维护程序来修改或直接通过终端来修改文件中的数据。

(3) 篡改程序。是指通过对程序做非法改动，以便达到某种不法的目的。例如，将小量资金(比如计算中的四舍五入部分)逐笔积累起来，通过暗设程序记到自己的工资账户中，表面上却看不出任何违规之处。

(4) 非法操作。是指操作人员或其他人员不按操作规程或不经允许上机操作，改变计算机的执行路径。

(5) 篡改输出。通过非法修改、销毁输出报表，将输出报表送给公司竞争对手，利用终端窃取输出的机密信息等手段来达到作案的目的。

(6) 其他方法。例如通过物理接触、电子窃听、译码、拍照、拷贝、复印等方法来进行舞弊，通过对会计电算化舞弊的分析研究，我们发现，系统人员一般采用篡改系统程序软件和应用程序、非法操作等手段；内部用户一般采用篡改输入的方式，也有采用输出篡改方法的；外来者一般采用终端篡改输入或其他方法如盗窃、破坏等。那么，如何防范会计电算化中的这些风险，就成了会计工作中需要重点思考的问题。

(资料来源：中国会计报，http://www.canet.com.cn/wenyuan/kjlw/kjdsh/201111/html)

2. 审计新知识和新技能的教育

随着改革开放和内审研究的不断深入以及市场经济的不断成熟，企业对内审的要求越来越高。内审的作用从局限于监督与评价逐步向风险管理和促进单位发展转移，审计范围不断扩大，审计方法不断创新。内审人员只有不断更新审计理论和实务知识，掌握先进的审计方法，并及时运用于内审实践，才能适应时代发展和内审要求的需要。

3. 相关政策法规的教育

市场经济是法制经济，市场经济越发展，法制就越健全；而审计工作本身是一项政策性和专业性非常强的业务工作。如果内审人员不能及时掌握相关政策法规的变化，不仅不能有效地保证审计质量，而且还会增加审计风险，影响内审工作地位的提高和内审作用的发挥。因此，内审人员必须及时掌握国家有关方针、政策、法律和法规的变化，切实保证依法开展审计工作。内审人员应熟悉掌握的政策法规主要包括审计法规、会计法规、税收法规、财政金融法规等。

4. 审计职业道德规范的教育

国家审计署《关于内部审计工作的规定》第七条指出："内部审计人员办理审计事项，应当严格遵守内部审计职业规范，忠于职守，做到独立、客观、公正、保密。"中国内审协会也颁布了《内部审计人员职业道德规范》。但在内审实际工作中，内审人员不依法认真履行职责，不坚持原则，随意泄露所知悉的资料，甚至滥用职权、徇私舞弊等，在一定程度上仍然存在，严重地影响了内审工作的质量。因此，在后续教育中，强化职业道德教育，促进内审人员职业道德水平的进一步提高，是非常必要的。

5. 相关管理知识的教育

现代内部审计的目标是侧重于促进加强管理、提高效益。而要实现这一目标，必须要求内审人员掌握现代管理的相关知识，也只有这样，内审工作才能够上台阶、上层次。内审人员应掌握的相关管理知识主要包括会计知识、战略管理知识、财务管理知识和市场营销知识等。

总之，后续教育的内容应突出两个字："新"和"实"，内容必须新颖和实用，内审人员应做到自己缺什么就去学什么，学了什么就要能够在工作中用什么，充分保证后续教育的有效性。

【本章关键术语】

事前监督　事中监督　超然独立　严谨执业　独立客观　保持谨慎　后续教育

案例讨论题 7

安然与安达信不诚信自毁前程

2001 年,美国华尔街明星企业纷纷倒闭,道-琼斯股票指数、纳斯达克股票指数和标准普尔 500 种股票指数屡创新低,股市投资者损失惨重,公众信心接连遭受打击。2001 年 1 月,曾在《财富》杂志全球 500 强名列第七的美国能源超级大企业安然企业对外公布:企业 1997—2000 年度虚报盈利 5.91 亿美元,增列 6.28 亿美元负债,直接导致投资者信心崩溃。在不长的时间内,安然企业股价从最高超过 90 美元,股票市价过 630 亿美元,一路狂跌至不足 1 美元,连续 30 个交易日其股价徘徊在摘牌底线的 1 美元之下,安然企业股票被摘牌。同年 12 月 2 日安然企业正式向纽约一联邦地方法院申请破产保护,破产清单所列资产达 631 亿美元。安然企业破产后,其受害者遍及全球。安然企业股票投资者损失惨重,血本无归;贷款给安然企业的华尔街金融企业、欧亚各银行承受了至少 50 亿美元的损失;美国著名的信用评级企业——标准普尔估计,与安然企业债务相关的证券商遭受 63 亿美元损失。

伴随着安然企业的破产倒闭,全球五大会计师事务所之一、创立于 1913 年的安达信国际会计企业碰到了巨大麻烦,遭遇了严重的诚信危机,进而引发全球会计行业的强烈地震。从安然企业成立之日起的 16 年里,安达信一直担任安然企业的独立审计师。在 2001 年会计年度安达信的业务收入为 93.4 亿美元,其间有 5200 万美元的收入来自安然企业,而这其中 2700 万美元是管理咨询业务收入,只有 2500 万元才是审计鉴证收入。很显然,安达信担任安然企业的独立审计师可谓扮演了双重角色:外部审计师和内部审计师;因此,安达信的审计失去独立性,无法做到公正。正如美国《商业周刊》评论员所说:“一只手做假,另一只手证明这只手做的账”,这样,怎能不出假账?

2001 年 12 月,安达信 CEO 约瑟夫·贝拉迪诺在国会作证确认,安达信对安然企业的财务会计问题处理上判断失误。在收到美国证券交易委员调查安然企业财务与会计违规问题传票后,2002 年 1 月 10 日,安达信发表简短声明,承认其负责安然企业审计工作的前主审计师大卫·邓肯曾召开一个紧急会议,组织力量迅速销毁上万份与安然破产有关的文件,而邓肯则说他是接到安达信的律师的指令后做的。销毁文件的做法违反会计业内的最基础审计原则。美国司法部以“妨碍司法调查罪”将安达信告上法庭。美国休斯顿联邦大陪审团裁定安达信销毁安然文件、妨碍司法调查罪名成立。令人吃惊的是,上述两大申请破产的美国环球电讯企业和“世界通信”企业的独立审计师也是安达信。去年安达信因为其他客户做假账,而被罚款 1.17 亿美元。2000 年,安达信在对 Waste Management Inc. 审计中因违反美国一般公认会计原则(US GAAP)和不正当行为,美国证券交易委员会处以 Waste Management Inc. 与安达信共同承担 4.57 亿美元的罚款。

总之,安达信的诚信缺失导致近百年的美名毁于一旦,最终自取灭亡,自毁前程:美国东部时间2002年8月31日安达信国际会计企业正式宣布退出审计行业，这家拥有89年辉煌历史的世界著名会计企业因为“安然事件”付出了丢掉诚信的昂贵代价——被迫黯然关门。

到底是什么原因致使中外企业巨子造假成风与欺诈盛行呢？美国经济学家赛斯拉·布克认为，从20世纪90年代以来，美国大企业的高管人员薪酬暴涨，过去的15年间，大企业CEO平均年工资增幅为866%，而同期工人平均年工资增幅为63%。许多商业伦理者唯恐失去既得利益，接受并采用“无商不奸”的本质与做法，放弃商业经营中最核心的诚信根基，不择手段编造企业业绩。布克明确指出，我们要像保护无时无刻要呼吸的空气和每天要喝的水一样保护我们今日社会中无处不在的商业诚信道德。

（资料来源：根据美国证券交易委员会网站 http://www.sec.gov、中国证监会网站 http://www.csrc.gov.cn 与 http://www.sina.com.cn 及《经济日报》、《中国证券报》等报刊，并经整理而成）

讨论问题：

1. 结合安达信兵败安然的案例，谈谈对注册会计师审计独立性的认识。
2. 到底是什么原因致使中外企业巨子造假成风与欺诈盛行呢？
3. 分析此案例在会计诚信文化建设中的启示。

练　习　题

一、单选题

1. 通过自己工作把会计管理职能作用充分发挥出来，也就是要在会计人员充分认识自己应负会计责任的前提下，最大限度地将应负会计责任担当起来，指的是(　　)。

A. 诚实守信　　B. 保持独立　　C. 恪尽职守　　D. 参与管理

2. 在企业各项经济业务活动的准备阶段，以财经政策、制度和企业计划为准绳，对企业经济合同、经营计划等所做的合法、合理、合规和经济性审查，使之符合规定要求，是指(　　)。

A. 会计事件监督　　B. 事中监督　　C. 事后监督　　D. 事前监督

3. 注册会计师审计人员执业的灵魂与关键是(　　)。

A. 独立性　　B. 实事求是　　C. 坚持准则　　D. 正确审计

4. 注册会计师要做到诚信为本，操守为重，应当做到(　　)。

A. 建立属于自己的个人诚信档案　　B. 保持专业胜任能力

C. 在执业过程中应沉思谨慎　　D. 保守商业秘密

5. 实现内部审计的独立性，做到在机构中要给内部审计工作提供一个良好的工作环境，体现了(　　)。

A. 精神上的独立　　B. 组织上的独立

C. 心理上的独立　　D. 个人上的独立

6. 客观性与独立性是密切相关、相辅相成的概念。独立性是客观性的(　　)，客观性是独立性的(　　)。

A. 基础，目标　　B. 基础，保障　　C. 目标，结果　　D. 结果，基础

二、多选题

1. 社会主义市场经济的运行和发展，对我国的会计诚信产生的影响包括（　　）。

A. 提高会计人员主人翁意识，激发奋发向上的工作作风

B. 促进会计人员自由平等发展，消除行业不正之风

C. 打破会计行业任人唯亲的观念

D. 形成举贤尚能新风尚

2. 市场经济发展引起会计工作生活发生变化，包括（　　）。

A. 会计工作由单一格局向多样格局发展

B. 会计人员越来越重视钱的重要性

C. 选择会计职业的标准由重名向重实转化

D. 会计的作用更加侧重结账核算

3. 企业会计职业道德规范包括（　　）。

A. 坚持准则，不做假账　　B. 遵纪守法，严格监督

C. 如实反映，正确核算　　D. 当好参谋，接受管理

4. 会计人员应具备诚实可靠的品质，客观反映经济活动过程包括（　　）。

A. 反映实际，核算实绩　　B. 分析现象，抓住规律

C. 揭示未来，明确方向　　D. 坚持准则，不做假账

5. 会计人员要做到勤俭理财，要求做到（　　）。

A. 培养自己节俭的品质

B. 应摒弃在勤俭理财上的旧观念

C. 会计人员在财务管理上要正确对待花钱问题

D. 挣钱是另一种勤俭的方法

6. 会计作为反映和监督经济活动的一种手段，其职业特点包括协调的关系有（　　）。

A. 内部管理者与被管理者之间的关系

B. 组织与外部当事人之间的关系

C. 会计职业技术性与职业社会性之间的关系

D. 会计人员之间的关系

三、判断题

1. 会计职能由"管理型"转为"报账型"。（　　）

2. 会计人员运用会计方法、会计手段和会计资料对本单位的经济活动进行严格的事前、事中和事后监督。（　　）

3. 做假账行为不仅仅是违反《会计法》，而且会直接导致会计信息失真。（　　）

4. 公私分明是会计从业人员职业道德的更高层次，严明自律是会计从业人员职业道德的基本品质。（　　）

5. "效率"战略是以最低的劳动消耗创造更可能多的物质财富；"时间"战略是要求在保证效益的前提下以最短的时间、最快的速度去创造最高价值。（　　）

6.《注册会计师法》规定会计师事务所受理业务，受行政区域、行业的限制，也就是说不可以跨地区、跨行业执业。（　　）

7. 会计改革的目的就是要在道义与效益相统一的原则下，促进社会物质文明和精神文明建设的同步发展。 ( )

8. 事前监督是指在企业生产经营过程中以计划、定额、预算等为标准，对生产消耗、成本升降、资金使用、收益大小加以控制，及时发现并校正执行中的偏差，促使预定目标的实现。 ( )

复习思考题

1. 如何为会计行业营造良好的社会道德文化环境？

2. “恪尽职守，爱岗敬业”规范，对会计人员要求包括哪些方面？失真数据和信息会给国家和人民财产带来极大损失，怎样做到如实反映正确核算？

3. 注册会计师审计人员在执业时应遵循哪些职业道德规范？

4. 从组织和精神上分别说明内部审计人员怎样做到独立？

5. 试论企业会计诚信文化要求。

6. 试论企业内部审计职业道德规范要求。

练习题参考答案

一、单选题

1. C　　2. D　　3. A　　4. A　　5. B　　6. A

二、多选题

1. ABCD　　2. AC　　3. ABC　　4. ABCD　　5. ABCD　　6. ABC

三、判断题

1. 错。会计职能由“报账型”转为“管理型”。

2. 对。

3. 对。

4. 错。公私分明是会计从业人员职业道德的基本品质，严明自律是会计从业人员职业道德的更高层次。

5. 对。

6. 错。《注册会计师法》规定会计师事务所受理业务，不受行政区域、行业的限制，也就是说可以跨地区、跨行业执业。

7. 对。

8. 错。事中监督是指在企业生产经营过程中以计划、定额、预算等为标准，对生产消耗、成本升降、资金使用、收益大小加以控制，及时发现并校正执行中的偏差，促使预定目标的实现。

第八章

商业伦理道德范畴

诚者，天之道也；

诚之者，人之道也。

诚者，不勉而中，不思而得，从容中道，圣人也。

诚之者，择善而固执之者也。

博学之，审问之，慎思之，明辨之，笃行之。

——孔子《礼记·中庸》

学习目的

1. 了解商业道德范畴的含义、作用及组成。
2. 明确商业道德义务与商业道德良心的内容。
3. 掌握商业道德荣誉的激励及评价方式。
4. 理解商业道德节操与商业道德品质的培育和发展。

导读 8

在没人看到时做正确的事

世界上可以有一部最为全面的会计准则，但是只有当“道德罗盘”是正直的时候，准则才会发挥它的作用，任何一个国家和地区制定道德准则的目的就是确保“在没人看到的时候做正确的事”。

2002 年 8 月 26—27 日，北京国家会计学院组织了一场关于《注册会计师职业道德的国际研讨会》。研讨会发言者代表了国际会计师联合会大家庭中所有重要的会计组织——来自 114 个国家的大约 156 个成员，代表着全世界总计近 250 万名的会计师。这些组织都根据当地的情况相应地制定了现行的道德准则，并且通过不断的学习和改进来确保这些准则反映当前的实际。虽然这些准则各有各的特点，但就职业本身而言，存在着一些共同的价值因素——公正性和客观性的基本原则、专业能力和适当的谨慎性、职业行为以及技术准则。

曾经担任国际会计师联合会 (IFAC)总干事的 John Gruner 在谈到会计道德准则的制定时认为，职业道德准则是支撑其他会计和审计准则的基础，而且它是进化的，一个职业道德准则在一定时期反映了一个社会的法律、经济、政治以及文化方面的规范。随着规范、价值观以及环境的改变，道德准则也必然会改变。人们谴责上市公司缺乏公司治理和内部控制、会计和审计准则的不足、无效的企业模式以及会计师和审计师自身的问题等，这些问题最终的罪魁祸首正是职业道德的沦丧。因此，在制定职业道德准则的过程中，要听取所有利益集团的意见，其过程必须是全面透明的。

英格兰和威尔士特许会计师协会前任主席 Michael Groom 先生把道德和与其相关的问题比做一把“锯”，道德是一个“锯齿”，公司治理是其他“锯齿”，包括公司道德、财务报告、审计与实施。任何一个“锯齿”缺失，人们都不会看到一个清晰而准确的图景，这个系统也不能运作。他认为，独立性本身不是最终目的，而是达到最终目的的手段，最终目的是要实现高质量的审计。

中国注册会计师协会秘书长陈毓圭说，有效打击审计中的不良行为，除了要加强监管、加强职业道德培训与教育外，还要进一步完善注册会计师职业道德规范体系。另外，协会与会员之间要形成联动机制、沟通机制。通过一系列的制度安排和创新，最终促使注册会计师自觉遵守职业道德和执业规范。

在中国成为最为开放的会计市场的同时，中国的注册会计师也将获得走出国门、到国际会计市场竞争的机会，而这些都需要中国注册会计师具有与国外同行竞争的能力和实力。国家会计学院副院长陈小悦在阐述建立中国注册会计师职业能力框架时，他做了一个形象的比喻，把注册会计师的工作比做“车夫驱赶马车”，工作任务就是把车送到目的地。知识就是马，没有马就拉不动车；技能是车夫的鞭子，没有鞭子就驾驭不了马；而车夫对方向、对道路、对马车运行的速度和平稳性的把握，就是职业品质，保证马车顺利到达目的地。

（资料来源：贾学颖.在没人看到时做正确的事[N].中国财经报，2002-08-29）

商业道德范畴是反映企业领域职业活动中最普通、最本质的道德关系和道德行为调节方面的一些基本概念。商业道德原则和商业道德规范对商业道德范畴起着约束作用，制约着商业道德范畴的重要内容和主体要求。

商业道德范畴主要有商业道德义务、商业道德良心、商业道德荣誉、商业道德节操和商业道德品质等五个基本范畴。商业道德义务是从道德角度体现企业受托责任的要求。商业道德良心则是商业道德原则和商业道德规范体现为企业员工内心的道德观念、道德情感、道德意志和道德信念的一种自我审度的能力。商业道德荣誉是人们与社会对商业道德行为的价值所做出的公认的客观评价和主观意向。商业道德节操要求企业员工廉洁奉公、洁身自爱，培养高尚的商业道德品质，始终不为私利所动，坚持为人民、为国家服务。商业道德品质是商业道德原则和商业道德规范在企业员工的个人思想以及企业行为中的体现，是商业道德义务、商业道德良心、商业道德荣誉和商业道德节操的最佳组合体，是一系列商业道德行为中所表现出来的比较稳定的特征和倾向。

第一节　履行商业道德义务

一、道德义务概念与其他义务的关系

义务指的是人们在道义上应当履行的对社会、集体与他人的责任。当今社会是一个相互联系的整体，个人离开了与社会和他人的联系就不可能生存。因此，从社会角度讲，每个人都有对社会、集体和他人应承担的责任。凡是有人群存在的地方，就有必要也应该

存在义务。由于人类社会存在的关系错综复杂，人们在社会生活中就承担着多种多样的义务，例如政治义务、法律义务、经济义务、道德义务等。本书介绍的是企业员工在企业行为中的道德义务。

什么是商业道德义务呢？商业道德义务是指企业员工在一定的内心信念和商业道德责任感的支配下，在企业行为中自觉履行的对社会、对他人的责任，是社会主义商业道德原则和规范对企业员工的要求。在道德关系中，道德义务是不可缺少的因素，通常与使命、职责、责任有同等的含义。而道德义务是由社会物质生活条件和人们在社会关系中所处的地位决定的。在阶级社会里，道德义务总是和一定的阶级利益相联系；在同一社会的不同历史发展阶段，道德义务所包含的内容也不尽相同。

道德义务与政治义务、法律义务既有区别，也有联系。从联系的角度看，它们都反映了对他人、对国家、对社会的责任。从区别的角度看，首先表现在政治、法律等义务总是与一定的权利相联系，尽一份义务就可以享受一份权利，也就是平常我们所说的：没有无义务的权利、也没有无权利的义务。道德义务则有其自身特点，它不以享受某种权利为前提，而以或多或少地牺牲个人利益为前提，道德义务是一种有利于他人或社会的行为。其次，政治义务与法律义务是靠一定的强制力发生作用的，拒绝尽义务就会受到组织纪律和相应法律的追究。而尽道德义务则是自觉自愿的，不需要外力的强制作用。在现实生活中，一部分道德义务同政治、法律义务是重合的，从而使这一部分道德义务和一定的权利相联系。对于有道德的人来说，尽管社会在他履行一定的道德义务之后，可能会给他一定的权利，但他决不会为了追求一定的权利才去履行某种道德义务。如果一个企业员工是为了追求某种私利而去履行某种道德义务，那么他的行为本身就不道德。

二、商业道德义务的重要作用

企业员工自觉履行道德义务，在调节与他人、集体和社会的关系上发挥着重要作用，主要表现在以下几个方面。

第一，企业员工加强商业道德义务后，就会把实行科学管理、讲究经济效益视为义不容辞的责任。这样，就能够使自己的管理工作从过去的守业型变为创业型，进而在自己的工作岗位上更加努力学习和更新自己的专业管理知识，熟练地掌握现代化的管理工作。加强商业道德义务感，有助于企业员工把当前的企业改革视为己任，欢迎改革，拥护改革，参与改革，积极开动脑筋，研究新问题，解决新矛盾，探索新路子。尽管改革本身会给企业员工的习惯性工作方法和工作秩序带来冲击，对企业员工来说也会有一个不适应的过程，但有商业道德义务感的企业员工始终不会因此而成为改革的阻力。这种道德义务感能促进企业员工自觉地抵制那股趁企业改革之机，为个人或小集团谋利益，慷国家之慨，占国家便宜的不正之风。企业员工的性质决定了他们对不正之风抵制的作用和影响是非常重大的。

第二，商业道德义务感能够促使企业员工正确处理个人专业兴趣、愿望和商业道德之间的矛盾。在当前以及今后一段相当长的时期内，我们的社会需要、个人志愿和兴趣爱好还不能做到完全一致，会使某些企业员工的实际工作与个人的专业爱好和愿望之间产生一些矛盾。即使社会组织的安排能使一些企业员工的专业基本对口，也会出现安排的工作与本人的兴趣特长不一致、存在矛盾的地方。尽管这些情况通过人事制度的改革会逐步改善，但应看到，因为社会不可能很快就具备消除上述矛盾现象的物质条件和手段，即使经过了企业改革，这种矛盾现象也不可能完全消除。因此，无论现在还是将来，我们企业员工在对待具体工作的安排上都要把服从社会需要和工作需要作为自己的道德义务而放在首位，并在实践中努力培养自己的兴趣和爱好，使个人愿望与应尽的义务统一起来，由此可见，义务在处理一些矛盾时的作用是显而易见的。

当然，改变自己的兴趣或工作方向，把工作需要作为义务，就需要做出一定的牺牲。从这一角度讲，它又具有重大的道德价值。而当自己的工作安排得不合理，在同一单位又有合适的去向时，也可大胆说明自己的思想，提出合理的建议，亦可毛遂自荐。这样做不但没有与尽义务相矛盾，反而是在间接地为建设和改革尽义务。而社会、单位则应尽量避免让人们去做这些无谓的牺牲。具体地说，管理部门和企业经理应尽量了解企业员工的兴趣、爱好和专业特长，了解他们的意向，尽最大努力安排得当，因才适用，使他们能以更大的积极性贡献自己的聪明才智。用人之长，安排得当，也是这些部门和同志的道德义务，设身处地为他人着想，本身就是一种美德。那些不尊重企业科学，不爱惜企业人才，自己又不懂专业，又不去了解具体情况，胡乱安排，在别人提出合理安排时还要固执己见，以不安心工作的帽子压制人才，则是缺乏对革命事业和本职工作承担道德义务的行为。

第三，在商业道德行为选择中，商业道德义务起着指令作用。商业道德义务观念应同企业员工的道德感情、信念和意志等联系在一起，特别是要同企业员工的职业良心、内心需要结合在一起。企业员工在企业行为中尽义务是发自内心的要求，如果不尽义务，就会受到良心的谴责；尽了义务，就会感到内心的满足。从这个意义上讲，义务又是发自内心的“道德指令”。对于企业员工来说，为了保持自己企业行为的道德性，在内心发生某种义务指令之前，首先应对实际情况做一番理智的思考，而不能不假思索地绝对信奉上级和别人的旨意，且将其当做义务盲目执行。否则，就会使自己成为精神上的奴隶和不道德行为的工具。例如，企业员工在发放本单位奖金时，就把明显违反有关政策规定的只属于个别领导的决定当做义务去执行，结果肥了个人，却损害了国家、集体的利益。这样做，不仅不能获取道德上的自由，反而要为自己的不抵制行为承担道德上的责任。

三、履行商业道德义务的内容要求

那么，企业员工到底具有哪些道德义务呢？我们应该看到，商业道德义务的内容是客观的，它所表现的是社会不断发展的客观上已经成熟的需要。即使这种客观需要在初期不能被人们广泛、自觉地意识到，但它仍然是客观存在的，并必将为后人所认识和理解。社会主义商业道德义务，本质上是社会主义社会对企业员工的企业行为提出的客观要求。这种客观要求只有被企业员工自觉、正确地认识以后，才能变成真正意义上的商业道德义务。作为社会主义道德义务的内容，包括以下几个方面的要求。

(1) 努力学习马列主义、毛泽东思想、邓小平理论，学习党的路线、方针、政策和各项决议，并结合经济理论的学习，着重研究社会主义经济建设和企业改革中的新情况、新问题，积极投身改革。

要建设有中国特色的企业理论和方法体系，需要学习的知识很多，这要求我们努力针对新情况，掌握马列主义的基本原理，以提高解决新问题的本领，加强工作中的原则性、系统性、预见性和创造性。我们必须牢记马克思主义理论从来不是教条，而是行动的指南，它要求人们根据它的基本原则和基本方法，不断结合变化着的实际，探索解决新问题的答案，从而也发展马克思主义理论本身。党在社会主义建设中，根据实际情况提出的一系列方针、政策，是对马克思主义的丰富和发展，是指导企业当事人职业行动的政策依据，应结合商业伦理的实际情况学习、领会；同时，应在贯彻中不断有所创新，有所发展。

(2) 刻苦学习现代商业伦理知识，掌握和应用现代化商业伦理手段，以便在企业工作实践中广泛应用。

(3) 尽职尽责，全心全意为人民理财，坚持人民的利益高于一切，个人利益服从集体利益，局部利益服从全局利益，克己奉公，勤俭理财。对于企业员工来说，尽职尽责地对待企业工作是最起码的道德义务，如果做不到这一点，就不可能履行其他义务。

(4) 遵守党纪国法，严守国家机密。特别是自觉遵守和维护财经纪律及企业制度，不泄露企业信息和经济机密。

总之，商业道德的义务范畴反映了社会发展的必然性。企业员工只有认识了这种必然性，自觉地适应社会发展要求去履行自己的职责，才可能获得自由，成为道德高尚的人。

【网络链接 8-1】

微软、福特与联想等世界著名公司愿景

愿景是企业发展的方向，它创造了一个将个人目标与企业目标相结合的沟通平台，从而产生了将个人命运与企业命运相结合的契机。企业不再是一群普通人的简单组合，而是一个有共同理想、共同使命的生命联合体，这样的组织能够释放出每一个人的巨大潜力，每一个人不再是一个被动的服从者，而是为了共同目标进行创新学习的开拓者。

微软企业愿景：计算机进入家庭，放在每一张桌子上，使用微软的软件。

福特企业愿景：汽车要进入家庭。

迪斯尼企业愿景：成为全球的超级娱乐企业。

联想集团愿景：未来的联想应该是高科技的联想、服务的联想、国际化的联想。

麦当劳愿景：控制全球食品服务业。

柯达愿景：只要是图片都是我们的业务。

索尼企业愿景：为包括我们的股东、顾客、员工，乃至商业伙伴在内的所有人提供创造和实现他们美好梦想的机会。

通用电气(GE)愿景：使世界更光明。

苹果电脑企业愿景：让每人拥有一台计算机。

华为企业愿景：丰富人们的沟通和生活。

万科愿景：成为中国房地产行业领跑者。

麦肯锡企业愿景(与使命合一)：帮助杰出的企业和政府更为成功。

戴尔计算机企业愿景：在市场份额、股东回报和客户满意度三个方面成为世界领先

的基于开放标准的计算机企业。

AT&T企业愿景：建立全球电话服务网。

第二节 培育商业道德良心

良心是指人们在履行对社会、对他人的义务的过程中形成的道德责任感和自我评价能力，是一定的道德观念、道德情感、道德意志和道德信念在个人意识中的统一。所谓商业道德良心，指的是企业员工在企业行为中，履行对社会、对单位、对他人的义务过程中形成的商业道德责任感和自我评价能力，它是商业道德观念、商业道德情感和商业道德情绪在企业员工意识中的内在统一，是商业道德原则、商业道德规范体现为企业员工内心的动机、信念和情感的一种自我审度的能力。

一、培育商业道德良心的内容要求

商业道德良心的基本内容包括以下几个方面。

(1) 商业道德良心和商业道德义务紧密相连。商业道德义务是企业员工对他人、对社会应尽的责任；商业道德良心则是企业员工对自己行为应负的道德责任感，形成并表现在尽义务的过程中。商业道德良心有自觉性，是内心的道德活动，不是外部强加的影响。企业员工的良心表现在发自内心地为社会、为企业尽心尽力，创造财富。当舆论评价自身行为符合义务和责任时，就会感到道德良心上的满足；一旦企业工作出现差错和失误，内心就会对自己的行为进行谴责而忏悔不安，并自觉地改正错误的行为。

(2) 商业道德良心是企业员工对自己的道德要求的集中表现，是人们意识的存在形式。相对于客观世界而言，商业道德良心是主观的东西；而其内容是客观的，是一定的社会关系和生活实践在企业员工意识上的反映，是社会对企业员工的义务要求转化为企业员工内心的道德要求，并体现在自己的职业生活中而成为个人品德的结果。

(3) 在阶级社会中，商业道德良心是有阶级性的。这是因为人们在一定的社会关系中所处的地位不同。马克思说过："共和党人的良心不同于保皇党人的良心，有产者的良心不同于无产者的良心，有思想人的良心不同于没有思想的人的良心。"人类历史告诉我们：一切剥削阶级的良心，都是以维护自己的财产和特权为界限的，是"财产化"、"特权化"了的良心。社会主义社会的商业道德良心，以维护人民财产利益为界限，是无产阶级的良心以社会主义商业道德的基本原则为自我评价的出发点。凡是自己的职业行为符合商业道德原则，就会感到良心上的满足和欣慰；反之，就会受到良心的谴责，会感到内疚和不安。此外，还应看到，商业道德良心客观存在于企业员工的意识之中。正如马克思所说："良心是由人的知识和全部生活方式来决定的。"企业员工的职业道德良心，是在商业伦理的实践活动及所处的社会地位中，在学习科学文化、接受教育的过程中逐渐形成的。

在社会主义社会中，企业员工的职业道德良心属于无产阶级良心范畴，是无产阶级的良心。正因为这样，企业员工的商业道德良心不仅包括无产阶级的是非感，以及自珍、自爱、自重等，而且还包括对党、对共产主义事业的态度和感情，以及对社会主义社会管理事业的热爱感和努力做好商业伦理工作的使命感。列宁曾明确指出："我们相信党，我们把党看作我们时代的智慧、荣誉和良心。"作为一个企业员工，没有对党、对社会主义、对自己所从事的商业伦理工作的真挚热爱，也就没有树立起码的商业道德良心观念。

二、商业道德良心的功能作用

商业道德良心在商业道德活动中具有十分重要的功能作用。它主要表现在以下几个方面。

(1) 商业道德良心是商业道德行为选择的尺度。在企业工作中，当企业员工做出某种行为之前，商业道德良心将依据商业道德义务的要求对行为动机进行自我检查，严肃反复地思考"我的企业行为将引起什么后果""假如我处在他人的位置上，对此会有什么看法"等问题，经过慎重地权衡，对符合商业道德要求的动机予以肯定，对不符合商业道德要求的动机加以否定。因为企业员工的职业道德良心是不允许自己的行为违背自己的商业道德观念的。具有高尚商业道德的企业员工，在商业道德良心的支配下，必然会对本职工作产生强烈的责任感，以及为国家、为人民理财的使命感，自觉承担对社会、对他人应尽的商业道德义务。

(2) 商业道德良心对所进行的商业伦理行为发挥监督作用。商业道德良心对符合商业道德要求的商业道德情感、商业道德意志和商业道德信念予以支持和激励，对不符合商业道德要求的情感、意志和冲动予以克服。特别是对在企业行为进行过程中产生的异常情感和私欲邪念，良心能及时制止，并做出行为方向的改变，避免产生不良后果，造成不良影响。这种监督作用就是我们所说的"良心的发现"。对企业员工来说，这种"良心的发现"可以使自己的商业道德品质达到较高的商业道德境界。

(3) 商业道德良心对企业员工的行为后果和影响起评价作用。道德观念不同，对行为的内心体验和评价就不同。作为一名社会主义的企业员工，当他意识到自己的企业行为履行了商业道德义务，符合了商业道德要求，其结果提高了社会经济效益，给人民带来幸福和利益时，就会感到良心上的满足；反之，就会感到羞愧和不安，受到良心的谴责，因而产生一种强烈、持久的要求改变自己的行为表现方向的内在欲望。商业道德良心上的满足能够给企业员工带来安宁，而商业道德良心上的谴责则会给他们带来痛苦。

总之，商业道德良心的功能作用是客观存在的，而且是巨大的。因此，培养企业员工的商业道德良心就成为加强商业伦理、健全商业道德建设的重要环节。从根本上说，培养企业员工的商业道德良心，就是培养他们的无产阶级良心感。关于无产阶级良心的基本内容，刘少奇同志在《论共产党员的修养》一书中做了简短的论述。这就是，要有能爱人、能恶人的严格立场。能爱人，就是对同志、对人民忠诚热爱，平等对待他们，无条件地帮助他们，决不为个人的利益去危害大众，做到"忠诚"、"将心比心"、"己所不欲，勿施于人"。能恶人，就是对敌人以及各种危害人民利益的行为进行坚决的斗争。在患难之时，挺身而出，分忧解愁；在困难之际，能表示出自己的责任心和克服困难的勇气，无产阶级的这种良心相当于剥削阶级来说，是真正的良心。这是因为以下两点。

(1) 这种良心是真正的大公无私，没有私人打算和目的，所以是高尚的。

(2) 这种良心支配着无产阶级革命者的一切思想行为，所以是完美的。

培养企业员工的商业道德良心感，就是要把社会主义商业道德原则、商业道德规范变成内心商业道德信念，并且用这种内心商业道德信念自觉指导自己在企业行为中的言行。把外在要求变成内在信念，变成个人内在商业道德品质的结果。社会主义企业员工之所以把献身于商业伦理工作视为理所当然的义务，变成自己道德良心的需要，正是因为他们深信自己所从事的工作是社会主义建设事业的一部分，具有正确性和正义感。

企业员工应把建设社会主义现代化强国的历史使命变成自己内心的商业道德信念，并以此指导自己的商业道德行为，审查、评价企业领域中的是非善恶，这也是培养企业员工无产阶级良心的现实的可行途径。

【网络链接 8-2】

世界著名公司使命宣言

联想集团：为客户利益而努力创新。

索尼企业：体验发展技术造福大众的快乐。

IBM 企业：无论是一小步，还是一大步，都要带动人类的进步。

通用电气：以科技及创新改善生活品质。

中国移动通信：创无限通信世界，做信息社会栋梁。

迪斯尼企业：使人们过得快乐。

华为企业：聚焦客户关注的挑战和压力，提供有竞争力的通信解决方案和服务，持续为客户创造最大价值。

万科：建筑无限生活。

荷兰银行：透过长期的往来关系，为选定的客户提供投资理财方面的金融服务，进而使荷兰银行成为股东最乐意投资的标的及员工最佳的生涯发展场所。

微软企业：致力于提供使工作、学习、生活更加方便、丰富的个人电脑软件。

惠普企业：为人类的幸福和发展做出技术贡献。

耐克企业：体验竞争、获胜和击败对手的感觉。

沃尔玛企业：给普通百姓提供机会，使他们能与富人一样买到同样的东西。

第三节　珍惜商业道德荣誉

一、商业道德荣誉的含义、内容与形式

荣誉大体包括两方面的内容。

(1) 荣誉是指一定社会或阶级用以评价人们行为的社会价值的尺度，即对履行社会义务的道德行为的公认和褒奖。

(2) 荣誉是指个人对行为的社会价值的自我意识，即在良心中所包含的知耻和自尊的意向。上述荣誉范畴所包括的两方面内容是相互联系、相互影响的。前者即从荣誉范畴的客观角度讲，荣誉是道德行为的价值体现或价值尺度；后者即从荣誉范畴的主观角

度讲，荣誉是人们良心中的知耻心、自尊心、自爱心和进取心的表现。由此可见，关于荣誉的社会舆论是荣誉的客观基础，个人的知耻和自尊的主观意向是人们在内心对社会舆论、评价的感受和反映。一个人在受到社会或他人的赞扬、褒奖时，他会感到光荣、自豪，而受到他人的谴责、唾弃时，他就会感到羞耻、自卑。一般来说，人们会自觉地按照社会的要求去履行义务，甚至做出牺牲，以维护自己的尊严，争取和保持社会给予的荣誉，追求人格的完善。因此，所谓荣誉，就是人们对道德行为的社会价值所做出的公认的客观评价和主观意向。

社会主义商业道德范畴中的荣誉，是共产主义道德的一般荣誉范畴在商业道德方面的体现和补充，它与一般荣誉范畴的关系是共性和个性的关系。作为商业道德范畴的荣誉同样具有两方面的内容：一方面是党和人民对企业员工的职业行为的社会舆论，也就是对企业员工在企业行为中履行了社会义务的公认和奖赏；另一方面是企业员工在工作中的自我意向，也就是由于履行了企业工作中的社会义务所产生的道德感情上的满足和自我意识。商业道德荣誉对衡量和调节企业员工在商业伦理实践中的行为、培养和发扬共产主义思想品德，具有十分重要的作用。只有树立正确的荣誉观，才能更好地在商业伦理过程中判别出什么言论和行为是正确的、光荣的，什么言论和行为是错误的、可耻的，并坚持和发扬正确、光荣的行为，反对和改正错误、可耻的行为。

与其他荣誉表现形式一样，商业道德荣誉有物质奖励和精神奖励两种表现形式。商业道德荣誉的这种表现形式是由荣誉的客观基础决定的。社会舆论是社会对企业员工的道德行为的公认和褒奖。商业道德行为的社会价值尺度是荣誉的客观基础。而社会对商业道德行为的公认、褒奖与价值尺度的表现形式是可以区分的。因此，从这一角度来讲，商业道德荣誉有物质的和精神的两种表现形式——物质奖励和精神奖励。以前，我们有时自觉和不自觉地不承认或不敢承认荣誉有这两种表现形式，而长期认为荣誉仅有精神奖励这一种形式，不承认或不敢承认物质奖励也是荣誉的重要表现形式之一，把物质奖励视为物质刺激，并错误地加以批判、放弃。历史的经验表明：不承认或忽视荣誉两种表现形式中的任何一种都是片面的、有害的。两种形式是相互联系，相互依赖，相互促进，共同提高的。

荣誉的标准在不同的时代、不同的社会、不同的阶级或阶层，由于各自社会性质和阶级利益的不同而有着不同的质的规定性。在奴隶社会，奴隶主阶级以拥有奴隶的多少、特权的大小为衡量荣誉的标准。在封建社会，封建贵族的荣誉标准是他们的门第权势。在资本主义社会，资产阶级则以财产、金钱的多寡决定荣誉的大小。总之，一切剥削阶级荣誉观是把个人特权和利益放在首位，将其看作是荣誉的主要内容。

无产阶级荣誉观，是同社会主义、共产主义事业相联系的，反映共产主义道德水平。无产阶级衡量的标准不是财产、权势和门第，而是对人民、对国家、对党的事业的无私奉献。作为社会主义的企业员工，应把全心全意为人民理财，促进经济繁荣，为发展企业科学做出贡献看作是最大的荣誉。因为这些无私的奉献必然会受到党和人民的赞扬、尊重，自己也会得到良心上的满足和欣慰。当前，“全国每个地区、每个部门、每个单位甚至个人，他们工作的评价和应得的荣誉，都要以对现代化建设直接间接所做的贡献如何，作为衡量的标准”。而企业改革的成败关系到现代化能否顺利实现，因此，衡量企业员工荣誉的标准是其对企业改革所做贡献的大小。

二、商业道德荣誉发挥着鼓励和社会评价的作用

一方面,商业道德荣誉通过社会舆论力量表现社会对企业员工职业行为的愿望与要求,明确表示支持什么、反对什么,使他们对自己的企业行为所造成的社会后果加以关注。它迫使企业员工通过调整自己的职业行为从社会评价中得到肯定和赞扬,避免受到否定或责备。它要求企业员工树立正确的荣誉观,争取荣誉、珍惜荣誉,努力按照社会主义商业道德的基本原则和规范支配自己的行为,决不弄虚作假,不择手段地骗取个人荣誉。在实际工作中,剥削阶级以财富和特权为主要标准的荣誉观对一部分人还有影响,还在毒害着他们的思想。所以,发挥商业道德荣誉的社会评价作用就成为企业员工树立正确的荣誉观,自觉地与剥削阶级荣誉观做斗争的有力措施。

另一方面,商业道德荣誉是一种巨大的精神力量,它对社会物质生产的发展具有积极或消极的影响。社会主义商业道德所表现的荣誉感是以集体主义思想为基础的,体现着企业员工对人民工作的高度责任感,是一种发自内心深处的强烈自爱心。作为一名具有共产主义道德荣誉感的企业员工,能够忠实地全心全意地在商业伦理工作中履行自己对社会、对集体、对人民的义务,注重集体和个人的荣誉,勤奋工作,做出成绩,必将会受到社会的赞扬和肯定。而社会对他们的赞扬和肯定又会促进他们对自己工作的光荣感和自尊感,进一步激励他们奋发努力地工作,为社会主义经济建设贡献力量。因而,商业道德荣誉就成为商业伦理工作中的一种巨大的精神力量,成为企业员工履行商业道德义务的强大动力。

对于商业道德荣誉,每一个企业员工都有一个怎样正确对待的问题。毫无疑问,每个企业员工可以而且应该努力争取获得荣誉,争取广大群众的更高信赖、领导和组织的更多褒奖。因为这不仅有利于企业工作,而且还有利于促进社会生产和方便人民生活。过去在“左”的思想的影响下,人们认为争取荣誉和将道德对立起来两者是矛盾的。实践证明,这种观点是错误的,它不利于提高企业员工对社会的责任感和自尊心,理论上更说不通,因为荣誉是企业伦理道德范畴之一。在我们社会中,企业员工崇高的荣誉感和高尚的道德品质从来都是紧密联系的。

三、集体商业道德荣誉和个人商业道德荣誉的关系

企业员工要正确认识集体商业道德荣誉和个人商业道德荣誉的关系问题。商业伦理工作是国民经济管理工作的重要组成部分,企业各岗位的管理工作则组成整个商业伦理系统,而其中的个人工作融合于集体工作之中。不过它们各自的工作的个人所取得的荣誉,不仅是人民和集体对其商业道德行为的赞赏和奖励,而且也为整个商业伦理事业增添了新的荣誉。

一般来说,企业工作人员的个人荣誉和集体荣誉是一致的、相统一的。商业道德中个人荣誉和集体荣誉的关系反映着个人利益和集体利益的关系。在社会主义条件下,个人荣誉和集体荣誉从主要方面看是一致的,但也有不一致的情况。当个人荣誉与集体荣誉发生矛盾时,企业员工必须按照社会主义商业道德原则的要求牺牲个人荣誉,服从集体荣

誉。对集体荣誉和个人荣誉的认识，要求企业员工不仅应该关心集体利益和荣誉，而且也应该敢于关心个人利益和荣誉。从荣誉的精神形式上讲，企业员工要视其他同志的荣誉为自己的荣誉。集体的荣誉要自觉地帮助维护，而不应该嫉妒、挖苦、讽刺、打击、损害他人的荣誉。在荣誉面前，要讲究“礼让”的风气，要有“豁达”的态度。从商业道德荣誉的物质形式上讲，结合商业伦理工作的实际，企业员工应通过自身的努力，坚决实行按劳分配的原则，打破平均主义的分配、奖励制度，关心别人的劳动绩效、贡献大小和劳动所得，促使整个社会劳动生产的发展和荣誉程度的提高。

企业员工还应明确商业道德荣誉感和虚荣心的界限。荣誉感和自尊心是一种积极的心理品质，是推动企业员工在本职工作中履行商业道德义务的巨大精神力量。它们使企业员工把履行一定的道德义务变成内心信念和自觉要求，并促使其转化为相应的商业道德行为，从而在商业伦理工作中发挥巨大的作用。虚荣心则是一种不良的心理品质，是个人主义的表现。虚荣心作为内在的心理品质，企图不通过自己的艰苦努力和出色工作也能获取荣誉，驱使人去干沽名钓誉、欺世盗名、损人利己的勾当，诱使个别人不讲道德、不讲人格而走上违法乱纪的道路。虚荣心在企业实践中的突出表现是企业工作上的浮夸自吹和企业信息上的弄虚作假。在这方面，我们国家有过惨痛的历史教训，国家和人民的财产也因此遭受了相当大的损失。而荣誉感和虚荣心界限的正确辨别，可以使企业员工在荣誉面前能树立正确的态度，并能表现出极大的积极性、主动性和创造性。企业员工要主动发挥创造性和拼搏精神，积极地争取和努力地保持商业道德荣誉。无论是集体荣誉还是个人荣誉，企业员工对它们的争取都意味着对社会、对国家做出更大的创造性的贡献，服务于社会主义初级阶段市场经济的建设。

【网络链接 8-3】

美国微软公司的价值观

- 正直诚实。
- 对客户、合作伙伴和新技术充满热情。
- 直率地与人相处，尊重他人并且助人为乐。
- 勇于迎接挑战，坚持不懈。
- 严于律己，善于思考，坚持自我提高和完善。
- 对客户、股东、合作伙伴或者其他员工而言，在承诺、结果和质量方面都值得信赖。

第四节　坚守商业道德节操

“节操”一词可先分字加以解释。“节”就是气节、品质，是人们在道德行为中表现出来的较稳定的特征和倾向；“操”就是操守、操行，是人们在道德行为中一贯坚持的原则规范。所谓节操，指的就是人们在政治行为和道德行为上的坚定性和勇敢性。

节操是一个历史范畴，不同的社会、不同的阶级有不同的节操思想。我国奴隶社会、封建社会的剥削阶级把忠、孝、仁、义作为节操的主要内容。而每个剥削阶级在上升时期，他们的代表人似乎也曾提出过进步意义的节操观，例如孟子所说的“富贵不能淫，贫贱不能移，威武不能屈”的节操思想。

无产阶级的节操，是共产主义商业道德觉悟和品质的集中表现。它为社会主义商业道德规范体系中的节操范畴确定了方向，规定了范围。商业道德节操，就是企业员工在企业工作中表现出来的政治上的坚定性和高尚的道德品质。从一般意义上讲，能够扎根企业岗位，立足企业实践，热爱企业工作，投身企业改革，努力建设有中国特色的企业体系，就是企业员工在本职工作中体现的最高节操。社会主义商业道德规范体系中的节操充分体现了无产阶级节操的特征。

一、商业道德节操的表现形式

具体来说，企业员工高尚的商业道德节操应表现在以下几个方面。

第一，社会主义商业道德节操包括坚定正确的政治信仰。坚定正确的政治信仰就是要坚持四项基本原则，坚信社会主义制度的优越性，坚信共产主义最终一定能够实现。它要求企业员工明确认识到商业伦理工作是社会主义事业的重要组成部分。对于企业员工来说，有了坚定正确的政治信仰，就有了行动的方向和准则，也就会在企业行为中自觉履行对社会的义务，坚持并实现为人民理财这一原则。

第二，社会主义商业道德节操体现着强烈的爱国主义精神。在改革开放的今天，商业道德节操的爱国主义精神有了新的内容。从对内工作来看，具有高尚商业道德节操的企业员工能充分发挥主人翁精神，以国家利益为重，以社会主义现代化建设大局为重，注重管理的经济效益，为祖国的繁荣富强、文明昌盛贡献自己的商业伦理才能。在涉外工作中，具有高尚商业道德节操的企业员工，一定要保持民族气节，维护民族尊严。特别要注意在涉外谈判、贸易、账务结算等活动中，与行贿、受贿、索贿、大收回扣，慷国家之慨，利用工作之便谋取私利等丧失国格、丢人格、失节操的行为进行坚决的斗争。同时，要切实提高涉外工作的水平和质量，维护国家和人民的利益。

第三，社会主义商业道德节操包含高尚的商业道德品质。这里是指要有商业道德的坚定性，要坚持廉洁奉公的原则和刚正不阿的精神。企业工作岗位与钱物相联系，但具有高尚节操的企业员工不会为钱物所引诱而动私心，他们始终以毫不利己的动机，坚持为人民的利益和社会主义建设服务，做到“吃苦在前，享乐在后”。在企业工作中，那种“近水楼台先得月”的行为是不道德的，那种“常在河边走，哪有不湿鞋”的思想是不健康的，是有失社会主义商业道德节操的表现。

还要看到，商业道德节操具有时代特征。在不同的时代，商业道德节操的表现和要求也会有所不同。譬如，20 世纪 50 年代和 60 年代，我国企业员工在工作中不贪污就是有商业道德节操的表现。而在世纪之交的今天，商业道德节操不仅要求企业员工不贪污，而且要求他们讲究科学管理、参与决策、提高经济效益等，还要求他们有勇气，有胆量，不畏权势的压力和打击，不怕落后意识的干扰和阻挠，不怕错误潮流的冲击，为民理财，廉洁奉公，自始至终，讲求实效。

二、商业道德节操在商业道德行为选择中的重要作用

商业道德节操在商业道德行为的选择中发挥着重要作用，主要体现在以下两点。

（1）商业道德节操能够调整企业员工的行为方向，使他们在企业实践活动中保持清醒的头脑。

（2）商业道德节操还能通过内心信念使企业员工更加自觉地贯彻商业道德原则、规范，加强商业道德修养，抵制各种错误思想、行为，提高商业道德境界，全心全意地做好企业工作。

三、商业道德节操的培养

商业道德节操的作用十分重大，每个企业员工都应该具备良好的商业道德节操。那么，企业员工是如何培养他们的商业道德节操的呢？

第一，坚持四项基本原则。四项基本原则是企业员工树立高尚节操的首要前提和根本保证。因为坚持四项基本原则就反映了企业员工在政治上和道德上的坚定性，是商业道德节操的根本表现和培养商业道德节操的最根本的要求。

第二，在企业实践活动中逐步锤炼商业道德节操。对于企业员工来说，培养和树立高尚的商业道德节操必须紧密结合企业实践活动。离开了具体的企业实践活动，商业道德节操不仅是空洞的，而且是脆弱的。特别是在当前的企业改革中，将会出现过去从未出现过的新情况和新问题，这正是培养和锻炼高尚的商业道德节操的好机会。企业员工必须联系企业改革实践，不怕流言飞语，冲破种种束缚，坚持开拓创新，不断完善并锤炼商业道德节操。

第三，坚持商业道德修养。这里要求企业员工必须联系企业改革实践活动中始终按照商业道德原则和规范的要求，自觉地经常进行反省、自我解剖和自我批评，培养和提高商业道德品质，选择商业道德行为。只有这样，企业员工才能树立和培养高尚的商业道德节操，在物质文明和精神文明建设中发挥积极的作用，做出较大的贡献。

【网络链接 8-4】

美国波士顿啤酒企业哲学

我们是波士顿啤酒公司。

我们生产全美最棒的啤酒。

我们待人如己。

我们以热忱来销售啤酒，工作有活力，并尊重顾客。

作为一家企业，我们以合理的价格提供最上等的啤酒，为顾客增加购买价值；我们提供优厚薪资，鼓励个人成长和自信，为员工增加专业价值；我们提供丰厚的投资利润，为投资人增加资本价值；我们透过缴税、慈善捐款及支持社区活动，为社区增加生活价值。由于我们随时随地代表企业，所以我们的行为举止必须能够提高他人对波士顿啤酒企业及员工的尊敬。我们不断寻求方法改进本身的技术并提高工作表现。

第五节 锤炼与发展商业道德品质

一、商业道德品质的定义与特点

商业道德作为人们企业行为原则和规范的总和，不仅体现在商业道德关系中，还表现在社会成员的个人品质方面，形成个人的商业道德品质。商业道德品质同商业道德行为一样，都是商业道德评价的对象。商业道德品质具有稳定性和一贯性，表现为行为习惯或习性，但习惯和习性并不都具有道德意义。因此，考虑企业员工的商业道德品质，不仅要看商业道德行为的某一方面的表现，还要看其各个方面的表现；不仅要看其一时一事个别商业道德行为的倾向，还要看其一系列的商业道德行为所表现出来的一贯倾向。从而全面把握企业员工的商业道德品质，揭示商业道德品质的基本特征和发展规律。

如何定义商业道德品质呢？所谓商业道德品质，是商业道德原则和规范在企业员工的个人思想以及企业行为中的体现，是一系列商业道德行为中所表现出来的比较稳定的特征和倾向。商业道德品质具有以下几个特点。

(1) 商业道德品质是客观存在的商业道德行为的综合表现。商业道德行为是商业道德品质的外在表现，商业道德品质是商业道德行为的内在动因。离开一定的商业道德行为就不能体现商业道德品质。商业道德行为持续不断地进行，形成一定的商业道德习惯，就表现为商业道德品质，商业道德品质只有通过商业道德行为才能表现出来。商业道德品质是商业道德心理、商业道德意识和商业道德行为的统一。

(2) 商业道德品质是一种自觉的商业道德习惯或习性。商业道德品质不仅仅是一种商业道德习惯或习性，更重要的它还是一种自觉的意志行动过程，是审慎地凭借意志的选择而得到的习性。在企业行为的每一个场合和每一个时期，都能凭借一定的判断、选择和自觉意志控制，处理感情和企业行为的结果，是企业员工的自觉意志的凝结。这是商业道德品质不同于一般习惯和习性的突出特点。

(3) 商业道德品质具有稳定特征和倾向。商业道德品质是在商业道德行为整体中表现出来的稳定特征和倾向。这里的“商业道德行为整体”有两方面的含义，一方面，它是构成个别商业道德行为的主观和客观两方面的统一，是商业道德意志和由这种商业道德意志所支配的商业道德行为的统一；另一方面，它是指一系列商业道德行为的统一，是某一时期或某一活动阶段的行为，乃至一生全部商业道德行为的综合。企业员工的商业道德品质不仅体现在其某一个持续进行的企业行为中，而且更充分地体现在其一系列行为所构成的企业行为整体中。黑格尔曾深刻地指出：“人就是他的一串行为所构成的”，“主体就等于他的一连串的行为”，这两句话阐述了商业道德行为和商业道德品质的深刻的辩证思想，它表明商业道德品质不仅是企业员工的内部意志和外部行为的统一，而且也是个别行为和整体行为的统一。因此，可以这样说，商业道德品质就是企业员工的一连串企业行为，是企业员工在商业道德行为整体中表现出来的稳定的特性和一贯的倾向。

二、商业道德品质的形成和发展

商业道德品质，从其构成内容来讲，包括商业道德认识、商业道德情感、商业道德意志、商业道德信念和商业道德习惯等基本要素。它们相互联系、相互依存、相互促进所构成的整体就是商业道德品质。那么,商业道德品质是如何形成和发展的呢?一方面,商业道德品质是商业道德现象在企业员工身上的表现,是现实社会关系和商业道德关系的反映,因而它的形成和发展必然要受到一定社会的环境和物质生活条件的制约;另一方面,商业道德品质决不是对客观物质生活条件的具体企业环境的消极适应的结果,而是在企业实践的基础上,经过个人的主观努力所形成的。对于企业员工来说,它是一个自觉认识和行为选择的过程,是逐步提高商业道德认识、培养商业道德情感、锻炼商业道德意志、树立商业道德信念和养成商业道德习惯的综合过程。具体内容如下。

1. 提高商业道德认识

有目的、有组织、有计划地向企业员工传授社会主义道德知识,提高他们对社会主义商业道德的认识。企业员工的任何道德行为都是对其个人与他人、与社会之间的关系的自觉认识和自由选择的结果。企业员工的道德认识越全面、深刻,就越能指导他们正确处理和解决各种道德矛盾,使他们形成明确的道德判断,增强履行社会主义商业道德义务的自觉性,进行自觉的商业道德行为选择。在现实生活中,少数企业员工做出违反商业道德要求的事情,往往与他们的糊涂认识有关。因此,确立和提高商业道德认识是培养商业道德品质的第一步,也是最关键的一步。

2. 培养商业道德情感

企业要重视培养企业员工高尚的社会主义商业道德情感。商业道德情感就是企业员工按照一定的商业道德观念,在心理上对商业道德要求和商业道德义务所产生的各种体验所抱有的善恶态度的情绪。可以说,没有商业道德情感,就没有也不可能有履行商业道德原则和商业道德规范的自觉行为。因为企业员工从理论上认识了一定的商业道德义务后,并不一定就能按其行动。当商业道德认识转化为商业道德情感时,才会对企业员工的行为和举止产生深刻的影响,推动企业员工主动趋善避恶,追求自己情感所向往的美德,反对情感上所不能接受的恶行。同时,商业道德情感较商业道德认识具有更大的稳定性。有了这种商业道德情感,企业员工就能正确对待企业职业,热爱企业工作,正确处理与同事和与集体的关系,摆正个人利益与国家利益的位置,认清自己肩负的责任,顺利完成国家和人民交给的企业核算和监督的任务。

3. 锻炼商业道德意志

商业道德意志是指企业员工为了履行商业道德义务而克服各种困难和障碍的能力和毅力。商业道德意志突出体现商业道德行为的意图,表现商业道德行为中的坚忍不拔的精神,它是在精神上对企业员工行为的指导和支持,比商业道德情感更进一步。商业道德认识和商业道德情感的结合,如果没有商业道德意志的支撑,就不能巩固和持久。当企业员工具有坚强的商业道德意志时,就会忠于职守,秉公理财,不徇私情,不计较个人得失,克服各种困难,搞好本职工作。如果没有商业道德意志,就不能抵制某些领导和群众违反纪律的行为,就不可能忠实地履行职责。所以,培养和锻炼商业道德意志是企业员工践行道德行为的重要条件,是形成商业道德品质的重要环节。

4. 树立商业道德信念

商业道德信念是企业员工发自内心地对商业道德义务和道德理想的真诚信仰和强烈

责任感。相对于商业道德认识、商业道德情感和商业道德意志来说，商业道德信念具有综合性、稳定性和持久性的特点。商业道德信念表现为坚定地相信社会主义商业道德原则和商业道德规范的正确性，坚定地相信按照社会主义商业道德原则和商业道德规范行为的正义性。一旦某个企业员工树立了商业道德信念，他就能自我调动，自我命令，长期、自觉、全面地根据自己的信念选择企业行为，从事企业工作。可以说，商业道德信念是商业道德品质的核心。

5. 养成商业道德习惯

所谓商业道德习惯，是根植于企业员工心理中的一种行为。它已经成为企业员工内心的需要，成为一种定型化的自然行为。养成商业道德习惯的目的是使商业道德原则和规范真正深入到企业员工的血肉里去，使其完全地成为企业员工生活的组成部分，变成企业员工的性格特征。可见，养成良好的商业道德品质是商业道德教育的归宿。只有当企业员工养成了商业道德习惯时，才能说他具备了商业道德品质。

在商业道德教育过程中，以上五个环节是相互影响、有机联系的，构成一个整体。其中，商业道德认识是前提，商业道德情感和商业道德意志是两个必要条件，商业道德信念是核心，商业道德习惯是归宿。由商业道德认识转化为商业道德品质，不是简单地、自然地进行的，而是商业道德认识、情感、意志、信念和习惯之间在发展水平或发展方向方面不断地由不平衡到平衡、由不适应到相互适应的矛盾运动过程。同时，社会经济和劳动生产率不断向前发展，必然会向企业员工提出新的道德要求，这就客观上要求对企业员工进行商业道德教育。必须持之以恒、反复不断地解决构成商业道德品质各要素之间的矛盾，这样才能促成社会主义商业道德不断向前发展和商业道德品质的形成。

【网络链接 8-5】

惠普公司的企业精神

惠普成立之初，公司的创立者们就明确了其经营宗旨：瞄准技术与工程技术市场，生产出高品质的创新性电子仪器。在这一经营宗旨上，惠利特与帕卡德建立起了共同的价值观和经营理念，这一价值观与经营理念同时体现在他们聘用与选拔员工的过程中，也就是说，他们是按这一价值观标准来聘用和选拔公司人才的。他们对公司员工大力灌输企业宗旨和企业理念，使他们接受惠普公司的企业价值观。惠普公司的价值观就是：企业发展资金以自筹为主，提倡改革与创新，强调集体协作精神。在这种价值观的基础上，公司逐渐形成了具有自己鲜明特色的企业文化。这种被称为“惠普模式”的企业文化是一种更加注重顾客、股东、公司员工的利益要求，重视领导才能及其他各种激发创造因素的文化系统，同时，惠普公司还注重以真诚、公正的态度服务于消费者，并在企业内部提倡人人平等与相互尊重。在实际工作中，提倡自我管理、自我控制与成果管理，提供宽松、自由的办公环境，努力培育公开、透明、民主的工作作风。

惠普公司的发展历程与骄人业绩证明了这一论断：强有力的企业文化是企业取得成功的金科玉律。惠普企业文化值得我们深思，在惠普公司案例的分析中可以发现这样一个问题，那就是惠普公司的企业文化何以能在长达半个多世纪的公司经营中持续地发挥着促进公司业绩增长的作用，而同样具有雄厚企业文化力量的许多其他著名公司，如花旗银行、通用汽车公司等，其企业文化缘何不能像惠普这样持续有效地促进公司业绩增长呢？惠普的企业文化能不能照搬到中国企业中呢？

（资料来源：陈亭楠．现代企业文化[M]．北京：企业管理出版社，2003：175-176）

【本章关键术语】

商业道德范畴　商业道德义务　商业道德良心　商业道德荣誉　商业道德节操

案例讨论题 8

三星："事业报国"到"为人类社会做贡献"

三星集团是韩国最大的企业集团，包括 26 个下属公司及若干其他法人机构，在近 70 个国家和地区建立了近 300 个法人及办事处，员工总数 19.6 万人，业务涉及电子、金融、机械、化学等众多领域。集团旗下三家企业进入美国《财富》杂志 2003 年世界 500 强行列，其中三星电子排名第 59 位，三星物产排名第 115 位，三星生命排名第 236 位。2003 年三星集团营业额约 965 亿美元，品牌价值高达 108.5 亿美元，在世界百大品牌中排名第 25 位，连续两年成为成长最快的品牌。集团旗下的旗舰公司——三星电子在 2003 年《商业周刊》IT 百强中排名第三，日益成为行业领跑者，其影响力已经超越了很多业内传统巨头。三星有近 20 种产品世界市场占有率居全球企业之首，在国际市场上彰显出雄厚实力。

以三星电子为例，该公司在美国工业设计协会年度工业设计奖（Industrial Design Excellence Awards，IDEA）的评选中获得诸多奖项，连续数年成为获奖最多的公司。这些证明三星的设计能力已经达到了世界级水平。2003 年三星在美国取得的专利高达 1313 项，在世界所有企业中排名第九。

三星"事业报国"的经营原则介绍如下。

一、"事业报国"经营原则的萌芽

三星集团创始人李秉喆先生在《湖岩自传》（湖岩为李秉喆先生的号）中记载了自己在日本殖民统治下亲身经历的没齿难忘的一件事。李秉喆先生 19 岁那年，在父亲的支持下，决定到日本早稻田大学留学。于是，他登上了从韩国釜山开往日本下关的一艘客轮。这艘客轮为 3000t 的轮船，在当时已属于大型客轮，但船舱设施十分简陋。开船后不久，李秉喆先生从二等舱来到甲板看海景，恰巧遇上了老乡安浩相博士。安博士曾留学德国并获得了哲学博士学位，这次去日本是为了到京都大学研究一年东洋哲学。没过多久，大海翻起波浪，船身颠簸得厉害。两人为了找一个较好的位置，向一等舱走去，但在一等舱入口处遭到日本警官的阻拦。警官看出这两个人是韩国人，便傲慢地说："你们韩国人有什么钱，敢在一等舱探头探脑，太放肆了！"接着开始追问这两个人的身份。当时年轻的李秉喆先生非常愤怒，但还是强压下去了。当时安博士反唇相讥："我们带了一大包钱去玩。以前都是直接去一等舱的！"这事虽小，但对一个年轻人来说是莫大的耻辱。他通过这件事感受到国家衰亡的悲哀。他感到，国家一定要强大，要强大就必须得富足。因此他暗下决心：不管发生什么事，都一定要使自己的国家成为一个富足而又强大的独立国家。后来，李秉喆先生专心致力于企业经营，目的就是为强国富民做贡献。

由此可见，在日本殖民统治时期，他体验过丧权辱国的悲剧；之后，他又经历了不幸的战争。这些切肤之痛使他深切感受到，一个企业的命运与国家的命运息息相关。1982年，他在美国波士顿大学名誉博士学位授予仪式上演讲时说："在我一生从事企业活动的过程中，体验并获得证实的最重要的一点是，一个企业赖以生存的基础是国家，因此企业应为国家和社会的发展做出贡献。"这种以事业报国的一系列实践活动，使三星为韩国经济的发展做出了积极的贡献。增强综合国力，强国富民，成为三星所追求的目标，李秉喆先生把它概括为三星经营原则。

李秉喆先生自创办三星公司以来，虽历经坎坷，但几十年来始终坚持和贯彻"事业报国"的经营原则。李秉喆先生在《湖岩自传》中这样写道："人类最高的道德是什么，如果有人这样问我，我会毫不犹豫地回答：是奉献！"

三星集团能战胜各种困难和阻力不断发展壮大，并成为韩国的一流企业，完全是依靠这样一个信念：奉献。这就是三星所崇尚的"事业报国"的精髓。这种事业报国的经营原则，正是三星长期以来对本企业职工进行精神教育的核心内容。它把李秉喆先生个人的信念变成了全体员工的精神力量。

三星的职业培训机构经常这样教育职工：企业追求的最高目标是什么？许多人会回答："利润！"如果再问一句：追求利润的目的是什么？恐怕很少有人能做出正确的回答。三星认为，如果一个企业只顾追求物质利益而没有精神追求，那么这个企业就等于失去了正确的追求目标，也就丧失了催人奋进的原动力，经不起打击和挫折。为改变这一状况，三星建立了商业诚信文化，这种文化可以改变全体职工的精神面貌。

三星的商业诚信文化现在已形成了一个完整的体系，主要由"经营原则"和"三星精神"这两大部分组成。经营原则由三部分内容构成，即"事业报国"、"人才第一"和"合理追求"。三星精神内容较为广泛，即"创造精神"、"道德精神"、"第一主义"、"完美主义"和"共存共荣"。在三星的经营原则当中，"事业报国"的企业观是三星商业诚信文化的基础，一切企业经营活动都是为实现"事业报国"这一原则而展开的。李秉喆先生认为："一切的一切都要以国家为本，把国家利益放在首位。国家的完整和强盛，会使其他一切问题得以顺利解决。"在20世纪60年代国家主导的经济增长时期，这种以"国家为先"的企业观上升到支配地位。

20世纪60年代和70年代是韩国在国家主导下实现经济高速增长的时期，那时谁做企业，就会被认为是一种爱国行动。因此，"事业报国"在当时不仅已成为企业家追求的最高理想，而且也成为全体企业职工所共有的理念。在韩国经济高速增长期，大家拼命苦干的精神原动力就是来自"抱负心"和"摆脱贫困的精神"，所谓"抱负心"，是指通过企业活动可以为国家做贡献，所谓"摆脱贫困精神"，是指使韩国国民从长期的贫困和落后状态中摆脱出来。

"事业报国"作为三星的最高目标，直到现在仍在鼓舞着三星人发扬献身精神。从20世纪70年代开始，三星的产值一直占全国国民生产总值的5%，出口一直占韩国企业的第一位。这正是三星引以为自豪的地方。从20世纪80年代开始，三星把事业重点转移到了电子行业，以便在新的形势下实现事业报国这一崇高理念。李秉喆先生在回顾这件事时明确地说："三星之所以能在电子行业中取得成功，正是因为它以维护国家的利益，促进国家的发展为目的，决不把单纯追求自身经济利益作为出发点。"

确立"事业报国"经营原则强国富民有多种途径，而李秉喆先生审时度势，选择了企业经营这条路：以企业发展来巩固国家的强盛和统治基础，企业则以国家为靠山获得生存与发展。

二、从"事业报国"到"企业要为人类社会做贡献"的转变

最近几年，发达国家的技术保护主义，世界经济的全球化趋势，市场开放压力，韩国国民对大企业从政治、社会两方面的种种限制以及具有新价值观念的年青一代的出现等，使韩国企业，包括三星集团面临着新的环境变化。

正是这种前所未有的环境变化，促使三星不得不实行一系列的变革。

过去三星的经营原则是"事业报国，人才第一，合理追求"。在经济全球化趋势中，"事业报国"这个概念变得有点保守和狭隘。三星在世界50多个国家设有200多个海外基地，如果让这些外国雇员为韩国的利益效劳，显然有点不合适。因此，随着国际化趋势的加快，过去"事业报国"原则被"世界第一"、"顾客第一"原则所取代。随着时代的变化，"人才第一"原则也显得有点偏激。在世界性的技术竞争中，技术的重要性越来越显著，技术与人才同样重要。因此，"人才第一"原则被"尊重人才"和"技术第一"原则所取代。在技术竞争日趋激烈的全球经济环境当中，"合理追求"原则有时也因过分慎重和追求十全十美，难免失去出击的时机。与合理追求相比，及时把握时机，敢于挑战，积极进取和开拓，更能符合时代的要求。这一转变，表明三星的经营原则不再只是"产业报国"，而是"要为整个人类社会做贡献"。

（资料来源：http://mail.zzrtu.com，2007-06-08，经作者整理）

讨论问题：

1. 如何理解商业道德义务与消费者信任？消费者信任是现代企业真正应该而且能够做到的追求目标吗？

2. 你认为三星公司从"事业报国"到"企业要为人类社会做贡献"的转变是如何进行的？

练 习 题

一、判断题

1. 商业道德品质要求企业员工廉洁奉公、洁身自爱，培养高尚的商业道德品质，始终不为私利所动，坚持为人民、为国家服务。 （ ）

2. 道德义务感能促进企业员工自觉地抵制那股趁企业改革之机，为个人或小集团谋利益，慷国家之慨，占国家便宜的不正之风。 （ ）

3. 在阶级社会中，商业道德良心是没有阶级性的。 （ ）

4. 道德荣誉的表现形式是精神奖励。 （ ）

5. 商业道德品质具有稳定性和一贯性，表现为行为习惯或习性，但习惯和习性并不

都具有道德意义。 (　　)

二、单选题

1. 在商业道德行为选择中，商业道德义务起着(　　)作用。

A. 约束　B. 规范　C. 指令　D. 指示

2. 对于企业员工来说，(　　)是最起码的道德义务，如果做不到这一点，就不可能履行其他义务。

A. 遵守法律　B. 尽职尽责地对待企业工作
C. 承担起应尽的责任　D. 奉献精神

3. 商业道德良心和(　　)紧密相连。

A. 商业道德义务　B. 商业道德品质
C. 商业道德荣誉　D. 商业道德节操

4. 衡量企业员工荣誉的标准是(　　)。

A. 在企业中地位的高低　B. 薪资的多少
C. 威信的大小　D. 对企业改革所做贡献的大小

5. (　　)是共产主义商业道德觉悟和品质的集中表现。

A. 无产阶级的价值观　B. 无产阶级的节操
C. 无产阶级的人生观　D. 无产阶级的道德观

三、多选题

1. 道德义务是由(　　)决定的。

A. 个人素质品质　B. 社会物质生活条件
C. 人们的知识水平高低　D. 人们在社会关系中所处的地位

2. 道德义务与政治义务、法律义务的区别在于(　　)。

A. 政治、法律等义务总是与一定权利相联系，道德义务则不以享受某种权利为前提
B. 道德义务不是谁都履行，政治法律义务则必须人人履行
C. 违背道德义务不需要付出代价，违背政治法律义务则要受到惩罚
D. 政治义务与法律义务是靠一定的强制力发生作用的，道德义务则是自觉自愿的

3. 良心是指人们在履行对社会、对他人的义务的过程中形成的道德责任感和自我评价能力，是(　　)在个人意识中的统一。

A. 道德观念　B. 道德情感　C. 道德意志　D. 道德信念

4. 资产阶级以(　　)决定荣誉的大小。

A. 财产的多少　B. 金钱的多寡　C. 特权的大小　D. 门第权势

5. 商业道德品质从其构成内容来讲，包括(　　)等基本要素。

A. 商业道德认识　B. 商业道德情感
C. 商业道德意志　D. 商业道德信念和商业道德习惯

四、简答题

1. 什么是商业道德范畴？有何作用？怎样组成？

2. 如何理解商业道德义务的作用与内容要求？

3. 怎样珍惜商业道德良心？有何功能？

4. 商业道德节操的表现内容、功能及培育方式有何要求？

5. 如何开展商业道德荣誉的激励及社会评价与协调？

6. 商业道德品质有哪些特点？怎样锤炼与发展商业道德品质？

练习题参考答案

一、判断题

1. 错　2. 对　3. 错　4. 错　5. 对

二、单选题

1. C　2. B　3. A　4. D　5. B

三、多选题

1. BD　2. AD　3. ABCD　4. AB　5. ABCD

第九章 商业伦理道德实践活动

爱是恒久忍耐，爱是慈悲恩泽；
爱是不嫉妒，爱是不自夸，不张狂；
爱是不做害羞粗鲁之事，不求自己益处；
爱是不发怒怨恨，不计较他人好恶；
爱是远离不义，喜欢真理；
爱是保护包容，爱是真诚信任；
爱是盼望期待，爱是忍耐坚持；
爱是永远相伴，爱是永不止息。

——《圣经——哥林多前书第13章》

学习目的

1. 明确商业道德行为的本质、特性、激励模式与选择思路。
2. 了解商业道德教育的特征与方法。
3. 掌握商业道德修养的实践原则与方法。
4. 理解企业快乐指数、商业道德境界的层次与升华。

导读 9

真善美，让时代更温暖

思想道德建设是我国社会主义文化建设的重要内容。党的十八大提出“弘扬真善美，贬斥假恶丑”，“培育时代新风”，“建设美丽中国”，体现了我国广大人民群众追求幸福美好生活的愿望和日益增长的精神文化需求。《光明日报》推出“2012年十大道德建设新闻回眸特刊”，从侧面反映了2012年我国在思想道德领域呈现的新面貌。

2011年10月，党的十七届六中全会就对推动社会主义文化大发展大繁荣重要内容的思想道德建设进行了精心部署。刚刚闭幕的党的十八大，则用了300多字的篇幅论述思想道德建设。坚持依法治国和以德治国相结合的治国方略，把全面提高公民道德素质作为社会主义道德建设的基本任务来要求，把公民道德建设作为工程来推进，把道德领域突出问题作为专项来治理。一年来，我国上至中央，下至地方乃至百姓，对思想道德建设重要性、紧迫性的认识不断深化。在道德建设方面顺应社会发展和百姓诉求，根据新形势、新要求，破解新问题，进行了许多积极有益的探索。党和政府主导，广大人民自觉参与，采取实际步骤扎扎实实开展建设，成效正在日益显现。

从“最美女教师”张丽莉勇救学生，到英雄司机吴斌忍痛停车救乘客、周江疆火海救人壮烈牺牲；从北京“7·21”暴雨夜爱心传递，到“航空报国英模”罗阳铁肩担起报国志……一幕幕感人至深的道德场面催人泪下，激人奋进。道德典型是社会的榜样，在社会风尚方面起到了引领作用。今年社会在道德领域悄然发生的转变令人欣喜：从贬斥假恶丑为主的社会舆论，到践行真善美为主的社会风气。道德典型在这种变化中所起的作用功不可没。正是榜样“润物无声”的潜移默化作用，引导着人们见贤思齐，择善而从。

道德的实现，既要靠良心坚守、舆论监督，还要靠制度保障。媒体有信息传播与聚焦功能，也有宣传引导和监督作用。近年来，公众通过网络媒体参与公共事务后，媒体的这些作用更加明显。在扬善方面，道德模范的先进事迹通过传统媒体和网络媒体的传播，迅速家喻户晓。罗阳因公殉职的噩耗刚刚发布，追思的文章立即在网上铺天盖地；央视“我的父亲母亲·关注失智老人”活动刚一启动，就立刻引起社会关注；电视剧《焦裕禄》热播，引起人们对人民公仆的深切怀念。在抑恶方面，网民提供的消息“撂翻了”几位“表哥”，舆论监督、群众监督的作用在今年更加明显。制度建设也在扎实推进。今年3月以来，各地开展建立学雷锋活动、学习宣传道德模范常态化机制，全国妇联、全国老龄办等联合颁布“新版二十四孝”标准；一些地方近年来实行信用监督机制、社会诚信体系、“守信受益、失信必损”利益导向、见义勇为的奖励保护机制，这些都是在探索发挥制度层面的扬善惩恶的功能。

2012年5月，中央文明委部署开展专项教育和治理活动，突出重点领域，突出重点人群，突出重点区域，着力解决公德失范和诚信缺失问题。把政务诚信、商务诚信、社会诚信和司法公信作为建设重点。通过专项教育和治理，使道德领域展现新变化、新气象、新风尚，社会道德水平和文明程度得到提升。针对全面建成小康社会的关键时期道德领域需要研究的重大问题，开展道德文化研究和宣传普及，让社会主义核心价值观深入人心。举办道德论坛、道德讲堂，用自己的切身感受讲述身边的道德故事，让走进道德论坛、道德讲堂的每一个人都能成为道德的实践者、受益者和传播者！（作者：卢黎歌，系西安交通大学教授，全国道德模范评委会委员）

（资料来源：卢黎歌.真善美，让时代更温暖[N].光明日报，2012-12-25）

商业道德实践活动是总结商业道德理论的基础平台与工作范围。商业道德行为、商业道德检查与评价、商业道德教育、商业道德品质锤炼和商业道德修养是组织商业道德实践活动所必须研究的重要课题。

商业道德行为、商业道德检查与评价、商业道德教育、商业道德品质锤炼和商业道德修养是商业道德实践活动的五种形式。商业道德行为，也称企业伦理行为，是在一定的商业道德意识支配下发生的有利或有害于他人和社会的，涉及企业员工个人利益与他人利益、个人利益与社会整体利益之间关系的，并能进行商业道德检查与评价的行为。商业道德检查与评价是企业伦理道德基本原则和商业道德规范得以贯彻，并转化为商业道德行为的保证。商业道德教育是铸造企业员工高尚道德品质的熔炉，是形成良好的商业道德风尚的重要条件，而商业道德行为是商业道德品质的表现。商业道德品质则是商业道德行为发展和积累的结果，两者相互作用、相互联系且相互依存，共同构成商业道德修养的客观基础。商业道德修养是企业员工进行自我道德教育的特殊课堂，它直接关系到企业员工自身道德品质的形成和商业道德行为的履行。

第一节 商业道德行为的选择

一、行为的本质和一般规律

行为，长期以来有多种解释。按中国古代通行的说法，"行"指的是走，"为"指的是做。《墨子》把"行"、"为"二字连同，认为行即是为，"行，为也"，"志行而悬于欲谓之为"，明确指出人的行为受欲望和意志支配。荀子说："虑积焉，能习焉而后成谓之为"，认为行为是人经过思考之后，在理智指导下通过做而实现的活动。被称为"行为科学鼻祖"的亚里士多德指出："人的行为是根据理性原则而具有的理性生活"，这里的"理性生活"是指"人的心灵遵循着或包含着一种理性原则的主动作用"，也就是有目的有意志的"具有主动意义的生活"。这种阐述有其合理因素。一些资产阶级伦理学家用生理学、生物学理论去解释人类行为。他们把人的行为看成生物对外界刺激做出的反射动作，是生物的本能活动。美国著名行为家毕尔生说："行为的改变要根据刺激-反应情景来研究，完全不需要涉及意识伴随物和精神学假设。"这种行为观显然是有失偏颇的。

马克思主义伦理学认为，人的行为是在改造周围环境的社会实践中发生的，通过一定的社会关系表现出来的能动活动，是人类特有的生存方式。由于人是社会的人，不能脱离社会而存在，人的行为就要受到包括自然需要在内的社会需要的目的和意志的支配。人类在不断改变自己所处的环境的过程中得以生存和发展。人类的行为就由此产生，并在这一过程中通过实践活动表现出来。没有改造客观世界的实践活动，也就不会有人的行为。在阶级社会里，人的实践活动受一定阶级关系的制约，表现出一定阶级利益和要求的倾向性。

影响人们行为的因素有哪些呢？美国社会心理学家卢因(K. Lewin)提出了一个著名的公式：

$$B = f(P \cdot E) \tag{9-1}$$

式中，B(behavior)代表行为；P(person)代表人；E(environment)代表环境；f 代表函数符号。

卢因认为，人的行为是人与环境交互作用的函数，是人的内在需要与环境影响的结果。美国著名行为科学家麦格雷戈(D. Megregor)提出了另一个公式，指出人的工作绩效是个人特性和环境特性的两个变量影响的结果，是这两个变量的函数。公式为

$$P = f(Ia、Ib、Ic、Id\cdots, Em、En、Eo、Ep) \tag{9-2}$$

式中，P(performance)代表工作绩效；E(environment)代表环境特性；I(individual)代表个人特性；a、b、c、d 等反映个人特性的具体因素；m、n、o、p 等反映环境特性的具体因素。

上述两个公式概括了人们行为的一般规律，具有普遍的适用性。

具体地说，影响人们个体行为的因素不外乎五个方面：生理因素、心理因素、文化因素、自然因素和社会因素。人的行为是很复杂的，是在理智指导下由很多因素共同作用的结果。

二、商业道德行为的特性

人的行为有复杂的表现形式和多重的层次结构，其行为的性质特点各不一样。依据人类社会实践活动的主要形式，人的行为可划分为经济行为、政治行为、法律行为、艺术行为、道德行为和日常生活行为等。上述每类行为还可划分为若干层次的行为类型，分别由不同的科学或学科研究。本书研究的是人类社会行为中商业道德行为以及各种社会行为的商业道德意义。

任何企业行为按照道德标准可划分为商业道德行为和企业不道德行为两大类。前者是一种有利于他人集体及社会的行为，是善行；企业不道德行为，简称企业败德行为，是一种有害于他人、集体及社会的行为，是恶行，企业假账就是典型的企业败德行为。在今天的企业实践活动中，企业行为绝大多数表现为商业道德行为。但企业败德行为也时有发生，前文已专门分析介绍过。商业道德行为的基本特征在于，它是企业员工对他人与社会的利益关系的自觉认识和自由选择的表现。揭示企业职业道德行为、商业道德品质形成及发展的规律性，是科学培养企业员工的社会主义商业道德品质的理论基础，也是丰富和完善社会主义商业道德规范，正确进行商业道德检查与评价、商业道德教育的必要前提。商业道德行为的特性表现为以下三个方面。

1. 自觉性

商业道德行为是基于企业员工对他人和社会的利益关系的自觉认识而表现出来的行为，而不管这种认识是正确的认识还是错误的认识，它们都是构成企业行为的前提。当企业员工对上述利益关系的正确认识成为支配他们行为的商业道德意识，并付诸行动时，就表现为商业道德行为；而如果他们对这种利益关系有了错误的认识，这种错误的认识就会支配他们的商业道德意识，一旦付诸行动，就表现为企业败德行为。

2. 自愿性

商业道德行为是企业员工在其商业道德意识支配下所做出的抉择，是他们自愿选择的结果。这是道德行为区别于其他行为的重要特征。只要是道德行为，不管在任何时候、任何情况下就一定要受道德意识的支配，否则就没有道德意义。商业道德行为也不例外。在行为之前，商业道德意识的活动主要表现为对动机的确立，对行为方案的选择和决定；在行为之后，商业道德意识的活动则表现为行为主体对自身行为的检查与评价以及对社会检查与评价所采取的态度。

3. 坚定性

一个具有高度商业道德责任感和义务感的企业员工，在选择和践行自己的行为时，无论面临多么艰难险恶的环境情况，都会坚持商业道德观念，不屈服于外来压力，泰山压顶而不弯腰，始终对自己应尽的商业道德义务高度负责。

三、商业道德行为的激励和选择

要激励商业道德行为，必须懂得激励理论。国外学者，尤其是美国学者对激励理论做了大量深入的研究。其中，影响最大的当推美国心理学家马斯洛(A. H. Maslow)。1943年马斯洛在《人的动机理论》一文中提出“需要层次论”，认为人有五种基本需要(basic needs)：①生理需要(the physiological needs)；②安全需要(the safety needs)；③爱的需要(the love needs)；④尊重的需要(the esteem needs)；⑤自我实现的需要(the needs for selfactualization)。

1954 年马斯洛在《激励与个性》一书中补充了两个层次，即在“尊重的需要”之后增加“求知的需要”和“求美的需要”。

麦格雷戈于 1970 年在其名著《企业的人事方面》一书中对马斯洛“需要层次论”做了进一步发挥，他提出人的基本需要层次是：

生理的需要——层次虽低，但重要性却极大。

安全的需要——针对危害、威胁和剥削等的保护的需要。

社交的需要——包括归属、结社、为他人接受和接纳、友谊和爱的需要。

自我的需要——自尊的需要(包括自重、自信、自主、成就、具有能力和知识的需要)和声望的需要(包括地位、赞颂、赏识与受人尊重的需要)。

自我实现的需要——包括个人潜力发挥，不断自我发展及发挥创造性的需要。

我国学者冬青在上述“需要层次论”的基础上，结合我国情况，提出了“C 型需要层次图”，如图 9-1 所示。

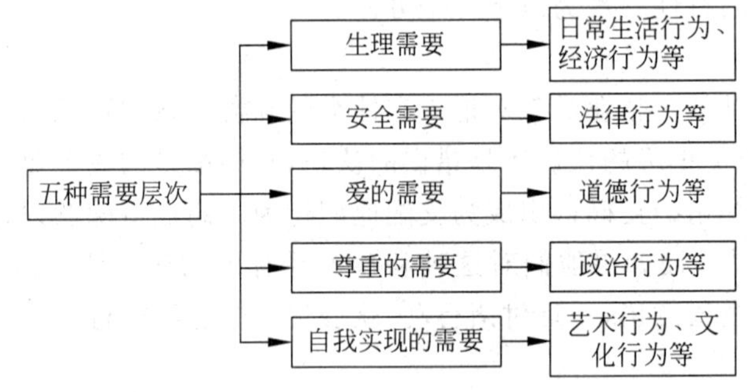

图 9-1 C 型需要层次图

在我国，企业员工的生理需要和安全需要已基本上得到满足。商业道德行为是满足企业员工社交需要的手段，是获得尊重的前提，也是达到自我实现需要的途径，最终以形成崇高理想社会实现需要为方向和目的。

如何激励商业道德行为，充分调动企业员工的积极性和创造性呢？这就要求，一方面社会、政府、领导和组织应关心企业员工，应用激励理论，尽量满足他们的五种基本需要；另一方面，通过商业道德检查与评价、商业道德教育和商业道德修养，启发、引导企业员工的思想和行为，促使最高层次的形成，并终身为之奋斗，两者结合就是企业员工积极性充分发挥的最佳模式。我们称之为“商业道德的行为激励模式图”，如图 9-2 所示。

现在，我们分析商业道德的行为选择问题。在这里，应明确商业道德的行为选择中的自由与必然的联系。

根据马克思主义伦理学的原理，我们知道商业道德的行为选择虽然表面上看起来是主观随意的，但实际上总是受客观必然性的制约。企业员工不可能超越客观环境提供的可能性，而去随心所欲地选择商业道德行为。首先应该看到，客观必然性对人们的商业道

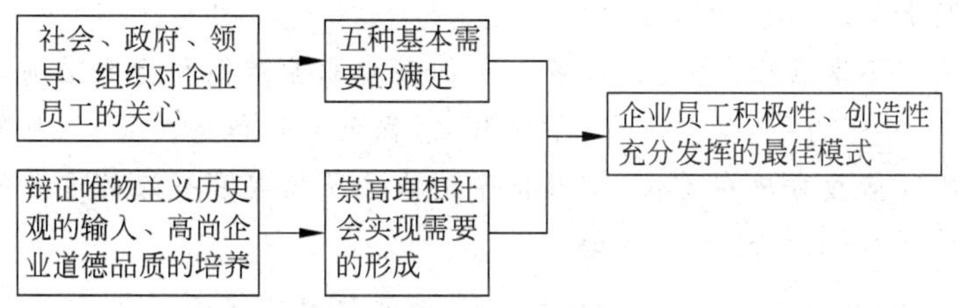

图 9-2 商业道德行为激励模式

德的行为选择有制约作用，客观必然性制约着人们行为的动机，也制约着人们商业道德的行为选择的标准和内容，还规定着企业行为的道德责任。其次，也应该看到，人们在选择商业道德的行为时有相对的自由，人的主观能动性在商业道德行为中发挥着重要作用。

商业道德的行为选择的自由，是指人们对于以商业道德必然性形式出现的历史必然性的认识，而获得的决定采取某种商业道德行为的能力。商业道德必然性则是指人们应当遵守的那些符合历史发展要求的商业道德原则和商业道德规范。总之，人们对商业道德的行为选择应谨慎细心，要对自己的行为负责。

【网络链接 9-1】

把诚信教育放在首位

中共中央政治局常委、国务院总理朱镕基今天(2001 年 10 月 29 日)在考察北京国家会计学院时指出，建立国家会计学院是落实江泽民总书记关于培养 30 万注册会计师重要指示的举措。一定要高起点、高水平地把国家会计学院办好，培养成千上万个职业道德好、业务素质高的会计人才，这是为发展社会主义市场经济奠基，也是现代化建设的根本大计。

多年来，朱镕基十分关心国家会计学院的建设。1995 年，他曾亲自察看北京国家会计学院选址，并多次听取工作汇报。今天上午，朱镕基和随行的国务委员兼国务院秘书长王忠禹等，兴致勃勃地来到新近建成的北京国家会计学院进行考察。朱镕基一行先后察看了学院现代化的教学和生活设施，观看了多媒体教学演示。

在听取了有关部门和学院的工作汇报后，朱镕基做了讲话。他说，现在经济生活中的一个突出问题，就是不少会计师事务所和会计人员造假账，出具虚假财务报告。许多贪污受贿、偷税漏税、挪用公款等经济违法犯罪活动，以及大量腐败现象，几乎都与财会人员做假账分不开。这已经成为严重危害市场经济秩序的一个“毒瘤”。从根本上解决这个问题，必须在强化法制、严格管理的同时，加强会计从业人员特别是注册会计师队伍的建设。国家会计学院是以注册会计师相关知识为培训内容、面向全国的，培养宏观经济管理部门、国有大中型企业、事业单位和中介机构的高级管理人才及高级财会人才的会计后续教育培训基地，肩负着光荣而艰巨的历史任务，一定要下大力气办好。真实、可靠的会计信息是企业科学管理和政府宏观经济决策的依据。虚假的会计信息必然会造成决策失误，经济秩序混乱。国有企业改革要获得成功，必须加强经营管理特别是财务管理。他明确要求，所有国有大中型企业、金融机构的财务主管，都必须到国家会计学院接受培训，达到合格要求后才能上岗。

朱镕基强调,“不做假账”是会计从业人员的基本职业道德和行为准则,所有会计人员必须以诚信为本,操守为重,遵循准则,不做假账,保证会计信息的真实、可靠。他要求,国家会计学院要把诚信教育放在首位,培养出来的人才不仅要有一流的专业知识水平,更要有一流的职业道德水平,绝对不做假账。

朱镕基指出,办好国家会计学院,最重要的是要建设一支自己的高水平的教师队伍。只有拥有一流的教师,才能办成一流的学校。要舍得花本钱引进国内外最优秀的专家来授课。教学要把理论学习和案例分析结合起来,注重实务水平的提高,使学习与实践、研究和教学相辅相成,不断提高培训水平。他希望,国家会计学院的全体教职员工要立志把国家会计学院办成全国最好的学校。国务院有关部门和有关地方都要给予大力支持。

陪同朱镕基考察的有教育部部长陈至立、财政部部长项怀诚、国务院研究室主任魏礼群、北京市市长刘淇、国务院副秘书长尤权、总理办公室主任李伟、清华大学校长王大中、财政部部长助理李勇等。

(资料来源:摘自中央电视台 2001 年 10 月 29 日新闻联播)

第二节 大力开展商业道德教育

青少年是人类的希望和祖国的未来。同样,企业的希望和未来也在于对青少年的企业教育,尤其是商业道德教育。因此,商业道德建设首先应该以商业道德教育作为切入点。商业道德教育是企业教育的关键与核心,决定着企业教育的方向和前途。

商业道德教育是根据企业工作的特点,有目的、有组织、有计划地对企业员工施加系统的商业道德影响,促使企业员工形成商业道德,履行商业道德义务的活动。商业道德教育的作用在于:它把社会意识中得到反映和论证的一定的商业道德原则、商业道德规范和商业道德观念灌输到企业员工的意识之中,引导企业员工既能够实行自我监督,调整自身行为,也能够参与社会行为的调整过程;对其他企业员工提出商业道德要求和进行商业道德评价。商业道德教育是商业道德职能作用得以发挥的重要途径。企业员工的道德品质需要商业道德教育来培养,社会道德风尚也需要包括商业道德教育在内的整个社会道德教育来造就。可见,开展商业道德教育有利于提高企业员工的道德水平,促使企业员工形成商业道德品质,进行商业道德实践活动。

一、商业道德教育的特征

商业道德教育是塑造或改造企业员工道德面貌的工作。由于企业员工与社会实践、生产经营等活动有广泛的联系,而且有高度的自觉性和能动性,因此,商业道德教育过程是一个极为复杂的矛盾运动过程。但是,商业道德教育并非不可捉摸、无规律可循。根据优秀企业员工的感人事迹,结合其商业道德思想和商业道德行为,我们可以看出商业道德教育具有以下特征。

(一)商业道德教育的整体性

由于商业道德品质是商业道德认识、商业道德情感、商业道德意志、商业道德信念和商业道德习惯等基本因素有机统一的集合体，因此，商业道德教育不能机械地确定一个序列，单一地进行，而必须注意各个基本要素的整体培养。整体性要求把商业道德教育看作有机的体系，做到各要素间齐头并进，相互协调，共同发展。也就是说，我们应该在提高企业员工道德认识的同时，培养企业员工的道德情感和道德意志；在教育企业员工确立、坚定和增强自己的道德信念的同时，教育企业员工养成自然而然地实践商业道德原则和规范行为的习惯。当然，在进行商业道德教育时，可以而且应该根据实际情况侧重于其中的某个方面。但是，切不可因有侧重点，而不同时兼顾其他方面。总之，整体性是由商业道德本身形成和发展的客观过程所决定的，也是构成企业品质中各要素相互依赖、相互制约的必然要求。

（二）商业道德教育的针对性

商业道德教育要着眼于构成企业员工道德品质诸要素的平衡，使其全面发展，因而要对各要素施加积极的道德影响，但在现实的企业工作中往往难以达到各个要素发展的完全平衡，各要素在发展方面和发展水平上常常不一致。这是因为每个企业员工的生活经历、教育程度、知识水平和实践状况不同，他们的社会公德素质和职业道德素质不同，客观上企业员工的职业活动又与许多方面发生关系。这种情况决定了进行商业道德教育不能采取划一的形式，死扣一环，只从一个固定不变的模式出发，而是要从实际出发，在充分调查的基础上，针对不同的教育对象选择最需要、最迫切、最能见效的方面进行商业道德教育。譬如，对刚参加工作的企业员工，由于他们对商业道德知识知之甚少，因而就应该从商业道德认识着手；对某些意志薄弱的企业员工，就要从增强商业道德意志入手；对空谈商业道德而不实行者，就要从要求言行一致开始。总之，商业道德教育要因人而异，灵活多样。这种商业道德的针对性，是商业道德教育灵活性和生动性的体现。

（三）商业道德教育的复杂性

培养商业道德品质是一个极为艰巨复杂的过程，需要不断地反复进行。即使是比较单纯地传授商业道德知识，也必须经过反复教育才能逐步为企业员工所了解和掌握。相比之下，商业道德感情的培养、商业道德意志的锻炼、商业道德观念的树立和商业道德习惯的养成要困难得多、艰巨得多、深刻得多，不可能一蹴而就，一次生效。例如，就培养商业道德情感来说，真正要使企业员工做到爱憎分明、从善如流、疾恶如仇，是很不容易的。这种情感必须在实践的基础上经过反复认识、反复感染、长期熏陶才能产生，要使其稳定，还需要更长期的教育。可见，复杂性是商业道德教育的又一规律性的特征，它表明商业道德教育是一项长期的艰巨性的工作。

（四）商业道德教育的实践性

商业道德本身就是知和行的统一，商业道德离开了实际的商业道德行为就会变得毫无意义。不仅商业道德认识、商业道德情感、商业道德信念和商业道德习惯需要在社会实践中培养和训练，而且由“知”转化为“行”也必须在实践基础才能实现。商业道德教育的实践性意味着这种教育既要从企业实际工作出发，适应社会的实践情况和实际需要；同时，又要引导企业员工遵循商业道德规范。实践是进行商业道德教育的基础，也是检查商业道德成效的唯一标准。离开了实践，商业道德教育就会变成美妙的空谈和说教，也就不能称其为商业道德教育。

（五）商业道德教育的渐进性

企业员工的道德品质不是先天就有的，也不是自发产生的，只有经过后天的长期学习和反复磨炼才能形成。企业员工这种反复的磨炼过程实际上也是商业道德品质形成的渐进过程。荀子云："积土成山，风雨兴焉；积水成渊，蛟龙生焉；积善成德，而神明自得，圣心备焉。故不积跬步，无以至千里；不积小流，无以成江海。"此话表明，一种良好的品质要经历积小善为大善的长期过程，只有通过平时细微而不断的道德进步的量的积累，才能达到道德面貌的根本变化。刘备说得更明确："勿以恶小而为之，勿以善小而不为。"因此，商业道德教育不能操之过急，急于求成，而要循序渐进，日积月累。商业道德教育要给企业员工以道德理想，要达到这种理想必须经过无数的阶梯。只有立足于企业实践，从自我做起，千锤百炼，才有可能成为一个具有高尚道德情操的企业员工。

商业道德教育是一个培养和塑造企业员工的灵魂的系统工程，特别需要遵循商业道德教育的客观规律。作为企业教育工作者，要不断地研究各种新的企业问题，总结新经验，揭示新规律，使商业道德教育更丰富、生动、深刻和富有成就。

二、商业道德教育的方法

商业道德教育的方法是以商业道德教育的客观过程的特征及其规律性为依据的，是商业道德实践经验的总结。商业道德教育究竟应采取怎样的方法，只能根据商业道德本身的特点和教育对象的实际情况来确定。这里简要介绍以下三种方法。

（1）传授商业道德知识与进行道德锻炼相结合的方法。传授商业道德知识，就是通过讲授向企业员工灌输商业道德规范等知识，帮助企业员工提高商业道德认识，并在职业生活中自觉进行商业道德实践，但对商业道德知识的深入理解离不开企业实践的锻炼和商业道德的锻炼。企业员工只有亲身实践，通过自身的锻炼体验和总结，才能更深刻、更全面地认识和理解商业道德知识，更自觉地从事企业实践活动。可以说，传授商业道德知识和进行商业道德锻炼是加强商业道德教育的两个同等重要的方面。

（2）个人示范和集体影响相配合的方法。个人示范，其一，要求企业领域的各级负责人在企业工作中以身示范，以身作则，严格要求自己，成为全体企业员工的表率；其二，要求表彰先进模范人物，树立正气，抨击不良倾向。通过个人示范起到影响大众的作用。同时，要加强集体教育，扩大集体影响。集体是由许多个别成员集合组成的。集体影响一般表现为集体成员的相互学习、相互感染、相互激励、相互监督和相互促进等过程。发挥每个成员的长处，克服各自的不足，促进大家一起提高道德水平，从而起到良好的商业道德教育效果。

（3）典范诱导和舆论扬抑相统一的方法。榜样的力量是无穷的，企业领域的榜样是指在企业工作中做出了巨大成绩的英雄和模范人物。他们具有高尚的商业道德品质，善于从日常小事做起，不断对自己进行道德品质的锻炼，全心全意地为国家、为人民、为集体工作。他们闪光的行为和事迹，尤其是在企业领域的道德风尚，对其他企业员工可以起到潜移默化的作用。恰当地、实事求是地运用榜样的力量可以启发、诱导和激励企业员工履行商业道德。与此同时，还要重视舆论的作用，舆论对企业员工的道德行为可以起到扬抑作用。在企业领域中，只有形成了扬正抑邪、褒善贬恶的社会舆论，商业道德教育才能收到好的效果。

商业道德教育的方法除了上述几种以外，还有很多种，例如说服教育的方法、道德行为反馈的方法等。具体运用商业道德教育方法时，要视商业道德教育的任务、内容和教育对象的实际情况而定。

【网络链接 9-2】

职业教育的核心在职业道德教育

职业道德教育是职业教育的核心，在日益激烈的市场竞争中，人们往往忽视职业道德的教育。中国传统教育是知识本位的教育，强调学而优则仕，强调对知识的死记硬背；改革开放之后人们开始重视能力的教育，从原来的"知识本位"发展到现在的"能力本位"，人们的认识确实发生了很大转变。

但我却为此问题感到忧虑，所以 1998 年时，我第一个提出了"人格本位"的思想，如果我们的教育缺失了对人格的教育和对思想道德的教育的话，一切都会变得越来越错。我们现在的职业道德教育在缺失，大量的学校教育中关于人格道德的教育停留在一种空洞、老化的理念层面上，而社会上的各种培训名目繁多，却鲜有道德培训。企业非常需要职业学校培养出来的人，虽然有些人在技能上可能并不适应企业需求，但让企业家感到最痛心的并不是他们技能差、水平低，而是他们对企业缺乏忠诚，没有敬业精神，无法与企业同生存、共兴亡。有一个关于三资企业的报道说，在中国三资企业内，忠诚于这个企业、为企业着想的人不超过 15%，其中 85%以上的人实际上今天拿着你这个企业的钱，明天已经在想着怎么离开，三资企业是这样，中国内资企业也同样令人担忧。

为什么人们忽视了职业道德的教育？这里面有历史的原因，也有自我方向的一种错位。在一个诚信缺失、道德要求不严的环境里，个体无意识地放松了对自身职业道德的要求，或者他不知道怎样去实践他的职业道德，这样一批人在企业里会令企业很为难。在 1986 年的时候，吉利集团从北大、人大、中国矿大引进了 86 个大学生，1996 年的时候我当副总裁，对这批人很重视，但是这批人来了之后很快就离开了，他们离开的一个说法是，"我们到这里来，是要做将军的，你要让我做领导，给我配备好的设施"。我认为真正想做事必须从基层开始，一步一步地磨炼，你才可能成为企业的骨干。不想当将军的兵不是好士兵，但是"做不了好士兵的兵，永远也做不了将军"。在企业和个体这两方冲突之间最核心的问题就是职业道德。

社会对人才有这样的评价，"有德有才是正品，有德无才是次品，无德无才是废品，无德有才的是毒品"。企业是把"德"看作第一位的，在我所接触的大量企业家中，谈到选择人才都把"德"作为第一要素，但我们的教育当中却偏偏忽视了它。我认为我们在振兴中国的职业教育的时候，千万要引起全社会的关注的是，一定要重视职业道德的教育。

北京吉利大学一直很强调实施职业道德教育。1998 年至今，我们一直贯彻推广人格教育，应该说取得了很好的成果。21 世纪，素质教育的核心应该是职业道德的教育，素质教育应该是一个系统工程，但是它首先是人格的教育。吉利大学关于人格本位教育、职业道德的教育，表现在教学形式上面，是实施"311"教育模式。"311"是指完全由学校自己来实施的，由学校自己制定教材、教学计划、考试大纲、学生评价标准的这样一套模式。其中

“3”是指语文、英语、计算机，这是所有人都必须学习的最基本和核心的课程；中间的“1”是指以人格本位为核心的职业道德教育课，我们把马克思哲学、邓论、“三个代表”等都经过提炼缩编在这个里面；后面的“1”是指一个岗位，以一个专业为核心组成专业课程。此教育模式从这几年的实践来看，已经受到很多人的认可。此外，我校也强调先做人，后做事，先求生存，再求发展的教育。

我们一定要重视职业道德的教育，只有解决了这个问题，我们职业教育培养的人才才能真正受到企业欢迎。

（资料来源：罗晓明（北京浙江商会副会长、吉利集团副总裁、吉利大学执行校长），http://learning.sohu.com/20070225/n248342484.shtml，2007-06-12）

第三节　商业道德修养——实践原则与方法

商业道德修养是企业员工进行自我道德教育的课堂，它直接关系到商业道德品质的形成和提升。

一、商业道德修养的意义

修养是一个含义广泛的概念，通常是指人们在政治、道德、学术以及各种技艺方面所进行的勤奋刻苦的学习和涵养锻炼，也是人们经过长期的努力所形成的能力和思想品质。修养一般包括思想意识修养、道德品质修养和科学文化修养三个方面。商业道德修养是商业道德品质的一部分，主要是指企业员工的思想意识和道德品质方面的“自我教育”和“自我改造”，包括按照一定的商业道德管理原则、规范所进行的自我批评和自我解剖，也包括在实践中所形成的商业道德情操和所达到的境界。其任务是企业员工通过对商业道德管理原则、规范的认识和体验，使自己形成正确区别企业工作中的善良与丑恶、光荣与耻辱、高尚与卑鄙、诚实与虚伪等方面的内在信念。企业员工有了正确的内心信念，就能在本职工作中自觉调节个人行为，使其符合商业道德规范。

进行商业道德修养具有重大的意义，这种意义可以从商业道德修养同商业道德检查与评价及商业道德教育的区别和联系中加以说明。

商业道德修养和商业道德检查与评价是紧密相连的。商业道德修养要通过自我商业道德检查与评价的方式来实现，商业道德检查与评价的展开可促使商业道德修养的提高。在商业道德修养中，检查与评价的因素往往是与对道德理想的选择和追求紧密联系在一起的，并且始终服从于这种选择和追求。因而，检查与评价在这里仅仅表现为一般的“良心”的谴责，而且还从被动状态中解脱出来，成为一种克服障碍、达到个人道德完善的积极的力量。这就表明，在商业道德修养中，商业道德检查与评价的广泛性、深刻性得到了充分发挥，它不仅成为企业员工思想和行为的隐蔽的监督者，而且还成为他们思想和行为内在的鼓舞者。商业道德修养把义务、良心、荣誉、幸福等观点集于自身，推动企业员工为获取更高的道德价值、实现崇高的道德境界而进行自我反省、自我解剖和自我锻炼。所以，如果说商业道德检查与评价是商业道德规范的捍卫者，是形成企业员工道德品质的重要杠杆，那么其作用的实现关键在于提高企业员工道德修养的自觉性。

商业道德修养和商业道德教育是相辅相成的。商业道德教育是社会进行的道德活动，而商业道德修养是企业员工个人自觉进行的道德活动。两者的区别是社会和个人之间的关系在商业道德活动中的表现。它们之间可能存在着矛盾和斗争，但两者又是紧密联系的。商业道德教育要取得成效，关键是要启发企业员工进行商业道德修养的自觉性。因为在商业道德修养中，企业员工的道德积极性和主动性可以得到充分发挥，商业道德教育所提出的道德要求能够转化成企业员工内心的深刻信念，且将该信念付诸于商业道德行为，凝结成商业道德品质。从这个意义上讲，商业道德修养是商业道德要求体现在企业员工行为和生活方式中所达到的程度，是对商业道德要求的认识与这些要求在行为中的体现的统一，是商业道德财富与个人独特的生活经验的统一。因此可以说，没有商业道德修养也就没有企业员工道德品质的形成和发展。

总之，商业道德修养是商业道德的职能和社会作用得以顺利实现的重要基础，是商业道德教育的内在课堂，是商业道德教育的重要目标。一个企业员工一旦掌握了商业道德修养，就能将自己在社会实践中、在商业道德检查与评价及商业道德教育中所形成的道德观念、道德信念和道德理想转化为道德行为，凝结成相应的道德品质。其实，一个企业员工的高尚的商业道德品质都是他刻苦地进行商业道德修养的结果。

二、商业道德修养的实践原则

首先，要明确商业道德修养的目的。我国商业道德修养受到以公有制为基础的社会主义生产关系的制约，与共产主义道德体系紧密相连，其目标是提高企业员工在社会主义市场经济中的商业道德管理水平，培养企业员工的共产主义道德觉悟，造就一代新型商业伦理员工，为实现祖国振兴和共产主义而奋斗。

为了实现这一目标，商业道德修养一刻也离不开企业工作的实践。只有在企业实践活动中进行商业道德修养，才能不断提高自身的道德品质。这就是商业道德修养的原则，也是它与历史上一切旧的商业道德修养的根本区别。古代的伦理学家强调的是脱离实践活动的唯心主义的修养方法。所以，刘少奇同志曾指出："古代许多人的所谓修养，大都是唯心的、形式的、抽象的、脱离社会实践的东西。他们片面夸大主观的作用，以为只要保持他们抽象的'善良主义'，就可以改变现实、改变社会和改变自己。这当然是虚妄的。我们不能这样去修养。我们是革命的唯物主义者，我们的修养不能脱离人民群众的革命实践。"

商业道德修养之所以强调实践原则，是因为以下几点。

(1) 人们只有在实践过程中才能改造自己的主观意识。企业员工只有在开展工作的过程中，通过与服务对象的接触和联系，才能意识到自己的行为哪些是道德的，哪些是不道德的，从而进行商业道德修养。

(2) 商业道德修养只能在实践中得到检验和提高。商业道德原则和规范对商业道德修养提出了明确的目标。这些道德原则和规范必须运用到企业实践中，通过实践效果检验商业道德修养是否符合商业道德原则的规范和要求，对照、检查、改正甚至清除自己思想、言行中一切与上述原则和规范相违背的东西，从而不断提高商业道德修养水平。

(3) 商业道德修养是一个人从实践到认识，再由认识到实践的不断循环往复的运动过程。这一过程不是简单的重复,而是不断向上发展的,永无止境。只有反复实践和反复认识,才能使企业员工的道德修养不断升华,从而达到一个又一个新的境界。

三、商业道德修养的方法

商业道德修养的方法多种多样。由于每个企业员工的社会实践、工作环境、生活经历、文化素质和性格特征各不相同,所以修养的方法就不可能完全是一个格调。总的要求是从实际出发,循序渐进,扎扎实实,持之以恒。具体方法主要有以下三种。

(一)进行两种商业道德观念的斗争

自觉进行两种商业道德观念的斗争,是企业员工道德修养能否成功的关键。企业员工不能离开社会进行企业实践活动。在当今社会,存在着封建思想、资本主义思想和各种旧的道德思想,它们经常影响和侵蚀企业员工,以个人利益为核心的旧道德思想可以通过各种渠道冲击和影响企业员工的思想和行为。两种商业道德观念的斗争会在一个较长时间内存在。企业员工在进行商业道德修养时要正确地针对这一客观实际情况,严肃认真地培养自己扬善弃恶的道德情感,以商业道德规范为尺度,客观度量自己在企业工作实践中的言行,对各种旧的商业道德思想进行严厉的批判和斗争,在斗争中不断提高商业道德修养水平。

(二)开展自我批评,严于解剖自己

有道是"金无足赤,人无完人"。每个企业员工,由于各种原因,难免会有这样或那样的弱点、缺点和错误。正确的做法是,要敢于正视自己的不足,开展批评和自我批评,严于解剖自己,而这也成为商业道德修养高低的重要标志。

企业工作的性质决定了企业员工要直接或间接地与金钱和财产物资打交道,企业领域是充满"诱惑力"的地方。社会上广为流行着"向钱看"的思想,不健康的思想意识和生活方式会通过各种途径影响人们,企业领域更是"渗透"的重点。

【网络链接 9-3】

"领导文化"与企业文化

关于"领导文化"与企业文化关系的问题,在任何一家企业的企业文化建设实践中都是不容回避的。从实践视角看,"企业领导人在企业发展过程中的价值观选择和行为导向"与企业文化的关系,有两个方面的基本逻辑推断。一是企业文化不是"领导文化";二是"领导文化"对企业文化的生成有极大的导向和示范效应。林富元先生在一篇文章中提到:企业文化因领导人的习性、个性与爱好作风而迅速扩散。

那么,在企业文化形成过程中,"领导文化"是如何对企业文化产生作用的呢?曾以主张"全盘西化"而闻名的文化学者陈序经先生认为:"要想在文化上有特殊或者惊人的创造、发明,得依赖于天才的个人或少数人,而且尤其是模仿某种新的文化,首先也要靠个人或少数人,然后再推广到全体人们。"在企业实践中,"企业领导人在企业发展过程中的价值观选择和行为导向"——"领导文化",是领导人在企业发展的过程中制定制度和指导企业整体行动的基本价值指向,他要通过企业的各种"游戏规则"设计和实践,让自己的想法

在企业产生影响力。但是，这其中的问题就是，“领导文化”绝对不会百分之百地得到实践从而形成企业大众的“文化”。领导人价值观在“落地”的过程中会遇到来自各个方面的、各种企业内部利益群体的种种阻挠、扭曲甚至遗弃，这一过程充满了矛盾、斗争，要经过多次的心理的和实际的“博弈”。其最终结果是，在反复博弈基础上达成某种“均衡”，这种对“老板文化”大量消解基础上的“动态均衡”，会慢慢成为组织的“集体无意识”，也就是企业的文化。

（资料来源：http://hi. baidu. com/cco_room/blog/item/60df32d0b358318 ba1ec9c3c. html，2008-02-26）

为此，企业员工要始终保持清醒的头脑，不为各种“香风毒雾”所迷惑，不被各种“糖衣炮弹”所击中，更需要经常不断地进行自我批评、自我反省和自我警惕。企业员工要紧密结合本职工作实际，经常进行自我反省检查，用社会主义商业道德原则和规范严格解剖自己，找出自己在道德问题上的不足，逐步提高自身商业道德修养水平。在开展自我批评和自我解剖的过程中，对自己要有正确的估价，开展自我改造，培养并逐步形成社会主义商业道德情感和观念。为了更好地开展自我批评、自我解剖、自我检查与评价，还必须有“闻过则喜”的精神，能够虚心地听取不同意见。因为一个人往往不容易发现自己的缺点、不足，即使发现了，认识也不一定深刻。正如俗语所言：“目能见几里之外，而不自见其眉睫”，“当局者迷，旁观者清”。企业员工要善于听取领导、同事和其他同志的批评，接受他们的监督，虚心、诚恳地考虑别人的意见，做到有则改之，无则加勉。

可以说，商业道德修养过程同时也是企业员工不断地开展批评和自我批评、由不成熟到成熟、由不完善到完善的过程。但这一过程永无尽头。正如周恩来同志所说：“世界上没有完人，永远不会有完人，一万年到了共产主义社会也还有缺点。”

（三）“慎独”

“慎独”作为商业道德修养的方法，是指企业员工必须严格要求自己，努力培养强烈的商业道德感情和坚定的商业道德信念，并且坚持在“隐”和“微”处狠下功夫，在履行职责时不管在人前人后、有人无人的情况下，都能一丝不苟，认真负责，恪尽职守。所以，在商业道德修养中，要从小处和无人之处着手，努力把好“隐”、“微”的关口，才能收到预期的效果。“慎独”，作为修养应达到的境界，是指一种无须外来任何监督和强制而习以为常的行为方式。要达到这一境界是很不容易的，要有一个由不自觉到自觉的过程，要经历长期甚至是痛苦的实际锻炼。但企业员工必须努力争取达到这种境界，否则，商业道德修养就不能深入，甚至夭折。企业员工要达到“慎独”的境界，关键在于提高商业道德修养的自觉性。企业员工要深刻认识企业工作的目的和意义，树立强烈的事业心，明确商业道德修养的方向。

第四节　商业道德境界的层次与升华

“境界”这一概念，在我国西汉时期就开始使用，首先是指“疆界”、“地域”的意思，以后引申为人们所处的境况。“境界”作为一个思想修养的概念，始于佛教传入中国以后。佛教把境界理解为每个人对佛经的造诣和理解的不同程度。所谓“斯义宏深，非我境界”，就是这个意思。魏晋时期，人们开始把诗文的立意和造诣的高低、深浅也称为境界。“境界”这一概念就被广泛运用于文学、艺术、政治和伦理道德等各个领域。

所谓商业道德境界，就是指企业员工在社会生活和企业实践工作中，按照商业道德规范去行动所形成的道德觉悟水平，以及处于这种道德觉悟水平所表现出来的思想感情和情操。由于每个企业员工所受的教育程度不同和自我修养程度不同，他们所达到的道德境界也会存在较大的差别。

我们设计了一个诚信与快乐相联系的关系指数，即企业快乐指数：

$$T \cdot M = H^2 \tag{9-3}$$

式中，H(happiness)为快乐指数，T(trust)表示诚信，M(market)表示市场。式(9-3)说明，企业讲求诚信，自然会赢得市场，从而可得到双倍的快乐；有些新上马的企业，新产品问世时可能市场较小，但只要讲求诚信，终究会日益壮大，赢得市场与快乐；而那些不讲求诚信的企业，肯定会失去市场，何谈快乐！

《孟子·告子上》告诫后人：“生亦我所欲也，义亦我所欲也；二者不可得兼，舍生而取义者也。生亦我所欲，所欲有甚于生者，故不为苟得也；死亦我所恶，所恶有甚于死者，故患有所不辟也。”这其中所蕴含的深刻哲理值得我们深思与仿效。

根据企业员工对待本职工作的不同态度，参照不同级次的快乐指数，商业道德境界大致可分为以下三个层次。

一、“雇佣型”的境界

在“雇佣型”的商业道德境界下，企业员工用雇佣观点来对待自己的企业工作、看待本职工作中的人与人之间的关系。他们一般将从事企业工作看作是谋生的手段，不主动发挥自己的知识和技能，只求得到理想的工作和报酬，道德上也就获得了满足，此时他们还处于初级快乐指数层次，亟待提高。在“雇佣型”企业员工的道德意识和行为中，社会的道德检查与评价和道德自我检查与评价之间存在矛盾。社会对企业员工的道德期望较高，而企业员工对自身的道德要求容易满足。

二、“尽职型”的境界

处在“尽职型”道德境界的企业员工以做好分派给自己的企业工作作为最高的追求。他们缺乏远大的道德理想，不能自觉地认识到自己从事工作是共产主义事业的一部分。当个人利益与国家、人民的整体利益一致时，他们会认真工作；一旦两者利益出现矛盾，就会动摇、退却，这时可检验他们商业道德修养的深浅程度。“尽职型”企业员工在开展商业道德自我检查与评价时，会考虑人民利益，但更多考虑个人利益，他们会尽可能做到对自我的道德要求符合社会的道德要求，并且力争其个人的企业行为受到社会道德检查与评价的肯定、鼓励和表扬，这类企业员工处于中级快乐指数层次，有待提高与升华。

三、“献身型”的境界

所谓“献身型”，是指企业员工在本职工作中始终做到工作第一，他人第一，全心全意为人民服务。在这种道德境界下，企业员工能从大局出发，能摆正并正确地处理个人与集体的关系，能从他人和社会利益出发提出商业道德的自我要求，全身心地投入企业工作，自觉地使自己商业道德行为符合社会和人民大众的要求。在这里，商业道德的自我检查与评价和社会检查与评价达到统一，商业道德教育收到成效，这些企业员工处于高级快乐指数层次，他们的商业道德修养达到完美的境界。

以上分析表明，三个层次的商业道德境界是递进的，而不是并列的。每个企业员工都可以从较低层次的道德境界向较高层次的道德境界转化。商业道德检查与评价、教育和修养的目的是推进企业员工从“雇佣型”境界向“尽职型”境界转化，从“尽职型”境界向“献身型”境界转化、升华。

应该看到，商业道德境界既是有止境的，又是无止境的。因为一方面它要受历史条件和企业实践的限制，另一方面它又要随历史条件、社会生产力和企业实践的不断发展而发展。因此，每个企业员工都不能满足已经达到的道德境界，要在社会生活和企业实践中不断提高自己的商业道德修养的自觉性，向更高的商业道德境界迈进。

【网络链接 9-4】

如何修炼企业文化素养

一个企业正如一个人，一个成功的人必定有其成功的道理，必定有其成功的素养，企业亦然。那么应该如何修炼企业的文化素养呢？

首先，应分析自己企业文化的成长阶段：是杂乱无章、无力量合力，还是有一定的影响力，但无自己的特点和个性。然后把目前给企业带来积极和消极方面的因素及相应的措施罗列出来，根据自己企业所处行业的特点和员工心理学，甚至人体工程学组织专门研究：人作为生产要素，如何达到最佳状态。诚然，金无足赤，人无完人，有如人之优缺点，成功与否取决于优点是否多过缺点；企业的成功也取决于企业文化的优势方面是否胜过劣势方面。

其次，作为企业的灵魂核心人物，企业家的个人修炼至关重要，企业家只有通过不断学习、改变气质，才能适应企业发展的不断变化需求。局外的人公正，但往往与实际不符；局内的人能够抓住实质，但往往有个人私心；只有通过修炼有道的企业家才能够高屋建瓴，综合考虑天时、地利、人和，并通过企业有目标有步骤地制定、实施并检视企业文化。

能够生存的企业不多，能够活得好的更少，能够活得长的更是凤毛麟角；百年老店都是由时间和市场的无情竞争打造的；极少有一个人能够通盘考虑，且能够长期一贯实施；所以企业文化的立足点应该是企业的自我学习修炼能力。

（资料来源：联商论坛网，http://www.linkshop.com.cn/club/archives/ 20111016/413890.shtml）

【本章关键术语】

商业道德教育　　商业道德修养　企业快乐指数　商业道德境界

案例讨论题 9

摩托罗拉的全球文化战略

摩托罗拉公司成立于1930年，最早生产汽车收音机与音响，后来发展到无线对讲、宇航通信。1993年，近10万名员工的摩托罗拉销售总额达到170亿美元，在1999年《财富》杂志全球500强排行榜上，该公司排行第100位，营业收入额293.98亿美元，利润9.62亿美元，资产额287.28亿美元。摩托罗拉文化的核心是：为用户提供品质超群、价格公道的产品和服务，满足社会的需要；企业也在这个过程中获得收益，不断发展壮大，从而为员工和股东提供实现各自合理目标的机会。

精诚公正，以人为本，跨文化管理中本土化，这是摩托罗拉三位一体的核心理念。

(1) 摩托罗拉的以人为本不是停留在口头上，而是落实在公司的各项管理制度和企业行为中。摩托罗拉把肯定个人尊严、实施充分的培训、创造无偏见的工作环境、关心每个人的成长和个人前途、为每个员工创造事业成功的条件和体验成功的成就感等作为公司管理制度建设和企业行为的出发点。员工还享有充分的隐私权，员工的机密记录，包括病例、心理咨询记录和公安调查清单等都与员工的一般档案分开保管，公司内部能接触到所有档案的仅限于“有必要知道”的有关人员。员工的私人资料，只有在征得本人同意后才能对外公布。

(2) 摩托罗拉制定工资报酬时所遵循的原则是“论功定酬”，员工有机会通过不断提高业绩水平而获得加薪。在评级加薪过程中真正做到公平、公开、公正。对于直接从事生产的工人，其直属主管每月统计并公布所属员工的产量、质量、效率和出勤率，并以此为根据进行打分，在每年调薪时将主要根据这个积分来决定是否加薪和加薪的幅度。对非生产性工人来说，他们的积分要根据他们完成半年的工作计划程度来决定。每年的6月和12月，员工的直接主管将逐条对照计划，对员工的工作业绩进行审核和评分，充分体现了公平、公正、公开的竞争原则。

(3) 摩托罗拉公司普遍实行工作轮换制度，只要有能力、有要求，公司就给予他们各种机会和权利，尽可能做到能上能下和民主决策，这样可以使更多的人得到锻炼，也便于每个人发现最适合自己的工作岗位。管理人员之间也采用轮换的方式进行培养，人力资源、行政、培训、采购等非生产部门的领导多数具备生产管理经验，这不但有利于各部门更好地为生产服务，也有利于管理人员全面掌握公司的情况并成为合格的管理人员。生产工人的前道工序和后道工序、装配工人和测试检验工人也经常进行岗位轮换，这样可以使员工成为多面手。

(4) 公司为员工创造良好的物质文化环境和制度文化环境。摩托罗拉为员工提供每年80小时的带薪休假，以保证员工的身心健康和良好的工作状态，公司通过员工援助计划向员工及其家属成员提供心理健康咨询，举办健康和保健教育，摩托罗拉员工享受所在国政府规定的所有医疗、养老、失业等保障。公司还实施开放的沟通制度，随时了解和关注员工中存在的各种问题，公司领导认真听取员工的改善意见，员工可以通过各种渠道了解公司的有关政策以及生产经营、管理业务、教育培训等方面的情况，员工可以根据个人情况选择不同的直接沟通方式参与“总经理座谈会”、“恳谈会”、“业绩报告会”、“对话会”。公司创办了“大家庭”报，通过“我建议”、“畅所欲言”等栏目反映个人意见或提出合理化建议。

(5) 在摩托罗拉，教育培训既是公司的责任，也是员工个人的权利和发展机会。该项承诺支持员工在技术和能力方面寻求发展，提供多种类型的职业培训并鼓励员工参加。每一个新员工发布接受入职教育培训，培训课程包括摩托罗拉发展史、商业诚信文化、员工教育与发展计划、公司人力资源部的相关政策、公司的规章制度及奖惩条例。公司每年为每个员工提供各种层次的在职培训，在美国，公司与菲尼克斯大学合作为员工提供在职MBA培训。公司在教育培训方面的持续投入，使员工在技术、知识和能力上不断提高，故此摩托罗拉在同业竞争中一直保持领先地位。

(6) 善用各国的优秀人才。在被询及摩托罗拉对全球这么多据点的管理哲学时，加里·图克副总裁表示：“我们的原则是善用各国的优秀人才，对优秀人才保持尊敬并授予权限，唯有尊敬与授权，才会让人提起责任的使命感，然后达到好业绩”。由于授权——下放权力，尊敬——调动管理者的积极性，摩托罗拉公司管理机构虽然庞大，却具有活力，由于摩托罗拉公司已与许多国家的公司设立了合资企业，其管理人员希望到本世纪末有3/4的销售额来自海外市场，这就要求管理方法与授权、分散经营和循环时间概念与当地文化相结合。

此外，摩托罗拉公司必须努力使其员工们充满活力、永不满足，即使是在面对自己公司的一连串胜利时仍能如此。在媒体询及摩托罗拉有何缺点时，加里·图克副总裁笑言答复：“我们的缺点就是永远不满足于现状。”

(资料来源：李航. 有效管理者[M]. 北京：中国对外经济贸易出版社，1998：582)

讨论问题：

1. 摩托罗拉公司及其在中国的公司发展状况怎样？
2. 摩托罗拉公司精诚公正、以人为本的伦理观念对我们有何借鉴价值？

练　习　题

一、判断题

1. 商业道德修养是铸造企业员工高尚道德品质的熔炉，是形成良好的商业道德风尚的重要条件。（　　）
2. 没有改造客观世界的实践活动，也就不会有人的行为。（　　）
3. 实践是进行商业道德教育的基础，也是检查商业道德成效的唯一标准。（　　）
4. 开展批评和自我批评，严于解剖自己，这是企业员工道德修养能否成功的关键。（　　）
5. 商业道德境界是无止境的。（　　）

二、单选题

1. （　　）是总结商业道德理论的基础平台与工作范围。
   A. 商业道德信念和商业道德习惯　　B. 商业道德品质

C. 商业道德节操　　D. 商业道德实践活动

2. 人的行为是(　　)交互作用的函数。

A. 人与人　　B. 人与环境

C. 人与客观世界　　D. 人与主观世界

3. (　　)是企业教育的关键与核心,决定着企业教育的方向和前途。

A. 商业道德教育　　B. 企业价值教育

C. 商业诚信文化教育　　D. 企业影响力教育

4. (　　)是商业道德规范的捍卫者,是形成企业员工道德品质的重要杠杆。

A. 商业道德节操　　B. 商业道德检查与评价

C. 商业道德信念　　D. 商业道德习惯

5. (　　)是进行商业道德教育的基础,也是检查商业道德成效的唯一标准。

A. 道德行为　　B. 道德品质锤炼

C. 实践　　D. 道德检查与评价

三、多选题

1. (　　)是商业道德实践活动的形式。

A. 商业道德行为　　B. 商业道德检查与评价

C. 商业道德教育　　D. 商业道德品质锤炼和商业道德修养

2. 影响人们个体行为的因素包括(　　)。

A. 生理因素和心理因素　　B. 文化因素

C. 遗传因素　　D. 自然因素和社会因素

3. 修养一般包括(　　)。

A. 行为修养　　B. 思想意识修养

C. 科学文化修养　　D. 道德品质修养

4. 商业道德修养的方法有(　　)。

A. 慎独　　B. 进行两种商业道德观念的斗争

C. 开展批评和自我批评,严于解剖自己　　D. 培养奉献精神

5. (　　)成为商业道德修养高低的重要标志。

A. 敢于正视自己的不足　　B. 开展批评和自我批评

C. 进行两种商业道德观念的斗争　　D. 严于解剖自己

四、简答题

1. 商业道德行为有什么特性?怎样激励与选择企业的道德行为?
2. 商业道德教育有何特征?怎样进行商业道德教育?
3. 什么是企业快乐指数?商业道德境界有多少层次?如何升华商业道德境界?
4. 怎样组织商业道德实践活动?
5. 商业道德修养为什么要坚持实践原则?

练习题参考答案

一、判断题

1. 错　2. 对　3. 对　4. 错　5. 错

二、单选题

1. D　2. B　3. A　4. B　5. C

三、多选题

1. ABCD　2. ABD　3. BCD　4. ABC　5. ABD

第十章 商业伦理道德管理机制构建

才者，德之资也；德者，才之帅也。

——司马光

夫君子之行，静以修身，俭以养德。

非淡泊(dànbó)无以明志，非宁静无以致远。

——诸葛亮

学习目的

1. 了解道德自律与他律的理念及关系。
2. 明确商业伦理道德自律机制的内容与形式。
3. 理解商业伦理道德他律机制的概念及构成。
4. 掌握商业伦理道德评价方式与指标体系设计。

导读 10

商业道德不只是CEO的责任

“公司的诚信谁来负责？老板还是财务总监？”ACCA(特许公认会计师公会)全球总裁艾伦·布里维在上海举行的专业素质和职业道德研讨会上向与会者提出了这个问题，不过，他随即给出了答案：“应该是全公司上下，每个人都有责任。”

“很多企业越来越强调职业道德建设。”艾伦·布里维说，“金融市场的繁荣需要准确透明的信息，作为信息处理者的财会人员、公司其他部门的人员，必须从一开始就明确理解职业操守的重要性，并在职业生涯中始终以身作则。”他指出，不管是公司的CEO、CFO，还是刚起步的职场工作者，每个人都有责任推动职业道德建设。

布里维举了一个浅显易懂的例子：做一件事情的时候，可以先问自己两个问题，“如果你的母亲知道你做的事情会自豪吗？如果你做的事情新闻报道出来你会自豪吗？”如果答案是肯定的话，就说明这件事情是正确的。“职业道德不是一个可有可无的东西。”

杜邦集团大中华区财务总监梁卫存非常赞同布里维的观点，他认为，不管是CEO，还是车间操作员，其职业道德都要有很好的发展，“我们不应该在道德准则方面妥协，这对公司来说是非常重要的。有人正是因为不遵守这样的准则而遭受了惩罚。”

梁卫存介绍，在杜邦，每个员工都会得到《公司使命宣言书》，包括商业准则的步骤，员工必须实施，另外还有商业行为导引。杜邦对员工也有职业道德方面的培训。他举例说，比如中秋节给顾客送礼是不是违规？还有取悦政府官员是不是违规？“在中国，也许取悦政府官员是合适的，但有时又是不合适的，必须有明确的准则来指导员工。”

正在上海访问的伦敦金融城市长约翰·史达德也来参加了这次论坛，他强调了财会行业中职业道德的重要性，并指出，伦敦之所以能成为国际金融和衍生产品服务中心，最重要的原因在于它是一个诚实和开放的市场。“商业环境下的会计师，特别是在任职于董事会和管理层时，常被看作是机构中道德规范的推动者和维护者。除了本身要遵守职业道德外，会计师们也成为其他雇员的道德参照对象。”

“要遵守好职业道德，保密性是最严格的专责。”他指出，在职业素养中需要注意公正性，不受主观偏好的影响，“作为会计师、审计师，不要让偏见影响到你。”

“职业道德中，工作的诚信是非常重要的，这对于任何一家全球公司都是重要的组成部分，诚信缺失的后果对任何人来说都是十分严重的。”英国证券与投资协会首席执行官西蒙·孔衡说。

“安然、世通、安达信案中，CEO、CFO、CPA 的不道德行为，给社会带来了巨大的损害，不管是资本市场还是整个社会，都要有高标准的职业道德，高标准的职业道德不仅源自社会公德、商业道德，还来自会计师高超的专业素养。”上海国家会计学院副院长谢荣教授同时提出，职业道德包括方方面面，各行各业的人都应该重视职业道德的培养。

南京审计学院院长王家新则对大学教育中职业道德的培养提出了看法：在大学四年的专业学习中，如何在大学中加强职业道德教育的问题，必须作为教育工作者的责任。“道德教育是必须的，要告诉学生，责任、忠诚、激情，是职业人士成功的三个要素。”

（资料来源：佚名.商业道德不只是 CEO 的责任[N].中国青年报，2007-12-17.）

本章首先明确道德自律与他律理念及商业道德自律与他律的辩证关系，认为企业伦理的平衡需要他律机制与自律机制的约束；其次，探讨商业伦理道德自律机制与商业伦理道德他律机制。再次，从商业道德评价的重要作用、商业道德评价的标准、商业道德评价的根据、商业道德评价的方式等角度论述商业伦理道德评价机制。最后进行了商业道德评价指标体系与评价标准的设计和探讨。

第一节　道德自律与他律理念及关系的辨析

理论界有的学者把自律与他律割裂开来，片面地强调自律而排斥他律，由此造成了企业生活中的道德困惑。要理解和把握企业活动中的自律与他律，需要从理论上正确解释道德的自律和他律。

一、康德的自律观点与黑格尔的他律见解

（一）康德的自律理论

“自律”和“他律”原是德国哲学家康德的伦理学的用语，在康德的理论中，自律是排斥他律的。“自律”和“他律”本义是指道德价值的根据是在人之外，还是在人自身。所谓“自律”，就是强调道德意志受制于道德主体的理性命令，自己为自己立法，将被动的“必须如此行动”变为“愿意如此行动”，把服从变为自主。也就是说，道德价值的根据只在人自身，即在于对道德法则的尊重。在他看来，他律就是道德行为受制于理性以外的其他因素，即受制于神、或环境、或社会的权威、或感性欲求等，而这样的行为在他看来是有悖于道德的

纯粹性和人的尊严的。因为按照康德道德哲学的根本原理，人是目的，他律使人成为手段、工具，这是与人的本质和本性不相容的。

康德的自律论在18世纪的德国乃至欧洲，是有重大启蒙意义的，它作为对基督教神学道德和机械道德论批判的结果，被看作道德哲学上的“哥白尼式革命”。他的历史功绩在于把道德价值的根据从神、权威那里移到人自身，树立起人的权威和尊严，从而把人的理性道德和宗教信仰道德对立起来，实现了思想启蒙的决定性一步。所以在当时的德国理论界形成了一种流行的批判性观点，认为道德的基础是自律，宗教的基础是他律。换句话说，只有自律才是自由的道德，他律就是宗教的强制。那时，康德被激进的青年们崇拜为“道德领域的思想巨人”，他们以这样的观点为武器批判神学道德和各种庸俗道德观。

（二）黑格尔的他律主张

黑格尔肯定了康德道德哲学对思想启蒙的伟大功绩，但同时也批评他只是停留在主观道德领域而未能进入客观的伦理领域。在黑格尔看来，单有主体自身的“意志内部的自我规定”还只是形式的道德，只有进一步通过家庭、社会和国家这些客观的实体性的伦理关系规定，即进入他律，才能成为真实的道德。

他认为，人在做什么事情，从事某种职业活动的时候，就是在以伦理的客观要求规定着自己，限制着自己，并且只有通过这种限制，人才能成为现实的、有特性和有教养的人。不仅如此，黑格尔还把这种理论用于指导职业道德教育，他指出，“在市民社会中个人在照顾自身的时候，也在为别人服务。但是这种不自觉的必然性是不够的，只有在同业工会中，这种必然性才能达到自觉的和能思的伦理”，并指出意志自由在道德伦理中只能是自律与他律的统一。对此恩格斯做了肯定的评价，“黑格尔的原则也是他律”，“他主张主体和客体力量相调和，他非常重视客观性”，恩格斯说他比主张“任性的主观自律的”青年黑格尔派“高明得多”。

二、马克思和恩格斯的自律与他律道德观

马克思和恩格斯继承并发展了康德的道德理论。青年时代的马克思，利用康德的自律观点成功地批判了普鲁士的压制自由的书报检查令。同时，马克思也指出了康德道德自律观点的片面性。他认为康德的道德观仅仅是从道德和宗教之间的根本矛盾出发的，但因为“道德的基础是人类精神的自律，而宗教的基础则是人类精神的他律”。这里，马克思是从人类精神而不是从个别精神的角度来谈道德自律的，即把自律当做人类社会整体的内在制约，而不是仅仅作为孤立的个体意志的表象。

当然这种人类精神自律也不是没有物质基础的，这种人类精神的基础和内容就是他常常强调的“全人类的利益”。马克思说：“既然正确理解的利益是整个道德的基础，那就必须使个别人的私人利益符合全人类的利益。”即一定社会的人的道德自律，只能建立在对必然性的规律的认识的基础上，个体的道德自律不可能离开外部规律性的制约和客观要求，只能自觉地去认识外部世界的规律性和必然性，把自己的行为限制在规律性、必然性和必要性所允许的范围之内。正是在这个意义上，马克思和恩格斯肯定道德本质是他律的，并肯定了黑格尔对康德道德哲学的批评。

三、商业道德自律与他律的辩证关系

职业道德是自律的还是他律的？在这个问题上，社会上一直争论不休。但人们较普遍认为自律就是自主、自由，就是人的内在自制；他律就是个人服从外部的约束，被人管着，没有自主和自由，就是外在的强制。那么这种观点是否正确呢？我们说是不正确的，至少是片面的，是康德的职业道德自律观。如果片面地宣传道德就是自律而不能是他律，讲他律就是约束，显然也误解了马克思的道德观点。例如，人在未成年时，就他所受到的外部世界的约束来说，是他律的；就他在一定程度上理解和把握他的生活范围的要求来说，又是自律的。一般不可能只有他律而无自律。一个小孩子要去拿一个烫手的食物吃，他的理性被这个外物和他自己的食欲所他律，但当母亲说不能吃、会烫坏手时，他就不去拿了。这是通过他的头脑由自觉意识支配的行为，之后他遇到这种情况就不再去拿，也就是理性的自律了。

那么，商业道德的自律与他律究竟是什么关系呢？

第一，商业道德的自律不只是企业员工主体克制和约束自身的意思，更重要的一层意义是：企业员工主体借以律己的准则，是自然、社会、市场的客观合理的要求，商业道德价值的根据不在企业员工自身，而在企业员工之外，在于企业员工所实践于其中的社会和历史。

第二，商业道德的自律只是意味着商业道德主体借助于对自然、社会和市场规律的认识和对道德规范的认同，自己为自己立法，把被动地服从变为主动，自觉地指导和约束自己。当某位企业员工自觉履行约束他的法律和道德规范时，他的行为便是自律的；当某位企业员工按照规范要求的“应该如何”去行为时，他不但在自律，而且是把自律与他律统一起来，达到自觉、自主和自由。

第三，商业道德的他律是对企业员工个体的主体性和主动性的肯定，是企业员工自我认识和自我完善的过程。一个人越是尊重他律，越能承担他律的客观要求，他的主体性就越强，他的自律程度就越高。任何一个人都是在限制自己干事业的要求中而发挥能动性、主动性和创造性的；他越是承担起巨大的社会责任，就越能显示出他的主体性、主动性和自律能力。不能承担社会责任的人正是缺乏主体性和自律能力的人。

第四，商业道德的自律是以他律为前提的。道德的自律和他律是不可分离的，一般不可能只有他律而无自律。就企业员工所受到的外部世界的约束来说，是他律的；而就他在一定程度上理解和把握自己的生活范围的要求来说，又是自律的。当我们强调自律的时候，不应该忘记和否定这种自律是以承认他律为前提的，首先是肯定道德价值的根据不在人自身，而在人之外，即在社会和历史发展之中。其价值就是人的活动的一定的社会存在方式，即对社会所尽的责任和所做的贡献；当我们说到他律的时候，也不应忽视和否定道德必须通过自律去体现，必须转化为自律，才能“因德而明道”。只有自律而无他律的道德，实际上是忽略了它借以律己的道德准则的客观根据，或者是无根据；只有他律而无自律的道德，只是虚拟不实的规定或强行的宗教教规。我们的职业道德建设，应力求推进自律与他律的统一。

四、企业伦理的平衡：需要他律机制与自律机制

在社会主义市场经济建设过程中，为了保持企业伦理天平的平衡，需要从商业道德他律机制与商业道德自律机制两个角度考虑。

在企业他律机制方面，企业经营必须借助法律与规章制度的约束和监管。在商业伦理中，相应的公司法制建设应该跟上社会经济发展的过程，尽快地健全与完善，并从严实施，迫使不讲诚信的人没有可乘之机与侥幸心理。不过，任何法律与规章制度都会存在漏洞与不足之处，而法律与规章制度在时间上总是存在滞后性。所以，社会就需要企业借助道德自律机制的形式来约束企业的经营行为。

在商业道德自律机制方面，诚信的实质在于聚集文化力量，我国企业的诚信需要借助中国的传统文化力量，促使企业员工以诚实守信自律约束自己的活动，从而转化为合理合法的自觉自在自主行动。在企业经营中，企业员工只要取信于人，就会万事必成，为社会和大众创造更多更好的物质财富与精神食粮。

而从更广泛、更深刻的角度看，我们既要关注在利益方面形成伦理平衡的关键问题，又要重视企业追求利益的合理行为方式。在追寻与取得利益的平衡过程中，企业经理层采取行动的行为方式有“道”与“术”两种方式。经营实践表明，追求诚实守信的企业是从根本上采用“道”的方式，自然就会兼顾企业长期利益与短期利益，但过分追求收入利润的企业所采用的只是一种“术”的方式，也许可以取得短期利益，但很可能会忽视企业长期利益，不利于企业的持续稳定和协调发展。

在现代企业经营过程中，真正的商道是以诚信为本之道。无数企业实践证明，企业制定发展战略，提高竞争能力，最终获得在市场上的竞争优势，都得遵循这种商道。诚信为本之道的核心在于人。企业经理层要取信于自己的员工，取信于自己的顾客；同时也要指导企业员工取信于外部利益相关者。有鉴于此，企业经理层要将诚信作为自己的核心价值观，用以指导企业的管理实践，彻底明确管理在于赢得人心。众多企业希望通过自己具有优质品牌的产品来获得忠实的顾客和广阔的市场，这是通过品牌的信息来传达企业诚信的一种重要方式。

【网络链接 10-1】

中国徽商“和气生财”理念创健康企业文化

荣事达地处安徽合肥，安徽是中国徽商商业文化的发祥地，素有“和气生财”、“互惠互利”的商业精神。该企业在长期的经营实践中认真吸取其中的精髓，贯彻到企业对内、对外关系之中。中国企业管理研究会的专家进驻该企业之后，对其进行了深入细致的调研，从企业发展史、企业与供应商和销售商长期合作的过程中整理出大量对现代企业运作仍有指导意义的商业伦理和商业伦理精神，并在此基础上进行提炼，归纳出以“互相尊重、相互平等、互惠互利、共同发展、诚信至上、文明经营、以义生利、以德兴企”为核心精神的“和商”理念。以此作为处理企业与消费者、企业与商界、企业与企业、企业内员工之间的基本行为准则。

对此，《中国青年报》的评论员文章指出：《中国第一部企业自律宣言——荣事达自律

宣言》是对西方商业伦理宪章从形式到内容的全面创新,“和商”理念的形成和推出是从理论到实践的全面创新。市场经济有序化主要靠两个方面的力量:①他律,即法律、法规,它是一种外在的规定性。②自律,即企业道德、商业伦理,它是一种内在的规定性。企业应当把法律法规等化为市场经济的主体——每个企业、每个员工的自觉行为。“和商”理念是和“徽商”文化一脉相传的,“和”即“和为贵”、“和气生财”、“和衷共济”、“和平共处”、“共同发展”的商业精神。

(资料来源:石磊.企业文化案例精选评析[M].北京:企业管理出版社,2010:42-44)

第二节 商业伦理道德自律机制

一、职业道德自律的含义

自律是个体为追求道德本身的目的而制定的伦理原则,个体达到一种不受外在的约束或情感的左右而依据其“良心”法则行动的自主状态。

现代社会职业越发展,职业生活越丰富,人们在职业活动中的主体地位就越突出。

职业道德自律,首先表现为自我立法,在职业活动中它表现为个体将外在职业道德规范,即职业义务内在生成为自我的职业良心,形成自己的职业道德认识、职业道德情感、职业道德意志和职业道德习惯等。

其次,职业道德自律意味着自我选择,个体依据自己的“良心”制定伦理原则,本身就包括了个体的选择自由,人及其价值观的复杂多样使得职业活动中人的职业道德观念和职业道德行为层次有别,这也正是主体选择自由的一种表现。

再次,职业道德自律还意味着自我控制,自律所包含的主体选择自由决不是任意而毫无限制的,为维护社会各行各业的正常运行,个体的职业行为选择必须遵循一些共同的准则,这就要求主体达到自我选择的自由是以主体具有理性和支配自身行为的能力为必要前提,正是这种理性和支配能力促使主体摆脱了外在的控制而达到自主自觉,认清了个人在职业活动中所应担当的社会职责和应尽的社会义务,并在强烈的职业道德意志的作用下逐渐养成良好的职业道德习惯。

二、商业道德自律及其表现形式

商业道德自律是指企业员工在企业生活中,在履行对他人和社会义务的过程中所形成的一种商业道德意识。商业道德自律既是体现在企业员工意识中的一种强烈的商业道德责任感,又是企业员工在意识中依据一定的商业道德准则进行自我评价的能力。

商业道德自律,首先表现为一种职业道德情感,它是企业员工对他人和社会义务感的强烈表现。其次,商业道德自律表现为一种自我评价,它是一定社会的道德原则、规范在企业员工意识中形成的相对稳定的企业信念和意志。再次,商业道德自律还往往表现为企业良心。企业良心是对企业责任的自觉意识,是企业员工认识、情感、意识和信念在职业活动过程中的统一。因此,企业良心在企业员工的道德生活中就不仅能够使企业员工表现出强烈的职业道德责任感,而且能够使企业员工依据职业道德原则和规范自觉地选择和决定行为，成为企业员工发自内心的巨大的精神动力，在企业员工的职业行为中起着主导的作用。

三、自律在商业道德建设中的作用

建立商业道德自律机制是商业道德形成和发展的高级形态，对培养和造就从业者的自律精神具有极其重要的意义。

（1）企业活动首先是人的创造性劳动，始终离不开企业业务者主观能动性的发挥，要有效组织人力资源挖掘个体的潜能，使企业员工积极主动地从事企业业务，没有一种敬业、乐业、勤业的自律自觉精神显然是不可想象的。

（2）企业生活是企业员工个体社会化的重要场所，企业员工在劳动中创造着社会的物质文明和精神文明，也正是在劳动中个体实现着包括职业荣誉感和职业成就感在内的精神需要的满足，在这里个体找到了自我与社会的接洽点，没有一种发自内心的自主自觉，个体是难以在创造社会价值中实现自我价值的。

（3）商业道德自律作为企业员工道德践行的发动机制，在解决当前社会转型期由于价值观嬗变和理想信念失落等引起的职业道德领域存在的道德混乱，乃至道德“真空”等方面的问题时具有风向标的作用，通过增强自律提高企业员工的自我辨识能力，促使企业员工的职业道德素质和社会道德风貌趋于健全完善。

四、商业道德自律机制的组成

所谓商业道德自律机制，就是指商业道德自律的一种结构和活动原理。它是商业道德规范的具体要求、标准和内容转化为职业企业组织和企业员工内在目标、标准和需要，并且企业员工自觉承担起职业行为选择的结果，在这种机制下，商业道德规范的执行不是受制于外力，而是通过企业员工自我调节、自我约束、自我判断和自我“立法”来体现商业道德规范的内容及要求的一种制度安排。

商业道德自律机制的内容是指保证商业道德自律机制正常运行，发挥其职能作用的基本构成要件和因素。其主要包括商业道德自律组织机制、自律规范机制、自律目标机制和自律环境机制等内容。

1. 企业自律组织机制

商业道德自律，不仅仅是企业员工个体的事情，而是职业整体的自律，因此，要实现这种集体自律，建立健全相应的自律管理机构就是首要的基本任务和内容，它是实现自律的基本组织保证。

建立行业自律组织机制，广泛开展商业道德评议讨论制度。为了切实有效地促使企业员工遵守职业道德，保护企业员工不受打击报复，顺应时代发展，借鉴国际惯例，建立一个权威性的企业行业自律组织，实行企业员工自律组织管理。我国的商业道德在管理体制上应实行行业自律与政府行为的统一、协调，政府管制应在坚持行业自律原则的前提下明确管理的范围和形式，同时加强执法力度。

2. 企业自律规范机制

商业道德自律组织如何建立及如何开展业务、企业员工如何进行职业道德自律都需要有规章制度所遵循，因此，商业道德自律需要有一系列相应的法律、法规和制度，自律实际上是企业员工的自我约束，没有规章制度，自律作用是极其有限的。

商业道德自律管理的法规及制度应包括商业道德自律规范和要求、自律组织建设规章制度、自律检查规章制度等内容。

3. 企业自律目标机制

商业道德自律目标是指商业道德自律机制运行的预定目的或结果。

商业道德自律机制的基本运行目标就是完善整体商业道德和企业员工个体道德，并使两者有机统一。在不同时期，或不同地区、不同单位，商业道德自律目标，无论是整体还是个体都常常存在不同价值取向、较高级次目标和较低级次目标等的矛盾。要保证商业道德自律机制的基本目标最佳实现，目标机制须发挥以下功能。

第一，目标决策功能，即保证商业道德自律运行目标对各个不同取向的目标的绝对支配作用和主导作用。

第二，目标控制功能，即通过自律机制的基本目标的分解和具体化，使其包含于各个个体、级次的具体目标中，并随这些目标的实现而最终得以实现。

第三，目标协调功能，即在某种具体目标因过度膨胀或冲动而有悖于总体目标时适时地施加影响和干扰。

第四，目标应变功能，即保证预定的自律目标的实现值，能顺应外部条件和自律运行过程本身的变化而得到有效矫正。

4. 企业自律环境机制

商业道德自律机制效应状况不仅与其内部机制是否优化有关，而且还与其外部机制是否优化有关，因此，要保证使其有一个正常的外部机制，即在一定程度上依赖于其所处的外部企业及经济机制环境，例如全社会性的道德教育状况、企业员工普遍的职业道德水准等，不仅与其自身的内部机制有关，而且也同它与该社会经济、政治和文化等构成的外部机制有关。

企业业务是社会经济管理业务，企业资料是社会资源，企业员工是社会人和经济人中的一部分，只有在从事企业业务时，他才是一个企业员工。因此，商业道德自律机制的建立一方面要尽可能地适应特定环境的要求，另一方面要求社会尽可能地为商业道德自律制造和提供更适宜的内部、外部环境条件，按照新《中华人民共和国公司法》(以下简称《公司法》)的要求，在发挥企业员工及组织职业道德自律主导作用的同时，还要充分发挥业务主管部门、政府财政部门以及除此之外的其他管理部门的监管作用，动员全社会都来支持、关心和理解企业业务，营造一种良好的社会氛围，只有这样，商业道德自律机制才能真正发挥其应有的作用。

五、商业道德自律建设的内容

商业道德自律建设主要包括下列内容：树立商业道德信念、履行商业道德义务、培养商业道德良心、注重商业道德荣誉、捍卫商业道德尊严和坚守商业道德节操。

（一）树立商业道德信念

商业道德信念是指企业员工应具备的对做好企业业务的理想追求，包括社会理想，如共产主义理想等对社会的良好期望；还包括道德理想，如把自己塑造为能被社会承认的良好人格形象的愿望，表现为对做人的尊严、价值和品格的追求等对自己社会人格的良好期望。

树立正确的商业道德信念，对企业员工个体和社会道德行为的倾向、道德品质和道德规范的形成和发展起着重要的导向性和激励性作用，同时它规定了道德教育的根本任务和道德修养的基本目标。积极的人生观会形成崇高的理想，崇高的理想又会引导人们一步步走向光明的未来。企业业务是经常与钱和物打交道的业务，企业业务的好坏对一个单位经济活动效果的影响很大。企业员工只有树立正确的人生观，确立毫不利己、专门利人、全心全意为人民服务的崇高理想，才能胜任企业重要的业务。

（二）履行商业道德义务

商业道德义务是指企业员工在一定的信念和道德观的支配下，自觉履行对社会和对他人的责任。它包含两方面的要求：其一，社会或他人对企业员工规定的责任；其二，企业员工对社会或他人所负的责任。对社会负责是企业品德的核心内容，主要包括以下几项。

第一，对社会负责。任何一个法人组织的经济活动都是整个国民经济的一个重要组成部分，其企业信息是否真实、完整、准确，均会影响国家宏观经济调控的决策。因此，商业道德义务首先是要对社会整体利益负责，能否对社会整体利益负责是衡量企业员工是否称职的基本标准。

第二，对债权人和投资者负责。企业会计人员必须真实地反映企业的财务状况，准确分析投融资行为的可能后果，以便让投资者和债权人正确进行投融资判断。

第三，对单位负责。对单位负责主要表现为对单位财产安全和资金有效运作的责任，企业机构和企业员工必须对单位的财产安全负责。

履行商业道德义务的行为，是将“不得不为”变为“自觉而为”的过程，一个具有很强职业义务感的企业员工会千方百计干好本职业务，去履行自己的使命、责任；而一个职业义务感不强或没有职业义务感的企业员工，就会把企业业务当儿戏，也就谈不上做好本职业务。因此，增强企业义务感是企业员工做好本职业务的基础。

（三）培养商业道德良心

商业道德良心是指企业员工在履行职业义务的过程中所形成的道德责任感以及对自己职业道德行为的稳定的自我评价能力与自我调节能力。商业道德良心的表现是多方面的，它表现为企业员工对企业本职业务的责任感、对职业对象的同情感、对自己行为的是非感、对正确职业行为的荣誉感和对错误职业行为的羞愧感。商业道德良心主要表现为以下三个方面的要求。

第一，企业员工做出某种企业行为之前，商业道德良心要求企业员工要依据履行商业道德义务的要求，对行为的动机进行自我检查，否定不道德的动机。

第二，在企业行为进行过程中，商业道德良心起着监督作用，对符合商业道德要求的感情、意志和信念予以支持和鼓励，反之则予以否定。特别是在行为过程中发现和认识到错误时，它能使人们改变行为方向和方式，即良心发现，自觉地保持正直人格。

第三，在商业道德行为结束时，针对自己行为的后果和影响做出评价。对良好后果，感到内心满足和欣慰；对不良后果，进行内心谴责，表现出内疚、惭愧和悔恨。

培养企业员工的职业良心，就是培养企业员工爱憎分明的立场和除恶扬善的精神；

就是要把商业道德原则、范畴和具体的专业道德要求变成内心的道德要求，并且用这种内在的要求自觉地指导自己在职业生活中的言行。把外在的要求变成内在的要求，需要有一个长期的实践过程。在这个过程中，企业员工必须把树立社会主义商业道德的责任感与对企业业务的科学认识结合起来。

（四）注重商业道德荣誉

商业道德荣誉是指企业机构或企业员工在履行了社会责任义务后得到的道德上的褒奖和赞许，它既反映了社会对企业员工行为的道德价值的一种肯定，也反映了周围人对企业员工的尊敬程度。商业道德荣誉是推动企业员工履行职业义务的高尚情感和巨大的精神力量，它可以激发企业员工关心自己的名声、集体的威望和整个行业的信誉，鼓舞企业员工奋发努力，在本职岗位上做出贡献。

（五）捍卫商业道德尊严

尊严是认识到自己存在的社会价值而产生的一种自尊心或尊严感。商业道德尊严是指社会或他人对企业的尊敬，以及企业员工对自己职业的珍爱。这种职业尊严感，来自对企业业务的崇高信念和社会作用的明确认识。

商业道德尊严只能在严格履行商业道德义务和责任的过程中形成，要使企业在社会中获得应有的地位，并得到社会的承认和尊重，需要企业员工共同努力，追求职业的自我完善，得到社会的良好口碑，形成有影响力的职业精神。捍卫职业尊严感不仅能使企业员工在企业业务中坚守责任，胸怀正义，而且还能最大限度地激发企业员工的自豪感，从而使其在业务中处于最佳的精神状态。

（六）坚守商业道德节操

商业道德节操是指企业员工在职业行为上应体现出大公无私和高度的原则性。企业员工的日常业务与钱和物打交道，业务中所接触的人和事也与其经济利益有着密切的关系。因此，坚守道德节操对企业员工来说尤为重要。商业道德节操包含以下方面。

第一，在局部与整体利益关系上的坚持原则。局部与整体利益关系包括单位与国家、单位内部各部门与单位、个人与各部门等之间的利益关系。企业员工应在这些关系的处理中坚持原则，不能为了局部利益而牺牲整体利益，也要在保护单位整体利益上坚持原则。

第二，在个人与集体利益关系上的公私分明，企业负责管理和经营股东的财产物资，在业务上的公私分明是对企业员工最基本的要求，高尚的节操应做到大公无私。

第三，抗拒拉拢腐蚀。单位任何人想损公肥私、中饱私囊，都逃不过企业会计人员的眼睛。因此，企业会计人员应在拉拢腐蚀面前坚持立场，刚正不阿，一身正气。

企业员工节操是做好企业业务，保持企业员工自身一生清白的最基本的职业道德。

作为实例，下面我们说明荣事达企业为全体员工制定的企业竞争自律总则。

企业竞争自律总则

第一条 荣事达在对内对外的各项活动中形成的企业理念——“和商”理念，源于企业十多年来生产经营活动的实践。随着企业的发展，已成为荣事达全体员工的主导意识，成为处理企业与消费者、企业与企业、企业内部上下级以及企业职工之间关系的基本行为准则。

"和商"理念的核心思想是：倡导相互尊重、互相平等、互惠互利、共同发展、诚信至上、文明经营、以义生利、以德兴企的道德规范和企业自律准则，并用它来调整企业对内对外的各种关系。

第二条 在企业经营中，荣事达力倡"和商"理念，一切从消费者利益出发，严于律己，宽以待人，在企业内部严格执行零缺陷管理，追求产品零缺陷和服务零缺陷。

第三条 荣事达决心把"和商"理念转化为全体员工共同一致、彼此共约的内心态度、理想境界和行为方式，以此激发全体员工的积极性、创造性，以实现"办一流企业，创一流品牌，树一流形象"的企业目标。

第四条 爱祖国、爱企业、爱岗位是荣事达人在"和商"理念下正确处理国家、集体、个人三者利益关系的员工自律准则，它同时又是企业价值观的高度概括。荣事达将继续用这一自律准则来规范本企业员工的行为。

【网络链接 10-2】

阿里巴巴的"六脉神剑"：企业文化

阿里巴巴集团董事长马云曾说："在阿里巴巴，有一样东西是不能讨价还价的，那就是企业文化、使命感和价值观。"阿里巴巴的"六脉神剑"就是阿里巴巴的价值观：诚信、敬业、激情、拥抱变化、团队合作、客户第一。

阿里巴巴公司从最初的18名创业者成长为拥有超过1000名雇员的公司，基于阿里巴巴价值观体系的强大的企业文化已经成为阿里巴巴集团保持凝聚力的基石。马云认为，作为CEO和创始人，本身最大的职责就是企业文化的推广者，就是首席文化官。制定企业文化目标、共同的使命和价值观很容易，最困难的地方在于点点滴滴地实施，让企业文化可以渗透到企业的各个层面。在阿里巴巴，全国各地的公司墙上没有一个张贴着价值观的，马云曾说，"东西贴在墙上就完了，就做不好了"。文化绝不能仅仅停留在口号上，而要落实到实际行动中。

阿里巴巴"六脉神剑"的30项指标，成为价值观考核的硬性指标，是跟员工的钱袋子挂上钩的，但最终的努力还是通过各种办法把价值观放进员工的心里，融进员工的血液里。马云说："我们的价值观很清楚，就是阿里巴巴是家客户第一的公司，员工必须有诚意、有热情，我们甚至明确了公司的价值观要定期考察，确认员工是否融入了企业文化。光有业绩而无法融入企业价值观的员工，我会请他走路，因为那就像野狗一样。相反地，价值满分但是业绩零分的员工，不过是小白兔，我也会请他走路。"

正是在企业文化的巨大激励下，阿里巴巴的每一个员工都非常有激情。一位新雇员在刚进入公司时，对公司无所不在的激情感到不能理解，看到一群互联网销售人员长时间站立在一部部电话机面前，手舞足蹈，滔滔不绝，他认为自己进了"疯人院"，可两个月后，他认为这一切理所当然。

在阿里巴巴，企业文化是其他竞争对手不可复制的重要武器，也是阿里巴巴在诸多互联网公司中能独占鳌头的核心资源。

（资料来源：王乾龙．阿里巴巴的企业文化［M］．深圳：海天出版社，2010）

第三节　商业伦理道德他律机制

一、商业道德他律的内涵

他律是相对于自律而言的，是指服从自身以外的权威与规则的约束而行事的道德原则。德国哲学家康德认为，他律的这种约束人们行事的原则可以来自于社会，“快乐的引诱，或对幸福的渴求”；也可以来自于“宗教权威、宗教礼仪、宗教狂热与迷信”。

近几年来，我国正在注重加强社会道德建设，特别是职业道德建设，建立了多层次的适应各行各业的规范。例如，“爱岗敬业、诚实守信、办事公道、服务群众、奉献社会”。应当说，经过群众的实践和理论的集中，已经形成了比较完整的职业道德规范体系。职业道德的他律就是通过这些规范体现的“应当如何”的要求。这种客观的外在规范对从业者来说是一种劝导，也是一种约束。有了一定的规范，长期坚持下去，使个体养成适应于职业要求的良好习惯，就会逐渐由外而内地培养和促进个体道德的自觉性和自主性，这正是他律向自律转化的过程。

商业道德他律可以从以下两个方面来理解它的内涵。

第一，商业道德他律是外在于企业员工主体的规范系统，尚未形成企业员工的主体自觉。对企业员工主体来说，它是一种不得已而为之的律令，因而具有外在制约性，它是维护企业活动正常进行所必需的社会规则和企业准则对不同企业人员的统一要求。

第二，商业道德他律是一种外在于企业员工主体的评价系统，它以社会舆论为导向，通过公众舆论的褒贬抑扬实现行为的社会调控。对企业员工主体自身来说，他律作为一种外在于企业员工主体的评价系统往往实现着某种道德之外的目的，因而商业道德他律作为对个人主观任意的一种制约，是为维系社会秩序而对个体自律程度不足的一种补充。

二、他律在商业道德建设中的作用

在商业道德建设中，他律发挥着极其重要的作用。

首先，商业道德建设的过程也是一个职业道德规范由他律到自律的个体职业道德生成的过程，即通过企业义务的他律灌输才逐渐提升到形成企业良心的自律自觉，这是道德形成和发展的一般规律在商业道德建设中的体现。在这里，他律灌输及其制约是不可逾越的，道德的实践性特点决定了他律灌输的必要性。

其次，职业活动至今尚是人们用以谋生的手段，企业也不例外。企业活动中的道德建设就必须从现实活动中的企业员工个体出发，企业员工个体的特点及其矛盾性决定了商业道德建设必须运用他律机制。在我国因体制转型而引发道德真空的情况下，良心的自我约束力大为减弱，他律的运用就显得尤为紧迫和必要。

再者，职业活动作为一项社会性生产，其社会分工的复杂化和利益主体的多元化决定了职业活动需要多种社会规范进行调控。所以规范最终是通过自律来达到社会控制的目的的，但社会存在决定社会意识，正视我国社会现状就会发现商业道德建设至今仍是以他律型为主。

针对商业道德现状，通过建章立制，辅之以必要的社会舆论监督，尤其是企业行业协会监督和行政监督、党纪监督乃至司法监督，从较低层次的规范入手强化他律，企业活动中存在的不良现象会大为好转。在道德形成与发展过程中，他律灌输阶段无法超越。在道德运作实践中，他律还是自律的不可或缺的保障，离开他律不仅难以形成自律，而且即便形成，也难以持久稳固。古人在论及个人修养时强调“慎独”，但是就目前的社会存在而言，真正能达到慎独境界的毕竟只有小部分人。试想在一个社会震荡、利益重组、改革深入的时期，他律的手段远未完备，与其忧心如焚地呼唤自律，还不如实事求是地建设并加强他律制约机制，促使个体的行为选择符合社会职业规范，再经过长期不懈的培育过程达到主体的自觉升华，否则只能是欲速则不达，超越社会现实和历史阶段的道德建设往往事倍功半。

三、商业道德他律机制的形式

商业道德建设要遵循道德形成和发展的一般规律，重在培养造就企业员工的自律自觉的精神。我们之所以要强调他律向自律的转化，是因为自律是他律的基础，他律最终要通过自律起作用，离开自律的他律难以从根本上改变人，无法唤起企业员工的自我修养与自我改造的热情，只能是治标不治本。商业道德他律机制主要包括以下几项。

1. 社会舆论监督机制

长期以来，社会舆论监督在职业活动中发挥着他律制约的作用，但这种抽象的监督机制顺应低效率、慢节奏、结构单一的社会体制的需要，其运作社会成本较高并要以全民的文化素质和社会参与能力的相当水准为前提，多半属于事后监督，并且如果从业者对此种舆论充耳不闻或闻而不动，即使最终有所行动，也莫过于慈悲为怀，那么这种监督必定是软弱无力的。

为了配合社会信用建设，我们认为建立企业员工的诚信档案势在必行，从而大力发挥社会舆论监督机制的作用。

2. 公司法律制度机制

我国十分重视企业立法，已经拥有独立于其他法律之外的新《公司法》，颁布后经过实践又进行了修订，这在国际上并不多见，与之配套的公司法规文件则更多。这些法律、法规明确规定了与企业相关的单位、部门和个人在企业行为履行中的权利和责任；强调加强各单位内部监督及单位负责人、企业机构、企业员工的企业监督的法定职责；对违反新《公司法》的法律责任，特别是对单位负责人法律责任的规定是前所未有的。但是在公司法律执行中尚存在许多问题。一是公司法规的社会认知度不高；二是“有法不依，执法不严，违法不纠”的问题普遍存在。在企业领域，人超越法律控制企业的现象也比比皆是。因此，加大对违反公司法规的惩治与处理力度是根治企业造假的良药，也是促使企业自律的最强有力的外力。

3. 财经审计监督机制

当企业的财务行为与公司法规制度发生抵触时，往往片面强调搞活经营，而放松了对违纪违规行为的监督。企业监督、财政监督、审计监督和税务监督等形式上的监督很多，但存在监督标准不统一、各部门在管理上各自为政和功能上相互交叉的问题，造成各种监督不能有机结合，从而不能在整体上有效地发挥监督作用。规范性以及广度、深度、力度都不能给企业内部监督提供有力的支持，进而难以形成有效的再监督机制。内部审计作为国家监督体系的组成部分之一，代表国家利益，通过企业经济活动的监督和控制，保证国家财经法规的贯彻执行。但这种各自企业设置的内部审计机构往往不能被企业真正所接纳，基本上起不到监督作用。

4. 内部企业控制机制

内部控制机制是指企业各级管理部门在内部产生相互制约、相互联系的基础上，采取的一系列具有控制功能的方法、措施和程序，并进行规范化、标准化和制度化，而形成的一整套严密的控制体系。例如组织机构控制机制、职务分离控制机制、授权批准控制机制、预算控制机制、财产安全控制机制和企业业务程序控制机制等。通过这些机制，我们可以及时发现和纠正可能出现的偏差，防范财务造假，避免把潜在的危机转变为现实的损失，能使凭证有效、记录完整正确、稽核有力，能有效地堵塞漏洞、防范或减少损失，能防范和查处贪污盗窃等违法乱纪行为。由此可见，内部企业控制机制是遏制企业做假的重要工具，是实施自动防错、查错和纠错，实现自我约束和自我控制的重要的他律手段。

【网络链接 10-3】

建设和营造文明和谐的社会环境

第三届全国道德模范颁奖典礼于 2011 年 9 月 20 日在北京举行。本届道德模范评选按照助人为乐、见义勇为、敬业奉献、孝老爱亲和诚实守信五类，共评出 54 名全国道德模范。颁奖典礼生动地展现了道德模范的感人事迹和高尚精神。平凡人身上展现出来的温情大爱，凝结汇聚成暖暖热流，感动了全社会，涤荡着人们的心灵。浓浓的美德新风，在神州大地涌动、激荡！本届道德模范评选自 2011 年 3 月启动以来，坚持群众评、评群众，群众学、学群众。广大群众自发寻找道德榜样，发现并推选身边的善举，道德模范评选活动在广大群众中间产生了热烈的反响，全社会掀起了一股人人学习道德模范、人人争当道德模范，崇德尚善的良好风气。在道德模范评选表彰活动中，平凡人身上的大善义举释放出了强大的感召力。在道德模范中，我们欣喜地发现，“80 后”、“90 后”青年勇于担当社会责任，胸怀爱心、乐于奉献。青年人身上所展现出来的良好精神面貌、价值追求和高度的社会责任感，感动了千千万万的人。中华民族有着崇尚美德的传统。千百年来，尊崇道德、向善助人的传统绵延不绝，滋养了一代又一代中华儿女。大到国家、小到个人，美德始终是安邦治国、修身立命之本。在当今时代，道德模范是社会主义精神文明建设的先锋和标兵。他们就生活在我们身边，他们也是普通人。他们内心的坚守和行动上的笃定，成就了他们崇高的精神境界。

他们没有高高在上，也并非遥不可及，他们可亲、可敬、可学。道德模范对他人和社会的仁爱之心，行善而不求回报的义举，闪耀着美丽的光辉。承先启后，继往开来！为好人高歌，为德行高歌！我们要继承中华民族的优良传统，汲取道德的美感和力量，进一步树立和践行社会主义荣辱观，共建和谐社会。

品德，积累于一点一滴；文明，见之于一举一动。社会的文明进步，更在于美德的弘扬和光大。道德模范人物体现了中华民族的优秀品质，反映了社会发展进步的时代精神。《公民道德建设实施纲要》颁布实施10年来，神州大地文明道德之花竞相绽放。如今，道德模范的品行日益引发人们的共鸣！助人为乐、见义勇为、诚实守信、敬业奉献、孝老爱亲……日常生活中的一件件感人事迹，群众中间的一个个响亮名字正传遍中华大地。道德模范评选表彰过程也是一个学习和宣传道德模范的过程。在推进社会主义核心价值体系建设中，我们要大力弘扬美德新风，让文明之风走向千家万户，树立社会新风尚，为经济社会发展提供强大的道德支撑。在本届道德模范评选中，无论是3.6万多名的提名候选人，还是260名全国道德模范提名奖获得者，还是最后的54名全国道德模范获奖者，他们都值得钦佩，值得学习！好人的意义不在于非要有惊天动地的事迹，如果把平凡的事坚持下来，便是不寻常，便是一种伟大。道德模范，就像明灯，他们用自己的言行诉说着善和美；道德模范，就像火种，在社会文明建设中播撒着光和热。在建设和弘扬社会文明风尚中，道德模范走在了前面，为我们树立了光辉的榜样。我们要学习他们的高尚品德和感人精神，共同弘扬这些美德新风，见贤思齐，提升道德水平、凝聚道德力量，共同建设和营造文明和谐的社会环境。

（资料来源：佚名.建设和营造文明和谐的社会环境[N].光明日报，2011-09-21）

第四节　商业伦理道德评价机制

一、商业道德评价的重要作用

在企业业务中，企业员工自觉不自觉地总要根据自己的政治观点和道德观点去评判别人的行为和衡量自己的行为，相应地，企业员工自身的职业行为也会受到其他社会成员的评判。这种评定和判断人们商业道德行为的价值活动，就是商业道德评价。它是调整企业员工与员工之间、企业员工与其他社会成员之间、企业员工与集体和国家之间的关系，以及维护财经制度和财经纪律的重要形式。

商业道德评价的对象是企业行为。商业道德评价包括两方面的内容。

(1) 员工之间和社会对企业行为的评价，对符合商业道德的行为给予充分的肯定、支持和赞扬，对企业不道德的行为给予严厉的否定、批评和谴责，处以行政处罚、民事处罚，直至追查刑事责任，使企业员工逐步形成共产主义道德。

(2) 企业员工对自身行为的评价，认识自己哪些职业行为是道德的，哪些行为是不道德的；从而扬善弃恶，履行企业员工的社会职责，特别是要坚定善恶的内在信念，形成相应的行为品质，使自己观念形态的道德思想转化为现实的商业道德行为。

商业道德的职能和作用的发挥，主要是靠商业道德评价来实现的。商业道德评价越是正确和广泛，商业道德的职能和作用越能得到发挥，商业道德对社会的影响作用就越是强而有力。离开了商业道德评价，商业道德就失去了它存在的价值和意义，而变成无生命力的东西。商业道德评价的作用主要表现在以下两方面。

(1) 商业道德评价是商业道德规范的捍卫者。商业道德的有效性和权威性并不靠其宣言，而是靠它对人们行为的实际约束力量，这种力量是由商业道德评价来表现的。商业道德评价通过社会舆论、传统习俗和内心信念等方式对人们实行普遍的商业道德监督。人们该做什么，不该做什么，什么是善行，什么是恶行，商业道德评价起仲裁作用。在现实经济生活中，企业员工与员工之间、企业员工与其他社会成员之间的关系的调整离不开商业道德评价，它为人们传递商业道德评价价值的信息，行使着商业道德命令的职能，是共产主义道德的忠实卫士。

（2）商业道德评价是商业道德规范转化为商业道德行为和品质的"杠杆"。企业员工的道德品质不是自发形成的，商业道德评价是商业道德品质形成的必不可少的重要因素。这是因为，无论是商业道德教育还是商业道德修养，都离不开商业道德评价。实际上，对企业行为善恶的判断过程，也是对企业员工进行商业道德教育的过程；而企业员工对自身行为善恶的判别过程，则是自我的商业道德修养过程。同时，商业道德评价所造成的商业道德环境和社会风尚，也为企业员工道德品质的形成提供了良好的条件。由此可见，商业道德评价是推动人们把一定的商业道德原则和规范转化为商业道德信念和习惯的精神力量，没有商业道德评价就没有商业道德。

二、商业道德评价的标准

判断企业员工职业行为的善与恶是商业道德评价的基本任务。为此，首先必须明确商业道德评价的标准，即善恶的标准问题。而所谓的善与恶，是道德评价中一对更基本的范畴，用来对人们的思想和行为进行肯定和否定。在现实生活中，人们总是从一定的立场出发，把一切道德行为称做善行，把一切不道德的行为称做恶行。就商业道德评价的范围而言，符合商业道德治理原则和商业道德治理规范的行为才称得上善行；反之，则是恶行。在判断企业员工行为的善与恶时，应该认识到以下几点。

（1）企业员工在职业生活上的善恶观与社会上的善恶观一样，是客观存在的观念。

（2）企业员工职业生活的善恶观随经济关系和阶级关系的变化而变化。

（3）善恶观的变化是绝对的，但有其相对的客观标准。

我国商业道德评价的最高标准就是反映无产阶级的利益的善恶标准。具体来说，我国现阶段商业道德评价的标准有以下几项。

（1）是否有利于国家经济建设和社会生产力的发展。

（2）是否有利于企业业务顺利进行和企业科学发展，以及企业财务制度的贯彻落实。

（3）是否有利于人民生活水平的提高。

其中，最后一点是最根本的评价标准，也是终极标准。

三、商业道德评价的根据

商业道德评价的根据是什么？这就涉及商业道德行为的动机与效果的关系问题。在通常情况下，动机与效果是相吻合的，但有时不一致，甚至非常矛盾。因此，在对商业道德行为进行评价时，是以动机为根据还是以效果为根据呢？对此，伦理学界展开了长期的争论，形成唯动机论和唯效果论。唯动机论者认为，道德评价的唯一标准是行为动机，至于效果好坏则不予考虑；唯效果论者则认为，评价道德行为只能看效果，不能看动机。实践表明，以上两种观点都不能解决行为善恶评价的根据问题。

马克思主义伦理学强调以动机和效果的辩证统一作为道德评价的根据，揭示了动机和效果的辩证关系。毛泽东同志说："唯心论者是强调动机否认效果的，机械唯物论者是强调效果否认动机的，我们和这两者相反，我们是辩证唯物主义的动机和效果的统一论者。为大众的动机和被大众欢迎的效果，是分不开的，必须使二者统一起来。"这一论断，为我们正确地进行道德评价指明了方向。因此，社会主义商业道德必须将行为动机和效果的辩证统一作为判断善恶的根据。

在社会实践的基础上，动机和效果既是统一的，又是对立的。动机和效果的统一，首先是因为两者相互依存、相互包含。动机总是包含着潜在的效果。在行为的整个过程中，动机总要受到它所指向的预期效果的限制；效果则是在一定动机的指引下形成的，效果中体现着动机。其次是因为两者在一定的条件下能相互转化。人们在社会生活中总要吸收自己同时代人或前辈的行为的经验而行动，这些行为所取得的效果就成为人们新的动机产生的基础，新的动机又产生新的效果，这样循环往复，周而复始，一次比一次提高，人类认识就这样不断升华，社会实践就这样不断向前发展。动机和效果对立，表现为人们行为的主观动机和客观效果有时不一致。由于客观事物非常复杂，人们的认识能力有限，无法完全预料自己在行为过程中可能会出现的各种意想不到的情况，因而在实践生活中"好心办坏事"，好的动机产生坏的效果，这些情况也常常存在。不过，这种对立是在统一的基础上的对立。

动机和效果的对立统一，决定了在进行商业道德评价时，既要考虑产生企业行为的动机，又要考虑企业行为带来的效果，把动机和效果在企业实践的基础上统一起来，最终以实践和效果作为评价的标准。也就是毛泽东同志所说的"社会实践及其效果是检验主观愿望或动机的标准"。之所以这样，是因为一方面人的动机总是从实践中产生和发展的，总要表现为实践活动，而实践的效果最终又是动机的客观表现；另一方面，实践是在主观动机的指导下力图达到一定效果的整个过程，效果是整个行为实践过程的最终结果和归宿。一般来说，企业员工在业务中，其动机和效果会表现为以下几种情况。

（1）好的动机产生好的效果，坏的动机引出坏的效果。例如一位优秀的会计师本着为国家为人民负责的高度责任感，就能做到账面清楚，核算准确，监督严格，收支相符，参与经营，参与管理；相反，动机不纯的企业员工，就会在账目上做手脚，满足私欲。

（2）好的动机产生坏的效果或坏的动机引出好的效果。在企业业务中，这类现象时有发生。例如，刚参加企业业务的新手，尽管有做好业务的动机，但因为缺乏必要的经验和知识技能而在业务中做不出好的结果。不过，通过总结经验，在随后的实践中钻研业务，纠正错误，最终会使动机与效果一致起来。有个别企业员工的不良动机有时也会引出好的效果，这种坏心办好事常常是道德的伪善者达到其不道德目的的手段，用假象迷惑人，以求逞强。但他所做的"好事"是为了达到不良目的，这种行为必然会在他们行为中留下痕迹，随着时间的推延，他们的不道德动机也必然会与最后的效果趋于一致。这告诉我们只要坚持实践的观点，就能对动机和效果的道德性质做出正确的判断。

所以，在商业道德评价中，我们要坚持动机与效果辩证统一的观点，在企业实践的基础上把动机和效果结合起来，通过效果来看动机，又联系动机来看效果。只有这样，我们才能对企业员工的行为做出客观、正确的评价。

四、商业道德评价的方式

商业道德评价的方式有三种：社会舆论、传统习俗和内心信念。前两种是商业道德评价的客观方式，最后一种是商业道德评价对人们的商业道德行为进行善恶判定，从而对企业员工思想和行为产生重大影响。

（一）社会舆论

社会舆论就是众人的议论，是人们用语言或文字对所关心的社会生活中的事件或现象所发表的某种倾向性的意见。社会舆论可分为政治舆论、文艺舆论、宗教舆论和道德舆论等。企业的社会舆论是指道德舆论，也就是人们依据商业道德评价的标准，对企业员工的思想和行为所做的褒贬，如光荣或耻辱、公正或偏私、正义或非正义。社会舆论具有两个显著特点。

(1) 范围广泛性，凡是存在人群的地方，任何人都要受到社会舆论的制约。

(2) 外在强制性，也就是舆论的压力。

正是因为社会舆论存在上述特点，所以它成为影响人们意识的强大力量，成为商业道德评价的主要方式。社会舆论就其产生来说，有的是通过自觉的途径形成，有的则是通过自发的途径形成。从企业领域来说，自觉的社会舆论是指各级人民政府和国家商业伦理机关(财政部门)利用各种宣传工具(如报纸、杂志、广播、电视等)表彰和肯定优秀企业员工的道德行为，谴责和否定少数企业员工的不道德行为，对企业员工进行宣传教育，从而形成一种精神力量，使企业员工接受、遵循社会主义道德规范。近几年来，我国有关单位在这方面做了大量业务，报刊杂志宣传和报道了许多优秀企业员工的事迹，不少省市，如四川、湖北、吉林、上海等，组织召开了优秀企业员工表彰大会。

同时，不少报刊杂志对深原野、琼民源、闽福发、红光实业、棱光实业、银广夏、四砂股份、黎明股份、猴王股份、方正科技、兰州黄河等企业的各种舞弊造假案件加以披露，令人触目惊心，愤怒万分，而其中每一个案件都与企业有关，人们自然就会把企业与假账联系起来，企业的社会公信力也因此降至底谷。其实，诚信对任何人都重要，如果我们每个人都以诚信要求自己，都以诚信对待他人，我们的社会就会成为诚信的社会、和睦的社会。所以说，今日的中国社会最需要的就是诚信。

（二）传统习俗

传统习俗即传统习惯和社会风俗，它是人们在长期社会生活中形成的一种稳定的、习以为常的行为倾向，它具有稳定性和群众性两个特点。传统习俗也称自发的社会舆论，它是商业道德评价的另一种方式。企业领域的传统习俗是长期以来在企业业务实践过程中形成的习以为常的职业行为倾向，它表现为一定的业务情绪和业务方式。这些企业习惯世代相传，具有历史稳定性。这些是企业员工之间不言自明的道德常规，即所谓的“习惯成自然”。风俗习惯可一分为二：新习惯和新风俗、旧习惯和旧风俗。对于前者要大力支持、肯定、宣传；对于后者，合理部分可加以改造，而消极、落后部分则应予以清除。

（三）内心信念

内心信念是道德评价借以调整人们行为的内在方式，是一种内在力量。它是构成人们行为在动机和性格的有机部分的思想和观点。商业道德的内心信念，是指企业员工发自内心地对商业道德治理原则、商业道德治理规范或商业道德治理理想的真诚信服和高度责任感，它是企业员工道德情感、商业道德观念和商业道德意志的内在统一，是企业员工对自身职业行为应负商业道德义务的一种商业道德责任感。对企业员工来说，内心信念是他们商业道德活动的理性基础，它使人们对商业道德行为的必然性和正当性做出合理的解释，使企业员工在道德评价中形成一种自知、自尊和自戒的精神，从而成为企业员工对行为进行自我调整的巨大精神支柱。

在上述三种商业道德评价方式中，社会舆论和传统习俗是其社会方式，它们反映道德评价的广泛性和群众性，对人们的企业行为具有外部约束作用；内心信念则是其自我方式，它表现商业道德评价的自觉性和深刻性，对自我企业行为具有内控作用。只有两者有机结合在一起，才能使商业道德评价发挥巨大的积极作用。

五、商业道德评价指标体系与评价标准的设计

本书对商业道德评价指标体系与评价标准也从六个维度进行设计，分别是股东权益与控股股东行为的道德评价、董事与董事会的道德评价、监事与监事会的道德评价、经理层的道德评价、信息披露的道德评价以及利益相关者的道德评价。

（一）股东权益与控股股东行为的道德评价

根据《中国公司治理原则》以及《上市公司治理准则》对股东权利、股东会的规范、控股股东行为规范等的规定，我们认为评价股东权益与控股股东行为应包括股东会、上市企业独立性、中小股东权益保护以及关联交易等四个方面。

对股东权益与控股股东行为的道德评价，我们主要设计两个方面四个指标。

(1) 关联交易的道德评价：①同行联系度；②融资资信度。

(2) 股东道德状况：①股东忠诚度；②股东信誉度。

（二）董事与董事会的道德评价

董事会治理质量的评价应密切结合中国上市企业的治理环境，充分考虑法律赋予董事会的职责以及董事会的特征，从保障企业科学决策的目标出发，注重董事行为的合法性和董事会运作的有效性。基于上述考虑，我们从董事权利与义务、董事会运作效率、董事会构成、董事薪酬和独立董事五个维度设置评价董事会治理质量的指标体系。

对董事与董事会的道德评价，我们主要设计两个方面四个指标。

(1) 独立董事道德状况：①独立董事独立性；②独立董事勤勉尽责程度。

(2) 董事道德状况：①董事忠诚度；②董事信誉度。

（三）监事与监事会的道德评价

我国上市企业的监事会作为企业内部的专职监督机构，其基本职能是以董事会和总经理为主要监督对象，监督企业的一切经营活动以及财务状况。在监督过程中，随时要求董事会和经理人员纠正违反企业章程的越权行为。对监事会参与治理的评价应该以“有效监督”为目标，注重监事的能力和监事会运行的有效性。其中监事能力保证性包括监事会成员的独立性、监督的积极性等；监事会运行的有效性包括规模上的有效性、结构上的有效性、监督权力的有效性等。

对监事与监事会的道德评价，我们主要设计两个指标。

监事会道德状况：①监事会独立性；②监事的胜任能力程度。

（四）经理层的道德评价

企业的社会责任使得企业经理层不仅仅要为股东的利益服务，而且要为更广泛的利益相关者服务。为了促使经理层能够有效地行使其职责，一个最基本的前提条件是选拔优秀的经理人员，并在此基础上，给予经理人员充分的权力以及有效的激励与约束。在中国转轨时期，经理人市场的作用极为有限，市场的选拔机制以及激励机制的作用程度很低，对经理人的选拔以及激励约束主要通过内部治理机制实现。中国上市企业经理层治理实质上要解决两方面的问题：一要使经营层有能力并积极地通过自身利益的实现来最大化利益相关者的利益，从而解决管理无力和管理腐败的问题，这可以通过良好的激励与约束机制实现；二是要尽可能使有能力的经理层做出有利于企业长远发展的科学决策，这可以通过恰当的任免机制和执行保障机制实现。对企业经理层的道德评价，我们主要设计三个指标。

经理道德评价：①经理人操守；②经理忠诚度；③经理信誉度。

（五）信息披露的道德评价

上市企业信息披露评价主要包括四项内容：一是财务信息，包括使用的会计准则、企业的财务状况、关联交易等；二是审计信息，包括注册会计师的审计报告、内部控制评估等，审计及信息披露评价当前比较注重审计关系本身的合规性和独立性；三是披露的商业伦理信息是否符合相关规定，目前虽具有较高的定性标准，但缺乏具体的量化标准；四是信息披露的及时性等。其中信息透明度是核心，具体从真实性、及时性和完整性三个方面衡量信息披露的质量。其中信息披露的真实性是信息的生命，要求企业所公开的信息能够正确反映客观事实或经济活动的发展趋势，而且能够按照一定的标准予以检验。信息披露的及时性要求企业应在信息失去影响决策的功能之前提供给决策者。投资者、监管机构和社会公众与企业内部管理人员在掌握信息的时间上存在差异，为解决因获取信息的时间不对称性可能产生的弊端，上市企业应在规定的时期内依法披露信息，以增强企业透明度，降低监管难度。信息披露的完整性要求上市企业必须提供企业完整的信息，不得忽略、隐瞒重要信息，使信息使用者能够全面了解商业伦理结构、财务状况、经营成果、现金流量、经营风险及风险程度等。公开所有法定项目的信息，使投资者足以了解企业全貌、事项的实质和结果，披露的完整性包括形式上的完整和内容的完整。

对信息披露的道德评价，我们主要设计三大方面两个指标。

（1）完整性披露（相关性披露）。

（2）真实性披露（可靠性披露）。

（3）及时性披露（信息披露的公信力）：①会计报表诚信度；②审计报告诚信度；③信息披露的社会接受程度。

（六）利益相关者的道德评价

我们根据利益相关者在商业伦理中的地位与作用，并且考虑到评价指标的科学性与可行性，主要从利益相关者参与商业伦理和利益相关者关系的和谐角度设置反映利益相关者的评价指标。利益相关者参与方面主要评价其参与商业伦理的程度，较高的利益相关者参与程度意味着企业对利益相关者权益保护程度和科学决策的可能性的提高；利益相关者和谐方面主要考察企业与由各利益相关者构成的企业生存和成长环境的关系协调程度。包括企业员工参与程度、社会责任履行状况、企业投资者关系管理、企业和监督管理部门的关系、企业诉讼与仲裁事项等评价内容。

对利益相关者的道德评价，我们主要设计五大方面 17 个指标。

(1) 企业社会责任履行状况：①税收贡献率；②企业就业率；③企业残疾人就业率；④社区融洽度；⑤社会美誉度。

(2) 企业投资者关系管理：企业对投资者忠诚度。

(3) 企业与购销客户的关系：①企业对顾客忠诚度；②供销稳定度；③产品价格满意度；④产品质量满意度；⑤客户服务满意度。

(4) 企业诉讼与仲裁事项：企业遵纪守法程度。

(5) 企业员工参与程度：①企业对员工忠诚度；②员工对企业忠诚度；③员工的敬业程度；④企业对退休员工的关心程度；⑤员工满意度。

具体对股东权益与控股股东行为道德评价、董事与董事会道德评价、监事与监事会道德评价、经理层道德评价、信息披露道德评价以及利益相关者道德评价的一级指标、二级指标和三级指标所形成的指标体系、指标说明与评价标准见表 10-1。

六、包括商业道德评价在内的公司治理综合评价模型及指数等级划分

(一) 包括商业道德评价在内的公司治理综合评价模型

在建立评价指标体系、确定评价标准以及评价指标重要性系数的基础上，采用综合指数法对公司治理质量进行综合评价。其基本模型为

$$\begin{aligned}\mathrm{CCGI}^{\mathrm{NK}} = {} & \alpha_1 \mathrm{CCGI}^{\mathrm{NK}}_{\mathrm{BDS}} + \alpha_2 \mathrm{CCGI}^{\mathrm{NK}}_{\mathrm{BOD}} + \alpha_3 \mathrm{CCGI}^{\mathrm{NK}}_{\mathrm{BOM}} + \alpha_4 \mathrm{CCGI}^{\mathrm{NK}}_{\mathrm{TOM}} \\ & + \alpha_5 \mathrm{CCGI}^{\mathrm{NK}}_{\mathrm{ID}} + \alpha_6 \mathrm{CCGI}^{\mathrm{NK}}_{\mathrm{SH}} + \alpha_7 \mathrm{CCGI}^{\mathrm{NK}}_{\mathrm{CE}}\end{aligned}$$

式中，$\mathrm{CCGI}^{\mathrm{NK}}$代表南开治理指数；$\alpha_i(i=1,2,3,4,5,6,7)$代表各评价要素的重要性系数；$\mathrm{CCGI}^{\mathrm{NK}}_{\mathrm{BDS}}$表示股东会与上市企业独立性评价指数；$\mathrm{CCGI}^{\mathrm{NK}}_{\mathrm{BOD}}$表示董事会治理评价指数；$\mathrm{CCGI}^{\mathrm{NK}}_{\mathrm{BOM}}$表示监事会治理评价指数；$\mathrm{CCGI}^{\mathrm{NK}}_{\mathrm{TOM}}$代表经理层治理评价指数；$\mathrm{CCGI}^{\mathrm{NK}}_{\mathrm{ID}}$表示信息披露评价指数；$\mathrm{CCGI}^{\mathrm{NK}}_{\mathrm{SH}}$表示利益相关者治理评价指数；$\mathrm{CCGI}^{\mathrm{NK}}_{\mathrm{CE}}$表示企业伦理道德状况评价指数。

(二) 包括商业道德评价在内的公司治理指数等级划分

按照上述过程编制的上市公司治理指数采用百分制形式，最高值为 100，最低值为 0。具体评价的等级如下。

$\mathrm{CCGI}^{\mathrm{NK}}$ Ⅰ：治理指数 90～100。

$\mathrm{CCGI}^{\mathrm{NK}}$ Ⅱ：治理指数 80～90。

$\mathrm{CCGI}^{\mathrm{NK}}$ Ⅲ：治理指数 70～80。

$\mathrm{CCGI}^{\mathrm{NK}}$ Ⅳ：治理指数 60～70。

$\mathrm{CCGI}^{\mathrm{NK}}$ Ⅴ：治理指数 50～60。

$\mathrm{CCGI}^{\mathrm{NK}}$ Ⅵ：治理指数小于 50。

表 10-1 商业道德评价指标体系与评价标准表

一级指标	二级指标	三级指标	指标说明	评价标准
股东权益与控股股东行为	1. 关联交易	(1) 同行联系度	考核企业横向联系水平	与同行企业保持良好关系
		(2) 融资资信度	考核企业诚信水平	按时按量履行还款义务
	2. 股东道德状况	(3) 股东忠诚度	衡量股东是否长期持有该企业股票	持有期限
		(4) 股东信誉度	评价股东对承诺的履行程度	按时按质履行
董事与董事会	3. 独立董事道德状况	(5) 独立董事独立性	考核独立董事职责履行的保障状况	有关规定
		(6) 独立董事勤勉尽责程度	考核独立董事的工作成果	企业有关章程
	4. 董事道德状况	(7) 董事忠诚度	考核董事对企业利益的维护程度	有效保障企业利益
		(8) 董事信誉度	考核董事履行承诺的程度	有效履行承诺
监事与监事会	5. 监事会道德状况	(9) 监事会独立性	考核监事会工作客观独立	监事会能独立履行职能
		(10) 监事的胜任能力程度	考核监事工作能力	监事具备专业素质履行职能
经理层	6. 经理道德评价	(11) 经理人操守	经理个人道德水平	具备综合的个人修养
		(12) 经理忠诚度	考核经理对企业的忠诚	对股东利益的一贯性维护
		(13) 经理信誉度	考核经理对承诺的履行	能按时按质履行承诺
信息披露	7. 完整性披露（相关性披露）			
	8. 真实性披露（可靠性披露）			
	9. 及时性披露（信息披露的公信力）	(14) 会计报表诚信度	考核上市企业信息披露是否真实公允	应真实披露企业财务信息
		(15) 审计报告诚信度		
		(16) 信息披露的社会接受程度	考核公众对财务信息的接受程度	公众对企业财务信息有较大认可度

续表

一级指标	二级指标	三级指标	指标说明	评价标准
利益相关者	10. 企业社会责任履行状况	(17) 税收贡献率	企业对纳税义务的履行	企业越及时足额纳税越好
		(18) 企业就业率	考核企业对社会就业的贡献	企业吸纳就业人数占总人口的比例
		(19) 企业残疾人就业率	考核企业对社会公益事业的贡献	吸纳就业的残疾人人数
		(20) 社区融洽度	考核企业对社区文化的贡献	对社区其他成员利益的考虑
		(21) 社会美誉度	考核企业的社会责任履行程度	对整个社会公益的关心
	11. 企业投资者关系管理	(22) 企业对投资者忠诚度	考察企业对投资者的关心程度	企业对投资者利益的维护水平
	12. 企业与购销客户的关系	(23) 企业对顾客忠诚度	考察企业对顾客的关心程度	企业对顾客利益的考虑
		(24) 供销稳定度	考察企业产销链是否成熟	产销链是否正常运营
		(25) 产品价格满意度	产品的定价是否合适	产品的性价比越高越好
		(26) 产品质量满意度	产品的质量是否可靠	产品安全可靠
		(27) 客户服务满意度	考核企业提供服务的质量	服务是否及时有效
	13. 企业诉讼与仲裁事项	(28) 企业遵纪守法程度	考察企业对法律法规的遵守度	企业接受起诉和处罚的次数
	14. 企业员工参与程度	(29) 企业对员工忠诚度	考核企业提供服务的质量	服务是否及时有效
		(30) 员工对企业忠诚度	员工对企业利益的维护	员工是否一贯维护企业利益
		(31) 员工的敬业程度	考察员工对工作的认真度	员工是否一贯认真完成工作任务
		(32) 企业对退休员工的关心程度	考察企业对退休员工的关心度	企业是否关心退休员工利益的维护
		(33) 员工满意度	企业对员工利益的保障	企业对员工个人的综合利益考虑

【网络链接 10-4】

首钢良好的文化内涵和绿色企业形象

首钢致力于塑造实现清洁化生产的绿色形象。作为北京最大的工业企业，首钢“十五”发展规划中对环境治理提出了明确的高标准、严要求，即在“十五”期间把首钢建设成为科技首钢、绿色首钢、人文首钢，实现北京市政府提出的空气清新、环境优美、生态良好的环境目标。围绕这一目标，首钢园林绿化服务中心对2002年首钢绿化美化工作做出了安排。按照四个坚持、三个结合的原则实现首钢环境建设的“十化”的要求，即坚持科学规范，突出精品，群专结合，全面提高的方针；坚持环境绿化工作的可持续发展战略；坚持拆房扩绿，拆墙透绿，墙上挂绿，见缝插绿的原则；坚持绿、美、色、亮的协调发展，做到首钢区域性绿化美化与首都大环境的绿化美化相结合，社会效益、环境效益、经济效益相结合。2002年首钢厂区厂貌成为初具规模的高科技钢铁生产、旅游观光、科普教育、人文景观丰富的绿色生态型清洁工厂，展示首钢良好的文化内涵和企业形象。

（资料来源：刘光明.现代企业文化[M].北京：经济管理出版社，2005）

【本章关键术语】

自律　商业道德自律　他律　　商业道德他律　商业道德评价

案例讨论题 10

商业诚信经营理念铸就通用辉煌

——全球第一 CEO 杰克·韦尔奇的诚信文化思想

时间回溯到1876年，伟大的发明家托马斯·阿尔瓦·爱迪生在新泽西的门洛帕克成立了一个新的设备精良的实验室，这就是通用电气公司的前身。到了1890年，爱迪生已经将这个实验室的各种业务组建成为爱迪生通用电气公司，由此一个伟大的企业诞生了。作为公司的创始人和产品的主要设计者，爱迪生以自己的杰出发明和创新精神为通用电气的成长注入了无限活力。在这一点上，他可以说是通用电气的催化剂。他的实验室里悬挂着这样一条名言：“一个人除了老老实实认真思考之外，没有什么捷径可走。”他也将此作为告诫员工的一个律条。

如今通用电气公司已经成为世界上最大的多元化服务性公司，同时也是高质量、高科技工业产品和消费产品的提供者。通用电气应该可以说是美国大型公司中的“龙头老大”：从飞机发动机、发电设备到金融服务，从医疗造影、电视节目到塑料，公司致力于通过多种技术和服务创造更美好的生活。通用电气在全世界100多个国家开展业务，在全球拥有员工近30万人。2004年年底公司销售额增至437亿美元，纯利润达53.7亿美元。通用电气的市场资本总值达到3790亿美元。通用电气的表现在一定程度上也可以说是美国经济的晴雨表。

1981年成为通用电气公司董事长的杰克·韦尔奇在全球商界享有盛望，被誉为“最受尊敬的CEO”、“世纪经理”、“全球第一CEO”、“美国当代最成功、最伟大的企业家”。著名管理大师彼得·德鲁克称之为“本世纪最优秀的公司领导”。

杰克·韦尔奇1935年11月19日生于马萨诸塞州萨兰姆市，1957年获得马萨诸塞州大学化学工程学士学位，1960年获得伊利诺伊大学化学工程博士学位。他1960年加入通用电气塑胶事业部，1971年年底成为化学与冶金事业部总经理，1979年8月成为通用电气公司副董事长。1981年4月，年仅45岁的韦尔奇成为通用电气公司历史上最年轻的董事长和首席执行官。

韦尔奇初掌通用电气时，公司的销售额为250亿美元，盈利为15亿美元。在执掌通用电气的20年中，韦尔奇通过近1000次的企业兼并，把一家市场价值在全美上市公司中排名第10的公司发展成盈利能力位列全球第一，市值4800亿美元，位居全球第二位的世界级大公司。如今，通用电气旗下的12个事业部已成为其各自市场上的领先者，有9个事业部入选《财富》500强。在韦尔奇执掌通用电气的20年中，公司一路领跑，并因此连续三年在美国《财富》杂志“全美最受推崇公司”评选中名列榜首。韦尔奇带领通用电气，从一家制造业巨头转变为以服务业和电子企业为导向的企业巨人，使百年历史的通用电气成为真正的业界领袖级企业。

通用电气永远推崇的三大核心价值观是：坚持诚信、注重业绩、渴望变革。可以说，三大核心价值观是通用电气不断成长壮大的法宝，它的价值观是一个不断演进的过程，揭示出通用电气理念的发展与磨砺，一句话，与企业战略并进。韦尔奇说：理念的作用应出现在它应当出现的地方——经营业绩。

从通用电气的核心价值观和基本理念可知，不论做什么事情，对人诚实和信任永远排在第一位。

1. 诚信铸就辉煌

对于诚信，韦尔奇这样阐述：“做人要以诚信为本。一旦形成这种人格，不论在好的或不利的情形下，都要保持这一作风。不可能所有人在所有事上都同意我的看法——我也不可能任何时候都正确——但只要每个人明白我做事诚信就行了。这样才能建立与客户、供应商、分析家、竞争对手及政府部门的良好关系。”

诚信，是这个企业的道德和行动规范。韦尔奇是这么说的，也是这么教导员工的。也许通过通用发生的一个小故事，能够更加深刻地理解该公司的宗旨。

2. 文化故事：用6亿美元换取名誉

1988年，杰夫·伊梅尔特(2001年年末，他成为通用电气第九任董事长和首席执行官)负责通用电气家电维修业务。他30来岁，年轻有为，正是春风得意的时候。当时，公司生产的一种冰箱在市场上反映不错，但是冰箱的压缩机老是出现故障，出现故障的时间长短不一。这关系着几百万台冰箱的使用者和公司的利益，伊梅尔特迫于无奈只好向韦尔奇汇报。

但是他不知道该怎样开口，因为为了公司的利益，通用电气维修部要在12个月内换掉330万台压缩机，这差不多要花6亿美元！

杰夫·伊梅尔特鼓起勇气，向韦尔奇“坦白”。他说公司应花6亿美元来维修冰箱的压缩机，他在说话的时候非常紧张，浑身冒汗。他知道，韦尔奇发起火来就像一头咆哮的狮子。韦尔奇看着他说起自己的意见，刚开始声音非常大，不过很快就平稳了下来。他又问了许多技术性的问题，例如，修改的时间、数据、信息等。杰夫·伊梅尔特硬着头皮支撑着，不敢出一丝大气。

韦尔奇最后说："行，虽然我们没有必要这么做，但是你知道对我们最重要的是我们的品牌、我们的名誉、我们的客户。"

伊梅尔特一颗悬着的心落了地。后来他深有感触地说："这是我早期职业生涯中碰到的一件事，可以说明通用电气的领导人对于诚信的重视……"通用电气的诚信价值观是公司对成员个人品质的要求。虽然对员工的个人道德品质要求并不是只有诚信正直这一点，但是，在这些要求中，诚信绝对是至上的。

结论：诚信不是凭一张嘴，而是看事实——这就是领导人的楷模示范效应；诚信是一个企业的立业之本，成就之基。

（资料来源：赵文明.中外商业诚信文化经典案例[M].北京：企业管理出版社，2005：123-138）

讨论问题：

1. 为什么杰克·韦尔奇能够被人们称为"全球第一CEO"？

2. 通用电气公司历经200多年成为世界上最大的多元化服务性公司，其发展壮大的奥秘究竟何在？

练　习　题

一、单选题

1. 自律与他律的关系是（　　）。

A. 自律占主要地位　　B. 他律占主要地位

C. 二者没有关系　　D. 二者之间是辩证统一的关系

2. 马克思主义伦理学认为作为道德评价的根据是（　　）。

A. 是否遵守法律　　B. 动机和效果的辩证统一

C. 是否为企业创造了利润　　D. 是否全力为商业伦理层服务

3. 在现代企业经营过程中，真正的商道是（　　）之道。

A. 以诚信为本　　B. 以利润为本

C. 以成本为本　　D. 以上市为本

4. 我国商业道德评价的最高标准是（　　）。

A. 反映无产阶级的利益的善恶标准　　B. 是否增加企业利润

C. 是否提高生活水平　　D. 是否遵守伦理道德

5. 社会舆论监督在职业活动中发挥着（　　）作用。

A. 他律制约　　B. 自律作用

C. 监督作用　　D. 规范作用

二、多选题

1. 在社会主义市场经济建设过程中，为了保持企业伦理天平的平衡，需要从（　　）与（　　）两个角度考虑。

A. 商业道德他律机制　　B. 商业道德自律机制
C. 企业物质文明建设　　D. 企业精神文明建设

2. 具体来说，我国现阶段商业道德评价的标准有（　　）。
A. 是否有利于国家经济建设和社会生产力的发展
B. 是否有利于企业业务顺利进行和企业科学发展，以及企业财务制度的贯彻落实
C. 是否有利于人民生活水平的提高
D. 是否提高高管薪酬

3. 商业道德自律机制主要包括（　　）。
A. 企业自律组织机制　　B. 企业自律规范机制
C. 企业自律目标机制　　D. 企业自律环境机制

4. 商业道德评价的作用主要表现在（　　）。
A. 商业道德评价是商业道德规范的捍卫者
B. 商业道德评价是每个企业都必须具备的
C. 商业道德评价是商业道德规范转化为商业道德行为和品质的“杠杆”
D. 商业道德评价的目的就是为企业创造最大化的效益

5. 商业道德评价的方式有（　　）。
A. 法律规范　　B. 社会舆论
C. 传统习俗　　D. 内心信念

三、判断题

1. 一般来说，可以只存在他律而可以不存在自律。（　　）

2. 商业道德义务是指企业员工在一定的信念和道德观的支配下，自觉履行对社会、对他人的责任。（　　）

3. 商业道德建设中他律的作用可有可无。（　　）

4. 内部企业控制机制是遏制企业做假的重要工具，是实施自动防错、查错和纠错，实现自我约束和自我控制的重要的他律手段。（　　）

5. 我国现阶段商业道德评价的最根本的评价标准为：是否有利于人民生活水平的提高。（　　）

四、简答题

1. 请简述职业道德自律的含义。
2. 商业道德自律建设包括哪些内容？
3. 商业道德评价包括哪些内容？
4. 请简述商业道德自律与他律的辩证关系。

练习题参考答案

一、单选题

1. D　　2. B　　3. A　　4. A　　5. A

二、多选题

1. AB　　2. ABC　　3. ABCD　　4. AC　　5. BCD

三、判断题

1. 错　　2. 对　　3. 错　　4. 对　　5. 对

第十一章 商业诚信文化与社会和谐发展

尊德乐义，则可以嚣嚣矣。故士穷不失义，达不离道。
穷不失义，故士得己焉；达不离道，故民不失望焉。
古之人，得志，泽加于民；不得志，修身见于世。
穷则独善其身，达则兼善天下。

——《孟子·尽心上》

为天地立心，为生民立命，为往圣继绝学，为万世开太平

——北宋理学家张载

学习目的

1. 了解企业忠诚管理的重要性及如何建设商业诚信文化。
2. 明确企业竞争力的三种不同层面的内容。
3. 认识商业诚信文化在企业核心竞争力中的地位。
4. 辨析构建和谐社会与创建和谐企业的关系。
5. 理解社会主义和谐社会如何塑造先进商业诚信文化。

导读 11

《中国企业文化管理测评标准 2.0》发布

《中国企业文化管理测评标准 2.0》(COCS)，今天(2011 年 11 月 24 日)在北京由中国文化管理学会企业文化管理专业委员会发布，这意味着全国企业文化建设正推向新的发展阶段，企业文化建设出现快速健康发展的良好态势。

为了进一步规范全国企业文化管理工作，文化部和民政部于今年 7 月份共同批准成立了中国文化管理学会企业文化管理专业委员会，明确其业务范围是企业文化管理知识培训、企业文化学术研究与成果发布、企业文化管理调研与测评等，直接承担为企业建立和完善企业文化管理体系、保持和提升企业文化品质、巩固和提高企业文化建设水平等提供学术支持和实践指导等任务。

我国曾于 2009 年发布《中国企业文化管理测评标准 1.0》，有力促进了企业文化建设。但鉴于我国企业文化测评取得的成绩和目前存在的问题，版本升级显得必要而紧迫。正式发布的《中国企业文化管理测评标准 2.0》坚持“系统化、科学化、规范化”的原则，一是扩展了测评术语的层级和范围；二是简化了测评的适用形式；三是完善了定性测评与定量测评相结合的测评方法；四是增加了企业文化专业人才评价标准；五是设立了测评经典案例库；六是加强了过程控制程序；七是设计了更实用的工具和计算公式；八是扩大了测评核心文件容量。COCS 标准 2.0 全面增强了企业文化管理测评的指导性、可操

作性和实效性。

（资料来源：http://finance.ifeng.com/roll/2011-11-24）

保持一个相对稳定的员工队伍对企业的健康发展至关重要。然而人才流失和跳槽是近年来企业遭遇到的头痛问题，也给企业带来了损失。导致企业留不住员工的原因是多方面的，但员工频繁跳槽与当前许多企业的管理过于刚性、忽视人文关怀，尤其是在商业伦理过程中忽视对忠诚这一职业道德的培养不无关系。于是，忠诚管理作为一种新的管理模式，受到越来越多的人的关注。

第一节　企业忠诚管理与商业诚信文化

一、忠诚管理的相关内容

（一）忠诚的含义

忠诚是一个历史悠久的人文概念，是指具有独立人格的人对面临的人际关系或事物所表现出来的竭尽全力的心理追求和行为指向。“忠”的本义是“忠诚无私，尽心竭力”。“尽心于人曰忠，不欺于人曰信。”“诚”的本义是“诚实、真诚”。“忠诚”意为“尽心竭力”。1908年，哈佛大学哲学系教授乔西亚·罗伊斯在他的《忠的哲学》一书中提出了“忠诚”的理智准则。他认为，忠诚自有一个等级体系，也分档次级别，处于最底层的是对个体的忠诚，而后是对团体的忠诚，位于顶端的是对一系列价值和原则的全身心奉献。

（二）企业忠诚管理的内涵

企业忠诚管理的内涵既包括员工对企业的忠诚，也包括企业对员工的忠诚，两者是相辅相成的。所谓“员工忠诚”，是指员工在心理层面上对企业的自觉认同及由此产生的相关行为，即员工个人在心理上与组织目标的一体化。管理学家伯泽娜认为，忠诚的员工是这样一些成员，他们从不在外人面前批评自己所在的企业，努力工作，使自己所在的企业超过其他企业。“企业忠诚”表现在企业始终把“员工即企业的内在顾客”这一理念贯穿于全部管理活动中，充分考虑员工的现实需要和潜在需要，在管理制度、服务措施、薪酬和激励等方面充分满足员工的需要，使员工感到愉快。

企业和员工作为组织中重要的组成部分，都渴望得到对方的认可与忠诚，员工忠诚与企业忠诚是一种互动、共存的关系。企业忠诚在关心和满足员工的同时，实现了员工对企业的更加忠诚；而员工在对企业倾注忠诚后，也获得了企业的尊重与认可。

国外有学者进行研究发现，企业忠诚远比员工忠诚重要，甚至可以说企业忠诚在某种程度上是员工忠诚的基础。商业伦理者在要求员工忠诚时，必须首先忠诚于员工，为员工创造忠诚的环境和风气。当企业忠诚与员工忠诚和谐存在于企业并成为商业诚信文化的一个组成部分时，企业的内在环境将是令人愉快的，员工的工作效率将会提高。

（三）企业忠诚管理的重要性

加强忠诚管理可以在管理者与员工之间架起忠诚互信的桥梁，从而产生良好的社会效益和经济效益。具体包括以下几个方面。

1. 保证企业的持续性发展

对企业而言，员工的忠诚有利于提高劳动生产率。管理学家若伯特指出：“决定生产率的高低，并不在于其中有什么奥秘，而纯粹在于人们的忠诚心，在于他们经过成效显著的训练而产生的献身精神。”员工的忠诚促进了生产率的提高，而生产率的提高必然会为企业带来更多的利润。企业用盈利更多地投入生产，扩大规模，提高层次，会促进企业自身的持续性发展。

2. 有利于降低成本

形成忠诚的员工队伍，会大大减少人员的流失。这不仅省去了重新招聘人员和培训新人的费用，而且还留住了经验丰富的人才资源。与新人相比，经验丰富的员工更了解社会的需求，充分掌握着市场行情，从而在工作中更易于降低企业的风险，进而降低生产成本。

3. 有利于树立企业形象

当企业忠诚与员工忠诚达到和谐时，企业内部的文化必然会呈现出一种积极向上的态势。而这种好的态势又有助于企业形象的外塑，在社会上取得较高的声望，提高美誉度，从而使企业走上一个更高、更完美的层次。

二、实施忠诚管理战略

要求企业对员工忠诚负责，仅靠企业自觉或几个领导人的意志很难实现，还需要制度的保证和社会大环境的支持。

（一）倡导诚信文化，发挥舆论导向作用

当人们感慨忠诚不再，忠诚甚至可以论斤论两出卖的时候，要求企业对员工忠诚或者员工对企业忠诚似乎毫无意义。忠诚的缺失，导致整个社会陷入混乱和迷茫。要实现企业对员工忠诚，社会大环境应该体现忠诚的价值，倡导社会诚信文化，发挥舆论导向作用，让人们重新认识忠诚的意义并主动追求。企业和员工作为社会大环境的一个组成部分，必然会受到环境的影响，与大环境倡导的价值观保持一致。

另外，倡导诚信的商业诚信文化约束自己的经营行为是企业对员工负责的自我监督机制。负责、忠诚不能只是商业诚信文化的口号，而应该用制度保证其落实。

（二）完善相关法律体系，加大执行力度

企业内部、外部文化的约束仅起引导作用，是一种软约束。企业对员工负责还依赖法律的完备保护。企业作为强者，员工作为弱者，有时不得不依靠法律的强制性。我国的相关法律法规虽然比较完备，但在实践过程中仍然存在很多问题，特别是执行难的问题，让许多企业无视法律，或存在侥幸心理。只有不断完善相关法律体系，加大执行力度，保护员工的权利才会落到实处。

（三）建立人力资源会计核算体系

企业不愿对员工负责，关键在于企业认为对员工负责纯粹是成本支出，而不清楚该项支出能带来多大的回报。建立人力资源会计核算体系，可以让企业明确各项人力资源的投入与产出，明确企业对员工忠诚负责引致的员工忠诚的真正价值，企业就会产生对员工忠诚的动力。

（四）健全人力资源管理制度

忠诚是企业与员工之间形成的一种心理契约，具有主观性和不确定性。企业和员工之间由于信息不对称，企业在维系心理契约时具有更多的可选择性，而员工因缺乏信息会

产生不安全感，光凭口头承诺或心理感受很难让员工对企业信任，还需要明确的人力资源管理制度保证企业确实能够兑现承诺。如果企业的人力资源管理制度不能保证员工的就业安全、职业生涯和个人发展，员工就有可能产生心理契约违背。因此，健全、落实人力资源管理制度既可以让员工有明确的行为指引和参照，也是企业自我监督、自我约束、自我改善以实现对员工真诚负责的利器。

要赢得员工忠诚，企业必须先对员工真诚负责，像关心企业的利润和发展一样关心员工的工作和生活。用制度保证企业对员工忠诚，则是实现企业和员工双向忠诚的根本途径。

三、建设以商业诚信为核心的商业诚信文化

企业要想获得持续发展，企业商誉和企业信用是不可或缺的资源，是无形的“金钱”和资产。企业要做到最优秀，功夫要下在企业价值观上，技术和高科技可以学，制度可以制定，但包括全体员工内在的追求这样一种商业诚信文化、商业伦理层面上的东西却很难移植和模仿。从这个意义上说，企业理念才是最终意义上的第一核心竞争力；而商业伦理、企业信用和企业商誉是企业理念不可或缺的基本要素。唯有诚信至上，企业才能百年不衰。各行各业的不同企业的商业诚信文化建设有不同特点和不同途径，但都不能忽视诚信这个基本原则，都必须把诚信理念和诚信精神放在核心地位。

（一）诚信文化的实质

1. 诚信文化是道德自律

诺贝尔经济奖获得者诺思曾指出：“在市场经济不断发展的今天，履行诚信的要求，不仅仅是出于获利，还出于道德上的责任。市场经济制度本身并不能保证效率，一个有效率的自由市场制度，除了需要有效的产权和法律制度相配合之外，还需要在诚实、正直、公正、正义等方面有良好道德的人去操作这个市场。”

2. 诚信文化是文化自觉

只有将诚信的内在自律和外在约束有机地结合起来，才能有助于将诚信作为人们共同认可的价值观和行为准则，成为人们的共同信仰和追求，从而形成一种文化，即诚信文化。诚信文化的形成对社会的每一名公众都产生着约束作用，这种约束是一种文化的自觉。因此，只有让诚实守信的理念融入文化之中，诚信才能真正成为人们的自觉行动，文化自觉是诚信文化建设的最高目标和境界。

【网络链接 11-1】

企业的人间正道：诚信是市场和企业的基石
——《上市公司财务舞弊案剖析丛书》述评

诚信是市场和企业的基石。企业违反诚信规则无异于饮鸩止渴，毁了自己，殃及社会。《上市司财务舞弊案剖析丛书》对上市公司财务舞弊案件进行了深刻剖析，揭示了造假者贪婪、欺诈的真相和自掘坟墓的下场。希望这套丛书对重塑诚信风尚起到应有的作用。

——冯淑萍教授（财政部部长助理）

……经常有人问我，中国经济的希望在哪里，软肋是什么？这其实是一个问题，中国经济的希望在于有一批能走向世界的大企业，软肋也正在于现在还没有这样的企业。不少人怀疑这种说法，认为中国已经有了一批成功的国有与民营企业，有的甚至进入了世界500强。但我说的成功企业，不是指它们的规模有多大，或者目前赢利状况有多好，而是是否走上了正道。企业的人间正道就是在产权明晰的基础之上建立一套合理的公司治理结构，实现制度化运行。那些靠国家行政性垄断，靠银行输血，靠一个能人独裁统治的企业，无论现在有多大，利润率有多高，或者名气有多大，都说不上走上了人间正道。这些企业没有走上人间正道的表现之一就是财务舞弊现象严重。当蓝田之类私人企业暴露出这类舞弊事件时，人们还把它归咎于私人老板贪婪的本性，但当审计署揭露出十几家特大型国有企业做假账的冰山一角时，人们不得不从制度的层面上来思考这些问题。

通过一套制度来引导企业走上人间正道，是中国企业做大做强的必由之路，也是中国经济的希望所在。

（资料来源：梁小民．企业的人间正道：诚信是市场和企业的基石[J]．新理财，2003(10)）

（二）诚信文化建设是商业诚信文化建设的重要内容

商业诚信文化是一种以人为中心的商业伦理理念，它强调管理中的软要素，是企业发展中强大的内在驱动力，对企业的生存与发展发挥着重要的凝聚、激励、协调和约束作用。进行商业诚信文化建设会带来企业面貌的根本变化，能增强企业的凝聚力，树立良好的企业风尚，展现良好的企业形象，有利于提高企业信誉，扩大企业知名度，进而影响社会，对社会做出最大的贡献。诚信文化建设是商业诚信文化建设的重要内容。

1．商业诚信的价值观是商业诚信文化建设的核心

美国管理大师克劳斯比指出："由诚信可信赖的人建立起来的可信赖的组织，必然产生出'有质量'的产品和服务，也必然具有可靠的市场份额、忠实的顾客和稳定的利润。"诚信作为一种价值观，是企业处理各种关系、解决各类矛盾和指导各项工作的坐标。离开了坐标，商业诚信文化就会失去方向，甚至使企业走向衰败。

2．商业诚信意识是企业家人格的重要要素

在当今社会，诚信的道德观念已成为衡量企业家人格是否完整的一个不可或缺的重要标志。企业家不诚实守信，又何谈企业诚信。克劳斯比指出："管理的产品就是可信赖的组织，这是我们生命中的基本意愿。"

3．商业诚信文化是商业诚信文化竞争力的重要组成部分

诚信文化作为企业参与市场竞争所体现的能力主要表现在三个方面：一是加快了商品流通速度，节约了企业流通成本。二是使商品效用增值，在消费者获得满足的同时，企业获取了极大的利润。三是能有效避免恶性竞争和道德风险，能够实现生产者、经营者和消费者之间的共赢目标。

（三）建设优秀的商业诚信文化

商业诚信文化建设的过程，是一个信仰、道德、理念、规则和行为不断强化的过程，它不是一朝一夕所能实现的，而是一种历史的积累和沉淀所凝聚的力量。

就上市公司来说，诚信虽不绝于耳，但诚信缺失也同样司空见惯。究其原由，缺少健康成熟的商业诚信文化，置身于文化荒漠，怎能祈望诚信枝繁叶茂呢？因此，建构商业诚

信文化应摆上企业议事日程。

1. 通过高层管理人员，积极塑造企业内部的诚信价值观

塑造企业内部的诚信价值观，建立高层管理人员与一般员工之间的"共信圈"，这是商业诚信文化建设的核心。因为高层管理人员对内管理企业事务，对外代表企业，所以高层管理人员诚信与否，直接关系到企业是否具有诚信的形象；高层管理人员的言行，直接影响到一般员工的价值取向。同样，企业的失信行为也都直接或间接与高层管理人员相关。因此，要构建企业的诚信文化，就必须先清除不诚之源，努力培养高层管理人员的诚信意识。具体包括三个方面。

(1) 树立道德诚信意识。即把诚信作为一种基本的道德准则，在日常交往中诚信无欺、遵守诺言、勤勉尽责、忠于职守，把"真诚为人，无信不立"上升到意识形态的高度，内敛为个人的崇高信念。

(2) 树立经济诚信意识。即把诚信视为一种建立在授信人对受信人偿付承诺的信任的基础上，使后者无须付现金即可获取商品、服务或货币的能力。高层管理人员要充分认识到市场经济是信用经济，没有信用，就没有秩序、没有交换、没有市场。市场竞争不仅是资本和智力的竞争，更是诚信的竞争，不讲诚信者终究会被市场无情地淘汰。

(3) 树立法律诚信意识。即把诚信视为一种法律制度，当事人若违反诚信义务，应承担相应的法律责任。高层管理人员应充分关注和熟悉相关的法律法规及各项规章制度，了解自身应负的诚信义务及若不履行相关义务可能承担的法律责任，自觉遵守诚信制度，在享有诚信权利的同时主动承担诚信义务。

2. 通过广泛宣传，在企业员工中营造"自律自制"的诚信道德氛围

管理学的最高境界应当是让员工学会控制自己。事实上，企业内部"共信圈"的执行主体是企业的一般员工，一般员工能否诚信是关系"共信圈"根基的关键。因此，要想企业能够持续健康发展，必须使企业一般员工在价值观念、思维方式和行为方式等方面实现一种统一，这种统一不是简单的命令式或形式上的统一，而是企业精神的再造，是对公司行为标准的强烈的认同感，它将形成一种无形的力量，推动企业不断发展壮大。营造"自律自制"的企业诚信道德氛围可以从以下几方面着手。

(1) 加强对企业一般员工诚信品质的教育和培训，不断提高企业员工的思想境界和道德水平。同时，可定期或不定期地接受外在的"培育"和"教化"，如榜样人物的引导、典型仪式的熏陶及社会诚信活动的参与等，有效地促使员工对诚信之德的自觉修养。

(2) 当员工意识到企业领导倡导诚信文化时，便会明白"上行下效"是赢得领导赏识的最好策略。于是他会自觉地在其他员工中充当诚信文化的使者，并且有意识地创造一些个人的诚信行为。

(3) 建立企业员工诚信行为的激励机制。例如企业可以把诚信行为要求编入一系列的规章制度，并采取跟踪调查等方式考核监督企业员工诚信行为的遵守情况。对考核优秀者给予重奖，对违反者进行严惩。

3. 公司内倡导股东文化和公司治理文化

股东文化和公司治理文化是指公司股东、董事、监事、经理人员、重要员工债权人和消费者等公司利益相关者及其代表，在参与公司治理过程中逐步形成的有关公司治理的概念、目标、哲学、道德伦理、行为规范、制度安排及其治理实践。它是商业诚信文化在公司治理上的具体体现。在我国尚未形成一种成熟的股东文化和公司治理文化，也缺乏一套成熟的自我实施的公司治理最佳做法或自律机制。我们的高层管理人员对这种文化不仅不熟悉，还有一种本能的抗拒，因此，"股东利益至上"才会被排除在上市公司的使命之外，排除在高层管理人员的意识之外，才会导致利用高层管理人员身份独占公司资产或与公司进行自我交易；才会泄露公司商业秘密或不及时、准确地披露会计信息；才会导致操纵市场、控制内幕交易等一系列信用缺失行为。因此，必须在公司内倡导股东文化和公司治理文化，努力在企业资产的拥有者、管理者、员工及其他利益相关者之间形成一个"共信圈"，在企业上下形成一种真诚默契的合作及一种仁爱为怀、诚信为本的商业诚信文化氛围。

4. 不断完善有效沟通的工作渠道

沟通是实现监督与控制目标的重要媒介，是企业提高监督质量的润滑剂。从沟通中人们可以学习榜样的精神，也能够发现丑陋的灵魂。此外，沟通还有利于人们发现制度中的不足和缺陷并及时加以补充和完善。

如果我们放眼 100 年，从更长远的视角来理解什么是企业的核心竞争力、什么是企业基业长青的基础和核心，就会得出一个结论：百年企业一定有一个坚实、高贵、经得起时间检验的根基，那就是以诚信为基础的核心价值系统，它是一系列建立在诚信基础上的企业愿景，以及为企业员工所高度认同并转化为员工强大内驱力的、应用于企业所有层面的价值观体系，这些才是真正的企业凝聚、发展壮大、贡献社会和百年辉煌的坚实基础。

第二节 商业诚信文化与企业核心竞争力

一、企业竞争力与核心竞争力

（一）企业竞争力

1. 企业竞争力的内涵

企业竞争力是一个综合性概念。尽管这个概念已被广泛运用，但至今对其定义仍众说纷纭，莫衷一是。

《世界经济论坛》曾把企业竞争力定义为"企业目前和未来在各自的环境中以比其国内外竞争者更有吸引力的价格和质量进行设计和销售货物以及提供服务的能力和机会"。

有人认为，企业竞争力是"企业和企业家在适应、协调和驾驭外部环境的过程中成功地从事经营活动的能力"。

还有人认为，企业竞争力实际上是一个通过比较而得到的相对概念。企业竞争力由三部分组成：企业现实的市场竞争力；企业潜在的、未来可能拥有的市场竞争能力；企业将潜在竞争力转化为现实的、获得竞争优势的能力。就企业竞争而言，企业竞争力的核心是比较生产力，而竞争的实质是比较生产力的竞争。这种对竞争力的定义反映了当代市场经济的本质，即企业竞争力只有通过其在市场上的表现和与其他企业的比较才能衡量。

从上述有关竞争力的论述中，我们可以看出，企业竞争力是个具有多层次含义的概念。它不仅仅是静态的能力，更是动态的、进化的发展能力。

2. 企业竞争力的结构

企业竞争力的结构可分为三个层面。

第一层面：表层的竞争力。主要包括：①服务；②质量；③成本；④营销；⑤技术；⑥生产能量。所有这些要素构成产品层的竞争力。

第二层面：支撑平台的竞争力。主要包括：①结构(各经营管理要素组成的平台)；②机制(运行机制)；③规模；④战略；⑤资源；⑥关系(企业人、事、物、环境、关系资源)；⑦制度(产权制度、运转轨道、工具)。所有这些要素构成制度层的竞争力。

第三层面：最基础和最核心的竞争力。主要包括：①品牌文化；②企业理念；③企业价值观；④企业形象；⑤企业创新能力；⑥企业特色；⑦人才；⑧商业伦理。所有这些要素构成企业最基础和最核心的竞争力。

【网络链接 11-2】

七层企业修炼境界模型

咨询专家夏伯尧在2002年出版的《七层修炼——优秀大公司成长基因破译》一书中，提出了企业修炼的七个层次。

第一层：初级经营修炼，即产品、市场、技术动态组合修炼。

第二层：资源整合修炼，即资金、人力资源、信息资源、政府和社会资源等企业资源的创造、开发、有效利用等内容的资源整合修炼。

第三层：能力修炼，即对洞察预见能力、机遇捕捉能力、危机预警能力、强大的技术力量、由技术创新引导的市场能力、娴熟的运作技巧、融资和资本运筹能力、市场网络资源、市场营销和操纵能力、品牌和企业形象、独有资源、整合能力等能力因素的修炼。但这一层修炼若不经过更高层次的修炼，则可能形成以上的一些零星的能力因素，而且形成的功力也将大打折扣。

第四层：人力资源动能修炼，即进行工作狂机制、狂热的组织氛围、崇拜式文化、团队精神、组织进取心、共同愿望、危机预警等组织精神的修炼。

第五层：立体激励机制和运行机制修炼，包括薪酬分配激励机制、股权期权激励机制、企业文化的激励、"义聚十利聚"立体激励机制、管理体系和时钟机制的建立、公司组织功能的健全、产权结构和治理机制的优化等。

第六层：企业文化境界修炼，包括企业文化营造、理念体系的渗透和共鸣、学习型组织的建立、组织逆境商修炼、组织情商修炼、组织智商修炼、系统思考能力修炼等。

第七层：企业家境界修炼，包括追求的升华、人格魅力的培养、素质和能力的提升、领导风格的优化、企业家超凡能力在企业中的延伸等。

(资料来源：新浪读书频道，http://vip.book.sina.com.cn/book/chapter_66893_47259.html，2008-07-29)

(二) 企业核心竞争力

1. 核心竞争力的内涵

核心竞争力有时又叫"核心能力"，不同学者对其有不同的理解。

最早阐述“核心竞争力”概念的是美国的著名管理学家普拉哈拉德和哈默尔。他们在《公司的核心竞争力》一文中将核心竞争力明确为组织对其所拥有的资源、技能和知识的整合能力，即组织的学习能力。

利奥纳多·巴顿(Leonard Barton)认为核心竞争力是员工的知识和技能、技术系统、管理系统、价值规范等企业内部知识的集合，其主要发挥协调各种生产技能和整合不同技术的作用。

费欧(Fiol)认识到核心竞争力无形的一面，指出核心竞争力不仅仅包括企业有形资产，还包括对这种有形资产的认识过程以及如何将之转化为行动的能力。提斯(Teece)则将企业内部带来竞争力优势的一系列不同技能、互补性资产和惯例统称为核心竞争力。

综合不同学者对核心竞争力的理解，我们认为，核心竞争力是企业组织中的积累性知识，特别是关于如何协调不同的生产技能和整合多种技术的知识，并据此获得超越其他竞争对手的独特能力。即核心竞争力是企业长期形成的、蕴含于企业内质中的、超越其竞争对手的独特能力。核心竞争力支撑企业过去、现在和未来的竞争优势，使企业长时间内在竞争环境中取得主动，获得稳定的超额利润。

2. 核心竞争力的基本特征

核心竞争力有以下几个特征。

(1) 价值性。①以客户为中心，为客户创造价值，这种价值难以量化，主要是通过对客户需求的准确把握来体现的，例如消费者对洗发水去屑的需求和营养秀发的需求等。②在无客户创造价值的基础上为企业创造价值，这种价值性可以通过量化的方式转移到资金上体现出来，例如在一段时间内企业的营业额、创造的利润等。

(2) 难以替代性。有的学者在分析竞争力的特征时指出，其难以替代性主要是指受到替代品的威胁，这显然是把核心竞争力当成了一种产品或技术。我们认为核心竞争力是企业系统发挥整体的核心优势，并非指企业特有的产品或技术。而难以替代性主要是指为客户创造价值和为企业创造价值上的难以替代性，因为价值的创造是一个系统工程。

(3) 不可交易性。核心竞争力不可能从市场上购得，“核心能力是积累起来的，不是通过相应的要素市场买卖获得的”。核心竞争力的构成要素是相互作用、相互融合(整合)的，不能通过管理整合成核心竞争力。

二、商业诚信文化与企业核心竞争力关系紧密

(一) 商业诚信文化增强企业的核心竞争力

商业诚信文化是企业生存和发展的“元气”，是企业核心竞争力的活力之根和动力之源，其在本质上所反映的是企业生产力成果的进步程度。可以说，商业诚信文化是推动企业前进的原动力，商业诚信文化就是企业的核心竞争能力。所以企业要想获得长远发展，就必须重视商业诚信文化。而商业诚信文化主要是通过发挥整合、激励、约束和塑造四个方面的功能来增强企业的核心竞争力。

1. 商业诚信文化的整合功能

随着越来越多的跨国、跨地区企业集团的建立以及频繁的企业并购重组活动，企业成员的文化背景、思想观念和经营理念等各方面的差异日趋加大，这就需要通过商业诚信文

化的整合来形成企业的价值观，使之对每个企业成员的价值行为起引导作用，使其符合企业的战略目标，并通过企业价值观来引导企业员工的行为，使员工在潜移默化中接受企业的价值观念，最终实现个人目标与企业目标的一致。

2．商业诚信文化的激励功能

现代商业诚信文化强调以人为本，能够有效地调动每个员工的积极性，激励员工为了企业的战略目标而奋斗。现代商业诚信文化讲求平等的竞争机制，注重建立公正合理的绩效评价制度、分配制度，能够有效地增强员工的满意度和成就感。更重要的是，现代商业诚信文化通过塑造积极向上的企业价值观使员工形成强烈的内心责任感和使命感，并使之成为员工自我激励的标杆。

3．商业诚信文化的约束功能

商业诚信文化是一个组织共有的价值体系，是支配其成员行为的文化，它对企业运行中遇到的问题进行概念化、定义化，并进一步分析和解决，对企业员工的思想、心理和行为具有很强的约束规范作用。与企业固有的规章制度不同的是，商业诚信文化是一种强调自律的约束，其与规章制度相比，更具有持久约束力和控制力。

4．商业诚信文化的塑造功能

优秀的商业诚信文化在塑造企业形象方面发挥着巨大的作用，企业通过向社会宣传自己的商业诚信文化来提高自己的知名度和美誉度，并通过自己商业诚信文化被社会的认可，使企业形象的塑造和宣传起到事半功倍的效果。

总之，商业诚信文化是通过观念的整合，达到行为的整合；通过对个体的引导、规范，达到群体的统一、和谐；通过思想的共鸣，达到力量的凝聚；通过精神的内化，达到物质的扩张；通过内部的创新，达到外部的共生。这些都充分表明，商业诚信文化与企业核心竞争力的关系非常紧密。

（二）没有商业诚信文化，就没有强大的核心竞争力

核心竞争力主要包括核心技术能力、组织协调能力、商业诚信文化能力、对外影响能力和应变能力。其本质内涵是让消费者得到高于竞争对手的不可替代的价值、产品、服务和文化。因此，商业诚信文化是核心竞争力的主要组成部分。

在核心竞争力的培育与成长过程中，商业诚信文化发挥着无可替代的基础性作用。商业诚信文化尤其是企业的精神文化决定了核心竞争力的立足点和价值取向，并保障了核心竞争力的连续性。核心竞争力的建立必须与企业的目标、价值观、企业战略和经营理念等相适应。相对于核心竞争力，商业诚信文化常常可以保持较长时间的稳定，尤其是其中的企业价值观、经营理念等。因此，当企业外部经营环境等出现重大变化而原有的核心竞争力不再适应时，商业诚信文化是企业重新确定适宜的核心竞争力的有力保障。

没有商业诚信文化，就没有强大的核心竞争力。这是因为以下三点原因。

1．商业诚信文化孕育企业核心竞争力

商业诚信文化是企业价值观、经营理念和员工的行为规范的集中体现。企业的价值观就是企业在追求经营成功的过程中，对生产经营的目标以及自身行为的根本看法和评价。从某种意义上讲，企业的价值就是企业的核心竞争力。企业因为有了自己的核心竞争力，所以能够立足于市场。而因为能够立足于市场，企业才有了价值。从这个角度讲，

企业价值观也就是企业对核心竞争力的追求、判断和根本认识。

"IBM 就是服务",这是 IBM 的共同价值观,把为顾客提供世界上的一流服务作为最高的价值信念,围绕着"追求一流服务"来打造 IBM 的核心竞争力。"真诚到永远"是海尔人的价值观,把真诚地为顾客提供高质量的产品和服务作为自己的价值追求,围绕着"真诚与服务",海尔打造出了卓越的核心竞争力。

由此可见,企业要构筑核心竞争力,必须从企业的价值观入手。而且企业的价值观不是某个人的价值观,而是企业全体员工共同信仰的价值观。因此,基于全体员工共同认同的核心竞争力更有利于提升企业的凝聚力、感召力和内在驱动力,更有利于企业竞争优势的形成与作用的发挥。

2. 商业诚信文化决定核心竞争力积累的方向

西方学者鲍·埃里克森和杰斯帕·米克尔森认为,核心竞争力是企业组织和社会资本的集合。组织资本反映了协调和组织生产的技术方面,社会资本则显示出社会环境的重要性,前者可以在组织结构中得以实现,后者可以反映商业诚信文化,并被看作是特定组织结构水平下的产物。这两种资本都与商业诚信文化有着密切的联系。

商业诚信文化的行为层(或称行为制度层)就是指企业员工的行为方式,行为方式体现了企业的价值观,包括员工的评价和激励方式、组织结构和工作团队的设计、信息传递的方式等。可以看出,组织必须以一定的行为方式来运作,行为方式设计的目的就是在这种价值观的指导下能够实现"协调不同的生产技能和有机结合多种技术流派"的组织运行。行为方式不同,组织积累的学识也就不同,所以组织行为方式决定了它能积累成什么样的核心竞争力。

企业努力的方向也就是核心竞争力积累的方向,公司行为方式是价值观的集中体现,也是积累核心竞争力的具体措施,影响到核心竞争力的强弱和具体内容。企业必须根据知识经济发展的要求,致力于营造富于创新意识和鼓励尝试风险的商业诚信文化环境,进而提高企业的核心竞争力。

3. 商业诚信文化的发展延伸核心竞争力

商业诚信文化具有开放性、阶段性和发展性的特点。随着市场环境的变化、企业内部人员的更替以及企业领导人的变化,企业价值观的内涵得到了不断丰富和发展。例如海尔的"真诚到永远"的企业价值观,在前几年可能只包括微笑服务和售后服务,而现在还包括根据顾客需求进行生产、包装以及服务等内容。

商业诚信文化在原有的基础上不断发展与深化,使得企业的核心竞争力也不断地延伸。从某种意义上讲,商业诚信文化是企业的大脑和潜意识,是企业凝聚力和活力的源泉。没有一定的商业诚信文化作支撑,企业很难长大。没有形成一种积极的商业诚信文化,企业对内就会缺乏凝聚力,对外则根本无法提升企业形象,因此便很难获得长久的生命力和核心竞争力。

企业要想不断成长为世界级大企业,成长为长寿公司,拥有自身真正意义上的核心竞争力,就必须拥有优秀的商业诚信文化。

三、建设商业诚信文化提高企业核心竞争力

商业诚信文化的建设是一个漫长的过程，需要数年乃至数十年的时间。商业诚信文化的建设通常都是由商业伦理者倡导，以企业全体员工意识为基础，达到整个企业的共识与认同，最终融合为全体员工的默契、习惯和氛围。

商业诚信文化是一种潜移默化的、起长远作用的推动力，因为商业诚信文化中的企业经营理念、企业价值观、企业精神和员工意识对形成企业核心竞争力具有重大的贡献。培养商业诚信文化一般从以下几个方面努力。

（一）企业经营理念的培育

经营理念是企业经营的完整的价值系统，是企业的使命感、责任感、目标感和战略发展方向的构想。经营理念维系着企业的生命，没有系统的经营理念，就没有自觉有效的经营。经营理念要回答的是企业为什么而存在、企业承担什么样的社会责任、能为社会做出什么贡献，以及企业怎样生存等问题。经营理念能帮助人们看到自己更大的潜能。它给人以希望，促使人们争取更伟大、更美好的东西。它鼓励人们不要满足于渺小和平庸，从而使人们更加相信自己和自己的能力。经营理念会带来原本没有的动力、行动及变化，进而塑造一种积极向上的商业诚信文化。

只有在对人性深刻理解和思考的基础上才能形成企业的经营理念。例如摩托罗拉公司的经营理念是“保持高尚的操守，对人永远尊重”。

（二）企业价值观的塑造

价值观代表一系列基本的信念，属于规范性的问题，是关于道德上的判断。从个人和社会的角度来看，某种具体的行为类型或存在状态比与之相反的行为类型或存在状态更可取，反映了一个人关于正确和错误、好和坏、可取和不可取的观念。价值观包括内容和强度两种属性，内容属性是告诉人们某种方式的行为或存在状态是重要的，强度属性则表明其重要程度。

企业价值观是企业对其行为类型或存在状态的看法，如果一个企业认为通过不正当手段获得利润比由此产生的后果重要得多，那么该企业就会倾向于做出损害大众利益的行为。价值观的塑造应从以下几点着手。

1. 归纳与提炼企业的主导价值观

首先，作为企业价值观形成的最重要的动力，企业家要对自己的价值体系进行梳理和思考，使其丰富和清晰。通过自身对理论知识和实践的不断学习和深入思考，企业家会逐渐弄清楚自己的价值标准和是非善恶的判断标准，并使其转化为自己坚定不移的信念，在此基础上，通过思考企业内外的各种因素，形成自己经营企业的系统化的原则和信念。

其次，结合企业自身特点，采用各种方法提炼企业的主导价值观。领导者弄清楚自己的价值观以后，应通过各种手段把自己的价值观首先传递给高层管理者，相互沟通、交流、碰撞，最终达成共识。接下来就是结合行业自身特点、企业自身发展的特有经历和企业员工的特点，用简洁生动的语言表达出企业价值观。

2. 坚持不懈地培育价值观，使其深入人心

只有当价值观制约下的各种价值标准和行为标准深入员工的内心、转变为员工的自

觉行为以后，价值观才能真正体现出其巨大的激励、凝聚和约束功能。

（三）企业精神的培育

杰斯帕·昆德指出："公司精神是一种以公司目标为核心的默示和方法，它是一种中心化模型，要求公司管理层必须真正地对公司负有责任，而且在必要的时候将其权力置于公司的核心之中。"企业精神是企业在发展过程中企业家积极提倡、全体员工不断实践强化形成的，凝结企业理想、认知、价值、情感和意志等因素，推动企业生产经营的团体精神。价值观是企业的选择和决策标准，而企业精神是实现价值观、选择决定目标和行动的支柱，它更多地体现为情感和意志的凝结。

企业是否形成了自己的精神，要看它是否具有个性，它对员工的行为是否有推动作用、鼓舞作用和支撑作用。另外，员工的意识是在企业经营理念的形成、价值观的塑造和企业精神的培育过程中潜移默化地形成的。有什么样的理念、价值观和企业精神，就有什么样的员工意识。

总之，良好、持续的商业诚信文化建设是企业核心竞争力成长和发展的基石。任何一个企业都必须建立鼓励创新、卓越的商业诚信文化，以促进企业核心竞争力的发展与更新，使企业永远保持竞争优势地位。

第三节　商业诚信文化与循环经济

一、循环经济的内容

（一）循环经济的定义

"循环经济"一词，是由美国经济学家 K. 波尔丁在 20 世纪 60 年代提出的，可以定义为：循环经济是以可循环资源为来源，以环境友好的方式利用资源。保护环境和发展经济并举，把人类生产活动纳入自然循环过程中，所有的原料和能源都能在这个不断进行的经济循环中得到合理的利用，从而把经济活动对自然环境的影响控制在尽可能小的程度，经过相当长一段时间的努力使生态负增长转变为生态正增长，实现人类与生态的良性循环。

循环经济其实是节约经济和功能经济。在循环经济概念里，没有资源与废物之分。循环经济倡导在物质不断循环利用的基础上发展经济，建立"资源-产品-资源再生"的新经济模式。实施循环经济将使资源和能源得到最合理和持久的利用，并使经济活动对环境的不良影响降低到尽可能小的程度。

（二）循环经济的实质

循环经济的操作原则包括减量化（reduce）、再利用（reuse）和再循环（recycle），简称"3R"原则。"3R"原则有助于改变企业的环境形象，使它们从被动转化为主动。

从宏观上，它使经济系统和环境系统耦合，倡导以物质不断循环利用为基础与环境和谐的新的经济发展模式、经济活动规范及行为准则，协调环境与经济之间的关系，促进经济系统人流、物流、信息流、价值流和技术流的合理运转，使生产和消费过程中投入的自然资源最少，向环境中排放的废弃物最少，对环境的危害或破坏最小，节约环境资源、降低污染物排放甚至是污染物零排放，保证经济系统稳定、有序、协调发展。循环经济实际上是一种生态经济。它是建立在资源短缺和人类对地球应尽保护义务假设下的一种经济模式，其根本目标是最大限度地化解发展与环境之间的尖锐冲突，实现人类社会经济发展与资源环境保护的相互融合。它所蕴含的辩证思想是：经济发展必须以节约资源和保护环境为出发点，节约资源和保护环境反过来又要促进而不是阻碍经济的持续快速发展。因此，循环经济是经济利益和环境利益兼而有之的"双赢"经济。

（三）循环经济的主要特征

循环经济有以下几项主要特征。

1. 循环经济是可持续型经济

循环经济不像传统经济那样，一次性通过对资源和能源的粗放型使用，使其不断地变成废物来实现经济数量的增长。它是闭合、完整的链式系统，首尾相接，能使资源永续利用。

2. 循环经济是绿色经济

循环经济不像传统经济那样，以人类为中心，对自然界为所欲为地掠夺，它要求把经济发展建立在自然生态规律的基础上，把对自然环境的影响降低到了尽可能小的程度，使整个经济系统以及生产和消费的过程基本上不产生或者只产生很少的废弃物。只有放错了地方的资源，而没有真正的废弃物，其特征是自然资源低投入、高利用和废弃物的低排放，从根本上消解长期以来环境与发展之间的尖锐冲突。

3. 循环经济是效益型经济

传统经济为数量型（粗放型）增长。在这种经济活动中，人们无节制地使用地球上的物质和能源，然后在生产加工过程中又把污染和废物大量地排放到水系、空气和土壤等自然环境中去，通过不断变废来实现经济数量的增长。有得有失，甚至得不偿失。循环经济为效益型增长（物质循环型）。资源、能源的低投入、高利用，所有的物质和能源可以在这个经济循环体中得到合理和持久的利用，真正使经济效益和社会效益最大化。

4. 循环经济是协调型经济

传统经济是由"资源→产品→污染排放"所构成的物资单向流动的线性经济。而循环经济是反馈式经济，是"资源-产品-再生资源"的物质反复循环流动的过程。循环的过程，是各主体利益谈判的过程，也是各主体不断协调的过程。循环的链条又紧紧联结各个主体，保证协调性。

循环经济是一个系统，它由各个子系统构成，系统的运作不会是自发的，必须有一定的启动力，必须保证每一子系统按照循环经济的要求运作，才能保证整体运作的循环属性。从大的方面来分，可以将循环分为宏观、中观和微观三个层次。微观层次处于基础地位，只有各微观主体都按照循环经济的要求运作，才能保证循环经济总体目标的实现。这就为打造循环型企业提供了理论依据。

二、循环经济与企业发展

（一）循环型企业

循环型企业是指在可持续发展意识的指导下，按照循环经济的要求进行经营决策，设计战略和策略的企业。循环型企业是循环经济的微观载体，是按照循环经济的要求建立起来的绿色企业。

该类型企业有以下特征。

(1) 观念特征。企业倡导绿色导向，建设循环型文化，宣扬环保意识。在企业理念和经营宗旨方面突出人与自然和谐的思想，将这些思想细化为员工遵守的规范，约束员工的行为。

(2) 关系特征。注重社会资本的积累，搞好公共关系。循环型企业打破了传统封闭的企业关系格局，要求不断挖掘关系资源，增强合作意识，优化各种关系，尽量减少协调成本。

(3) 会计特征。推行绿色管理和绿色会计，建立绿色会计制度，进行绿色核算。

(4) 效益特征。具有眼前效益和长远效益双重效益，实现经济效益和社会效益的协调发展。

(5) 管理特征。组织绿色化，企业在制度、计划、领导、指挥和控制等各个环节上、各种职能中都体现循环经济的要求，贯彻生态运作的思想。

(二) 循环经济对企业的影响

在一定意义上说，企业的竞争是技术的竞争，是提高资源与能源效率的竞争。循环经济的实质是通过采用高新清洁生产技术提高资源利用率，因此，企业必须对资源利用和管理方式做出重要调整，进一步实现我国经济结构的战略性调整和产业结构的优化升级。循环经济要求企业具有环境成本意识。环境是一种资源，是有价值的，环境成本内在化是当今世界讨论的热点问题。随着国际社会对人类共同生存环境的关注，在国际贸易领域中，由于与贸易有关的环境保护要求将增加企业成本支出，影响产品取向，最终影响企业市场竞争力，越来越多的企业和政府日益关心环境保护，研究贸易与环境的关系。这种消费环境的变化，已经使企业成本扩展到包括生产与发展在内的全部社会成本。同时，重视对环境保护的绿色品牌的设计。例如，可回收的、无磷酸酶的、pH 值平衡的、不损害臭氧层的等。世界上许多国家对产品实行“绿色标志制度”，我国称为“环境标志”，就是一种有益于保护生态环境，有助于增强公民环境意识，提高产品竞争力的有力手段。

环保现在已经成了企业竞争力的一个组成部分。要想在这个市场上赚钱，既要提高绿色的程度，又要提高资源的利用效率。从这两个意义上看，发展绿色经济和循环经济对我们的企业是有利的。如果不考虑循环经济的问题，企业的竞争力会逐步丧失。要从企业竞争力的角度来思考环境保护的问题，这不仅仅是一个社会责任问题，更涉及一个企业的直接利益。

(三) 企业在循环经济中承担的责任

在发展循环经济的过程中，企业扮演着重要的角色，承担着重要的责任。

1. 企业在发展循环经济的过程中承担三重责任

企业是从事生产、流通或服务性活动的独立核算的经济单位。按照以往的理解，企业几乎是只有经济责任，而且主要是为它们产权所有者谋取利益。但是现在社会观念发生了变化，企业不仅要承担经济责任，而且还要承担社会责任和环境责任。社会责任主要是指遵守商业道德、保护员工权益、发展慈善事业和捐助公益事业等。环境责任是指保护环境和节约资源。只有同时承担起经济、社会和环境三方面责任的企业，才算得上是合格、先进的企业。

2. 企业是发展循环经济的主体

循环经济的核心内容是在"3R"原则指导下的物质循环。以工业为例,有以下三个层面的物质循环:小循环、中循环和大循环。小循环——企业内部的物质循环。例如,下游工序的废物返回上游工序,作为原料重新处理以及其他消耗品在企业内的循环。中循环——企业与企业之间的循环。例如,下游工业的废物返回上游工业,作为原料重新处理;或者扩而大之,某一工业的废物、余能送往其他企业,加以利用。大循环——企业与社会之间的循环。这主要是指工业产品经使用报废后,其中部分物质返回原工业部门,作为原料重新利用。

以上三个层面的物质循环,都是以企业为主的。小循环发生在企业内部,中循环发生在企业与企业之间,大循环发生在企业与社会之间。可见,企业是发展循环经济的主体。

3. 企业是循环经济"生产者责任制延伸"的承担者

工业物质的大循环,是企业必须关注的大问题。企业不仅要生产产品,而且要负责回收报废的产品,回收其中有用的材料和零部件。这种责任,按照通用的说法叫做"生产者责任制延伸"。为了使企业与社会之间的物质循环得以顺利进行,必须建立相应的废品物资回收机制,企业对此必须承担相应的义务。

三、建设绿色商业诚信文化,实现可持续发展

21世纪世界进入绿色经济时代,营造绿色商业诚信文化成为我国企业面对挑战的必修课,也是企业追求从优秀到卓越的制胜法宝。绿色商业诚信文化主要是指在商业诚信文化建设中以绿色文化为企业经营的指导思想,以发展绿色生产为基础,以开展绿色营销为保证,以满足员工的绿色需求为动力,从而实现员工、企业、生态和社会可持续发展的经营文化。绿色商业诚信文化是商业诚信文化发展的高级阶段。

(一) 企业环保与生态文化有机结合

生态文化是一种新型的管理理论,它包括生态环境、生态伦理和生态道德,是人对解决人与自然关系问题的思想观点和心理的总和。生态文化属于生态科学,主要研究人与自然的关系,体现的是生态精神。而商业诚信文化则属于管理科学,主要研究人与人的关系,体现的是人文精神,但是本质上两者都属于一种发展观,运用系统观点和系统思维方法,从整体出发进行研究;都强调科学精神,即实事求是,努力认真地探索;从狭义角度来看,都是观念形态文化和心理文化,而且都以文化为引导手段,以持续发展为目标。为适应市场经济的发展和人类自身发展的需要,商业诚信文化建设需要加入生态文化的内容,塑造一种全新的管理理念和管理模式——绿色商业诚信文化。

(二) 企业与绿色商业诚信文化

企业环境保护、企业社会责任和商业诚信文化是相互联系、相互依存的,特别是在今天,应当把环境保护和企业社会责任作为新时期商业诚信文化整合和再造的重要内容。

绿色商业诚信文化是现代商业诚信文化不断积累和沉淀的精华,具有强烈的时代气息和人文气息,是时代的产物。

伴随环境恶化而来的是人们可持续发展呼声的增高和人们环保意识的觉醒,世界各

国纷纷出台环境保护法规和环境保护认证标准，作为新时期的贸易壁垒形式，对外国进口企业进行过境拦截。我国许多企业在追求经济高速增长的同时，大多忽略了对环境的保护，对资源的利用多采用掠夺式开采方式。即便是在环境形势极其恶劣的今天，缺乏环保意识、只重局部利益的政府官员和企业决策者还大有人在，他们或借口无承担环保的能力，或宁愿选择接受相关的处罚，导致显性事故和隐性事故频繁发生，使人类的生存受到了前所未有的威胁。这种掠夺性的经营行为在给我国的环境和资源造成严重破坏的同时，也为我国企业融入世界经济大家庭设置了难以逾越的障碍。因此，无论是从居安思危的角度，还是从解燃眉之急的角度，我国企业都应该自觉保护环境、资源和生态，实施绿色商业诚信文化战略，进行绿色商业诚信文化建设。

进行绿色商业诚信文化建设要求既要重视经济效益，又要重视社会效益和生态效益，满足现代消费者追求绿色产品的要求，提高企业产品的生态含量，树立良好的企业形象。

【网络链接 11-3】

三一集团：总裁梁稳根与企业文化

三一集团总裁梁稳根曾经说过，这几年来我一直在企业内极力倡导企业价值观念的培养，现已初具雏形。“先做人，后做事，疾慢如仇，追求卓越，简洁自信，创新合作，一切为了用户”是我做企业以来发自内心地想培养的观念。这些观念可以总结为三句话，也是我的经营哲学，即“做人是根本，创新是关键，一切为了用户是目的”。我认为：一个员工，一个企业家，一个企业都需要讲人格，不讲信用、没有责任感、做事不讲效率、产品不追求档次、不重视质量等都是不重视人格的表现，因此在企业里，我把“产品质量工程”叫做“尊严工程”。

曾几何时，在企业硬件环境的建设方面，我们也曾走过一些弯路，一味追求高档次，而忽视了赋予文化内容。后来有一次在北京的香山饭店，我看到了一处景观，在一块10平方米的平面石板上有被挖出的一条弯弯曲曲的小沟槽，据了解，它是古代的一种考试计时工具，它似乎讲述了这样一个哲理：“人在规定的时间内完成规定的事情才有意义，否则机会不再有。”我的秘书对我说：“这个景观一点也不显高档，但很有品位，有文化内涵，虽饱受风吹雨打，但越旧越耐看。”我顿时醒悟，企业的建筑物、人造景观等的建设，如果不将企业的价值观念等文化内涵赋予进去，再高档也不耐看，会旧得很快，没有生命力。人们一说起美国产品就马上会联想到“先进”，一谈起日本的产品就马上会想起“精良”，我们一直在努力给我们的三一产品赋予一些特定的文化含义。从产品的立项、设计、选材、制造到销售服务，我们都有一些规定，来使产品能够传递文化信息。我坚信在不久的将来，只要人们提起三一产品，就能联想到我们的理念：疾慢如仇，追求卓越，简洁自信，创新合作，一切为了用户……

在企业中，不太完善、考虑不很周全甚至存在一些漏洞的规章制度，可以理解，也可以继续执行，但是与企业文化相矛盾的制度必须废除。比如说，疾慢如仇是我们的文化，我们在制定制度时，就不能仅仅为了防止某一些可能出现的小漏洞而将工作程序设计得很复杂，使办事效率很低。因此，在我们员工守则中也就有了最后且最重要的一条：“遇紧急情况，要迅速果断处理，允许先处理，后汇报，只要出发点是对的，即使处理得不妥，也是可以原谅的。”

在企业里，我常常给我们的各级管理人员强调：“企业大了，员工的错误行为也就多了，我们不能千篇一律地罚款、辞退，该原谅的要原谅，该从轻处理的要从轻处理，但有一类行为我们不能原谅，那就是与企业文化相背离的行为。”这一观点现在已被各级管理人员普遍接受。因此，现在在我们企业里，对打架斗殴、轻视质量、怠慢顾客、做事拖拉等与企业文化相背离的行为处罚很重。员工进入公司必须经过为期一周的企业文化教育，经考试合格者才能上岗，技术不行可以慢慢学，没有理解和接受三一文化坚绝不能上岗。强调这一点十分重要，美国麦当劳总经理克洛克、IBM总经理沃森和日本松下幸之助都有一个共同的习惯特点，当基层职工越级向他状告部门经理时，他们一般都判部门经理错，但只有一个例外，那就是当职工是因为违背公司文化而和部门经理发生纠纷时，他们对职工的处罚程度都大大超过部门经理。

我个人认为，五星级酒店与大排档的根本区别不在硬件，而是在于有没有十分规范的员工行为。我们早几年就依据企业文化制定了100多条的员工行为规范，每天由经济民警进行检查，违者必罚。现在，我们正在考虑将行为规范细化到每一个岗位，学习星级酒店的管理模式，努力打造具有文化品位的三一品牌。

梁稳根有深厚的民族情结，在他的办公室里，没有唐诗宋词，没有名人名言，只有“根在中华”几个字，身边的工作人员曾对他说：“我们要打造世界级企业，是不是应该在企业宣传等各方面淡化中国二字。”他总是说：“你们错了，一个没有精神寄托的企业是做不大的。”营造具有三一特色的企业文化是我们长期而艰巨的任务，而一切文化的基础是广大员工的激情，找到合适的切入点是我们企业文化塑造成败的关键。他规定《国歌》和《歌唱祖国》这两首歌员工人人会唱，每天都唱。这样的气氛不可能激发不了员工，这样的企业不可能没有战斗力，更何况，这一切都是我发自内心需要做的。

企业文化是一种以人为本的管理方式，具有管理学的属性，在实际操作中必须避免以下一些不正确或片面的看法：一是将企业文化等同于企业的精神文明建设，二是认为企业员工学历高就是企业有文化，三是将企业文化等同于业余文化生活，四是将企业文化从各生产经营环节中独立分离出来单独建设。

在我们企业里也经历过很长的认识过程，开始一说搞企业文化建设，大家都不知怎么下手，这都是对企业文化认识不到位造成的。三一还很年轻，企业文化建设还有很长的路要走，现在还处在摸索阶段，没有什么经验可言，但梁稳根始终坚信这样一句话——小企业靠权力管理人，大企业用文化影响人。

（资料来源：石磊. 企业文化案例精选评析[M]. 北京：企业管理出版社，2010：105-107）

建设绿色商业诚信文化，应从以下几个方面入手。

第一，要提高管理者特别是高层管理者的环保意识，增强环境责任感，迎接环境问题带来的机遇和挑战，自觉顺应世界经济的绿色潮流。在制定企业发展战略时，把环境保护和维持社会经济的可持续发展作为企业的社会责任承担起来，并从社会经济的可持续发展中求得企业自身的持续成长。

第二，实施绿色战略管理，与国际通行标准接轨。通过实施ISO 14000和SA 8000等认证体系,实施绿色生产和绿色营销管理,突破发达国家的绿色贸易壁垒,为企业向世界经济一体化迈进奠定基础。

第三,建设绿色商业诚信文化最重要是树立企业绿色核心价值理念。企业价值观是商业诚信文化的核心和灵魂,企业要对全体员工进行培训,让环保意识深入每一位员工的内心,成为员工的企业价值观。在塑造商业诚信文化的企业价值观时,要使企业界、企业中的每一个员工都充分认识到环境恶化的种种现象及其后果,使人人都树立对环境保护的责任感和使命感。变过去对环保问题的消极态度为积极参与的态度,从关心环保、治理污染入手树立企业的绿色环保新形象。

第四,以绿色为标志重塑企业形象识别系统,渗透到企业的理念识别系统和企业的行为识别系统的每一单元。以绿色为纽带把企业与社会、消费者和生态环境紧密联系起来,形成一个良性互动。

第四节　商业诚信文化与和谐社会

一、和谐社会与和谐企业

和谐意识是中国文化精神的一项重要内容,它包含了人与自然的关系和谐。作为企业,还应包含员工与企业之间关系的和谐,以及企业与企业、企业与社会之间的关系和谐,只有实现全面的和谐,企业才能健康地发展,进而达成构建和谐企业与和谐社会的崇高目标。

(一)和谐社会的基本内容

党的十六届四中全会首次提出“构建社会主义和谐社会”的执政理念后,胡锦涛同志在省部级主要领导干部提高构建社会主义和谐社会能力专题研讨班开班式上,对社会主义和谐社会的基本特征做了进一步阐述:“我们所要建设的社会主义和谐社会,应该是民主法治、公平正义、诚信友爱、充满活力、安定有序、人与自然和谐相处的社会。”

社会主义和谐社会,应当是人与自然和谐相处的社会。自然界向人类提供的资源是不可再生的,人类需求的增长与自然界所能提供的各类资源必须相适应。人与自然和谐发展,是基于人类社会可持续发展的必然要求。

(二)和谐社会与和谐企业的关系

企业作为国民经济的基本元素和单元细胞,肩负着构建和谐社会的重要使命,它在享受和谐社会带来的巨大利益的同时,必须以科学发展观为指导,处理好自然、社会和企业发展的关系,实现自然、社会和企业的和谐发展。构建和谐社会,对于企业来说,就是构建和谐企业。

构建和谐企业与构建和谐社会之间是相辅相成、互相促进的辩证关系。构建和谐企业,培养高素质员工,足以促进和谐社会的构建;而构建和谐社会作为目标模式,则可以激励引导企业在构建和谐社会系统中开阔眼界,积极进取,再筑新的辉煌。

(三)构建和谐社会要求创建和谐企业

构建和谐社会是全社会的共同责任,需要全体社会民众的共同参与。企业和企业家,无论是作为社会组织还是公民，都应积极参与构建和谐社会，并且承担创建和谐企业的历史使命和时代责任。创建和谐企业是时代的需要，具体表现在以下几个方面。

1. 创建和谐企业是构建和谐社会的需要

社会是一个复杂的系统，由众多的组织和个体组成。企业是国民经济的细胞，也是社会的有机组成部分。物质资料的生产是社会的基本条件，而企业正是物质资料生产的载体和现代生产力的综合体现者。社会产品由企业生产，社会财富由企业创造，社会就业大量由企业吸纳，社会科技进步主要来源于企业实践，社会人才很多由企业培植，社会的物质文明、精神文明和政治文明的建设企业是基础等。因此，人们视企业为社会的“四梁八柱”并不为过。进一步说，构建社会主义和谐社会，这个“和谐”是多元的，它涉及的方方面面都与企业息息相关，诸如活力问题、公正问题、有序问题、人与自然关系问题等，都需要在企业中得到回应和落实。这就要把企业的创业发展纳入构建和谐社会的体系中去，形成与和谐社会相协调的和谐企业。

2. 创建和谐企业是企业可持续发展的需要

由于和谐社会为民营企业的发展提供了良好的环境，所以民营企业得以快速发展，在整个国民经济中的地位和作用日益凸显。然而，我国民营企业的平均寿命只有两年零七个月，远低于美国企业的8.2年和日本企业的12.5年。“短命”的原因是多方面的，例如，急于求成，企业发展盲目提速；立业未稳就盲目扩张和多元化；投资关系复杂，短贷长投现象频出；没有将主要精力放在企业核心竞争力的培育上；缺乏诚信，法规意识淡漠以及企业的各种矛盾激化导致分裂式瓦解等。我们从中得出一个基本认识：创建和谐企业，和谐创业是民营企业创新发展的成功之路。

【网络链接 11-4】

星巴克公司的全员合伙人文化

在星巴克公司，员工不叫员工，而叫“合伙人”。这是由于在1991年，星巴克开始实施“咖啡豆股票”(bean stock)计划，它是面向全体员工(包括兼职员工)的股票期权方案。其思路是：使每个员工都持股，成为公司的合伙人；这样就把员工与公司的总体业绩联系起来，无论是CEO还是任何一位合伙人，都采取同样的工作态度。星巴克公司现任董事局主席兼CEO霍华德·舒尔茨将公司的成功很大程度上归结于这种伙伴关系的独特性。他说：“如果说有一种令我在星巴克感到自豪的成就，那就是我们在公司工作的人员中间建立起的信任和自信。”

(资料来源：胡泳. 企业文化与素质管理[M]. 海口：海南出版社，2002：56)

3. 创建和谐企业是企业和企业家的社会责任

在和谐社会的构建中，企业可以说是“一身二任”。就企业而言，作为一个社会组织，是社会的“细胞”；就企业家而言，是社会公民。无论是作为社会组织还是作为社会公民都享有国家法律保护合法权益的权利，都享有和谐社会提供的良好的创业发展环境。当然，权利与义务、灾害与责任是对等的，公民与企业对构建和谐社会都有义不容辞的社会责任，而最直接、最能体现尽心尽责之举便是创建和谐企业。

二、塑造先进商业诚信文化，创建和谐企业

在建设和谐社会的背景下建设和谐企业，把企业做大做强，同样需要先进文化的支撑和推动，塑造先进的商业诚信文化已成为企业发展的迫切需要。

商业诚信文化是一个生态系统，是和谐共生的，应该可以发展创新和具有自我调节功能。现在我国正在为构建和谐社会而努力，要求进行商业诚信文化创新，塑造先进商业诚信文化。

（一）先进商业诚信文化建设在推动企业和谐发展中的重要作用

先进商业诚信文化建设在推动企业和谐发展中具有以下几项重要作用。

(1) 塑造先进商业诚信文化是适应市场经济的内在要求。文化是经济发展的推动力，经济活动往往是经济和文化一体化的动作。在对外开放和经济全球化的背景下，经济的发展比任何时候都需要文化的支持。美国哈佛商学院通过对世界各国企业的长期分析研究得出结论："一个企业特定的商业诚信文化，是当今影响企业本身业绩的深层次原因。"用文化手段促进国际经济贸易，已经成为西方发达国家的国际营销艺术。

(2) 塑造先进商业诚信文化是企业和谐发展的客观需要。相对于企业的其他资源因素，例如产品、技术、资金、商业伦理者及管理方式而言，先进的商业诚信文化是最能稳定发挥作用的因素。研究表明，真正影响企业长期发展的不是技术也不是资金，而是文化。2004 年，世界 500 强企业的平均寿命是 40 多岁，而我国民营企业的平均寿命只有 5.7 岁。可见，商业诚信文化在未来 10 年将成为决定企业兴衰的关键因素。

(3) 塑造先进商业诚信文化是提升企业品牌的有效手段。企业品牌涵盖了企业的产品质量、创新能力、管理水平、企业信誉和社会形象等内容，是人们区别和选择商品或服务的一个重要标志。可口可乐、通用电气、松下等这些耳熟能详的企业，都已历经百年而势头强劲。事实证明，企业的品牌价值是无穷的，品牌的文化价值越高，其对顾客的吸引力就越强，企业生命力就越旺盛。

（二）塑造以人为本的先进商业诚信文化是引领企业和谐发展的内在要求

(1) 坚持把打造以人为本的商业诚信文化作为商业诚信文化建设的核心内容。企业职工是企业物质文化和精神文化的创造者、建设者和发展者。因此，在商业诚信文化建设过程中，无论是企业宗旨、制度建设，还是生产过程中劳动者的行为准则，都要确立人的中心地位，最大限度地发挥人的主观能动性。企业要切切实实把职工当做企业发展的最重要资源，不但要全面提高职工的工资福利、民主管理权利和家庭生活条件，还要给职工提供进修培训机会和事业成长空间，保证职工在企业建设中的生力军地位。企业坚持以人为本，还要在尊重职工个性、视职工为利益主体的前提下，引导职工树立企业需要的价值观，进而指导、规范他们的行为，培养职工"以企业为家"的情感，倡导履行社会责任，从而创建和谐的商业诚信文化环境。

(2) 塑造企业的团队精神是推动企业和谐发展的基础条件。要把企业成千上万名职工凝聚起来，只靠金钱是不够的，企业还必须具备共同的价值观、目标和信念。对共同价值的认同会使职工产生稳定的归属感，从而吸引和留住人才。事实证明，企业只有形成了优秀的商业诚信文化，才能打造一支战无不胜的职工队伍。要鼓励广大干部职工融入在

比学习、比工作、比干劲、比业绩，互相学习、取长补短，互相团结、共同进步，互相宽容、互不计较的情感之中，从而化解各种矛盾和冲突，心往一处想，劲往一处使，产生良好的凝聚力和归属感，这种凝聚力和归属感反过来又可以转换成强大的战斗力，推动企业发展。要充分发挥企业的团队协作精神，还需要企业内部形成上下一致的价值观。这就意味着企业在塑造以人为本的先进文化推动企业发展的同时，还必须注重企业与社会的和谐，也就是注意承担企业的社会责任。企业的社会责任主要有两项内容：一是为社会提供物质财富，二是为社会造就高素质的社会人。要承担好这两大责任，要求企业在文化建设中坚持以人为本，进一步调动职工的积极性、主动性和创造性。

（三）坚持商业诚信文化的创新是推动企业和谐发展的不竭动力

（1）企业内部凝聚力和外部竞争力的形成需要商业诚信文化的不断创新。以先进商业诚信文化推动企业和谐发展，就是要最大限度地发挥商业诚信文化的导向凝聚功能和整合创新功能，全面提升企业综合素质和核心竞争力，使企业在强劲而深厚的文化动力中获得持续、健康发展。随着经济全球化进程的加快，企业之间的竞争已经转变为人才、品牌和文化的竞争，说到底，就是商业诚信文化的竞争。在社会主义市场经济条件下，需要建设符合社会主义先进文化前进方向的先进商业诚信文化，积极从商业诚信文化的土壤里吸取养分，不断增强企业的凝聚力，增强产品的竞争力，从而为企业长远发展打造永不枯竭的动力之源。

（2）创建先进的商业诚信文化是实现企业和谐发展的必然要求。当代经济社会的发展，创新成为关键环节，而创新与风险相伴而行，这就需要营造一种鼓励创新、积极向上的开拓性商业诚信文化，以形成不畏风险、与时俱进的良好氛围。商业诚信文化的核心是其思想观念，它决定着企业成员的思维方式和行为方式，能够激发员工的士气，充分发掘企业的潜能。一个好的商业诚信文化氛围建立后，它所带来的是群体的智慧、协作的精神和新鲜的活力，这就相当于在企业核心装上了一台大功率的发动机，为企业的创新和发展提供源源不断的精神动力。商业诚信文化是内在约束，制度安排是外在约束。因此，商业诚信文化建设必须与企业的创新有机结合起来，为企业和谐发展提供适宜的环境和充足的营养。

【本章关键术语】

商业诚信文化　企业忠诚管理　诚信文化　循环经济　和谐社会

案例讨论题 11

联想公司道德文化变迁与未来

1984 年，中科院计算所投资 20 万元人民币，由 11 名科技人员创办了中国科学院计算所新技术发展公司。1989 年进一步在该公司基础上成立了北京联想计算机集团，1994 年在中国香港上市。

今天，联想已经发展成为中国信息产业第一品牌，品牌价值达到 268.05 亿元人民币。在北京、上海和广东惠阳各建有一个现代化的生产基地，生产台式电脑服务器、笔记本电脑、打印机、掌上电脑和主机板等产品，年生产能力达到500万台(电脑)。同时，在厦门设有大规模的手机生产基地。联想有员工1200余人，2003财年(2003年4月1日至2004年3月31日)整体营业额达2318亿港元，同比增长14.5%；而净利润为10.5亿元，比上一年增长3.5%。在过去的十几年里，联想集团一贯秉承“让用户用得更好”的理念，始终致力于为中国用户提供最新最好的科技产品，推动中国信息产业的发展。

一、联想文化变迁

(一) 目标导向

创业的最关键问题就是实现预想目标，联想在这个时期最为注重的是工作结果和开拓拼搏精神，提出如“只认功劳，不认苦劳”，“质量就是企业的生命”，“宁可丧失金钱，决不丧失信誉”等口号，在工作中表现出“目标一旦制定，轮番冲杀，不达目标誓不罢休”的精神。

(二) 规则导向

成功创业之后，联想开始有了一系列的经营管理原则，通过规范化的行为准则和流程来追求精神和效率。具体如下。

1. 管理三要素

“建班子”、“定战略”、“带队伍”。柳传志说，建班子是三要素中第一位的，班子不合，什么事情都做不成。班子没建好有两种情况：一种是“1+1<1”，就是一个班子做事还不如一把手一个人做好，主要原因是无原则纠纷和产生宗派；第二种是“1+1<2”，就是有了这个班子之后确实比一个人强了，但是远没有达到它应该发挥的能力。

带队伍要做好三件事：一是如何充分调动员工的积极性；二是如何提高员工能力；三是如何使机器有序、协调、效率高。这些就是组织架构和规章制度要解决的事。带队伍中最重要的是领军人和骨干队伍的培养，联想形容道：第一把手有点像阿拉伯数字的“1”，后面跟一个0就是10，跟两个0就是100，跟三个0就是1000。这个“0”虽然也很重要，但没有前面的“1”就什么都没有。

2. 管理四要求

认真——精益求精、刨根问底。

严格——严要求、严管理、严处罚。

主动——主动接受任务、主动发现问题、主动检讨自己、主动追求完美。

高效——明确的工作计划和进度要求、明确的文件答复时间、零等待的工作。

3. 做事三原则

第一条，如果有规定，坚决按规定办。

第二条，如果规定有不合理处，先按规定办并及时提出修改意见。

第三条，如果没有规定，在请示的同时按照联想文化价值标准制定或设定相应规定。

4. 工作四条款

不利用工作之便谋取私利、不收受红包、不从事第二职业、工薪保密。

(三) 支持导向

随着联想的发展，公司文化塑造的重点进一步从每个人如何做事转移到如何做人上，提出亲情文化。亲情文化提倡“互为客户”的理念，要求员工“对内协作，对外谦和”，推行矩阵式管理模式，要求各部门之间互相配合，资源共享。

（四）创新导向

不同文化阶段主要是表明了联想在不同发展阶段的管理重点，从“绩效文化”到“严格文化”再到“亲情文化”，各种文化阶段中行之有效的管理方式都不是从提出该种文化开始，也不止于提出下一种新的文化。不过它们还是存在明显的时间间隔，“严格文化”于1997年被引入联想，并确立了“认真、严格、生动、高效”八字管理方针；2000年，针对联想内部缺乏沟通和协作的情形，亲情成分被正式引入联想文化，以此建立一种相互信任和协作的文化。

二、联想文化现状

（一）企业核心价值观

理论上，一个商业诚信文化导向的健康状态应该是菱形，即各种导向文化都存在并且比较均衡。因此，在实践中，按照商业诚信文化螺旋发展模型，联想打造了四大核心价值观，引领四大导向文化。

联想四大核心价值观——服务客户、精准求实、诚信共享、创业创新，告诉员工四个基本问题——做什么、怎么做事、怎么做人、为什么，引导员工融入联想，建设四种文化——服务文化、严格文化、创新文化、亲情文化。

(1) 服务客户。服务客户是联想的首要价值观，是联想人要做的事情，是他们的工作方向。

(2) 精准求实。精准是一种程度，求实是一种态度。

(3) 诚信共享。诚信——以“诚实做人，注重信誉，坦诚相待，开诚布公”为联想人最基本的道德准则；以“取信于用户，取信于员工，取信于合作伙伴”为待人之道。共享——在交往中尊重他人，注重平等、信任、欣赏和亲情；在工作中把个人追求融入企业长远发展之中，与同事分享远景、相互协作、共享资源、共同发展。

(4) 创业创新。创业——永不满足，勇于拼搏，不断地超越自我，做岗位的主人，主动承担责任，灵活地应对变化和挑战；创新——坚持学习与开拓，在可承受的风险内大胆地尝试新方法和新事物，持续地改进工作。

（二）企业使命

不同于国外企业精简的企业使命，联想提出了以下企业使命。

为客户——提供信息技术、工具和服务，使人们的生活和工作更加简便、高效、丰富多彩。

为员工——创造发展空间，提升员工价值，提高工作生活质量。

为股东——回报股东长远利益。

为社会——服务社会文明进步。

1. 创造发展空间

联想注重为年轻人创造发展空间，领军人物杨元庆、郭为被称为“少帅”，原因就在于他们的年龄。联想员工平均年龄不到30岁，有一半员工是近两年新进的，不少高级主管都是在几年内提拔起来的，有的甚至一年连升三级。

“联想”选人要的是“发动机”，而不是“螺丝钉”，即不是仅仅要求员工能胜任岗位责任,而是“以德为先”,注重“三心”,选择能把企业利益放在首位,把自己融入到企业中,具有上进心、事业心和责任心的学习型员工,以期其成为能严格、认真、主动和高效工作并具有归属感和责任心的企业主人翁。

2. 提升员工价值

联想提出与实施了“发展和成功的需求、完善的培训、多职业规划”这三种方式提升员工价值,包括每年40小时的培训以及上级的指导、同事间的交流、各类培训、发给员工图书自学、与其他厂商的业务交流,全面提升员工的职业技能、专业技能、管理技能、文化与战略。其中,公司在培训方面做出的是强制性的要求,必须完成规定的课时时间。

3. 提高工作生活质量

员工的工作生活质量实际上是企业与员工关系的一部分。柳传志在接受访问的时候提到,如何处理提高职工福利和培养企业持续发展机制的关系是企业追求成功必须处理的三大难题之一,激励机制是“好的运行机制”的核心。他说,企业不是一个养老的机构,必须要有一种好的机制,一种能够持续发展的机制。

(三) 企业远景

未来联想应该是高科技的联想、服务的联想、国际化的联想。

1. 高科技的联想

在研究开发的投入上逐年增加,研发领域不断加宽、加深,尤其是要逐渐从产品技术、应用技术向核心技术领域渗透,技术将不仅仅为公司产品增值,使其更有特色,同时也将成为公司利润的直接来源;研发人员在公司所占的比重逐渐提高;产品中自己创新技术的含量不断提升;成为全球领先的高科技公司之一。

2. 服务的联想

服务是DNA:服务成为融入联想每名员工血液的DNA,服务客户的文化根深蒂固。服务是竞争力:服务要成为产品业务的核心竞争力,成为带动营业额、利润增长的重要要素。服务是新业务:服务业务包括服务外包、运营服务、系统集成和管理咨询等,服务业务将成为联想业务(尤其是利润)的支柱之一。

3. 国际化的联想

10年以后,公司20%的收入将来自国际市场;公司具有国际化发展的视野和与之相对应的人才、文化等;公司的管理水准达到国际一流水平。

(资料来源:杨艳英,李柏松.商业诚信文化修炼案例[M].北京:北京蓝天出版社2004.)

讨论问题:

1. 联想企业核心价值观表现在哪些方面?
2. 联想企业的成功原因在哪里?对我们的企业经营有何启发意义?

练 习 题

一、单选题

1. 企业忠诚管理中,(　　)更重要,甚至可以是基础。

   A. 投资者忠诚　　　　B. 客户忠诚

C. 企业忠诚　　D. 员工忠诚

2. 实施企业忠诚管理，下面（　　）是商业诚信文化建设的核心。

A. 创新理念　　B. 诚信的价值观

C. 股东文化　　D. 激励原则

3. 构建和谐社会，对于企业来说，就是创建（　　）。

A. 科学发展观　　B. 先进管理理念

C. 和谐市场　　D. 和谐企业

4. 在核心竞争力的培育过程中，（　　）发挥无可替代的基础性作用。

A. 企业家　　B. 技术

C. 商业诚信文化　　D. 人才

5. 塑造企业的（　　）是推动企业和谐发展的基础条件。

A. 良好形象　　B. 先进理念

C. 优良产品　　D. 团队精神

二、多选题

1. 在一定程度上，企业理念是第一核心竞争力，（　　）属于企业理念的基本要素。

A. 商业伦理　　B. 企业信用

C. 企业价值观　　D. 企业商誉

2. 下面（　　）是核心竞争力的特征。

A. 不可交易性　　B. 易变动性

C. 难以替代性　　D. 价值性

3. 绿色企业的特征包括（　　）。

A. 观念特征　　B. 关系特征

C. 会计特征　　D. 管理特征

E. 效益特征

4. 企业竞争力中，以下（　　）属于企业最基础和最核心的竞争力。

A. 企业理念　　B. 企业创新能力

C. 企业价值观　　D. 人才

E. 商业伦理

5. 在构建和谐社会的进程中，创建商业诚信文化应从（　　）方面开展。

A. 精神文化　　B. 制度文化

C. 物质文化　　D. 治理文化

6. 循环经济中所指的“3R”原则是（　　）。

A. 再循环原则　　B. 减量化原则

C. 简单化原则　　D. 再使用原则

三、判断题

1. 核心竞争力的构成要素之间是相互独立，互不干扰的。（　　）

2. 企业是从事生产、流通或服务性活动的独立核算的经济单位，几乎只有经济责任。（　　）

3. 引领企业和谐发展要求塑造以人为本的先进商业诚信文化。 （ ）

4. 商业诚信文化建设的过程，不是一朝一夕所能实现的，是一种历史的积累和沉淀所凝聚的力量。 （ ）

5. 消费者是循环经济“生产者责任制延伸”的承担者。 （ ）

复习思考题

1. 企业忠诚管理与诚信文化的关系如何？如何实施忠诚管理？怎样进行企业的诚信文化建设？

2. 什么是循环经济？如何建设绿色商业诚信文化，实现企业可持续发展？

3. 怎样理解和谐社会相关概念与要求？如何通过创建和谐企业达到构建和谐社会的目标？

4. 简述核心竞争力的内涵、内容与特征。

5. 构建和谐社会与创建和谐企业的关系如何？在构建和谐社会的过程中，如何进行商业诚信文化建设？

6. 商业诚信文化与企业核心竞争力有何关系？如何通过商业诚信文化建设来增加企业核心竞争力？

练习题参考答案

一、单选题

1. C　2. B　3. D　4. C　5. D

二、多选题

1. ABD　2. ACD　3. ABCDE　4. ABCDE　5. ABC　6. ABD

三、判断题

1. 错。核心竞争力的构成要素之间是相互作用，相互融合的。

2. 错。现在社会观念发生了变化，企业不仅要承担经济责任，而且还要承担社会责任和环境责任。

3. 对。

4. 对。

5. 错。企业是循环经济“生产者责任制延伸”的承担者。

附录

网络链接目录

第一章 绪　论

第二章 商业伦理判断与道德决策

第三章 商业行为道德透视与现实探析

第四章 商业伦理道德原则设计

第五章 企业内部管理道德规范

第六章 企业对外经营道德规范

第七章 会计与审计职业道德规范

第八章 商业伦理道德范畴

第九章　商业伦理道德实践活动

第十章　商业伦理道德管理机制构建

第十一章　商业诚信文化与社会和谐发展

参考文献

[1] 魏杰.中国经济之变局[M].北京：中国发展出版社，2009.

[2] 国务院.落实科学发展观加强环境保护决定[M].北京：人民出版社，2005.

[3] 刘梦辉.浅析城市环境污染及治理对策[J].改革与开放，2010(22).

[4] 刘清.低碳经济下的废弃物管理[J].经营与管理，2010(10).

[5] 韩保江.视中国经济可持续发展面临的挑战[N].中国经济时报，2004-02-16.

[6] 全国工商管理硕士教育指导委员会.商业伦理学教学大纲[M].北京：机械工业出版社，2011.

[7] 评论员.国务院关于落实科学发展观加强环境保护的决定[N].人民日报，2006-02-15.

[8] 项锦联.HSE管理体系推进企业安全文化建设研究[D].南京：南京理工大学，2010.

[9] 叶陈刚.推行职业道德守则 提升注册会计师公信力[J].中国注册会计师，2010(6).

[10] 叶陈刚.公司内部治理机制研究述评与启示[J].审计与经济研究，2011(1).

[11] 保罗·A.萨缪尔森，威廉·D.诺德豪斯.经济学[M].第12版.高鸿业，译.北京：中国发展出版社，1992.

[12] 博特赖特.金融伦理学[M].静地，译.北京：北京大学出版社，2002.

[13] 叶陈刚.企业风险评估与控制[M].北京：机械工业出版社，2009.

[14] 谢永珍.董事会治理评价研究[M].北京：高等教育出版社，2006.

[15] 陈少峰.中国伦理学名著导读[M].北京：北京大学出版社，2004.

[16] 陈工孟.公司治理概论[M].北京：清华大学出版社，2003.

[17] 叶陈刚.公司治理层面的伦理结构与机制研究[M].北京：高等教育出版社，2006.

[18] 崔永东.道德与中西法治[M].北京：人民出版社，2002.

[19] 杜莹，等.企业家的社会地位与社会责任[J].道德与文明，2005(2).

[20] 葛家澍.上市公司财务舞弊案剖析丛书[M].北京：中国财政经济出版社，2003.

[21] 周祖城，等.企业社会责任相对水平与消费者购买意向关系的实证研究[J].中国工业经济，2007(9).

[22] 赫尔穆特·施密特.全球化与道德重建[M].柴方国，译.北京：社会科学文献出版社，2001.

[23] 李维安.公司治理学[M].北京：高等教育出版社，2005.

[24] 李维安.公司治理评价与指数研究[M].北京：高等教育出版社，2005.

[25] 戴维·J.弗里切.商业伦理学[M].杨斌，石坚，郭阅，译.北京：机械工业出版社，1999.

[26] 厉以宁.超越市场与超越政府——论道德力量在经济中的作用[M].北京：经济科学出版社，1999.

[27] 刘峰.信息披露：实话实说[M].北京：中国财政经济出版社，2003.

[28] 刘智峰.道德中国——当代中国道德伦理的深重忧思[M].北京：中国社会科学出版社，2001.

[29] 马连福.公司内部治理研究[M].北京：高等教育出版社，2005.

[30] 曾仕强.胡雪岩的启示[M].西安：陕西师范大学出版社，2008.

[31] 罗伯特·蒙克斯，尼尔·米诺，李维安，等.公司治理[M].北京：中国财政经济出版社，2004.

[32] 乔治·恩德勒.国际经济伦理[M].北京：北京大学出版社，2003.

[33] 乔治·斯蒂纳，约翰·斯蒂纳.企业、政府与社会[M].北京：华夏出版社，2002.

[34] 宋希仁.西方伦理思想史[M].北京：中国人民大学出版社，2004.

[35] 苏勇.现代管理伦理学[M].北京：石油工业出版社，2006.

[36] 孙经纬.公司治理——哈佛商业评论精粹译丛[M].高晓晖，译.北京：中国人民大学出版社，2004.

[37] 托尼·兰顿,约翰·瓦特肯森.公司董事指南：职责、责任和法律义务[M].李维安,牛建波,译.北京：中国财政经济出版社,2004.
[38] 王学义.商业伦理学[M].成都：西南财经大学出版社,2004.
[39] 王智慧.上市公司治理结构与战略绩效研究[M].北京：对外经济贸易大学出版社,2002.
[40] 王辉.企业利益相关者治理研究[M].北京：高等教育出版社,2005.
[41] 王斌.中国国有企业业绩评价制度：回顾与思考[J].会计研究,2008(11).
[42] 叶陈刚.商业伦理与商业诚信文化[M].北京：清华大学出版社,2007.
[43] 亚当·斯密.国民财产的性质和原因的研究[M].郭大力,王亚南,译.北京：商务印书馆,1979.
[44] 于东智,池国华.董事会规模、稳定性与公司绩效：理论与经验分析[J].经济研究,2004(4).
[45] 张新民.企业财务状况质量分析理论研究[M].北京：对外经济贸易大学出版社,2001.
[46] 赵汀阳.论道德金规则的最佳可能方案[J].中国社会科学,2005(3).
[47] 阎俊,常亚平.西方商业伦理决策 & 理论及模型[J].生产力研究,2005(8)：164-169.
[48] 周祖城.商业伦理学[M].北京：清华大学出版社,2005.
[49] 刘军,黄少英.儒家伦理思想与现代商业伦理伦理[M].北京：科学出版社,2010.
[50] 刘光明.新商业伦理学[M].北京：经济管理出版社,2008.
[51] Anctil Regina M, John Dickhaut, Chandra Kanodia, et al. Information transparency and coordination failure: theory and experiment[J]. Journal of Accounting Research, 2004, 42(2): 159-195.
[52] Bushman, Robert, Qi Chen, et al. Financial accounting information, organizational complexity and corporate governance systems[J]. Journal of Accounting and Economics, 2004(37): 167-201.
[53] Coase R H. The nature of the firm[J]. Economic, 1937(4): 386-405.
[54] Kostova, Tatiana, Kendall, et al. Social capital in multinational corporations and a micro-macro model of its formation[J]. The Academy of Management Review, 2003, 28(2): 297-317.
[55] Nam. Corporate Governance of Banks: Review of Issues[J]. ADBI Working Papers, 2004.
[56] OECD (Organization for Economic Cooperation and Development). OECD Principles of Corporate Governance. http://www.oecd.org, 2005.
[57] Wilks T Jeffrey, Mark F Zimbelman. Using game theory and strategic reasoning concepts to prevent and detect fraud[J]. Accounting Horizons, 2004, 18(3): 173-184.
[58] Ye Chengang. Discussion on Accounting Revolution in the time of Network[J]. International Finance And Accounting, 2001(2): 28-35.
[59] Ye Chengang. Research on Guarding against Financial Fraud of Enterprise's Branches[J]. USA-China Business Review, 2002(2): 24-27.
[60] Ye Chengang. Research on the Evaluation System of CPA's Social Responsibility[J]. 5th International Symposium for Corporate Governance, 2009(10).